Lügen im Weltraum

2. Auflage gesamt

1. Auflage Kopp Verlag Februar 2010

Copyright © 2010 bei
Kopp Verlag, Pfeiferstraße 52, D-72108 Rottenburg

Alle Rechte vorbehalten

Redaktion: Jürgen Bolz
Umschlaggestaltung: ZERO Werbeagentur, München
Umschlagbild: Corbis, Düsseldorf
Satz: Wilhelm Vornehm, München
Druck und Bindung: CPI – Clausen & Bosse, Leck

ISBN: 978-3-942016-23-0

Gerne senden wir Ihnen unser Verlagsverzeichnis
Kopp Verlag
Pfeiferstraße 52
D-72108 Rottenburg
E-Mail: info@kopp-verlag.de
Tel.: (0 74 72) 98 06-0
Fax: (0 74 72) 98 06-11

Unser Buchprogramm finden Sie auch im Internet unter:
www.kopp-verlag.de

Gerhard Wisnewski

LÜGEN IM WELTRAUM

Von der Mondlandung
zur Weltherrschaft

KOPP VERLAG

ÜBER DEN AUTOR:
Gerhard Wisnewski, geboren 1959, studierte Politikwissenschaften. Seit 1986 arbeitet er als freier Autor, Schriftsteller und Dokumentarfilmer. Bekanntheit erlangte er durch seine Bestseller *Das RAF-Phantom*, *Operation 9/11* und *Mythos 9/11*. Im Jahr 2000 gewann der auf dem Buch *Das RAF-Phantom* basierende Fernsehfilm *Das Phantom* den Grimmepreis.

Mein Flug am 12. April 1961 war der erste bemannte Raumflug in der Geschichte.

Juri Gagarin

Dies ist ein kleiner Schritt für einen Menschen, aber ein großer Sprung für die Menschheit.

Neil Armstrong

Habe Mut, dich deines eigenen Verstandes zu bedienen.

Immanuel Kant

Inhalt

Vorwort	9
Einleitung	12
Lügen haben lange Beine	12
Der Weltraum – für eine Lüge wie geschaffen	14
Teil I: Sowjetunion	
Verschollen im Weltraum	19
SOS an die gesamte Welt	24
Die Front im All	28
Helden fallen nicht vom Himmel	35
Ein Mann ohne Eigenschaften	37
Der Flug des Juri G.	41
Der Wostok-Mythos	47
Eine Stimme aus dem All	49
Wenn nur die Landung nicht wär'...	52
Der lächelnde Major	55
Ein peinlicher Unfall	59
Teil II: USA	
Strategie eines Siegers	67
Der Waffenmeister der Weltmächte	70
Das Wissen und die Wirklichkeiten	73
Die Kür vor der Pflicht	78
Ein Kaputnik namens Redstone	82
Der Fall Virgil G.	89
Die Katastrophe von Apollo 1	95
Auf zum Mond	109
Einmal und nie wieder – die Landefähre	115
Die Mondlandung	121
Die verborgene Verschwörung	128
Die USA – ein Schurkenstaat?	135
Die Jäger und die Kletterer...	148
Er kam, sah und knipste	152
Ein Mond mit zwei Sonnen	168

Das Rätsel der Fadenkreuze	179
Die Stille nach dem Start	184
O Gott, das All ist radioaktiv!	190
Wenn Astronauten Sterne sehen	200
Willkommen im Hotel Lunatic	202
Der Tod der Hündin Laika	204
Hiobsbotschaften vom Mondgestein	209
Ein Photon namens NASA	218
Hat jemand mal eine Landefähre?	221
Galileo und die Mondlandung	227
Kommt ein Raumschiff geflogen...	235
Die Jagd nach Apollo	245
Die UFO-Falle	262
Die einfachste Annahme ist die richtige	264
Die beste Simulation aller Zeiten	272
Ein kleiner Schritt für die NASA...	275

Teil III: Die Herrschaft über den Globus

»Failure was not an option«	295
Die Macht des MIK	296
Pentagon, Abteilung NASA	300
La Paloma Blanca	307
Mission to Planet Earth	314
Ronald und die Raketen	320
ISS: Der Letzte macht das Licht aus	329
George W. hat eine Vision	334
Guantanamo im Sonnensystem	339
Atombomben ins All	343
Das Kabinett des Dr. Seltsam	346
Dank an...	365

Anhang

Wo war noch mal Apollo?	367
Literatur	369
Anmerkungen	371
Bildnachweis	381
Register	383

Vorwort

Washington, Dezember 2004. Auf den Fluren des Kapitols herrscht helle Aufregung, fast so, als schwebten wieder ein paar Airliner von Osama Bin Laden über den Köpfen der Senatoren. Kein Zweifel, die nationale Sicherheit ist bedroht. Aber die Bedrohung geht nicht von Osama Bin Laden oder irgendwelchen wildgewordenen Islamisten aus, sondern von der eigenen Regierung und den sie unterstützenden Kreisen. Die wollen nämlich ein neues, hochgeheimes Satellitensystem im Weltraum stationieren, das so teuer ist, daß nun selbst einige Senatoren kalte Füße bekommen. So viel nur sickerte durch: Es geht um 9,5 Milliarden Dollar. Eine enorme Summe für ein Einzelprojekt. »Experten argwöhnen, daß es sich dabei um bewaffnete Satelliten handelt.«[1]

Die Aufregung um die neuesten, geheimen Machenschaften der USA im Weltraum wirft ein Schlaglicht auf das, was nach 45 Jahren »ziviler Raumfahrt« über unseren Köpfen vorgeht. Nach gut vier Jahrzehnten bemannter und unbemannter Raumfahrt weiß niemand so genau, was die USA im Weltraum eigentlich wirklich treiben – nicht einmal das eigene Parlament darf darüber öffentlich reden. Das war eigentlich nicht geplant, als die Welt erstmals von den Abenteuern »ziviler« Astronauten in Atem gehalten wurde – oder vielleicht doch? War schon damals alles darauf abgestellt, die Welt vom All aus zu beherrschen?

Dies ist nur eine der Fragen, denen ich in dem vorliegenden Buch nachgehen werde. Die Hauptfrage lautet, ob die Geschichte der Raumfahrt, so wie sie uns erzählt wird, eigentlich stimmt. Und wenn nicht, was sich dann wirklich dahinter verbirgt. Die Ereignisse des 11. September 2001 waren in dieser Hinsicht ein Schlüsselerlebnis für mich. Bei meinen Recherchen für die Bücher *Operation 9/11* und *Mythos 9/11* stieß ich auf zahlreiche Unstimmigkeiten. Nicht nur bei mir begann sich der Blick auf die amerikanische Vergangenheit allmählich zu verändern. Immer mehr Menschen fragten sich, was eigentlich mit den anderen Geschichten war, die die Vereinigten Staaten der Welt über sich selbst erzählt hatten. Viele davon sind heute als Schwindel entlarvt, zum Beispiel die Geschichte vom Untergang der *Maine*

1898, der angeblich überraschende Angriff der Japaner auf Pearl Harbor 1941 oder die offizielle Version des Tongking-Zwischenfalls Anfang August 1964. Alle diese Vorkommnisse dienten als Vorwand zum Eintritt in einen Krieg und mündeten in eine enorme nationale Anstrengung. Alle diese Vorkommnisse hatten sich so, wie von den USA dargestellt, nicht abgespielt.

Je intensiver man sich mit der amerikanischen Geschichte beschäftigt, um so undurchdringlicher wird das Gestrüpp von Widersprüchen, Halbwahrheiten, Verdrehungen und Lügen. Diese falschen Darstellungen sind auch der Grund für die weltweit zunehmende Skepsis gegenüber vielen Behauptungen der US-Regierung: »Einer der Gründe für diese Verschwörungstheorien ist, daß die US-Regierung so viel lügt«, erzählte der amerikanische Geheimdienstexperte und Bestsellerautor James Bamford meinem Kollegen Willy Brunner und mir 2003 bei Dreharbeiten in den USA: »Die amerikanische Regierung lügt permanent – über viele Dinge. Sie lügt im Hinblick auf Atombomben im Irak. Erst kürzlich schickte sie gefälschte Dokumente an die Vereinten Nationen. Sie hat im Falle Vietnams gelogen, sie hat bei Watergate gelogen – über eine Menge Dinge. Ganz offensichtlich gibt es eine Menge Mißtrauen, ob die US-Regierung die Wahrheit sagt.« Man könnte fast auf die Idee kommen, daß die Macht der Vereinigten Staaten von Amerika nicht auf ihrer Militärmaschinerie, ihren Atombomben oder ihrer Finanz- und Wirtschaftskraft beruht, sondern auf ihren Lügen. Die größte Erfolgsgeschichte aber, die die USA der Welt seit dem Ende des Zweiten Weltkriegs von sich erzählt haben, ist das Epos über die Mondlandung. Es handelt davon, wie einmal zwei Dutzend amerikanischer Helden aufbrachen, um für die ganze Menschheit den Mond zu erobern. Die Mondlandung verschaffte den Vereinigten Staaten einen überwältigenden politischen, publizistischen und propagandistischen Sieg über ihren damaligen Widersacher, die Sowjetunion. Aber nicht nur über die Sowjetunion. Vielmehr zeigten die USA mit dieser Leistung der ganzen Welt ein für alle Mal, wer auf dem Globus das Sagen hat. Die Mondlandung verschaffte den USA einen Prestigegewinn, von dem sie heute noch zehren. Aber ging denn nun wenigstens dabei alles mit rechten Dingen zu? Schon seit längerem kursieren die unterschiedlichsten Verdachtsmomente, daß und warum hier vieles nicht stimmen kann. Für mich ein Grund, nach dem »Mythos 9/11« nun dieser mächtigen amerikanischen Saga nachzugehen: Was ist dran an der Mondlandung? Was verbirgt sich wirklich hinter der zivilen Raumfahrt? Geht es wirklich um die Eroberung des Weltalls oder vielleicht doch um die Eroberung der Erde? Am Ende des Buches hoffe ich einer Antwort auf alle diese Fragen näher gekommen zu sein.

München, im August 2005
Gerhard Wisnewski

Einleitung

Lügen haben lange Beine

21. Juli 1969, etwa 3.40 Uhr mitteleuropäischer Zeit. Auf einem weit entfernten Himmelskörper öffnet sich an einem seltsamen, spinnenbeinigen Gefährt eine Luke. Wie ein fremdartiger Käfer schiebt sich bäuchlings ein Mensch heraus, der in seinem klobigen Raumanzug entfernt an das berühmte Michelinmännchen erinnert. Langsam hangelt er sich die Leiter hinunter, dann steht er auf einem der großen Landefüße des Vehikels. Schließlich springt er von dort herunter und sagt: »Dies ist ein kleiner Schritt für mich, aber ein großer Sprung für die Menschheit.« Damit war die Sensation perfekt: Die Amerikaner landeten noch vor den Sowjets als erste auf dem Mond. Dem Team von Neil Armstrong und Buzz Aldrin folgten noch fünf weitere Besatzungen auf den Erdtrabanten. Alle sechs Crews stellten wissenschaftliche Experimente an, brachten insgesamt 382 Kilo Mondgestein zurück zur Erde und lebten glücklich und zufrieden – wenn nicht auf dem Mond, so doch auf der Erde. Und wenn sie nicht gestorben sind, dann...
Aber: Hat sich wirklich alles so abgespielt? Landeten wirklich zwölf amerikanische Helden auf dem Mond, um sicher wieder zurückzukehren, wie es Präsident Kennedy 1961 gefordert hatte? Oder war das alles nur eine strategische Lüge, wie immer mehr Skeptiker behaupten? Eine Lüge, um ein für alle Mal die ideologische und politische Vorherrschaft auf dem Globus zu erringen?

Wir werden sehen. Bei meiner Suche nach der Wahrheit möchte ich früher als im Sommer 1969 anfangen. Denn selbstverständlich beginnt die Geschichte der Mondlandung nicht 1969. Sie beginnt auch nicht 1965 oder 1963. Vielmehr nimmt sie bereits 1961 ihren Anfang, als der Russe Juri Gagarin zum ersten bemannten Flug ins All startete. Wie kein anderes Ereignis hat der Flug Gagarins den Wettlauf zum Mond erst so richtig in Fahrt gebracht, indem er den USA die endgültige Rechtfertigung für das Multimilliardenprogramm lieferte. Gewissermaßen zum Aufwärmen will ich mich daher kurz mit den Anfängen der bemannten Raumfahrt in der UdSSR befassen. Wie man sehen wird, haben sich die beiden Großmächte dabei nicht nur gegenseitig bekämpft. Vielmehr haben sich ihre Raumfahrtprogramme auch ergänzt. Sosehr man im gegenseitigen Verhältnis gegensätzliche Interessen verfolgt haben mag, sosehr ging es im Verhältnis zur Öffentlichkeit um die Interessen des gemeinsamen »Show-Business«: Die Raumabenteuer der Kosmonauten und Astronauten hielten die Menschen in beiden Blöcken und in der ganzen Welt jahrzehntelang in Atem. Sie scharten die Bevölkerung um ihre Helden und um ihre politische Führung, ließen sie dem nächsten Showdown im All entgegenzittern und die Probleme des Alltags vergessen – und natürlich die Milliarden und Abermilliarden, die im militärisch-industriellen Komplex des jeweiligen Landes versickerten. Beim Anblick der strahlenden Helden fragten nur wenige nach dem Verbleib der Unsummen von Steuergeldern; das hätte man als kleinkariert und unpatriotisch empfunden.

Längst haben die Heldentaten Eingang in Schul- und Geschichtsbücher gefunden und gehören zum kulturellen Erbe der Menschheit. In den USA, aber auch in Rußland, gründet sich ein wahrer Kult auf die Abenteuer der Raumfahrer. Vor allem in den Vereinigten Staaten werden die Schulkinder systematisch auf die identitätsbildenden Heldentaten der Astronauten eingeschworen. Die Abenteuer der Astronauten und Kosmonauten sind keineswegs vergessen und vorbei, sondern unverzichtbarer Unterrichtsstoff und für den Zusammenhalt der Nation wichtig.

Was also hat es mit dem psychologischen und propagandistischen Fundament des amerikanischen Mondprogramms auf sich – dem Flug Juri Gagarins? Nachdem wir diesen, wie ich finde, spannenden Ausflug in die Anfänge der bemannten sowjetischen Raumfahrt hinter uns haben, werde ich im zweiten Teil des Buches versuchen, sämtliche Steine umzudrehen, und zwar auf dem Mond – und dabei nahezu allen bekannten und nicht bekannten Hinweisen auf eine Fälschung der Mondlandung nachgehen. Ich möchte sowohl einige unberechtigte Zweifel ausräumen als auch neue und bisher nicht untersuchte Ungereimtheiten aufdecken. Die Leitfrage dabei soll nicht sein, *ob* die USA die Mondlandungen simuliert haben, sondern ob sie sie *nur* simuliert haben. Denn geprobt wurden die Expeditionen zum Mond selbstverständlich, die Frage ist nur, ob sie dann auch tatsächlich stattgefunden haben. Eine seltsame Frage, möchte man meinen.

Haben nicht sogar die ehemaligen Feinde im Kalten Krieg die Weltraumleistungen des jeweils anderen neidlos anerkannt? Wurden nicht sämtliche Raumflüge tausendfach fotografiert und dokumentiert? Wurden die Helden nicht anschließend weltweit zu Vorträgen und Interviews herumgereicht?

Gewiß – aber dennoch mehren sich die Zweifel. Überall, so wächst der Verdacht, wurde gelogen und geschoben, geflunkert und gefälscht. Im dritten Teil schließlich möchte ich aufzeigen, wie unter dem Deckmantel der zivilen Raumfahrt die Herrschaft über den Globus errungen wird und womit wir künftig aus dem Weltraum zu rechnen haben. Das Buch wird die Frage stellen, was außer oder statt der angeblichen »Eroberung des Weltraums« für die Eroberung der Erde getan wurde: Wie die Weltraummächte, allen voran die USA, den Orbit unter dem Deckmantel der zivilen Raumfahrt zum Schlachtfeld der Zukunft ausbauen, mit dem Ziel, den Globus endgültig in Fesseln zu legen.

Der Weltraum – für eine Lüge wie geschaffen

Es gibt eine Menge Gründe, die Geschichtsschreibung in Sachen Raumfahrt mit äußerster Vorsicht zu genießen. Einen davon habe ich bereits genannt, nämlich den zwanglosen Umgang der Vereinigten Staaten mit der Wahrheit. Ein weiterer Grund ist, daß unsere Informationen über die Raumfahrt praktisch ausschließlich von den sowjetischen und amerikanischen Propagandaapparaten stammen. »Informationen drangen bestenfalls gefiltert an die Öffentlichkeit, nicht selten propagandistisch gefälscht«, heißt es zum Beispiel im Klappentext zu Harro Zimmers Buch *Der rote Orbit*.

Propaganda und Fälschung sind ein wesentlicher Bestandteil von militärischen Operationen, wie sie die Raumfahrtaktivitäten der Supermächte darstellten. Bei jeder Operation wird genau überlegt, was man der Öffentlichkeit erzählt und was nicht. Denn was sie weiß, weiß automatisch auch der Feind, weshalb Öffentlichkeit und Feind im Prinzip ein und dasselbe sind.

Selbstverständlich war und ist auch das Raumfahrtprogramm der Vereinigten Staaten in erster Linie ein militärisches Programm. Die NASA ging aus dem National Advisory Committee for Aeronautics (NACA) hervor, einer Behörde, die sich der militärischen Luftfahrtforschung widmete. Die Männer, die auf dem Mond landeten, waren Offiziere und den Mechanismen von Befehl und Gehorsam unterworfen. Die Raketen, die von beiden Blöcken für die ersten »zivilen« Missionen benutzt wurden, waren modifizierte Interkontinentalraketen.

Die beste Geschichte über eine militärische Operation ist aber die, daß es sich gar nicht um eine militärische Operation handelt. So entstand das Konzept einer »zivilen« bemannten Raumfahrt.

Der Grund, warum wir der amerikanischen Raumfahrt intuitiv mehr glauben als der sowjetischen, liegt darin, daß die USA eine gänzlich andere »Informationspolitik« praktizierten. Während die Sowjetunion Informationen nur äußerst sparsam herausgab, verfolgten die Amerikaner die genau gegenteilige Strategie: Sie waren geradezu geschwätzig. Vor allem bei den Mondlandungsprojekten bombardierten sie die Journalisten mit dicken Pressemappen, von den Raumschiffen veröffentlichten sie detaillierte Zeichnungen. Im Vergleich zur Informationspolitik der Sowjetunion wurde das Publikum der amerikanischen Raumfahrt mit Informationen regelrecht zugeschüttet. Anscheinend fand alles geradewegs vor den Augen der Öffentlichkeit statt. Während die Sowjets mit ihrer Heimlichtuerei und ihren Widersprüchen ein Glaubwürdigkeitsloch nach dem anderen aufrissen, schütteten die Amerikaner solche Schlaglöcher mit Unmengen von Informationen zu – ob diese nun richtig waren oder falsch, war zunächst mal zweitrangig. Bei soviel Beredsamkeit schien es jedenfalls keine Geheimnisse zu geben. Und schon gar keine dunklen Geheimnisse. Die Frage ist aber: Wie handhabe die amerikanische Seite bei all dieser scheinbaren oder auch wirklichen Offenheit ihr Krisenmanagement? Denn während die Geheimhaltung der Sowjetunion dazu diente, unangenehme Zwischenfälle und Mißgeschicke totzuschweigen, lieferten sich die Amerikaner anscheinend der Gefahr aus, vor den Augen der Weltöffentlichkeit und des ideologischen Feindes grandios zu scheitern. Wenn die sowjetische Öffentlichkeitsarbeit der Krisen- und Wirklichkeitskontrolle diente, wie haben dann die Amerikaner diese Krisen- und Wirklichkeitskontrolle bewerkstelligt? Denn daß darin die wichtigste Aufgabe auch ihrer Propagandaspezialisten bestand, liegt wohl auf der Hand.

Wie sind die Vereinigten Staaten mit den enormen Gefahren der Mondmissionen umgegangen? Welche Vorkehrungen zur Wirklichkeitskontrolle hatten sie getroffen? Sind sie das Risiko, vor den Augen der gesamten Welt spektakulär zu scheitern, wirklich eingegangen? Haben sie ihre über Jahre hinweg als Nationalhelden aufgebauten Astronauten tatsächlich unter Echtzeitbeobachtung durch die gesamte Menschheit zum Mond geschickt – und zwar ergebnisoffen? Eine ergebnisoffene militärische Operation also, bei der man sich quasi einer Art »Gottesurteil« über Sieg oder Niederlage stellte? Sollen wir das wirklich glauben? Oder gab es irgendwo eine Hintertür, sozusagen eine »Win-Win-Situation«, von der wir bis heute nichts wissen? Jedenfalls nichts Genaues?

Beide Seiten konnten »nichts weniger gebrauchen als tote Astronauten oder Kosmonauten. Überlegenheit war nur mit Überlebenden zu demonstrieren«, meint Matthias Gründer ganz richtig in seinem Buch in *SOS im All*.[2]

Und schließlich gibt es noch einen weiteren Grund für Skepsis, nämlich den, daß es sich beim Weltraum um einen Schauplatz handelt, wie es ihn in der Geschichte der Menschheit noch nie gegeben hat. Außer den Weltraummächten kann niemand dort hin, um mal nach dem Rechten zu sehen beziehungsweise danach, ob die ganzen Geschichten über die heldenhaften Raummissionen auch stimmen. Der Weltraum ist deshalb für eine Lüge wie geschaffen. Die dort bestandenen Abenteuer werden bis auf den heutigen Tag praktisch ausschließlich von jenen geschildert, die sie selbst erlebt haben wollen, ein typisches Merkmal dessen, was man auf Erden Seemannsgarn nennt. Für die Wahrheit läßt das nichts Gutes ahnen.

Teil I: Sowjetunion

Verschollen im Weltraum

San Maurizio Canavese bei Turin, 2. Februar 1961. In einem Raum der väterlichen Villa Bertalazona haben sich die beiden italienischen Brüder Achille und Gian-Battista Judica-Cordiglia eine Amateurfunk-Station zum Abhören sowjetischer Satelliten eingerichtet. Nach dem Namen der Villa nannten sie die Station Torre Bert. Torre steht für einen Turm der Villa, Bert für Bertalazona. Seit Monaten sind sie auf der Jagd nach dem Gepiepse sowjetischer »Sputniks«. Doch was sie an diesem Tag hören, läßt ihnen den Atem stocken. Ganz deutlich vernehmen sie eine Art Stöhnen oder Seufzen aus dem Orbit. Außerdem dringt der Herzschlag eines Menschen aus den Lautsprechern ihrer kleinen Abhörstation zu ihnen. Die beiden sind wie elektrisiert: Die Sowjets haben einen Menschen ins All geschickt! Damit – und nicht mit dem Flug von Juri Gagarin – beginnt das Zeitalter der bemannten Raumfahrt, wenn man den Schilderungen von Gian-Battista und Achille Judica-Cordiglia glaubt, heute Mitte sechzig beziehungsweise Anfang siebzig. Noch immer kämpfen sie um ihre Version der Geschichte der bemannten Raumfahrt. Wer den beiden Italienern zuhört, glaubt seinen Ohren nicht zu trauen. Nach ihren Berichten war Juri Gagarin gar nicht der erste Mann im Weltraum. Vielmehr begannen die Sowjets schon lange vor seinem Flug am 12. April 1961 Menschen ins All zu schießen. Immer hautnah dabei: die Judica-Cordiglias, zwei Arztsöhne aus San Maurizio Canavese.

Das Sowjetreich konnte sich abschotten, wie es wollte, sobald seine Raumschiffe im Orbit waren und Funksignale sendeten, bestand im Prinzip für jedermann die Möglichkeit, diese Funksignale aufzufangen. Wer von Mitteleuropa aus einmal mit einem Schafzüchter in Australien, einem Professor in San Francisco oder einem Wissenschaftler am Südpol gesprochen hatte, den ließ die Leidenschaft der Amateurfunkerei nicht mehr los. Die Aussicht gar, einen im All fliegenden Satelliten zu belauschen, war damals geradezu unerhört.

Einen solchen Trabanten abzuhören, ist aber nicht so schwierig, wie es klingt. Seine Flughöhe von wenigen hundert Kilometern ist gar nichts im Vergleich zu den Entfernungen, die der Amateurfunk normalerweise überwindet.

Die Judica-Cordiglia-Brüder in ihrer Abhörstation (links) und heute (rechts)

Man schreibt den 23. Mai 1961, als Gian-Battista und Achille schon wieder etwas auffangen, was es offiziell gar nicht gibt – die Stimme einer Frau aus dem All. Bis dahin sollen aber lediglich der Russe Juri Gagarin (12. April 1961) und der Amerikaner Alan Shepard (5. Mai 1961) im Weltraum gewesen sein. Und dennoch bleiben die Judica-Cordiglias bei ihrer Darstellung, am 23. Mai 1961 hätten sie stark verrauscht und verhallt die verzweifelte Stimme einer Frau aus dem Weltraum gehört:

»Hören Sie! Hören Sie!
Kommen! Kommen! Kommen!
Hören Sie! Hören Sie! Kommen!
Kommen! Kommen! Sprechen Sie mit mir!
Sprechen Sie mit mir! Mir ist heiß! Mir ist heiß!
Was...? Fünfundvierzig? Was...?
Fünfundvierzig? Fünfzig?
Ja... Ja... Ja... Ich atme...
Ich atme... Sauerstoff...
Sauerstoff... Mir ist heiß...
Ist das nicht gefährlich?... Es ist alles...
Ist das nicht gefährlich?... Es ist alles...
Ja... Ja... Ja... Wie ist das?
Was? Sprechen Sie mit mir!

Wie sollte ich übertragen? Ja... Ja... Ja...
Was? Unsere Übertragung beginnt jetzt...
Einundvierzig... so... unsere Übertragung beginnt jetzt...
Einundvierzig... ja... mir ist heiß...
Mir ist heiß... es ist alles... mir ist heiß...
Mir ist heiß... mir ist heiß... mir ist heiß...
Ich sehe eine Flamme!... Was?
Ich sehe eine Flamme!... Ich sehe eine Flamme!...
Mir ist heiß... mir ist heiß...
Zweiunddreißig... zweiunddreißig... einundvierzig... einundvierzig
Werde ich abstürzen? Ja... ja... mir ist heiß!
Mir ist heiß!... Wiedereintritt! Wiedereintritt!
Ich höre!... Mir ist heiß!«[3]

Damals wurden die Aufzeichnungen der beiden Arztsöhne aus dem Piemont durchaus ernst genommen. Noch war die Geschichte der Raumfahrt jung und nicht zu einer zähen Masse geronnen, die Schulbücher und Lexika verklebte. Internationale Medien gingen bei den Brüdern ein und aus. Wenn überhaupt, dann hofften sie hier die neuesten Nachrichten über die Satelliten der »Roten« zu bekommen. Die Brüder erschienen manchem vertrauenswürdiger als die undurchsichtigen und interessengesteuerten PR-Apparate der Sowjets und der Amerikaner. Die Judica-Cordiglias galten als unabhängige Quelle – nur wissen wir heute nichts mehr davon. In den sechziger Jahren war das anders. Eine große Reportage über die beiden im *Reader's Digest* ist nur ein Beispiel für zahllose Medienberichte. Unter dem Titel »Italiens erstaunliche Raumbeobachter« heißt es dort: »Mit hausgemachter Elektronik belauschen zwei junge Italiener russische Satelliten und machen dabei aufsehenerregende Entdeckungen.«[4] Schon »am 17. Mai 1961 wurden die verzweifelten Stimmen von zwei Männern und einer Frau aufgefangen«, berichtet der *Reader's Digest:* »›Die Bedingungen verschlechtern sich.‹ – ›Warum antworten Sie nicht?‹ – ›Wir werden langsamer.‹ – ›Die Welt wird nie etwas von uns erfahren.‹ Dann Stille. Dieselben Worte wurden in Alaska und Schweden aufgefangen. Was sie bedeuten? Das wird niemand wissen, bis sich die Russen zum Reden entschließen.«

Das Problem: Die Sowjets besaßen um diese Zeit nach allem, was bekannt ist, noch kein Dreipersonenraumschiff. Die wahrscheinlich bewegendste Botschaft sei eine ohne Worte vom Februar 1961: »Tonbänder, die ich selbst auf Torre Bert gehört habe«, fährt der *Digest*-Reporter fort, »enthielten das rasende Schlagen eines überstrapazierten Herzens (die Herzen aller Kosmonauten wurden automatisch überwacht) und das Geräusch von angestrengtem Atmen. Die Judica-Cordiglia-Brüder brachten die Aufnahmen zu dem renommierten Herzchirurgen Dr. A. M. Dogliotti. Sein Urteil: ›Dies ist das Herz eines sterbenden Menschen.‹ Die Brüder sind fest davon überzeugt, daß die Russen mit menschlichem Leben sehr großzügig umgegangen sind, um ihre Raumfahrt-Erfolge zu erreichen. Die gesammelten Indizien sprechen dafür, daß es mindestens zehn Tote gab.«[5]

Die Enthüllungen der Brüder waren für die Sowjets so bedrohlich, daß die beiden jungen Amateurfunker vom Propagandaapparat der Supermacht Sowjetunion ins Visier genommen wurden: »Im März dieses Jahres veröffentlichte die Mailänder Tageszeitung *Corriere della Sera* einen Artikel über ›sowjetische Kosmonauten, die im Weltraum umkamen‹«, schimpfte am 7. April 1965 *Radio Moskau*. »Der Artikel beruht auf Aussagen der Judica-Cordiglia-Brüder, die angeblich Signale und Konversationen von einer Reihe von sowjetischen Kosmonauten aufgefangen haben, die nicht von ihren Flügen zurückkamen... Vor zwei Jahren stand derselbe Unsinn auf den Seiten der *Washington Post* zu lesen... Ein paar Organe der bürgerlichen Presse veröffentlichen Daten von den amerikanischen Geheimdiensten, um ihren kosmischen Lügen den Anschein der Glaubwürdigkeit zu geben. (...) Wie auch immer: solche Daten spiegeln nicht die Wirklichkeit wider. Und damit könnten wir es auch bewenden lassen, aber wir wollen noch ein paar Worte über die Judica-Cordiglia-Brüder hinzufügen. Dies ist nicht das erste Mal, daß sie sich mit dem Empfang dieser Signale beschäftigen... Niemand kann die Sicherheit unserer Raumfahrzeuge in Zweifel ziehen.«[6]

Der Propagandaapparat der Sowjetunion war also gehörig sauer auf die beiden jungen Italiener. Kein Wunder, denn sie benahmen sich wie ein ungebetener Theaterkritiker, der dauernd von den mißglückten Proben für ein neues Stück berichtet. Die Sowjets aber wollten perfekte Geschichten erzählen: Schöne Geschichten von sauberen Helden, die im All reibungslos ihre Pflicht erfüllen und anschließend von der Parteiführung mit einem roten Teppich empfangen werden, wie zum Beispiel Juri Gagarin.

In jedem Schulbuch kann man heute lesen: Juri Gagarin war der erste Mensch im Weltall. Punkt. Vorausgesetzt, ihre Berichte stimmen, dann sieht die Geschichtsschreibung der Raumfahrt nach den Judica-Cordiglias und anderen Quellen jedoch etwas anders aus. Danach begann die bemannte Raumfahrt der Sowjets bereits 1957 mit suborbitalen Flügen. Dabei werden Kapseln mehr oder weniger senkrecht nach oben geschossen, um kurz darauf wieder zurückzufallen. 1960 dann begannen die sowjetischen Versuche mit orbitalen Flügen, bei denen bemannte Raumkapseln die Erde umkreisen. Als 1961 angeblich die Flüge von Juri Gagarin und German Titow stattfanden, hatten die Sowjets nach den Aufzeichnungen und Recherchen der Cordiglia-Brüder bereits eine ganze Reihe menschlicher Versuchskaninchen bei Raumflügen »verheizt«.

Kann das wirklich wahr sein? Kann es sein, daß die Sowjetunion die Welt derart an der Nase herumgeführt hat? Im Prinzip schon, denn diese Praxis durchzog ja die gesamte sowjetische Raumfahrt, nicht nur die bemannte. Bekannt gegeben wurde nur das, was klappte oder aber inszeniert wurde. Bei den sowjetischen Zond- und Luna-Missionen lief das zum Beispiel so ab: »Bei einem erfolgreichen Einschuß in eine Flugbahn erhielt die Sonde den Namen Luna und eine fortlaufende Nummer. Wurde die Rakete bereits beim Start oder kurz darauf zerstört, blieb sie ohne offiziellen Namen. Im Falle eines zwar erfolgreichen Starts, aber fehlgeschlagenen Erdflucht-Manövers wurde die Sonde offiziell als Satellit in die Reihe unzähliger Sputnik- bzw. Kosmos-Starts eingegliedert. Auf diese Weise blieb der Westen lange Zeit über die wahre Zahl der Fehlschläge im unklaren«, heißt es in *Mission Mond*, einem bekannten Mondlexikon.[7] Im Klartext heißt das: Mißlungene Missionen ließen die Sowjets ganz einfach unter den Tisch fallen. Und warum hätten sie diese Praxis nicht auch auf die wesentlich brisanteren bemannten Missionen anwenden sollen?

Fehlschläge waren hier schließlich noch peinlicher und schädlicher für das nationale Prestige als in der unbemannten Raumfahrt.

SOS an die gesamte Welt

Besonders unheimlich ist eine Aufzeichnung, die die Judica-Cordiglias schon am 28. November 1960 gemacht haben wollen, also viereinhalb Monate bevor das Zeitalter der bemannten Raumfahrt mit dem Flug Gagarins offiziell begann. Angeblich handelte es sich um eine Morsebotschaft mit folgendem Inhalt: »SOS an die gesamte Welt.« Außergewöhnlich daran sei der sogenannte Doppler-Effekt gewesen, berichten die Brüder. Der Doppler-Effekt ist eine Verzerrung der Funkfrequenz, aus der man Rückschlüsse auf Geschwindigkeit und Richtung eines Raumschiffes ziehen kann. Und der Doppler-Effekt dieses Funkspruches habe ergeben, daß er nicht aus einer Umlaufbahn um die Erde stammte, sondern von einem Raumschiff, das sich von der Erde entfernte. »Wir stellten den Doppler-Effekt in einem ähnlichen Ausmaß fest wie später bei den Signalen von Mondsonden wie den Luniks«, so Gian-Battista Judica-Cordiglia. »Das Signal kam eindeutig nicht von einem umlaufenden Satelliten, sondern eher von etwas, das sich von der Erde entfernte. Das Signal war sehr schwach.« Und dann entwirft Gian-Battista Judica-Cordiglia ein Szenario, das einen frösteln läßt: Um aus einer Umlaufbahn wieder in die Erdatmosphäre einzutreten, mußten sich die sowjetischen Raumschiffe so drehen, daß ihre Bremsraketen nach vorne in Flugrichtung zeigten. Erst dann durften sie gezündet werden. »Wir nahmen an, daß die Kapsel bei der Zündung der Bremsraketen ihre Lageänderung möglicherweise noch nicht vollzogen hatte, so daß die Raketen die Kapsel beschleunigten, statt sie zu bremsen. Ab einer Geschwindigkeit von acht Kilometern pro Sekunde hätte das Raumschiff auf einen höheren Orbit steigen oder sogar die Erdanziehung verlassen können. Wenn ich mich recht erinnere, ist die Fluchtgeschwindigkeit, die man zum Mond benötigt, 11,2 Kilometer pro Sekunde. Die Morse-Botschaft wurde in Englisch ausgestrahlt. Wir glaubten, es handele sich um einen verzweifelten Hilferuf. Nach einer Weile hörten die Signale auf. Ich erinnere mich, daß die sowjetischen Behörden am 2. Dezember 1960 [also vier Tage später, G. W.] den Start von Sputnik VI bekannt gaben und fast zeitgleich erklärten, daß er verloren sei.«[8]

Sputnik VI firmierte noch unter einem anderen Namen: Wostok, der Name der bemannten Sowjetraumschiffe. Nach offiziellen Angaben der Sowjets hatte die Kapsel zwei Hunde, Insekten und Pflanzen an Bord. Wirft man einen Blick auf die Wostok-Planung, erlebt man allerdings eine unangenehme Überraschung. Denn dort waren Flüge mit Versuchstieren gar nicht vorgesehen. Im April 1960 sah die Wostok-Planung vor,

- einen Prototypen Wostok 1 (1K) für die Erprobung beim Start und im Orbit zu bauen, danach würde er verglühen. Er besaß weder einen Hitzeschild noch Lebenserhaltungssysteme;
- die Plattform Wostok 1 sowohl zu einem Spionagesatelliten mit der Bezeichnung Wostok 2 (alias »Zenith«) auszubauen als auch zu einem bemannten Raumschiff (Wostok 3) mit Lebenserhaltungssystemen, Sitz und Hitzeschild.

Demnach sah der Wostok-Stammbaum so aus:

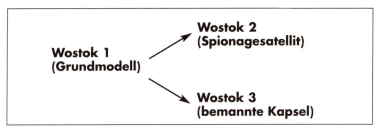

Wostok-Stammbaum

Von Tieren ist hier nicht die Rede. Laut Wostok-Planung sollten von September 1960 bis Dezember 1960 drei Wostok-3-Raumschiffe für bemannte Flüge fertiggestellt werden. Bemannte Flüge sollten vom 11. Oktober 1960 bis in den Dezember hinein durchgeführt werden.[9]

Und genau am 11. Oktober 1960 traf es laut den Judica-Cordiglias einen gewissen Piotr Dolgoff, im Dezember 1960 einen Alexis Gracioff und im Februar 1961 einen Gennady Mikhailoff.

Interessanterweise sieht es so aus, als hätte sogar der sowjetische Chefkonstrukteur Sergej Koroljow den Start von bemannten Raumschiffen lange vor dem Gagarin-Flug am 12. April 1961 bestätigt. Am 30. März 1961 schrieb er einen Brief an das Zentralkomitee der KPdSU, worin er von »zwei Starts von Objekten ›Wostok 3A‹« berichtet[10] – also offenbar des bemannten Typs. Seltsamerweise erklärt Koroljow im selben Brief aber, man sei nun bereit, den ersten Flug eines Menschen in den kosmischen Raum durchzuführen. Ein Widerspruch? Oder meinte Koroljow einfach den ersten *offiziellen* bemannten Flug? Oder spielte er einfach damit, daß die Funktionäre des ZK der KPdSU den Unterschied zwischen Wostok 1 und 3 sowieso nicht kennen würden? Gut möglich. Möglich ist aber auch, daß der Koroljow-Brief erst nach dem Flug Gagarins geschrieben wurde – als offizielles Dokument der Geschichtsschreibung. Schließlich fällt das perfekte Timing auf: Am 30. März erklärte Koroljow dem ZK die Bereitschaft für einen bemannten Flug, und schon dreizehn Tage später flog Gagarin. Diese Frist scheint knapp bemessen zu sein. Am 3. April 1961, also neun Tage vor dem offiziellen Flug Gagarins, erklärte Koroljow dem ZK der KPdSU, die Kosmonauten seien ausgezeichnet vorbereitet, sie würden das Raumschiff und die Flugbedingungen besser kennen als er. Die Flugbedingungen? Weshalb die Flugbedingungen? »Auch er glaube an einen Erfolg, sagte Koroljow weiter. Seine Zuversicht gründe sich auf die Technik, die Menschen, die fliegen werden, und ein ›gewisses Wissen‹ um die Flugbedingungen.«[11] Gewisses Wissen? Was für ein »gewisses Wissen«?

Wenn also Koroljow am 30. März 1961 erklärt, es seien fünf Wostok 1 und zwei Wostok 3 gestartet worden, dann kann das heißen, daß

- mindestens zwei bemannte Flüge durchgeführt worden waren;
- am 28. November 1960, als die Cordiglia-Brüder den Notruf empfingen, kein Raumschiff mit Hunden, sondern mit Menschen an Bord aufgestiegen war.

Die Wostok-Planung kennt, wie gesagt, nur Flüge von unbemannten Prototypen (Wostok 1), Spionagesatelliten (Wostok 2) und bemannte Flüge (Wostok 3). Zwar haben die Sowjets auch Tiere in den Raum geschickt – zum Beispiel die Hündin Laika. Sie flog allerdings an Bord einer Kapsel vom Typ Sputnik II, und zwar schon am 3. November 1957. Also drei Jahre früher. Und es ist auch überhaupt nicht anzunehmen, daß die Sowjets Hunde in wertvollen Kapseln für menschliche Passagiere auf die Reise geschickt hätten.

Eine weitere Version behauptet, daß bei den ersten Flügen des Wostok-3-Typs nur menschliche Puppen an Bord gewesen seien, und zwar *zusammen* mit einem ganzen Zoo von Versuchstieren, darunter auch Hunde. Beim Abstieg durch die Erdatmosphäre sollen die Dummies herauskatapultiert, die Tiere aber in der Kapsel geblieben und wohlbehalten gelandet sein. Das Problem ist nur, daß bei der Auslösung des Schleudersitzes schubstarke Raketen gezündet wurden. Dadurch kam es in der Kapsel zu einem enormen Temperatur- und Druckanstieg. Wie haben die in der Kapsel verbliebenen Versuchstiere das überlebt? Und wenn sie es überlebt haben, waren dann solche Einflußfaktoren bei der anschließenden Untersuchung der Versuchstiere wünschenswert?

Der Wostok-»Feuerstuhl« im Museum (links) und im Einsatz (rechts)

Die Front im All

Auch ein Schweizer Amateurfunker namens Walter Kunz aus Münchenstein soll lange vor dem Flug Gagarins russische Stimmen aus dem All aufgefangen haben: zum Beispiel am 17. Januar 1961. In Deutschland berichtete die *Oberrheinische Zeitung* am 25. Januar 1961: »Zuverlässige Informationen, die aus Moskau und Helsinki eintrafen, bestätigen, was die Sowjets als Staatsgeheimnis ängstlich hüten, westliche Zeitungen aber bereits vor einigen Tagen meldeten: Zwei Russen kehrten von Weltraumflügen nicht zurück.«[12] Pünktlich zum vierzigjährigen Jubiläum von Gagarins Raumflug im April 2001 ließ sogar die russische *Prawda* die Katze aus dem Sack:

> »Gagarin war nicht der erste Mann im All... Drei sowjetische Piloten starben vor Gagarins berühmtem Raumflug bei dem Versuch der Eroberung des Weltraums, teilte Michail Rudenko mit, Senior-Forschungsingenieur bei dem Experimental Design Büro 456 aus Khimki in der Nähe von Moskau. Laut Rudenko wurden 1957, 1958 und 1959 vom Raumbahnhof Kapustin Jar aus Raumschiffe mit den Piloten Ledowski, Schaborin und Mitkow am Steuer gestartet.«

Also sogar noch vor der Produktion des Raumschiffes Wostok. Womit diese Kosmonauten flogen, ist unklar.

»›Alle drei Piloten starben während des Fluges, und ihre Namen wurden niemals offiziell bekannt gegeben‹, so Rudenko. Er sagte, all diese Piloten hätten an sogenannten suborbitalen Flügen teilgenommen, das heißt, ihr Ziel bestand nicht darin, die Erde zu umkreisen, wie später Gagarin, sondern einen Parabelflug zu absolvieren. ›Am Scheitelpunkt der Flugbahn sollten die Kosmonauten den Weltraum erreichen und anschließend zur Erde zurückkehren.‹ Laut Rudenko waren Ledowski, Schaborin und Mitkow normale Testpiloten ohne spezielle Ausbildung, teilte Interfax mit. Nach einer solchen Folge von tragischen Starts beschlossen die Verantwortlichen offensichtlich eine radikale Änderung des Programms und nahmen das Kosmonautentraining in der Absicht, eine eigene Kosmonautenabteilung zu schaffen, sehr viel ernsthafter auf.«[13]

Vielleicht fiel auch erst aufgrund dieser Katastrophen die Entscheidung zum Bau eines »ordentlichen« Passagierraumschiffes – der Wostok. Jedenfalls wäre damit eine weitere, faustdicke »Lüge im Weltraum« entlarvt: »Mein Flug am 12. April 1961 war der erste bemannte Raumflug in der Geschichte.« So Juri Gagarin. Außerdem ist es auch unwahrscheinlich, daß zwischen diesen ersten, bestätigten Raumflügen und dem Flug Gagarins einfach Ruhe an der Weltraumfront herrschte. Es verdichten sich vielmehr die Hinweise, daß hinter den Kulissen der strahlenden sowjetischen Raumfahrt verzweifelt um die Führung im All gekämpft wurde – und zwar auf Leben und Tod. Personen wie Juri Gagarin wirken wie plötzlich an den vorderen Bühnenrand vorgeschoben, um das Gemetzel im Hintergrund zu verbergen. Die beiden Weltraummächte versuchten um jeden Preis, endlich einen Mann ins All zu bekommen. Oder besser gesagt: Endlich einen vorzeigbaren bemannten Raumflug zu präsentieren. Anfang 1961, kurz vor Gagarins offiziellem Raumflug, verschärfte sich der Wettkampf. Am 31. Januar schossen die Vereinigten Staaten einen Schimpansen in den Weltraum. Der erste bemannte Raumflug mit dem Amerikaner Alan Shepard wurde für den 24. März 1961 anberaumt. Die Sowjets gerieten in Panik.

Irgendwann in diesen Tagen, Ende März/Anfang April 1961, wird ein Mann in das Moskauer Botkin-Krankenhaus eingeliefert. Der diensthabende Arzt, Dr. Wladimir Goljakowski, staunt: Die Haut des Patienten ist vollkommen verbrannt, lediglich an den Füßen ist noch so viel vorhanden, daß der Arzt Schmerzmittel injizieren kann. Der Mann, so sagen seine Begleiter, heiße Sergejew und sei Leutnant bei der Luftwaffe. Die erste Lüge, denn in Wirklichkeit hieß der Mann gar nicht Sergejew, sondern Walentin – Walentin Bondarenko. Und in Wirklichkeit war er auch nicht nur Luftwaffenleutnant, sondern Kosmonaut. Fragt sich, was ihm zugestoßen war und wie es kommen konnte, daß er »jeglicher Haut entkleidet« war, wie sich Dr. Goljakowski erinnert. Fast sah es so aus, als habe Bondarenko in einer Art Backofen gesteckt. Doch was könnte das für ein Backofen gewesen sein? Fünfundzwanzig Jahre lang war das ein Staatsgeheimnis. Dann schoben die Sowjets folgende Geschichte nach: Mit Bondarenko sei ein Langzeittest in einer Kammer mit einer reinen Sauerstoffatmosphäre durchgeführt worden. Nach mehreren Tagen habe Bondarenko die Reste eines medizinischen Sensors mit Hilfe eines alkoholgetränkten Lappens oder Wattebausches von seiner Haut entfernt. Anschließend habe er den Lappen/Wattebausch aus Versehen auf einen heißen Kocher geworfen, der zur Zubereitung von Nahrung diente. Daraufhin habe der Wollanzug Bondarenkos sofort in Flammen gestanden.

Allerdings würde kein Wissenschaftler, der noch halbwegs bei Sinnen ist, einen Menschen in einem Wollanzug zusammen mit einem Kocher und brennbaren Flüssigkeiten in eine reine Sauerstoffatmosphäre stecken. Um so weniger, als sowjetische Raumschiffe gar nicht mit einer reinen Sauerstoffatmosphäre, sondern mit einem Gemisch aus Sauerstoff und Stickstoff flogen – unter anderem wegen der ansonsten enorm hohen Brandgefahr (ich werde auf dieses Thema im Abschnitt über den Brand von Apollo 1 zurückkommen). Seltsam ist auch, daß man Bondarenko bei diesem gefährlichen Laborversuch noch nicht einmal einen Feuerlöscher mitgegeben hatte. Von dessen Einsatz wird in der Schilderung des Vorfalls jedenfalls nichts berichtet. Erwähnt wird dagegen, daß man einfach nicht an Bondarenko herankam. Über eine halbe Stunde habe es gedauert, bevor die Kammer geöffnet werden konnte.[14] Gesucht wird also eine Kammer,

- in der es so heiß werden kann, daß die Haut eines Menschen fast am ganzen Leibe verbrennt,
- in der ausgerechnet die Fußsohlen unversehrt bleiben,
- in der kein Zugriff auf einen Feuerlöscher möglich ist,
- in der man selbst bei einem Notfall nicht so leicht an den Insassen herankommt.

Da die Geschichte mit der Sauerstoffkammer nicht plausibel ist, kann es sich bei der geheimnisvollen Kammer natürlich auch um etwas ganz anderes gehandelt haben – zum Beispiel um eine Raumkapsel, die beim Wiedereintritt in die Erdatmosphäre zu glühen begann. Tatsächlich soll Bondarenko in der »Sauerstoffkammer« zu seinem Wollanzug ja auch ausgerechnet Fliegerstiefel getragen haben.[15] Das könnte vielleicht erklären, warum die Fußsohlen unversehrt blieben.

Während die sowjetische Propaganda wenig später den ersten bemannten Raumflug von Juri Gagarin als die Tat eines einzigen, strahlenden Helden darstellte, schien es hinter den Kulissen im Weltraum vor Kosmonauten nur so zu wimmeln. In seinem Buch *Gagarin – eine kosmische Lüge?* nennt der ungarische Schriftsteller István Nemere zwei Kandidaten für einen mißglückten Raumflug Anfang April 1961: Einer davon ist tatsächlich Walentin Bondarenko. Der andere heißt Wladimir Iljuschin.[16] Iljuschin war möglicherweise ein passenderer Kandidat für den ersten Raumflug als Juri Gagarin. Denn Wladmiir Iljuschin war kein Geringerer als der Sohn des bekannten Flugzeugkonstrukteurs Iljuschin und außerdem der berühmteste Testpilot der Sowjetunion. Die fliegerischen Verdienste, die man bei Gagarin vergeblich sucht, hatte Wladimir Iljuschin erworben. »Zugriff auf kürzlich freigegebene Dokumente aus den Archiven des Kreml bestätigen zusammen mit neuen Augenzeugen, daß Juri Gagarin, das Symbol und die heldenhafte Ikone der Sowjetunion, nicht der erste Mensch im All war. Diese Ehre gebührt Wladimir Iljuschin«, behauptet die US-amerikanische Fernsehdokumentation *The Cosmonaut Coverup*.[17]

Der Produzent Dr. Elliot Haimoff stöberte Iljuschin in Moskau auf. »Obwohl heute in den Siebzigern, arbeitet der pensionierte Luftwaffen-General Wladimir Iljuschin immer noch als einer der Konstrukteure des Sukoj Design Büros, ein Hersteller von Kampfflugzeugen in Moskau.« Zwar habe Iljuschin von einem bereits zugesagten Interview vor der Kamera wieder Abstand genommen, aber:

> »Er enthüllte viele bisher unbekannte Fakten aus seinem Leben, die eindeutig auf seine Teilnahme am sowjetischen Raumfahrtprogramm hinweisen. (...) Um diese Zeit war Leutnant Wladimir Iljuschin ohne Frage der berühmteste und erfahrenste Testpilot der Sowjetunion. Er hielt Dutzende von Geschwindigkeits- und Höhenrekorden, einschließlich des Welthöhenrekords von fast dreißig Kilometern, den er 1959 mit einem Sukoj-9-Abfangjäger erreichte. Ende 1960 wurde Iljuschin für seinen Weltrekord zum Helden der Sowjetunion ernannt.«

Wladimir Iljuschin – damals (links) und ca. 1999 (rechts)

Zwar taucht Wladimir Iljuschin auf keiner offiziellen Liste der sowjetischen Kosmonauten auf – doch laut *The Cosmonaut Coverup* war Iljuschin ein Quereinsteiger in das Kosmonautenkorps, der mit Hilfe des politischen Einflusses seines Vaters aufgenommen wurde: »Während seines Trainings war er sehr konzentriert, detailbewußt und akribisch. Er erfüllte alle Aufgaben mit Perfektion, und die Resultate waren die besten von allen Kosmonauten im Training«, zitiert die TV-Dokumentation Colonel Juri Lislow von den sowjetischen strategischen Raketenstreitkräften.

Doch warum kennen wir heute auch Walentin Bondarenko oder Wladimir Iljuschin nicht als die ersten Menschen im Weltall, sondern einen gewissen Juri Gagarin? Aus der Präsentation des Weltraumhelden Wladimir Iljuschin sei nichts geworden, so die TV-Dokumentation. Während des dritten Orbits habe es eine Fehlfunktion des elektrischen Systems gegeben, woraufhin die Steuerelektronik und der Funk ausgefallen seien. Kurz vor dem Wiedereintritt habe Iljuschin das Bewußtsein verloren und sei nicht in der Lage gewesen, sich während des Abstiegs durch die Atmosphäre aus der Kapsel zu katapultieren, wie das sonst üblich gewesen sei. Statt dessen habe er eine harte Landung hingelegt – dummerweise nicht in der Sowjetunion, sondern in China, wo er lange Zeit im Krankenhaus behandelt worden sei.

Um die lange Abwesenheit Iljuschins zu erklären, habe die Sowjetpropaganda mit einer abenteuerlichen Geschichte aufgewartet: Iljuschin sei nach einem Autounfall in eine Rehabilitationsklinik in China geschickt worden. Ein militärischer Top-

Chronologie

So könnte fragmentarisch die wirkliche Geschichte der frühen bemannten Raumfahrt aussehen. Die offiziellen Raumflüge sind fett gedruckt.

1957	Verlust von Alexej Ledowski (Quelle: *Prawda*)
1958	Verlust von Serenti Schaborin (Quelle: *Prawda*)
1959	Verlust von Andrej Mitkow (Quelle: *Prawda*)
ab September 1960	Baubeginn von drei bemannbaren Wostok-Raumschiffen
27. September 1960	Verlust von Iwan Katschur (Quelle: Judica-Cordiglia)
11. Oktober 1960	Beginn bemannter Raumflüge laut Wostok-Planung
11. Oktober 1960	Verlust von Piotr Dolgoff (Quelle: Judica-Cordiglia)
28. November 1960	»SOS an die gesamte Welt«, Morsebotschaft, Erdflucht? (Quelle: Judica-Cordiglia)
02. Dezember 1960	Sowjets geben den Verlust von Sputnik VI bekannt
Dezember 1960	Verlust von Alexis Grassiow (Quelle: Judica-Cordiglia)
17. Januar 1961	»Stimmen aus dem All« (Quelle: Walter Kunz)
02. Februar 1961	Herztöne und Atemgeräusche aus dem All, evtl. Gennadij Michailow (Quelle: Judica-Cordiglia)
Anfang April 1961	Einlieferung von Walentin Bondarenko
07. April 1961	Raumflug von Wladimir Iljuschin (Quelle: *The Cosmonaut Coverup* u.a.)
12. April 1961	**Juri Gagarin, Wostok 1, erster Sowjet im All, orbital (Quelle: offiziell)**
05. Mai 1961	**Alan Shepard, erster Amerikaner im All, suborbital (Quelle: offiziell)**
17. Mai 1961	Zwei Männer- und eine Frauenstimme aus dem All (Quelle: Judica-Cordiglia)
23. Mai 1961	Weibliche Hilferufe aus dem All (Quelle: Judica-Cordiglia)
21. Juli 1961	**Virgil Grissom, zweiter Amerikaner im All, suborbital (Quelle: offiziell)**
06. August 1961	**German Titow, Wostok 2, zweiter Sowjet im All, orbital (Quelle: offiziell)**
21. Februar 1962	**John Glenn, erster Amerikaner im Orbit (Quelle: offiziell)**
15. Mai 1962	Verlust von Alexis Belokoniow (Quelle: Judica-Cordiglia)

Testpilot, Sohn des Kampfjetkonstrukteurs Sergej Iljuschin, zur Erholung im Feindesland? »Ich habe noch nie von jemandem gehört, der zur Genesung von der Sowjetunion in ein chinesisches Hospital geschickt worden wäre«, sagt der damalige Moskau-Korrespondent der britischen Arbeiterzeitung *Daily Worker*, Dennis Ogden, in dem Film. »In der Sowjetunion gab es schließlich jede denkbare medizinische Einrichtung, wahrscheinlich bessere als in China.« Die Beziehungen zwischen der Sowjetunion und China seien damals nicht die besten gewesen, und er finde es »schwierig zu verstehen«, warum die Sowjetunion jemanden wie Iljuschin zur Genesung nach China hätte schicken sollen. Und schon sind wir wieder mittendrin im Thema Propaganda und Kommunikation:

> »Die wirren Geschichten über Iljuschin belegen das, was ich schon immer gesagt habe: Daß nämlich die Sowjetunion selbst ihr schlimmster Feind war. Was immer über die sowjetische Propaganda gesagt wurde, daß sie effizient und effektiv gewesen sei, ist purer Nonsens. Ich glaube nicht, ich habe noch nie geglaubt, daß die Sowjetunion gut in Propaganda war – sie war es nicht.«

Eben. Die Sowjetunion hat einfach gelogen, was das Zeug hielt – ohne Rücksicht auf Verluste. Das Problem ist nur, daß diese Lügen auch heute noch in unseren Schul- und Geschichtsbüchern stehen.

Den angeblichen Weltraumhelden Gagarin straften die Chinesen mit vielsagender Nichtachtung. Im Unterschied zu den meisten Ländern der Erde hätten die Chinesen nach Gagarins Flug keine Glückwünsche nach Moskau geschickt, so Ogden – ganz anders als bei den folgenden Raummissionen. Und auch als Gagarin bei einem Besuch in Neu-Delhi ein großer Bahnhof bereitet wurde, ließ sich kein einziger chinesischer Diplomat blicken: »Obwohl die indische Regierung die Botschaft der Volksrepublik China zu allen Gagarin-Veranstaltungen eingeladen hatte, sind ihnen die chinesischen Diplomaten ohne Angabe von Gründen ferngeblieben«, berichtete die *Frankfurter Allgemeine Zeitung* am 4. Dezember 1961.

Kann das alles wirklich wahr sein? Haben die Sowjets wirklich reihenweise Kosmonauten geopfert, bevor sie endlich einen angeblich geglückten bemannten Raumflug verkünden konnten? Natürlich kann das wahr sein, denn immerhin sprechen wir hier von einer Armee. Hundert Leute ins Feuer zu schicken, damit zehn durchkommen, ist militärischer Alltag in einem Krieg. Warum sollte das plötzlich anders sein? Die Kosmonauten waren ebenso Soldaten wie ihre Vorgesetzten. Ob sie nun gegen einen menschlichen Feind marschierten oder eine neue Front im All erobern sollten, war im Grunde ein und dasselbe: Opfer mußten, konnten und durften gebracht werden. Speziell die Sowjetunion hatte im Gegensatz zu den Vereinigten Staaten im letzten Krieg Millionen Tote zu beklagen gehabt. Warum also Skrupel? Ganz im Gegenteil: Diesmal konnte mit einer Handvoll Soldaten sogar ein grandioser Sieg errungen werden.

Und so bestand tatsächlich »die schauerliche Möglichkeit«, wie der *Reader's Digest* 1965 schrieb, »daß heute ein vor langer Zeit verstorbener russischer Astronaut mit mehreren tausend Meilen pro Stunde still durch den Weltraum treibt – das Opfer eines mißglückten sowjetischen Raumfluges«. Gemeint ist jener Flug, der möglicherweise den Erdorbit verlassen hat, um anschließend ein SOS-Signal zu senden. »Mit einem durch die extreme Kälte perfekt konservierten Körper« könnte der Kosmonaut »auf Jahrhunderte hinaus ein einsamer Wanderer im Weltraum sein.«

Helden fallen nicht vom Himmel

Moskau, 8. April 1961. Die Führung der Sowjetunion befindet sich in einer verzweifelten Lage. Der triumphale Vorsprung der unbemannten sowjetischen Raumfahrt droht verlorenzugehen. Die imperialistischen USA schließen immer mehr auf. Um ein Haar wäre am 24. März 1961 bereits der Amerikaner Alan Shepard ins All gestartet. Fast jeden Monat scheitern ein, zwei Kosmonauten an der unsichtbaren Front im Weltraum. Die beiden letzten waren Bondarenko und Iljuschin. Ersterer verbrannte beim Wiedereintritt, letzterer stürzte in China ab. Dennoch muß der Klassenfeind gestoppt werden, und zwar sofort. Und um jeden Preis.

Da kommt es – einen Tag nach dem mutmaßlichen Absturz Iljuschins – zu einer denkwürdigen Sitzung. Ein unbekannter Mann wird vorgestellt. Neuer Held, neues Glück. Er soll den Feind stoppen, wenn schon nicht im Weltraum, so doch an der Propagandafront. Es ist der Fliegerleutnant Juri Gagarin. Er würde nur eines zu tun haben: an einem bestimmten Tag am Fallschirm aus einem Flugzeug abzuspringen, um kurz darauf als Kosmonaut auf der Erde zu landen – und in den Annalen der Weltgeschichte. Um alles Weitere würde sich die sowjetische Propaganda kümmern.

In etwa so sehen Skeptiker wie beispielsweise der ungarische Autor István Nemere (Buchtitel: *Gagarin – eine kosmische Lüge?*) die wahre Karriere Juri Gagarins, des angeblich ersten Menschen im All.

Laut Propaganda startete Juri Gagarin mit seinem Raumschiff Wostok 1 am 12. April 1961 um 9:07 Moskauer Zeit von einer Startrampe nahe dem kleinen Örtchen Tjuratam (später: Baikonur) aus. (In der Zählweise der Sowjets wurde der erste erfolgreiche Flug des bemannten Typs Wostok 3 als Wostok 1 bezeichnet. Von den Flügen der Wostok-Prototypen und -Spionagesatelliten wußte die Öffentlichkeit ja nichts.) Er habe eine Erdumlaufbahn mit einem erdnächsten Punkt von 181 Kilometern und einem erdfernsten Punkt von 327 Kilometern (Apogäum) absolviert und sei eine Stunde und 48 Minuten nach dem Start im Gebiet von Saratow wieder gelandet.[18] Diese Propaganda-Geschichte von Gagarins Raumflug klingt etwas zu schön, um wahr zu. Danach hat es überhaupt keine Fehlversuche gegeben und auch keine suborbitalen Flüge. Der Fliegermajor Gagarin soll an Bord des Raumschiffs Wostok 1 statt dessen gleich zu einer Erdumrundung aufgebrochen sein, und zwar mit vollem Erfolg. Nach genau einem Orbit soll er wohlbehalten in der Sowjetunion gelandet sein. In Wirklichkeit, so ergibt sich aus den bisherigen Recherchen, hatte die Sowjetunion die bemannte Raumfahrt aber noch gar nicht im Griff. Vielmehr sieht es so aus, als wäre Gagarin im sowjetischen Raumfahrtprogramm erschienen, wie der berühmte Phönix aus der Asche. Die Frage ist nur: Ist der Mann auch wirklich geflogen? Oder war es etwa so, daß die wirklichen Raumflüge nicht veröffentlicht wurden, während die veröffentlichten Raumflüge nicht wirklich stattfanden?

Ein Mann ohne Eigenschaften

Wer war Juri Gagarin? War er zum Beispiel aus ebensolchem Holz geschnitzt wie der Testpilot und preisgekrönte Flieger Wladimir Iljuschin? An Gagarins Vita fällt die enorme Fahrt auf, die sein Leben ab einem bestimmten Punkt aufnahm. Mit siebzehn soll er eine Lehre als Gießer abgeschlossen haben. Bis zu seinem 21. Lebensjahr soll er eine Art Facharbeiter im Gebiet von Saratow gewesen sein. 1954, mit zwanzig, trat er einem Fliegerklub bei, zehn Monate später absolvierte er den ersten selbständigen Flug in einem einmotorigen, zweisitzigen Schulungsflugzeug vom Typ Jak 18. Fünfeinhalb Jahre vor seinem Raumflug war Gagarin somit ein blutiger Anfänger im Cockpit einer einmotorigen Holpermaschine. In den nächsten vier Jahren allerdings soll er beim Fliegerregiment der Nordmeerflotte gedient haben. Unglücklicherweise ist die Karriere Juri Gagarins fotografisch schlecht dokumentiert. Aus seiner Zeit als Gießer ist mir nur ein einziges Bild bekannt – ein Gemälde. Fragt sich nur, welcher Gießerlehrling in der Sowjetunion während seiner Ausbildung porträtiert wurde. Ein Bild aus seiner Zeit im Fliegerklub zeigt ihn nicht im Cockpit, sondern beim Putzen desselben.

Ein Gruppenbild, das Gagarin als Flieger zeigt, ist eine Fälschung. Fliegerkombis und Gürtelschnallen sind aufgemalt,

Juri Gagarin als Gießer (links) und beim Reinigen des Cockpits (rechts)

Gruppenbild mit Gagarin und aufgemalten Fliegerkombis, Details

Gagarins linker Arm wirkt deformiert, sein Kopf sitzt schräg auf seinem Fliegeranzug.

Im Flugzeugcockpit sieht man Gagarin nur dreimal, davon einmal als körperliches und seelisches Wrack. Ich komme später noch auf dieses Foto zu sprechen.

Am Ende seines Militärdienstes bei der Nordmeerflotte, am 9. Dezember 1959, bewarb sich Gagarin um die Aufnahme in das Kosmonautenkorps der Sowjetunion. Und nun ging wirklich alles sehr schnell. Nur drei Monate nach dieser Bewerbung nahm er das Kosmonautentraining auf. Weitere drei Monate später trat Juri Gagarin in die KPdSU ein. Ein Jahr nach Aufnahme des Kosmonautentrainings, am 3. März 1961, legte Juri Gagarin die

Kosmonautenprüfung ab. Gerade noch rechtzeitig, denn schon fünf Wochen später war er als erster Mensch im All.

Die Frage ist, was Gagarin zu dieser steilen Karriere motivierte und befähigte. Vielleicht, daß er ein »begeisterter Pilot« gewesen sei, wie es hieß?[19] Das kann es jedoch nicht gewesen sein, denn noch bei seinem Tode im März 1968, also sieben Jahre *nach* seinem angeblichen Raumflug, verfügte Juri Gagarin gerade einmal über 340 Flugstunden, davon 75 als Jetpilot.[20] Offenbar hatte man ihn also auch beim Fliegerregiment der Nordmeerflotte nicht besonders oft ins Cockpit gelassen – und nach seinem Raumflug auch nicht. Damit war Gagarin nicht nur ein Fremdkörper im Kosmonautenkorps der Sowjetunion, sondern unter allen Raumfliegern dieser Zeit. Seine Kosmonautenkameraden verfügten im Durchschnitt über 1500 Jetflugstunden,[21] die ersten amerikanischen Astronauten über durchschnittlich 5000 Gesamtflugstunden. Alan Shepard und John Glenn brachten es bei ihrer Nominierung zum Astronauten sogar auf 5500 Flugstunden.[22] Gagarin dagegen hat den größten Teil seiner wenigen Jetflugstunden wahrscheinlich erst nach seinem Raumflug absolviert. Auch beim Fallschirmspringen war er ein blutiger Anfänger. In den Jahren vor seinem Kosmonautentraining hatte er nur fünf Sprünge absolviert.[23] Zum Vergleich: Um heute hierzulande die Fallschirmspringerprüfung abzulegen, benötigt man an die 30 Absprünge.

Was beförderte ausgerechnet diesen Mann an die Spitze aller Kosmonauten und Astronauten? Besaß er vielleicht andere herausragende Fähigkeiten? »Seine Ausnahmeerscheinung kam weniger darin zum Ausdruck, daß er in einzelnen Fächern besonders glänzte«, schreibt aber Gagarin-Biograph Gerhard Kowalski. Gagarin sei ein kosmischer Mehrkämpfer gewesen, der Weltmeister wurde, »obwohl er in keiner Einzeldisziplin den ersten Platz belegte«.[24] Das klingt sehr diplomatisch und nicht so, als hätten irgendwelche überragenden Fähigkeiten Gagarin zum Kosmonauten befördert. Laut German Titow, nach Gagarin im August 1961 an Bord von Wostok 2 angeblich der zweite Sowjetbürger im Weltraum, scheint es eher um »etwas Symbolisches beim Lebensweg und in der Biographie Gagarins« gegangen zu sein: »Sohn eines Bauern, der die schrecklichen Tage der faschistischen Okkupation überlebt hat. Schüler einer Handwerksschule. Arbeiter. Student. Kursant in einem Fliegerklub. Flieger. Diesen Weg sind Tausende und Abertausende Altersgenossen Juris gegangen.«[25]

War Gagarin in Wahrheit nur ein Durchschnittsmensch mit einem symbolischen Lebenslauf? Ist die Fliegerei mit Hilfe von ein paar Flugstunden nur ein wenig Verzierung? Und wurde auf diese Weise der perfekte kommunistische Kosmo-Frankenstein geschaffen: Bauernsohn, Faschismus-Opfer, Handwerker, Arbeiter, Student und etwas Kühnes, sagen wir: Flieger? Wenn man das so betrachtet, konnte die halbe sowjetische Gesellschaft gar nicht anders, als sich mit Gagarin zu identifizieren.

Auch die Sache mit seiner einjährigen Kosmonautenausbildung klingt unglaubwürdig. Wenn das wahr wäre, warum hat man ihm dann erst zwei Tage vor dem Flug erläutert, »welche Sicherheitsmaßnahmen für welchen Notfall getroffen worden waren«?[26] War dies etwa nicht Gegenstand der Ausbildung gewesen? Und warum hat man ihm erst im letzten Moment über Funk erläutert, daß vom Kommando »Startschlüssel betätigen« bis zum Zünden der Triebwerke noch fünf Minuten vergehen würden? Gehörte auch das nicht zum Unterrichtsstoff? Das alles paßt nicht zu jemandem, der angeblich ein Jahr lang als Kosmonaut ausgebildet wurde. Schon eher würde es zu jemandem passen, den man wie ein Karnickel am Genick gepackt und in eine Kapsel gesetzt hat – vielleicht nicht einmal, um dann auch wirklich abzuheben.

Denn warum wurde die Luke des Raumschiffes eigentlich nochmals geöffnet, nachdem Gagarin bereits drinsaß? Die offiziell geschilderte Panne kann nicht der Grund gewesen sein, denn diese Panne war überhaupt keine. Angeblich hatte um 7.58 Uhr eine Signallampe angezeigt, daß die Luke des Raumschiffes undicht sei, woraufhin man sie wieder geöffnet habe. Allerdings fand sich nicht der geringste Anlaß für den Alarm, woraufhin die Luke wieder verschlossen wurde. Und merkwürdigerweise wurde die Luke erst jetzt für den Raumflug vorbereitet und auf ihre Dichtigkeit geprüft:

»Dazu wird ein sogenannter Sauger angelegt, eine Art feste runde Schüssel, die über die Luke gestülpt wird. Dann pumpt man in ihr die Luft ab, so daß sie fest an die Kabinenwand gepreßt wird. Eine eventuelle Druckveränderung würde bedeuten, daß die Luke nicht richtig schließt. Doch das ist nicht der Fall.«[27]

Aber warum hat man diesen Test nicht schon nach dem ersten Verschließen der Luke durchgeführt? Denn schließlich konnte man von der bevorstehenden Panne da ja noch nichts wissen. Oder doch? War der Start da noch gar nicht ernsthaft vorgesehen?

Wer sich anschickt, die Wahrheit über den Flug Gagarins herauszufinden, droht in einem Wust von widersprüchlichen Informationen, Darstellungen und Versionen zu ertrinken. Je näher man dem Gegenstand kommt, um so mehr verflüchtigt er sich. Man stellt fest, daß eines der spektakulärsten Ereignisse der Menschheitsgeschichte in einer Grauzone von Information und Desinformation verschwindet. Mitten in dieser Grauzone verliert sich auch Gerhard Kowalskis bereits zitierte Gagarin-Biographie *Die Gagarin-Story*. Trotz zahlreicher Ungereimtheiten und Beweise für Fälschungen weigert sich Kowalski zur Kenntnis zu nehmen, daß ihm der Flug Gagarins im Grunde unter den Fingern zerrinnt. Trotz eines, wie er selbst schreibt, Gestrüpps »von bewußten Falschinformationen, Halbwahrheiten und Lügen, in dem sich die Sowjetpropaganda schließlich selber verfing«, hält Kowalski unerschütterlich an der Geschichtlichkeit des Fluges fest.[28] Daher werde ich so frei sein, unter anderem mit Hilfe der von ihm gelieferten Informationen ein etwas anderes Bild des ersten bemannten Raumfluges der Menschheitsgeschichte zu zeichnen.
Setzen wir uns also auf die Spur von Juri Gagarins Flug.

Der Flug des Juri G.

Welche Beweise gibt es eigentlich dafür, daß Juri Gagarin am 12. April 1961 zum ersten Raumflug der Menschheitsgeschichte abhob? »Eigentlich«, bemerkt Kowalski ganz richtig, »hätte man annehmen müssen, daß die Sowjets in höchstem Maße interessiert gewesen seien, der Weltöffentlichkeit den grandiosen Start in das kosmische Zeitalter umfassend in Wort, Bild und Ton nahezubringen. Doch weit gefehlt.«[29] Das meiste schriftliche Material sei erst nach dem Flug Gagarins zusammengestellt worden, bei den Bildern habe man sich zum Teil sogar mehrere Jahre Zeit gelassen. Kaum zu glauben. Erbrachte die Sowjetunion die größte technische Leistung seit dem ersten Motorflug, ohne Fotoapparate und Filmkameras bereitzuhalten? Eigentlich sollte man doch daran interessiert sein, diese Leistung hinterher auch zu beweisen: Um Beweise aber scherte sich die Sowjetunion überhaupt nicht.

Werfen wir einmal einen Blick auf Gagarins triumphale Begrüßung in Moskau am 14. April 1961, zwei Tage nach seinem Flug. Wie es im Kommunismus üblich war, hielten die Menschen dabei riesengroße Fotos hoch, auch solche von Gagarin. Doch merkwürdigerweise war der »Kosmonaut« Gagarin darauf gar nicht zu sehen. Vielmehr gab es nur zwei Bilder. Das eine zeigte Gagarin in seiner nagelneuen Majors-Uniform. Das zweite zeigte Gagarin ebenfalls nicht als Kosmonaut, sondern als Fallschirmspringer während seiner Zeit im Saratower Aeroclub.[30] Irgendwie waren offenbar keine Kosmonautenfotos von Gagarin zur Hand. Dasselbe gilt für die Pressekonferenz nach dem Flug am 15. April 1961, zu der sich die Medien der Welt versammelt hatten. Aber nicht einmal da konnten die Sowjets mit Bildmaterial aufwarten. Gagarin selbst wies die verblüffte Presse darauf hin, daß es »keine einzige Fotokamera und keine fotografische Anlage« an Bord der Raumkapsel gegeben habe. Es seien keine Aufnahmen gemacht worden, »und darum gibt es nichts, was zu veröffentlichen wäre«.[31] Da plant man ein globales Spektakel und macht kein einziges Foto – nicht mal ein ganz kleines? Man gibt die ganzen Millionen und Milliarden für Raketen und Raumschiffe aus und hat dann keine einzige »fotografische Anlage« an Bord? An diesem Punkt hätten die Kamerateams eigentlich die Lichter löschen und die Korrespondenten ihre Blöcke zuklappen müssen: Kinder, das war's, die Story ist gar keine.

Aber merkwürdigerweise hinderte diese skurrile Pressekonferenz die Welt nicht daran, Gagarins Flug anzuerkennen und in ihre Lexika und Schulbücher aufzunehmen. Ja, die Welt war überaus entgegenkommend. Sogar der ideologische Feind. Nicht einmal die USA zogen angesichts der lausigen Dokumentation von Gagarins Flug die Notbremse und stellten ihn in Frage. Denn die Vereinigten Staaten hatten ganz andere Pläne. Am 25. Mai 1961, eineinhalb Monate nach Gagarins Flug, rief Präsident John F. Kennedy den Kongreß auf, ein milliardenschweres Programm zur Landung eines Menschen auf dem Mond zu beschließen. Und an der Authentizität dieser Landung hatten später bekanntlich die Sowjets nichts auszusetzen.

Aber heute kennen wir doch Bilder von Gagarin bei seinem Raumflug! »Juri Gagarin – der erste Mensch im All – an Bord des Wostok-1-Raumschiffes am 12. April 1961«, schreibt beispielsweise der britische *Guardian* zu dem Foto links unten. Doch auf einem Foto, das offenbar dieselbe Situation zeigt, sieht man deutlich die Hosenbeine eines Menschen im Hintergrund, der in der Kapsel natürlich gar keinen Platz gehabt hätte. In dieser Situation probierte Gagarin lediglich den Schleudersitz der Wostok-Kapsel aus, heißt es: »Hierbei entstanden offensichtlich auch viele der Fotos, die Gagarin angeblich beim Start in der Raumkapsel zeigen«, schreibt sein Biograph Kowalski.[32] Oder sollten wir sagen: »beim angeblichen Start«? Denn schließlich gibt es da noch ein Problem: Der Schriftzug CCCP auf Gagarins Helm, die kyrillische Form der Abkürzung »UdSSR«.

Diese Buchstaben sind zwar auch auf einem Foto von der angeblichen Busfahrt zum Startplatz zu sehen, nicht aber beim Einsteigen in den Rampenaufzug. Dabei trägt Gagarin (oder wer

Hier war Gagarin nicht im All, sondern erprobte nur den Schleudersitz außerhalb der Kapsel, wie die Hosenbeine im Hintergrund zeigen (rechts)

Gagarin im Bus zur Startrampe, an der Startrampe

auch immer) einen Helm ohne CCCP-Aufschrift (rechts). Tatsächlich sieht es so aus, als sei Juri Gagarin nicht an Bord einer Rakete, sondern auf den Schreibtischen der Foto-Retuscheure in den Weltraum befördert worden. Die folgenden Bilder sind allesammt Abkömmlinge der Busfotos.

Mal wird die Busbesatzung im Hintergrund nur halb wegretuschiert, mal wird sie gar komplett entfernt, als wäre Gagarin an Bord seiner Raumkapsel. Rechts wurde die Szene offenbar gezeichnet und der Hintergrund durch Zeitungsausschnitte ersetzt. So entsteht der Eindruck einer Vielzahl von Bildern, die Gagarin als Kosmonauten zeigen. Auch das nächste Bild zeigt den Kosmonauten Juri Gagarin in seinem Raumanzug – nur wann? Wenn man genau hinsieht, fällt Juri Gagarins entstellte linke Augenbraue auf. Diese Entstellung entstand mindestens ein halbes Jahr nach seinem angeblichen Raumflug, wahrscheinlich bei einem Unfall am 3. Oktober 1961.

Beförderung vom Buspassagier zum Kosmonauten

Der «Kosmonaut» Gagarin (links), und erst nach seinem Raumflug entstandene Entstellung (rechts)

Daß Gagarin in einem Bus fuhr, scheint also hinreichend bewiesen. Aber flog er auch mit einer Raumkapsel? Als Beweis werden immer wieder grobzeilige TV-Bilder des Kosmonauten gezeigt, die von Bord der Kapsel stammen sollen. Doch Zweifel sind erlaubt. Und zwar nicht nur deshalb, weil Gagarin erklärt hatte, daß es an Bord »keine einzige Fotokamera und keine fotografische Anlage« gegeben habe. Denn streng genommen sind Live-Fernsehkameras keine »fotografischen Anlagen«, die Bilder auf einen Film aufzeichnen.

Die Probleme entstehen vielmehr wegen der Standorte und Perspektiven der Kameras. Angeblich gab es genau zwei Kameras an Bord. Die eine nahm Gagarin frontal von unten auf (aus Kniehöhe), die andere von rechts.[33] Wie man sieht, gibt es jedoch nicht weniger als drei Fernsehperspektiven von Gagarin – also eine zuviel. Des weiteren müßten alle abgedruckten TV-Aufnahmen auch schon deshalb falsch sein, weil sie Gagarin frontal von oben oder von links zeigen, statt von rechts und von vorne aus Kniehöhe. Auch die angeblich von einer amerikanischen Station aufgefangene Sequenz wäre demnach zweifelhaft, denn auch sie zeigt den Kosmonauten von links statt von rechts. Davon, daß man Gagarin auf ihr gar nicht erkennen kann, einmal ganz abge-

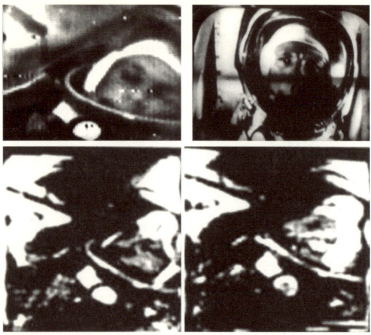

Angebliche TV-Bilder von Gagarin im Orbit: Eines dieser kursierenden TV-Bilder von Gagarin muß falsch sein, denn da es an Bord nur zwei Kameras gab, dürfte es auch nur zwei Perspektiven geben. Oder sind alle falsch? Denn statt von rechts oder aus Kniehöhe, wo die Kameras angebracht waren, zeigen die TV-Bilder Gagarin von links oder frontal.

sehen. Die Aufnahme aus Kniehöhe gibt es nur in einer Form, in der es sie gar nicht geben dürfte, nämlich als Filmaufnahme:

Eine Filmkamera wäre schon eher als »fotografische Anlage« zu werten als eine Live-TV-Kamera. Fotografische Anlagen gab es aber nicht an Bord von Wostok 1, so Gagarin. Und auch

Filmaufnahme von Gagarin, angeblich aus Wostok 1

Kowalski schreibt: »Aus völlig unerklärlichen Gründen haben die Sowjets offenbar darauf verzichtet, eine Filmkamera an Bord zu installieren und einfach mitlaufen zu lassen.«[34] In der Tat: Völlig unerklärlich. Mindestens so unerklärlich wie der wirkliche Ursprung der gezeigten Aufnahmen aus Wostok 1.

Der Wostok-Mythos

Anläßlich eines Besuches von Zarin Katharina der Großen 1787 auf der Krim machte der russische Reichsfürst Grigorij Aleksandrowitsch Potemkin eine bahnbrechende Erfindung: Um die Kaiserin von der Fortschrittlichkeit und vom Wohlstand der Region zu überzeugen, ließ er ganze Dorfattrappen aus dem Boden stampfen und kreierte so das später nach ihm benannte »Potemkinsche Dorf« – eine Innovation, für die sich in der Folge vor allem das Militär erwärmte: Im 20. Jahrhundert hatte sich daraus eine stattliche Familie aus Papp-Panzern, Papp-Flugzeugen, Papp-Raketen und natürlich auch den sprichwörtlichen Papp-Kameraden entwickelt. Und zwar nicht nur in Rußland oder der Sowjetunion. Vielmehr leuchtete Herrn Potemkins Erfindung den Streitkräften aller Herren Ländern ein. Denn die Lüge ist immer noch die schnellste, billigste und oft auch eindrucksvollste Waffe. Oft wirkt sie bereits, indem man sie ausspricht. Die Erscheinungsformen des Potemkinschen Dorfes reichen von der bloßen Behauptung bis hin zum Modellbau und zur ausgefuchsten Inszenierung. Warum echte Panzer bauen, wenn es auch welche aus Pappe tun? Warum Flugzeuge produzieren, wenn man die Flugplätze auch mit Modellen pflastern kann? Und warum in den Orbit fliegen, wenn es auch ein paar einfache Lügen tun?

Von Gagarins Rakete waren verdächtigerweise nicht weniger als drei Versionen in Umlauf, wie die folgenden Bilder zeigen.

Der schwedische Experte für die Russen-Raumfahrt Sven Grahn nennt dies den »Wostok configuration myth«, also den Mythos von der Beschaffenheit des Raumschiffes Wostok: Mal sah Wostok aus wie eine aus einer Wolke aufsteigende Salatgurke. Dann wieder erinnerte Wostok an ein Projektil mit einem runden Stabilisierungsring an der Basis. »Die Wostok-Flüge erzeugten

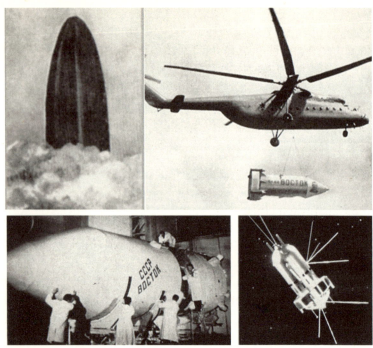

Angebliche Wostok-Raumschiffe auf der Erde und im All

einige beachtliche Stücke Desinformation«, so Grahn. Das im Weltall fliegende Raumschiff wurde als eine Art Arzneikapsel mit vielen kleinen Fühlerchen dargestellt. Alles falsch: Wie Wostok im Weltraum wirklich aussah (nach dem Abwurf der aerodynamischen Verkleidung), erfuhr man erst später. Die eigentliche Raumkapsel war ganz einfach eine Kugel, die auf einem mehr oder weniger großen Versorgungsteil ruhte. Der Versorgungsteil wurde vor dem Eintritt in die Atmosphäre abgetrennt, am Ende blieb nur noch die Kugel übrig. »Gagarin reiste auf einer Kanonenkugel – wie Baron Münchhausen!«, konnte man 1965 in einer Zeitung lesen.[35]

Ein starkes Stück. War doch Karl Friedrich Hieronymus Freiherr von Münchhausen jener sagenhafte »Lügenbaron« aus dem 18. Jahrhundert, der nach der Erzählung von Rudolf Erich Raspe zu gewissen Übertreibungen geneigt haben soll. Schon Münchhausen soll wunderbare Reisen unternommen haben, und zwar zu Lande, zu Wasser, in der Luft und sogar im Weltraum. Genau

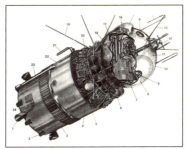 

So sah Wostok im All (Schema) und nach der Landung wirklich aus

wie Gagarin soll er mit Hilfe einer (Kanonen-)Kugel gereist sein. Und genau wie die Apollo-Astronauten soll auch schon Münchhausen auf dem Mond gelandet sein.

Eine Stimme aus dem All

Wer oder was am 12. April 1961 wirklich von der Startrampe abhob, ist also nicht so ganz klar. Selbst wenn man annimmt, daß Gagarin wirklich, wie behauptet, um 9.07 Uhr Moskauer Zeit von Tjuratam (später: Baikonur) aus startete, wirft der weitere zeitliche Ablauf Fragen auf. Zum Beispiel: Warum meldete die Sowjetunion den Flug ausgerechnet mittendrin und nicht vorher oder nachher? Um 10.02 Uhr Moskauer Zeit, also eine knappe Stunde nach dem Start, gab der sowjetische Rundfunk nicht nur die Tatsache des Fluges bekannt, sondern auch die Funkfrequenzen, über die der Funkverkehr abgewickelt wurde: 9,019 und 20,006 Megahertz. Nun hatten Funkamateure in aller Welt theoretisch die Chance, mitzuhören, wie sich der erste Mensch im All mit der Bodenstation unterhält.[36] Dieses Timing weist darauf hin, daß man zwar den Start, seltsamerweise aber nicht die Landung fürchtete. Dabei sind Wiedereintritt in die Erdatmosphäre und Landung mindestens so gefährlich wie der Start. Für dieses Verhalten gibt es vor allem eine vernünftige Erklärung: An Bord des am 12. April 1961 gestarteten Raumschiffes befand sich kein Mensch, sondern ein Tonband. Daher reichte es vollkommen, den gelungenen Start abzuwarten, um den Flug an die große

Glocke zu hängen. Mit einem Kosmonauten an Bord hätte dies ein wenig voreilig sein können. Spekulation? Nicht ganz. Daß ein Tonband im Spiel war, bestätigt Gagarin nämlich selbst: »In der Kabine der ›Wostok‹ befand sich ferner ein Tonbandgerät, das vom Kosmonauten jedesmal eingeschaltet wurde, sobald er anfing zu sprechen«, berichtet er in seinem Buch *Ich war der erste Mensch im Weltall:* »Wenn er das Territorium der UdSSR überflog, wurde alles, was auf dem Tonband aufgenommen worden war, zur Erde gesendet.«[37] Damit ist klar, daß Originaltöne des Raumfahrers vom Band kamen. Den Kosmonauten gleich ganz wegzulassen, wäre da nur noch ein winziger Schritt gewesen. Vielleicht vermied es die Stimme aus dem All ja auch deshalb peinlich, irgendwelche Details des Fluges zu beschreiben. »Ich sehe die Erde. Wie herrlich!«, tönte es zum Beispiel direkt nach dem Start aus der Kapsel.[38] Und später: »Alles schwimmt. Es schwimmt alles! Wie schön.«[39] Dann: »Beobachte die Erde. Sicht gut. Höre euch ausgezeichnet!«

Nun ja – die Erde. Das hat man sich freilich schon gedacht. Bei der Bemerkung über die gute Sicht hätte man sich vielleicht noch ein paar Einzelheiten gewünscht. »Flug nimmt weiter guten Fortgang. Beobachte die Erde. Sicht gut..., man kann alles sehen.« Schon wieder »die Erde«! Und was ist »alles«? Wie sieht die Sowjetunion von oben aus, wie China, der Himalaya oder der Südatlantik, Afrika und Europa? Welche Erdteile liegen in der Nacht, welche im Tageslicht, was befindet sich unter Wolken? Stop: Wolken vergißt die Stimme aus dem Orbit dann doch nicht zu erwähnen, seltsamerweise aber, wo sie sich befinden: »Ein gewisser Raum ist mit Kumuluswolken bedeckt«, tönt es kryptisch aus dem All. Ein gewisser Raum? Was soll denn das nun schon wieder heißen? Und was ist mit der technischen Seite des Fluges und des Raumschiffs: Schüttelt es, dreht es sich, pfeift es, vibriert es, oder ist es etwa vollkommen lautlos? Nichts dergleichen: Alles ist normal. Alles, alles, und noch mal alles: »Setze Flug fort. Alles normal. Alles funktioniert ausgezeichnet. Fliege weiter.« Und: »Setze den Flug fort. Alles verläuft gut. Maschine arbeitet normal.«[40]

Der von Sven Grahn wiedergegebene Funkverkehr Gagarins wird auch von den Judica-Cordiglia-Brüdern bestätigt: »Um 8.14 Uhr wurde eine männliche Stimme empfangen, die fast augen-

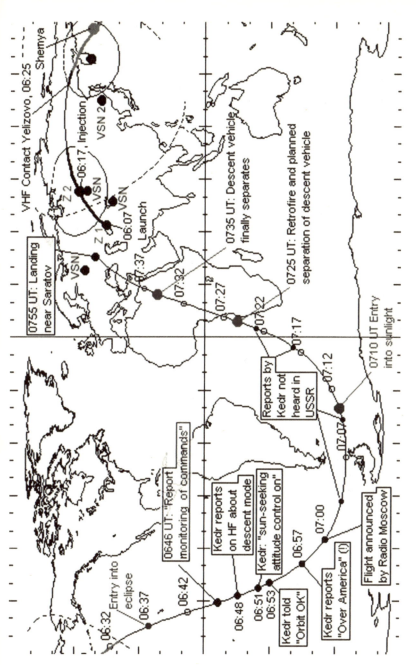

Wostok (Rufname: Kedr/Zeder) meldet mitten über dem Pazifik: »Über Amerika«, Zeitangaben in Universal Time (UT)

blicklich wieder verschwand, um danach mehrmals wiederzukehren. Einige Sätze wurden empfangen: ›Ich setze den Flug fort.‹ – ›Wunderschöne Aussicht.‹ – ›Die Erde ist blau.‹«[41]

Nur einmal ließ sich die Stimme aus dem Weltraum zu einer konkreten Ortsangabe hinreißen. Um 6.57 Uhr Universal Time (= 9.57 Uhr Moskauer Zeit) meldete die Stimme: »Ich bin über Amerika.« Und das war prompt falsch. Wie man aus der obigen Rekonstruktion der Flugbahn entnehmen kann, befand sich Wostok 1 zu dieser Zeit mitten über dem Pazifik – und nicht »über Amerika«.

Daß diese Übertragung aus dem Orbit gefälscht war, erkennt man auch daran, daß sie später korrigiert wurde. In seinem Aufsatz *Mein Flug ins All*, auf deutsch veröffentlicht 1964, sah sich Gagarin nach dem Eintritt in den Erdschatten nicht mit Amerika, sondern mit »völliger Finsternis« konfrontiert. Korrekt heißt es da: »Offensichtlich befand ich mich über einem Ozean, denn selbst das goldene Flimmern beleuchteter Städte war nirgends zu entdecken.«[42] Das paßt nun zwar zu der Flugbahn von Wostok 1, nicht aber zum Funkverkehr, in dem eine Stimme behauptete, sich über Amerika zu befinden.

Auch auf der Pressekonferenz vom 15. April 1961 drückte sich Gagarin um Details seines Fluges: Am ausführlichsten war er »immer dann, wenn es nicht sosehr um Einzelheiten des Fluges, sondern mehr um allgemeine Dinge ging«.[43] Nicht Gagarin, sondern der Präsident der sowjetischen Akademie der Wissenschaften, Nesmejanow, habe jene ausführliche Schilderung des Fluges gegeben, »die man eigentlich von Gagarin selbst erwartet hätte«.[44] Das *Raumfahrt-Journal* (2/91, S. 44) berichtete, daß Gagarin, als er nach der Landung im sowjetischen Fernsehen erschien, seine Erlebnisse von einem Blatt ablesen mußte: »Er war nicht fähig, aus dem Gedächtnis zu rapportieren.«

Wenn nur die Landung nicht wär'...

Die Glaubwürdigkeit des Fluges wird dadurch nicht gerade erhöht, daß Juri Gagarin nicht einmal an Bord seines Raumschiffes landete. Vielmehr hing er wie ein ganz gewöhnlicher Fallschirmspringer am Fallschirm. Die Raumkapsel kam ohne Gagarin herunter:

> »Einige Kilometer entfernt rannten zwei Schulmädchen aufs Feld hinaus, um zu sehen, was passiert war: ›Vor uns waren schon die Jungs dort. Die sahen sie als erste: eine große Kugel, etwa zwei oder drei Meter hoch. Sie stürzte auf die Erde, sprang noch einmal hoch und landete dann wieder. Wo sie zuerst aufschlug, gab es ein großes Loch.‹«[45]

Wenn das gleich bekannt gewesen wäre, wäre Gagarin schon deswegen nicht als der erste Mann im All in die Geschichte eingegangen. Denn die Anerkennung des Rekord-Fluges durch die internationale Luftfahrtorganisation FAI (Fédération Aéronautique Internationale) setzte voraus, daß der Raumfahrer an Bord seines Raumschiffes landete. Schon indem die Sowjets die seltsamen Umstände der Landung verschwiegen, wurde die Anerkennung des Fluges erschwindelt.[46] Doch warum landete Gagarin nicht in seiner Kapsel, sondern wie ein ganz gewöhnlicher Fallschirmspringer? Die offizielle Antwort: Gagarin habe sich in größerer Höhe aus der Kapsel katapultieren müssen, weil die sowjetischen Raumschiffe noch nicht besonders sanft hätten landen können. Ob das freilich die letzte Wahrheit oder nur eine weitere vorgeschobene Lüge ist, muß offen bleiben. Ebensogut ist es möglich, daß Kosmonaut und Kapsel einfach aus einem Frachtflugzeug in die Geschichte entsorgt wurden. Denn verblüffend ist schließlich auch die unheimliche Genauigkeit der Landung. Nach einer gesamten Erdumkreisung und einer Flugstrecke von rund 40 000 Kilometern landete Juri Gagarin ausgerechnet in jener Region am Fallschirm, in der er zuvor das Fallschirmspringen geübt hatte, wie David Easton Potts in seiner Doktorarbeit über die sowjetischen Kosmonauten bemerkte.[47] Juri Gagarin landete just in der Gegend »seines« Saratower Fliegerclubs. Andere Wostok-Kapseln schossen mitunter Tausende von Kilometern über das Ziel hinaus.

Warum aber sollten die Sowjets den Flug gefälscht haben? Dafür gab es doch eigentlich gar keinen Anlaß. Die Geschichte der erfolgreichen bemannten Raumfahrt begann wahrscheinlich nicht lange nach dem angeblichen Gagarin-Flug vom 12. April 1961. Warum also nicht etwas warten und dann eine reale Mission fliegen? Verstehen kann man das nur angesichts des zumindest nach außen hin gnadenlosen Wettlaufs der Weltmächte. Betrachtet man die Chronologie der frühen bemannten Raumflüge, so entsteht der Eindruck eines regelrechten Schlagabtausches.

1961

Wostok 1	12. April 1961	Gagarin, Juri A.	erster Mensch im All, orbital
Mercury 3	5. Mai 1961	Shepard, Alan B.	erster Amerikaner im All, suborbital
Mercury 4	21. Juli 1961	Grissom, Virgil I.	zweiter Amerikaner im All, suborbital
Wostok 2	6. August 1961	Titow, German S.	erster Mensch über 24 Stunden im All

1962

Mercury 6	20. Februar 1962	Glenn, John H.	erster Amerikaner im Orbit
Mercury 7	24. Mai 1962	Carpenter, M. Scott	erste Hauptmahlzeit im All für die USA
Wostok 3	11. August 1962	Nikolajew, Andrijan G.	erstes Rendezvous im All (mit Wostok 4)
Wostok 4	12. August 1962	Popowitsch, Pavel R.	erstes Rendezvous, Annäherung bis auf 4 Meilen an Wostok 3
Mercury 8	3. Oktober 1962	Schirra, Walter M.	erste Landung im Pazifik

1963

Mercury 9	15. Mai 1963	Cooper, L. Gordon	erster US-Flug über 24 Stunden
Wostok 5	14. Juni 1963	Bykowski, Waleri F.	zweite Doppel-Mission (mit Wostok 6)
Wostok 6	16. Juni 1963	Tereschkowa, Walentina	erste Frau im All und Rendezvous mit Wostok 5

Man sieht also: Es ging oft nur um wenige Wochen – und darum, welche Supermacht die Herde schließlich folgen würde. Bekanntlich entschied Amerika das Rennen erst mit der Mondlandung endgültig für sich.

Der lächelnde Major

Kaum war Gagarin gelandet, holte die sowjetische Propaganda zu einem Schlag aus, unter dem der gesamte Erdball erzittern sollte, vor allem natürlich der Klassenfeind. Der Flug des Genossen Gagarin war geradezu unbezahlbar für die Sowjetführung. Plötzlich schlossen die Sowjetbürger ihren nicht immer geliebten Staat so richtig ins Herz: »Ich war gerade unterwegs, als die Nachricht übers Radio kam«, erzählt ein damaliger Sowjetbürger. »Ich brach in Freudentränen aus.« – »Wir waren stolz auf unser sowjetisches Volk, denn wir waren die ersten, die einen Menschen ins All gebracht hatten«, erinnert sich ein anderer.[48]

Am Moskauer Flughafen Wnukowo rollte die Führung dem Kosmonauten einen der längsten roten Teppiche aus, die jemals beschritten wurden. Je länger man Gagarins stramme Schritte auf dem roten Teppich heute am Fernsehschirm verfolgt, um so mehr beschleicht einen allerdings der Gedanke, daß möglicherweise dies der einsamste Moment im Leben des Kosmonauten Gagarin gewesen sein könnte – und nicht der Flug um die Erde. Und zwar, weil sein Weg über den roten Teppich in die Arme des KPdSU-Generalsekretärs Nikita Chruschtschow wesentlich überzeugender dokumentiert ist als sein angeblicher Raumflug.

Im Anschluß an die herzliche Begrüßung fuhr Gagarin zusammen mit Chruschtschow an der Spitze einer nicht enden wollenden Wagenkolonne zum Kreml. Hunderttausende winkende und begeisterte Menschen säumten ihren Weg, aus der Luft warfen Hubschrauber Konfetti auf den Triumphzug ab. Der Sieg über die Herzen der Russen war vollkommen. Vor allem aber der Sieg über die Hirne: Die Bilder vom Triumphzug Chruschtschows und Gagarins schlugen in jedes TV-bestückte Wohnzimmer auf dem Globus ein wie eine psychologische Bombe. Kein Zweifel: Der Flug Gagarins war das erste Pearl Harbor der Raumfahrt. Der lächelnde Leutnant (der umgehend zum Major befördert wurde) hatte die USA anscheinend kalt erwischt. Nach dem Sputnik-Coup war die Operation Gagarin ein weiterer propagandistischer Sieg der Sowjetunion über den Westen. Und es war ebenso klar, daß der Westen mit ähnlichen Triumphzügen würde antworten müssen.

Statt mit Panzern und Raketen, wie manche bisher befürchtet hatten, rollten Chruschtschow und die Seinen den Globus mit der unmißverständlichen Botschaft von der Überlegenheit des Kommunismus auf, verpackt in die unwiderstehliche Charme-Offensive des Bauernsohnes Gagarin. Um die frohe Botschaft des Kommunismus zu verkünden, bereiste Gagarin den Globus so ausgiebig wie erst viel später Papst Johannes Paul II. Und genauso abgeschirmt: Stets war er in Begleitung von Aufpassern, jedes Wort wurde peinlich genau überwacht. Und wo immer er auch hinkam, standen die Menschen Kopf. Nach seinem Raumflug wurde Gagarin zum wichtigsten Botschafter befördert, den die Sowjetunion jemals hatte. Die Propaganda-Spezialisten der Sowjets hatten ganze Arbeit geleistet. Gagarins breites Lächeln ließ vergessen, daß er in erster Linie Soldat war. Ein Soldat im Kampf um die Vorherrschaft auf dem Globus.

Anders als den Millionen winkenden und jubelnden Menschen vorgegaukelt wurde, verbarg sich hinter dem Lächeln von Major Gagarin eine Drohung. Die weltweite Aufregung bei den Regierungen und Militärs über den Flug rührte daher, daß Gagarin wie schon zuvor die Sputniks nicht an der Spitze eines friedlichen Himmelsvehikels reiste (oder gereist sein soll), sondern auf einer modifizierten Interkontinentalrakete vom Typ SS-6. Das Kürzel war regelmäßiges Thema in den Wortgefechten des Kalten Krieges und stand für die frühesten und damals mächtigsten Interkontinentalraketen der Sowjetunion, entwickelt zu keinem anderen Zweck, als möglichst schwere Atomsprengköpfe auf andere Erdteile zu tragen. Für die ersten bemannten Raumflüge wurden die Sprengköpfe im wesentlichen nur durch bewohnbare Geschoßspitzen ersetzt, in denen Soldaten ins All geschossen wurden. Die Militärs entnahmen dem Flug etwas ganz anderes als die begeisterten Massen – nämlich die Drohung, daß eine sowjetische Interkontinentalrakete den gesamten Globus erreichen könnte.

Am 9. August 1961 sagte Nikita Chruschtschow: »Ihr habt keine Fünfzig- oder Hundert-Megatonnen-Bomben. Wir haben mächtigere Bomben als hundert Megatonnen. Wir haben Gagarin und Titow ins All gebracht. Wir können sie durch andere Nutzlasten ersetzen, die an jeden Ort der Erde gesteuert werden.«[49] Das folgende Bild des Sowjetoffiziers Gagarin mit der Friedenstaube entbehrt daher nicht einer gewissen Ironie.

Wovon heute niemand mehr redet: Von Anfang an gab es viele Zweifel. Der Flug des Kosmonauten Gagarin wurde in der amerikanischen Presse damals kritisch beäugt. Die amerikanische Regierung hatte Augen, zu lesen, aber sie las nicht. Oder jedenfalls tat sie so, als hätte sie nichts gelesen. Und selbstverständlich hatte sie auch selbst Experten, die den Gagarin-Flug analysiert haben dürften. Doch nichts passierte. Zum einen dürfte das daran gelegen haben, daß die Sowjetunion so enorm viel Prestige in den Flug von Juri Gagarin gelegt hatte. Die versammelte Sowjetführung hatte den Kosmonauten auf dem Roten Platz geherzt und geküßt. Den Flug in Frage zu stellen, wäre zumindest ein unfreundlicher, wenn nicht sogar ein feindlicher Akt gewesen. Außerdem hätten die USA vor der Weltöffentlichkeit als schlech-

*Gagarin –
die Friedenstaube*

ter Verlierer dagestanden. Der Disput über den Flug wäre eine Auseinandersetzung mit ungewissem Ausgang gewesen. Warum dann den Flug nicht nutzen, um die eigenen Kräfte zu entfalten? Den Flug anzuerkennen hieß, den Startschuß für ein eigenes, gewaltiges Raumfahrtprogramm zu setzen, an dem sich Militär und Industrie über viele Jahre hinweg würden bereichern können. Den Flug anzuerkennen hieß, dem Steuerzahler ein exorbitant teures Wettrennen im Weltraum zu verkaufen – im Namen der nationalen Ehre und Sicherheit. Den Flug nicht anzuerkennen, wäre dagegen ziemlich dumm gewesen.

Der Gagarin-Flug kam gerade noch rechtzeitig, um die Kongreßabgeordneten bei den Hearings zu einem Mondprogramm am 14. April 1961 so richtig in Fahrt zu bringen. Am 25. Mai 1961, also rund sechs Wochen nach Gagarins Flug, gab Kennedy bekanntlich den Fahrplan für das Mondprogramm vor: »Ich glaube, diese Nation sollte sich verpflichten, einen Mann zum Mond und sicher zur Erde zurückzubringen, noch bevor dieses Jahrzehnt vorüber ist.«[50] Für die nächsten fünf Jahre verlangte er schon mal mindestens 7 Milliarden Dollar als Anzahlung. Letztlich soll das Mondprogramm 25 Milliarden Dollar verschlungen haben. »Ohne Sowjetunion keine amerikanische Mondlandung zehn Jahre später«, schrieb sehr richtig Rainer Eisfeld in seinem Buch *Mondsüchtig*.[51] In seiner zweiten Rede zur Lage der Union sagte Kennedy:

»Nun ist es an der Zeit, größere Schritte zu machen. Zeit für ein neues, großes amerikanisches Unternehmen. Zeit dafür, daß diese Nation eine klar führende Rolle im All einnimmt, die in vielerlei Hinsicht der Schlüssel für unsere Zukunft auf der Erde sein könnte.«

Mit der Führung im All war gleichzeitig die Führung auf der Erde gemeint. Noch während sich die Sowjets in ihrem Sieg sonnten, verwandelte er sich in einen Pyrrhus-Sieg. Im Hintergrund begann der militärisch-industrielle Komplex der Vereinigten Staaten auf Touren zu kommen. Denn natürlich waren auch die ersten Weltraumgeschosse der Amerikaner nichts weiter als umgebaute Interkontinentalraketen. Die Mondraketen und -fahrzeuge wurden von denselben Firmen gebaut, die sonst Bomber, Raketen und Jagdflugzeuge herstellten: Boeing, McDonnell-Douglas usw. Nach dem Flug von Juri Gagarin bekamen sie vom amerikanischen Volk einen Multimilliarden-Dollar-Auftrag: Bringt uns einen Mann zum Mond und sicher zurück – aber schnell, und koste es, was es wolle. Das sind exakt die Aufträge, die der militärisch-industrielle Komplex so liebt.

Ein peinlicher Unfall

Fest steht: Beim Flug das Kosmonauten Gagarin in den Orbit paßt vieles nicht zusammen. Ein mäßiger Flieger mit sehr geringer Flug- und Fallschirmpraxis steigt innerhalb kürzester Zeit zum führenden Kosmonauten der Sowjetunion auf. Von seiner Umgebung bekommt er nur mäßige Zeugnisse ausgestellt, niemand kann sich an besondere Leistungen erinnern. Zufällig vereint dieser Flieger aber alle wichtigen ideologischen Werte der Sowjetunion in sich. Aus dem Stand legt er eine komplette Erdumkreisung hin und landet just da, wo er schon zuvor mal mit dem Fallschirm abgesprungen war. Was er während des Fluges sieht, kann er nicht detailliert beschreiben. Wenn er doch mal Einzelheiten nennt, passen sie nicht zur Flugbahn des Raumschiffes. Weder vom Einstieg noch vom Flug gibt es glaubwürdiges Film- oder Fotomaterial. Ein großer Teil des Bildmaterials wurde offensichtlich manipuliert oder nachträglich angefertigt. Wer dieser Gagarin wirklich war und was er wirklich leistete, wird die Welt wohl nicht so schnell erfahren. Selbst über seinem Tod liegt ein merkwürdiger, undurchsichtiger Schleier. Um Gagarins Geschichte abzuschließen, will ich dieses Ende hier noch schnell erzählen. Der Anfang vom Ende kam möglicherweise schon am 3. Oktober 1961, also nur ein halbes Jahr nach seinem angeblichen Raumflug. Bei einem Urlaubsaufenthalt in einem Sanatorium auf der Krim habe Gagarin einen Unfall erlitten. Eine Krankenschwester des Sanatoriums erklärte später, daß Gagarin an jenem Tag nachts in ihr Zimmer eingedrungen sei, die Tür hinter sich abgeschlossen und gesagt habe: »Na, du wirst doch nicht schreien...« Anschließend habe er sie zu küssen versucht. Als es plötzlich an der Tür geklopft habe, sei Gagarin vom Balkon gesprungen. Dabei habe er sich schwer verletzt.

Man fand ihn mit Kopfverletzungen in einer Blutlache auf dem Pflaster liegend. Diagnose: »Zertrümmerung des Knochens über der Augenbraue.«[52]

Durch ein solches »Schädel-Hirn-Trauma« in diesem Bereich können charakteristische Persönlichkeitsveränderungen entstehen. Wenn im Stirnhirn die Bereiche über den Augenhöhlen verletzt werden, »verhält sich der Patient aggressiver und distanzloser. Er kann sich nicht mehr gut beherrschen«, beschreibt Dr. Mario Prosiegel vom Neurologischen Krankenhaus München die Folgen derartiger Verletzungen.[53] »Aggressiv«, »distanzlos«, »unbeherrscht« – das paßt perfekt auf das Verhalten Juri Gagarins bei dem peinlichen Zwischenfall. Nur, daß dieses Verhalten schon vor dem Unfall aufgetreten sein soll. Oder war es in Wirklichkeit umgekehrt: War das distanzlose Verhalten erst die Folge einer Schädelverletzung? Denn schließlich stellt sich ja auch die Frage, wo eigentlich die Krankenschwester herkam und warum Gagarin und seine Freunde in einem Sanatorium Urlaub gemacht haben sollen. Waren die Kosmonauten etwa besonders gebrechlich? Oder lag Gagarin mit eingeschlagenem Schädel im Krankenhaus und begrapschte während seiner Genesung die eine oder andere Krankenschwester? Erst so scheinen Ursache und Wirkung in die richtige Reihenfolge zu kommen. Wie das Leben so spielt, geschah der tragische Unfall genau in dem Moment, in dem Gagarin eine steile politische Karriere bevorstand. Weder konnte er nun am 17. Oktober 1961 wie vorgesehen an der Eröffnung des 22. Parteitages der KPdSU teilnehmen, noch konnte

Persönlichkeitsveränderungen ein dreiviertel Jahr nach seinem Raumflug? Gagarins Augenpartie vor (links) und nach (rechts) dem Unfall vom 3. Oktober 1961

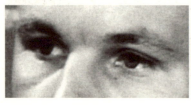 

er – wie offenbar geplant – in deren Präsidium gewählt werden.⁵⁴ Mit Gagarin war es aus. Der strahlende Held der Sowjetunion verwandelte sich in einen Zombie.

Das möglicherweise letzte, kurz vor seinem Verschwinden 1968 aufgenommene Bild zeigt einen aufgedunsenen und gebrochenen Mann in einem Flugzeug-Cockpit. Aber was heißt »Verschwinden«? Gagarin soll ja nicht verschwunden, sondern im März 1968 bei einem Flugzeugabsturz ums Leben gekommen sein. Aber selbst bei eingefleischten Gagarin-Gläubigen wie Gerhard Kowalski kommt bei der Geschichte vom Flugzeugabsturz

Vom Helden zum Zombie: Gegen Ende seines Lebens hatte sich Gagarins Physiognomie auf gespenstische Weise verändert

ein leichtes Murren auf: »Experten haben inzwischen erhebliche Zweifel angemeldet, ob denn wirklich alle Umstände des Absturzes exakt untersucht worden sind.«[55]

Die offizielle Schilderung klingt merkwürdig genug. Danach meldete sich Juri Gagarin am Morgen des 27. März 1968 am Militärflughafen Tschkalowski zu einem für den größten Kosmonauten aller Zeiten eher bescheidenen Flugauftrag. Er sollte zusammen mit einem gewissen Geschwaderkommandeur Serjogin in einer zwölf Jahre alten MiG eine liegende Acht fliegen und dann zum Flughafen zurückkehren. Die Absolvierung einer einzigen liegenden Acht erscheint als ein etwas schlichtes Ausbildungsprogramm. Aber die wirkliche Frage ist: Was hatte ein Mann mit einem Schädel-Hirn-Trauma und Persönlichkeitsveränderungen überhaupt im Cockpit eines Düsenjägers zu suchen? Wie dem auch sei: Laut offizieller Darstellung verstummt der Kosmonaut, kurz nachdem er um 10.30 Uhr über Funk die Erfüllung der Aufgabe gemeldet hat. Um 14.50 Uhr habe eine Hubschrauberbesatzung mitgeteilt, daß sie das Flugzeugwrack gefunden habe:

> »Die Maschine hatte sich metertief in den Waldboden gebohrt, der Krater war zum Teil schon mit Wasser vollgelaufen. In der zerstörten Kabine des Flugzeugs fanden die Bergungsmannschaften die bis zur Unkenntlichkeit verstümmelten Überreste Serjogins.«

In Ordnung – und Gagarin? »Von Gagarin gab es vorerst keine Spur.« Wie bitte? Man findet die Maschine, dringt zum Cockpit vor und findet dort nur einen der beiden Piloten? Anschließend findet man
- »die Kartenmappe des Kosmonauten,
- seine Brieftasche mit seinem Personalausweis, seinem Führerschein und einem Foto Koroljows,
- Fetzen seiner Fliegerjacke, die in einer Birke hingen...«

Und die Leiche? Deren Auffinden scheint gar nicht so einfach gewesen zu sein. Schließlich stößt man aber doch auf »Leichenteile, die zweifelsfrei bewiesen: Gagarin lebte nicht mehr«.[56]

Außer daß diese Leichenteile irgend etwas zweifelsfrei beweisen sollen, wird hier jedoch nichts über sie mitgeteilt: weder über ihre Beschaffenheit noch über ihren Fundort. Es wird weder gesagt, um welche Körperteile es sich handelte, noch wird erklärt, wie Gagarin zu Tode kam. Eine merkwürdige Sache. Was sagt zum Beispiel der Kosmonaut Alexej Leonow, der bei der Bergung dabei gewesen sein soll? Er muß doch eine Leiche gesehen haben, oder nicht? In der TV-Dokumentation *Juri Gagarin – Held der Sterne*[57] sagt er:

> »Noch am selben Abend fanden wir Spuren von Wladimir Serjogin, Stücke seines Mantels, Stoffetzen. Als wir am nächsten Tag tiefer in den Krater vordrangen, entdeckten wir Reste von Juri Gagarins Lederjacke. Hier an dieser Stelle fanden beide den Tod.«

Vielleicht – aber warum erwähnt Leonow dann nur Gagarins Lederjacke und nicht seine Leiche? Eine solche Jacke ohne Inhalt ist natürlich eine seltsame Sache. Genauso wie ein Foto, das die angebliche Unfallstelle zeigt. Darauf sieht man lediglich einen Tümpel – sonst nichts. Nichts deutet auf einen Flugzeugabsturz hin. Und das war lange vor dem 11. 9. 2001, als Flugzeugabstürze ohne Wracks erst so richtig in Mode kamen.

»Seit 30 Jahren liegen die Reste von Gagarins Flugzeug in Stahlfässern in einem versiegelten Safe auf einem Militärstützpunkt außerhalb von Moskau«, heißt es in der erwähnten Dokumentation. »Die Fässer werden auch weiterhin verschlossen bleiben, um sicherzustellen, daß die Wahrheit über die letzten Stunden Juri Gagarins niemals an die Öffentlichkeit dringt.« Das kann nur heißen, daß das, was bisher an die Öffentlichkeit drang, nicht die Wahrheit ist. Tatsächlich dürfte die Sache mit dem Flugzeugabsturz eine weitere, ausgemachte Lüge sein. Und zwar deshalb, weil

- Gagarin 1968 ganz offensichtlich flugtauglich war und deshalb gar nicht im Cockpit eines Jets hätte sitzen dürfen;
- seltsamerweise keiner der beiden Cockpitinsassen auf die Idee kam, den Schleudersitz zu benutzen, auch nicht der »Ausbilder« Serjogin;

- an der angeblichen Absturzstelle keine Wrackteile zu sehen waren;
- keine glaubwürdigen Berichte über den Fund von Gagarins Leiche verfügbar sind.

Angesichts dessen ist es nur zu verständlich, daß alsbald Vermutungen die Runde machten, Gagarin sei gar nicht tot, sondern »habe den Absturz überlebt und werde in einer psychiatrischen Klinik versteckt«.[58] Tatsächlich würde eine psychiatrische Klinik wesentlich besser zu einem Schädel-Hirn-Patienten passen als das Cockpit eines Düsenjets. Dem Volk hätte man den Abstieg Gagarins vom Helden der Sowjetunion zum Psychiatriepatienten freilich nur schwer vermitteln können. Aber so hatte Juri Gagarin am 30. März 1968 mit seiner feierlichen Beisetzung an der Kreml-Mauer noch einmal einen ganz großen Propaganda-Auftritt – ob post mortem oder nicht, muß leider offen bleiben. Hier verliert sich die Spur des angeblich ersten Menschen, der in den Weltraum flog. Sollte er wirklich in einer psychiatrischen Anstalt gelandet sein, wäre er als Patient, der sich für Juri Gagarin hielt, sicher nicht groß aufgefallen. Seine Frau beziehungsweise »Witwe« hat den ihr verliehenen Lenin-Orden jedenfalls nie getragen – »aus welchem Grund auch immer«.[59]

Teil II: USA

Strategie eines Siegers

New York, 13. August 1969. So ähnlich muß es gewesen sein, wenn römische Kaiser siegreich aus der Schlacht zurückkehrten: Ein nicht enden wollender Triumphzug windet sich durch das Zentrum Manhattans. Statt im Streitwagen reisen die Helden im offenen Cabriolet, und statt durch einen Triumphbogen fahren sie durch die Schlucht der Helden – den »Canyon of Heros« genannten Teil des Lower Broadway. Aber sonst ist fast alles so wie damals in Rom. Die Betonung liegt auf »fast«, denn außer den Helden waren bei der Schlacht keine Zeugen dabei. Das Schlachtfeld war ein fremder Himmelskörper. Trotzdem regnet nun tonnenweise Konfetti auf die Sieger herab, und der Jubel brandet durch die Straßenschluchten New Yorks. Und noch beschäftigt sich kaum jemand mit der Frage, ob man dem Schlachtfeld die Spuren des Sieges wohl ansieht. Oder ob es vielmehr verlassen daliegt. Öde und leer, wie seit Millionen Jahren.

Doch der Reihe nach: In den USA trifft man in Sachen Raumfahrt auf andere Bedingungen als in der Sowjetunion. Das damalige Staats- und Gesellschaftskonzept der Vereinigten Staaten verlangte einen grundlegend anderen Umgang mit dem Thema Raumfahrt und den beteiligten Menschen, vor allem den Astronauten. Im Vergleich zur Sowjetunion wurde ein Menschenleben hier offiziell wesentlich höher eingeschätzt, vielleicht nicht unbedingt aus ethischen Erwägungen, jedenfalls aber aus propagandistischen und publizistischen Überlegungen. Die USA investierten sehr viel Aufwand und Prestige in ihre Selbstdarstellung als demokratisches System und in den Schein eines die Menschenrechte wahrenden Staates. Zwar traf dies, wenn überhaupt, nur auf das sogenannte »Heimatland« und einige »Verbündete« zu, nicht unbedingt aber auf andere im Einflußbereich liegende Staaten. Trotzdem wurde die Illusion eines »guten« im Vergleich zu einem »bösen« System aufrechterhalten. Darüber hinaus waren die USA damals kein hermetisch abgeschotteter Staat, so daß sie nicht mit derselben Sorglosigkeit Menschenleben opfern konnten wie die Sowjetunion. Das erforderte eine andere Herangehensweise an das Unternehmen der bemannten Raumfahrt.

Das Raumfahrtprogramm der Vereinigten Staaten war auf den ersten Blick wesentlich offener und demokratischer organisiert als das der Sowjetunion. Darauf habe ich bereits aufmerksam gemacht. Der sowjetischen Geheimhaltung wurde eine Flut von Informationen über das eigene Raumfahrtprogramm entgegengesetzt. Nur – sind diese Informationen auch wahr? Oder besser gesagt: Entspricht unser Bild von den Leistungen und Errungenschaften der USA im Weltraum den tatsächlichen Gegebenheiten? Die Raumfahrt und die Mondlandung betrafen unzweifelhaft strategische Belange. Das enorme Interesse, das hier an einem Erfolg bestanden haben muß, läßt einen gewissen Verdacht aufkommen: Waren die Vereinigten Staaten tatsächlich bereit, die gesamte Weltöffentlichkeit ergebnisoffen an Sieg oder Niederlage teilnehmen zu lassen? Das käme einem Novum in der Geschichte der USA gleich. Größere Unternehmungen, speziell Kriege, haben sie nur dann gewagt, wenn eine existentielle Niederlage von Anfang an ausgeschlossen war. So war das beim Eintritt in den Ersten Weltkrieg, und so war das auch beim Eintritt in den Zweiten Weltkrieg. Und so war das selbstverständlich auch bei den Feldzügen in Vietnam und im Irak. Denn auch der Vietnamkrieg war ja niemals gefährlich für die Vereinigten Staaten. Das Ende dieses Krieges barg keine existentiellen oder territorialen Risiken für die USA.

Die USA stiegen eigentlich immer erst dann ein, wenn der Feind ohnehin unterlegen war und nichts schiefgehen konnte. Das ist zentraler Bestandteil der Sicherheitsphilosophie der Vereinigten Staaten. Sieg oder Untergang – das war für sie schon lange keine Alternative mehr. Ergebnisoffen war da überhaupt nichts, und deshalb gibt der naßforsche Wagemut der Vereinigten Staaten beim Wettrennen zum Mond zu denken. Allein diese Überlegungen führen zu der Frage, welchen Trumpf die USA eigentlich im Ärmel hatten, als sie sich vor den Augen der Welt dem Wettlauf mit der Sowjetunion stellten.

Die bemannte Raumfahrt der Vereinigten Staaten beginnt mit einer netten kleinen Legende. Es ist die Legende eines jungen, begeisterten Bastlers, der auszog, Raketen für den Weltraum und die Reise zum Mond zu bauen. Weil er dafür unheimlich viel Geld und unheimlich viele Mitarbeiter brauchte, kam er auf die Idee, zwei der größten militärischen Mächte seiner Zeit in sein Vorhaben einzuspannen: das Dritte Reich und die USA. Da er denen zunächst nicht erzählen konnte, was er wirklich vorhatte, tat er so, als würde er Raketen zur Vernichtung von Häusern und Menschen bauen. »Die Weltraumpioniere hatten sich quasi getarnt als Hitlers Rüstungsingenieure«, schreibt Rainer Eisfeld.[60] Ganz schön clever! Und siehe da: Die Nazis und die Amerikaner merkten das gar nicht! Die deutsche und die amerikanische Führung fielen darauf rein und ließen den begabten Bastler seine Mond-Raketen bauen. Die Quote war in diesem Sinne zwar nicht besonders gut: Ungefähr zehn »zivilen« Raketen, die zum Mond flogen, standen Tausende Raketen gegenüber, die Menschen vernichten sollten. Viele dieser Raketen trugen Atomsprengköpfe. Aber der Bastler lebte nach dem Motto: Wasch mich, aber mach mich nicht naß. Trotzdem glauben wir die nette Geschichte gern, denn er war ja einer von uns, und es ist etwas Großes aus ihm geworden. Sein Name: Wernher von Braun.

Der Bau von ballistischen Raketen wurde schon immer gern zur »Raumfahrt« umgelogen. So nannte Generalmajor Walter Dornberger, Chef der V2-Produktion in Peenemünde, seine Memoiren *V2 – Der Schuß ins Weltall*, wie Rainer Eisfeld bemerkte. Ganz so, als sei dies das Ziel der Geschosse gewesen, und nicht London. Eine 1969 erschienene Biographie Wernher von Brauns hieß *Mein Leben für die Raumfahrt*, ganz so als wäre auch seine Hauptbeschäftigung nicht der Bau todbringender Raketen gewesen. Der Fachmann wußte natürlich, daß Kosmonauten und Astronauten vorwiegend mit Interkontinentalraketen in den Weltraum flogen. Mit den bemannten Flügen ließ sich eine enorme Begeisterung wecken – vordergründig für die »Eroberung des Weltraums«, de facto aber für die Entwicklung von Atomraketen. Ein wichtiges Projekt der amerikanischen Propaganda lautete, den SS-Mann von Braun in ein vergeistigtes und seltsam weltfremdes Genie umzuschwindeln, das sich ausschließlich für Technik, für nichts anderes als Technik interessierte. Daß es Zwangsarbeiter waren, die im Dritten Reich die Raketen bauten, soll ihm praktisch gar nicht aufgefallen sein. In seinem Buch räumt Rainer Eisfeld mit diesem Mythos auf, um ihn im Titel des

Werkes gleich wieder zu bedienen: *Mondsüchtig*. Auf Seite 23 schreibt er, es sei eine reine Schutzbehauptung, wenn von Braun bei allen Aufenthalten in dem Zwangsarbeiter-Bau immer »nur irgendwelche technischen Fragen« besprochen haben wollte. Laut Eisfeld wählte Wernher von Braun persönlich KZ-Häftlinge für Aufgaben im sogenannten Mittelwerk aus, der Produktionsstätte der V1- und V2-Raketen.[61]

Der Waffenmeister der Weltmächte

Nach dem Zweiten Weltkrieg focht das die Weltmacht USA nicht an. Die Raketenkonstrukteure der Nazis konnte man gebrauchen – und wie. Denn ihre Waffenentwicklungen hatten strategische Bedeutung, vor allem im Hinblick auf eine andere Erfindung: die Atombombe. Dafür gab es nämlich noch kein adäquates Trägersystem. Im Fall von Hiroshima und Nagasaki konnte das Transportproblem zwar gelöst werden, aber auch nur deshalb, weil das japanische Kaiserreich bereits am Boden lag. Es konnte anscheinend nicht einmal zwei Propellerflugzeuge abfangen, die bei schönstem Wetter und klarer Sicht heranbrummten, um ihre tödliche Fracht abzuladen.

So problemlos würde es wahrscheinlich nicht immer zugehen, und deshalb lautete die Gleichung nun: Rakete plus Atombombe ist gleich Weltmacht. Und so war es auch kein Zufall, daß die ersten 127 deutschen Raketeningenieure nach Fort Bliss im westlichen Texas gebracht wurden, nicht weit von dem Atombombentestgelände Alamogordo entfernt. Etwa hundert erbeutete V2-Raketen kamen per Schiff. Diskreterweise nennt man das heute den Beginn der amerikanischen »Raumfahrt«. In Wirklichkeit war es der Beginn der amerikanischen Atomraketenrüstung. Wernher von Braun bastelte also wieder an Waffen, die noch viel grauenvoller und effektiver als die V2 der Nazis waren. Das war die eine Seite. Die andere: Ausgerechnet von Braun entwickelte sich parallel dazu zum führenden Propagandisten der »zivilen Raumfahrt«. Er bediente und förderte den Mythos einer friedlichen Raumfahrt, mit deren Hilfe die Menschen und die Menschheit eines Tages den Kosmos würden erkunden und besiedeln können. Realität und

Fiktion lagen dabei schon immer nah beieinander. Während er aus dem mitgebrachten V2-Konzept immer neue Waffenträger entwickelte, schrieb er Bücher, in denen das alles kaum ein Thema war – dafür aber das große Abenteuer einer Reise in den Weltraum. *First Men to the Moon* (1960) zum Beispiel ist ein reichlich klischeebeladener Science-Fiction-Schmöker, der eine erste Expedition zu dem Erdtrabanten schildert. Kostprobe:

> »Es gab nichts, was sich die beiden Männer jetzt noch zu sagen hätten. Johns Gedanken waren bei seiner Frau und seinen beiden Kindern, die er an diesem Morgen auf dem fünfzehn Kilometer entfernten Stützpunkt verlassen hatte. Seine und Larrys Frau wußten, wohin die Reise gehen sollte. Vor einer Woche hatte er Phyllis gesagt, daß er und Larry heute nacht starten würden, falls alles glattginge. Die beiden Männer hatten sich über ein Jahr lang auf dieses größte Abenteuer ihres Lebens, die erste Reise nach dem Mond, vorbereitet.«[62]

Die zivile Raumfahrt wurde zum »Opium fürs Volk«, zum Heilsversprechen einer neuen und besseren Zukunft im Weltall. Von Braun führte ein Team von Autoren an, das seine Visionen von den unbegrenzten Möglichkeiten des Weltalls ab 1952 in einer 23teiligen Serie in dem populären *Collier's Magazine* ausbreitete. Die einfache, packende Sprache und die atemberaubenden Bilder des Science-Fiction-Illustrators Chesley Bonestell entfachten einen regelrechten »Space Hype«, dessen Produkte sich als stilprägend für die gesamte Science-Fiction und deren »Weltraumreligion« erweisen sollten. Von Braun brachte es zu ihrem Hohepriester und erschien wenig später auf der Titelseite von *Time*. Die von Wernher von Braun in *Collier's* gezeigte radförmige Raumstation zum Beispiel fand sich zehn Jahre später in dem Epos *2001 – Odyssee im Weltraum* wieder. Natürlich schön friedlich. In dem Kubrick-Film treffen sich amerikanische und russische Wissenschaftler an Bord zum gemütlichen Plausch, ein sympathischer Amerikaner telefoniert von hier aus nicht nur mit seiner kleinen, süßen Tochter auf der Erde, sondern macht sich auch auf, die Welt auf den Kontakt mit Außerirdischen vorzubereiten. »Von Braun und seine Mitarbeiter hatten die Idee der Raumstation ursprünglich unter dem Aspekt einer Zwischenstation für Flüge zu Mond und Mars angegangen«, schrieb Werner Buedeler in seiner Raumfahrtgeschichte *Vorstoß ins All*. Was kaum jemand weiß: In Wirklichkeit pries von Braun sein »bemanntes Rad« als »Weltraumfestung« und als »endgültige Waffe« an. In seinen Augen diente die Außenstation nicht sosehr als Startrampe für friedliche Expeditionen Richtung Mond und Mars, sondern für »erdumkreisende Geschosse, gegen die Abwehrmaßnahmen nicht gut möglich sind«: »Feuern wir von der Station in rückwärtiger Richtung eine mit Kernsprengkopf und Tragflächen ausgestattete Rakete« ab, so könne das Geschoß in die Erdatmosphäre eintauchen und eine hohe Zielgenauigkeit erreichen: »Der Kernsprengkopf läßt sich exakt über dem Ziel zur Explosion bringen.« Abwehrmaßnahmen? »Unwirksam«, meint von Braun. Interessanterweise führt der Gedanke einer solchen Raumstation auf direktem Weg zum Präventivschlag. Denn aufgrund ihrer Verletzlichkeit darf man es potentiellen Feinden erst gar nicht erlauben, militärische Raketen für den Einsatz im Weltraum zu entwickeln: »Vermögen wir, unseren künstlichen Trabanten zu etablieren und seine Weltraum-Boden-Geschosse einsatzbereit zu machen, dann können wir jeden Versuch eines Gegners, unsere Weltraumfestung herauszufordern, im Keim zunichte machen!«, hallt es einem aus von Brauns damaligen Äußerungen entgegen.

»Weit besser aber wäre es«, so von Braun, »wir könnten dem Gegner ein entschlossenes, machtgestütztes ›Nein!‹ entgegenhalten, wenn er sich erst anschickt, seine bemannten Raumfahrzeuge zu entwickeln ... noch besser, wir könnten vereiteln, daß er die erforderlichen Test- und Startplätze überhaupt aufbaut.« Bleibt die Frage, wo dieser Präventivkrieg eigentlich aufhören beziehungsweise beginnen sollte, wenn man das Konzept erst einmal konsequent zu Ende denkt. Von Braun ist jedenfalls kaum zu stoppen: »Berücksichtigt man, daß die Station alle bewohnten Gebiete der Erde überfliegt, dann erkennt man, daß eine derartige Atomkriegstechnik den Erbauern des Satelliten die bedeutendsten taktischen und strategischen Vorteile bietet, die es in der Kriegsgeschichte je gegeben hat.«[63]

»Es war mir völlig klar, und es war Wernher von Braun schon seit Jahren klar gewesen, daß der erste Staat, dem es gelang, eine ständige bemannte Weltraumstation einzurichten, einen riesigen Schritt zur Beherrschung des ganzen Planeten gemacht hatte«, sagte einst der Chef der Army Ballistic Missile Agency, Generalmajor John B. Medaris.[64] Von Braun aber vergißt nicht zu erwähnen, daß das alles natürlich der »Friedenssicherung« und »Abschreckung« dienen soll.

Der »Krieg der Sterne« wurde demnach nicht von Ronald Reagan oder George W. Bush erfunden, sondern von Wernher von Braun. Das war auch logisch, denn schließlich hatte er mit der V2 die erste große Rakete entwickelt, die den Rand der Atmosphäre erreichen konnte. Dem Publikum wurde das freilich nicht so brühwarm erzählt. Vielmehr hatte die »Raumfahrt« vor allem eins zu sein: nämlich gut. Dem wahren Hauptzweck der Raumaktivitäten wurde eine ganze Reihe von Mythen übergestülpt. Schon in der Person Wernher von Brauns verschwammen Phantasie und Realität. Während er seine Waffen konstruierte, tat er sich mit dem führenden Illusionisten Hollywoods zusammen: Walt Disney.

Das Wissen und die Wirklichkeiten

Walt Disney war keineswegs nur der Erfinder von Donald Duck und der geniale Vermarkter von Mickymaus. Vielmehr war sein Medienkonzern auch ein Sturmgeschütz der amerikanischen Propaganda. »Wenn Sie mal tief in meine beiden Augen blicken«, soll Disney einmal gesagt haben, »werden Sie in beiden die amerikanische Flagge wehen sehen, und mein Rückgrat besteht aus einem rot-weiß-blauen Streifen.« Disneys Medienkonzern war ein gefragter Partner des Pentagon. »Als der Zweite Weltkrieg ausbrach, nahmen die Walt-Disney-Studios aggressiv an Amerikas Kriegsanstrengungen teil. Sie produzierten zivile Propaganda, militärische Ausbildungsfilme und entwarfen sogar Logos für die Streitkräfte.«[65] In exakt diesen Filmen spielte übrigens auch ein Schauspieler namens Ronald Reagan mit, der spätere US-Präsident und »Erfinder« des SDI-Projekts (»Star Wars«).

Dem FBI diente Disney als Special Agent und passionierter Denunziant von »Kommunisten«. »Ich denke, daß sie wirklich ausgeräuchert werden sollten«, sagte Disney vor dem McCarthy-Ausschuß für unamerikanische Umtriebe, »und als das gezeigt werden, was sie sind, damit die guten Voraussetzungen, all die Freiheiten, die wirklich amerikanisch sind, sich entfalten können, ohne diesen Makel des Kommunismus. Das sind meine ehrlichen Gefühle.« Laut Marc Eliot, dem Disney-Biographen, genügte damals die Erwähnung eines Namens, um das Leben eines Menschen zu zerstören. »Disney wußte das, jeder wußte das. Leute sind ins Gefängnis gekommen, weil sie keine Namen nannten... Aber Disney hat es getan. Und zwar bösartig und rücksichtslos, weil er das für patriotisch hielt.«[66]

Offenbar war der Propagandist aus Hollywood genau die richtige Gesellschaft für Wernher von Braun. Glaubt man dem Disney-Biographen Eliot, dann müssen die beiden gut zusammengepaßt haben. Beide waren autoritär, reaktionär – und braun: Nach Arthur Babbitt, einem früheren Disney-Mitarbeiter, gab es in den Jahren vor dem Kriegseintritt der Vereinigten Staaten in Hollywood eine kleine, aber strikt loyale Anhängerschaft der amerikanischen Nazi-Partei. »Es gab öffentliche Treffen, zu denen jeder hinkommen konnte, und ich wollte selbst einmal sehen, was dort vorging«, zitiert Eliot Babbitt. »Mehr als einmal beobachtete ich dort Walt Disney und Gunther Lessing [Disneys Anwalt, G. W.], zusammen mit anderen naziverrückten Hollywood-Persönlichkeiten. Disney ging dauernd zu diesen Treffen.«[67] Ein Widerspruch zu Disneys Propagandaaktivitäten ist das nicht. Während Nazi-Deutschland bekämpft wurde, übte es auf manche Menschen bedauerlicherweise eine gewisse Faszination aus, auch in Amerika. Und während die amerikanische Regierung gegen das Hitler-Regime vorging, paktierten zahlreiche Amerikaner mit dem Dritten Reich – darunter auch die Bank von George W. Bushs Großvater Prescott Bush.

Von Braun hatte das Wissen, und Disney schuf die Wirklichkeiten. Von Braun und sein Team berieten Disney bei nicht weniger als drei Fernsehprogrammen über die Raumfahrt. Disneys Animationsexperte Ward Kimball hatte von Brauns *Collier's*-Artikel studiert und rührte daraus ein Sammelsurium aus Phantasie und Fakten an. Von Brauns und Disneys Leute saßen nächtelang zusammen, um technische Details zu besprechen.

»Von Brauns Pflichten für die Armee führten ihn häufiger an die Westküste, wo er sich mit Redstone- und Jupiter-Herstellern traf. Danach suchten er und Stuhlinger die Disney-Studios auf, wo sie bis in die Morgenstunden mit den Künstlern und Produzenten zusammenarbeiteten.«[68]

Am 17. April 1954 zeigte Kimball Disney seine Entwürfe: »Wir sind berühmt für unsere Phantasie«, sagte er dabei, »Menschen, die mit Phantasie zu tun haben, arbeiten mit Menschen zusammen, die mit Fakten zu tun haben...«[69] Exakt jener Mischmasch aus Phantasie und Fakten ist es, der die Bewertung der amerikanischen Geschichte so extrem schwierig macht, auch der Raumfahrtgeschichte. Nicht erst Disney bastelte aus Tatsachen und Illusionen jene extrem süffigen Mythen zusammen, die die USA häufig mit historischer Wahrheit verwechseln – oder als historische Tatsachen ausgeben. Bevor Amerikaner zum Mond flogen, brachen sie in Disneys *Man and the Moon* zu dem Erdtrabanten auf: »Dieser Film präsentiert eine realistische und glaubwürdige Reise zum Mond in einem Raketenschiff – nicht in einem weit in der Zukunft liegenden Niemandsland, sondern in der absehbaren Zukunft«, hieß es in einer Werbebroschüre für den Streifen.[70] Weitere Disney-Raumfahrtprogramme hießen *Man in Space* sowie *Mars and Beyond*. Von Braun, die Disney-Studios, die Aerospace-Industrie und das Pentagon arbeiteten eng zusammen. Walter Elias Disney war so ein nützlicher Propagandist extrem teurer Aerospace-Projekte.

»Exakte Modelle der Startrakete, des Raumschiffes, der Raumstation, der Mondschiffe und der Marsfahrzeuge waren von größtem Interesse für die Disney-Leute«, schrieben Frederick I. Ordway und Von-Braun-Mitarbeiter Ernst Stuhlinger in ihrem Buch über den Raketenkonstrukteur.[71]

Für *Man and the Moon* bewaffneten sich die Disney-Leute mit Zange und Schraubenzieher und zimmerten in ihren Studios Teile der Raumstation und des Mondraumschiffes zusammen, »einschließlich jener Details, die den Eindruck eines lebensechten Abenteuers transportieren konnten«.[72]

Glaubt man dem Schriftsteller und Disney-Kenner Peter Stephan Jungk, wurde die Mondlandung von Disney und von Braun ausgeheckt:

»Eisenhower hat den 1955 für Kinder konzipierten Film *Man and the Moon* seinen Generälen gezeigt. Er vermittelte das Gefühl, es sei nicht so schwierig, zum Mond zu kommen. (...) Drei Monate nach der Ausstrahlung des Films gab das Weiße Haus plötzlich bekannt, man wolle in naher Zukunft Satelliten in die Erdumlaufbahn bringen.«

Als führender Produzent war Disney mit seinen Comics und Filmchen in jedem Haushalt präsent. »Sicher war Disney eine Herrschernatur«, sagte Disney-Kenner Jungk in einem Interview:

»Es muß ihn unheimlich fasziniert haben, in den Köpfen der Menschen zu sitzen und sie mehr als jeder Politiker zu beeinflussen. Bis in die Träume und Phantasien hinein hat er tatsächlich das Leben von Millionen geprägt. Macht über ein reales Land wäre für ihn viel weniger gewesen als das, was er schon hatte.« Auf den Vorschlag eines Freundes, als Bürgermeister von Los Angeles zu kandidieren, antwortete er: »Wieso sollte ich, wenn ich schon König von Amerika bin?«

Das war keineswegs übertrieben. Schließlich »machte« Disney ja auch den US-Präsidenten und späteren Sternen-Krieger Ronald Reagan. Zumindest half Disney am Anfang von Ronald Reagans politischer Karriere und unterstützte dessen Wahl zum Gouverneur von Kalifornien, also jenes Bundesstaates, in dem heute schon wieder ein Hollywood-Mann regiert: Arnold Schwarzenegger. Reagan hatte zuvor in Disneys Propagandafilmen mitgespielt. »Ich denke, die Freundschaft der beiden hat mit dazu beigetragen, Reagan in eine bestimmte Richtung zu lenken«, so Jungk. »Reagan war ja zuvor Demokrat des linken Flügels!« In Disneys Gesellschaft konnte man das vermutlich nicht lange bleiben. »Sicher hat Reagan von Disney gesagt bekommen, wie er sich zu präsentieren, wie er zu sprechen hat.«[73]

Nach dem Anblick von Disneys Mondfilmen entschloß sich mancher erst zu einer Karriere in der Raumfahrt. Zwischen Disneys Ideenwelt und der NASA gab es einen regen Austausch: »Die Filme beeinflußten viele Leute, die später Luft- und Raumfahrtingenieure wurden, selbst Top-NASA-Leute, und hatten einen signifikanten kulturellen Einfluß auf das amerikanische Raum-

*Wer ist hier eigentlich der Spiritus rector der Mondlandung:
Walt Disney (links) oder Wernher von Braun (rechts)?*

fahrtprogramm – insbesondere, als die Presse halb im Spaß vorschlug, die Vereinigten Staaten sollten ihr Raumfahrtprogramm Walt Disney anvertrauen, da er sowohl einen Plan als auch eine Vision habe«, schreibt der Journalist Jim Korkis.[74] Wahr daran ist, daß niemand anderer als Walt Disney die Mondlandung fest in den amerikanischen Traum eingeplant hatte. Im Alter von dreizehn Jahren sah zum Beispiel ein Junge namens Stephen Bales aus Iowa die Disney-Programme. Felsenfest entschlossen, Luft- und Raumfahrtingenieur zu werden, setzte er seinen Plan in die Tat um und brachte es bis ins Kontrollzentrum von Apollo 11. Dort fand er: »Es war der zum Leben erweckte Disney-Cartoon.«[75] Eine Assoziation, die sogar von hartnäckigen Anhängern der Mondlandung geteilt wurde, wie etwa Buzz Aldrins Frau Joan:

»Das erste, was ich dachte, als ich die Fernsehbilder sah, war, daß es eine Szene aus einem Walt-Disney-Film war. Das Bild war grobkörnig. Man konnte Figuren erkennen, die sich bewegten, aber sie gingen wie Marionetten, mit abrupten Bewegungen. Sie sahen aus wie Zeichentrickfiguren in Schwarzweiß.«[76]

Die Kür vor der Pflicht

Ein Schelm, wer Böses dabei denkt. Oder steckt vielleicht doch mehr dahinter? Haben die Vereinigten Staaten ihr Mondprogramm etwa tatsächlich Walt Disney anvertraut? Oder hat Hollywood dabei zumindest eine größere Rolle gespielt, als man bisher zugeben wollte? Und rührt vielleicht daher von Brauns unerklärliche Zuversicht, daß es schon in naher Zukunft eine erfolgreiche Mondlandung geben würde? Denn woher er diese Sicherheit nahm, war für seine Umgebung ein Rätsel. Schließlich waren da einmal die gewaltigen technischen und zum anderen natürlich die politischen und finanziellen Probleme. Zu Beginn der Planungen hatte die Menschheit noch nicht einmal einen Satelliten in den Erdorbit gebracht, noch hatte Gagarin die Vereinigten Staaten in Alarmstimmung versetzt. Und dennoch muß es da etwas gegeben haben, was Wernher von Braun die Sicherheit gab, daß schon bald Menschen auf dem Mond landen würden. War es etwa seine enge Zusammenarbeit mit Walt Disney? »Die ungewisse Zukunft des Mondprojekts war der Quell zahlreicher Sorgen bei vielen Anhängern des Programms«, schrieben Stuhlinger und Ordway:

> »Aber erstaunlicherweise nicht für von Braun. Er verlor niemals seine Gelassenheit und gute Laune. Seinen Mitarbeitern gegenüber schilderte er positive Schritte bis ins kleinste Detail, während er Verzögerungstaktiken als gar nicht relevant darstellte. Jahre später vertraute er Freunden an: ›Ungefähr ab 1956 war ich überzeugt, daß sich das Mondlandungsprojekt durchsetzen würde, und nach 1958 hatte ich keine Zweifel, daß es einer zivilen Raumfahrtbehörde übergeben werden würde und daß unser Team eine Hauptrolle bei dem Projekt spielen würde. All diese Hochs und Tiefs waren eigentlich nur Unebenheiten auf einer ansonsten glatten Oberfläche.‹«[77]

»Was war die Quelle dieser unerschütterlichen Zuversicht?« fragen sich da selbst Stuhlinger und Ordway. Tja, was? Wie konnte Wernher von Braun ernsthaft annehmen, daß ein derart utopisches Projekt wie eine Mondlandung tatsächlich in absehbarer Zeit Wirklichkeit werden könnte? Nur wenige Jahre zuvor waren seine V2-Raketen keine hundert Kilometer weit über den Ärmelkanal getaumelt und hatten mehr schlecht als recht London getroffen. Jetzt explodierten Raketen reihenweise auf den Startrampen, und noch hatten die Vereinigten Staaten nicht einmal einen kleinen Satelliten in eine Umlaufbahn gebracht – von »Astronauten« ganz zu schweigen. Und dennoch war sich von Braun ganz sicher, daß derartige Astronauten in wenigen Jahren nicht nur in den Orbit fliegen, sondern diesen verlassen und anschließend sicher auf dem (durchschnittlich) 384 400 Kilometer entfernten Mond landen würden. Ein tatsächlich atemberaubender Optimismus.

Obwohl sich die Vereinigten Staaten noch gar nicht offiziell zu einem Mondprogramm verpflichtet hatten, arbeitete von Braun bereits ab Ende der fünfziger Jahre an neuen, großen Raketentriebwerken für eine »Mondrakete«. Nicht Präsident John F. Kennedy, wie die offizielle Geschichtsschreibung behauptet, sondern Menschen wie Wernher von Braun und Walt Disney propagierten das Konzept einer Mondlandung, lange bevor Kennedy 1961 seine berühmte Rede hielt. Bereits 1959, während die Sowjets ihre ersten Kapseln ins All schossen und möglicherweise insgeheim mit menschlichen Kosmonauten experimentierten, arbeiteten Kräfte in den Vereinigten Staaten an dem alles entscheidenden Gegenschlag. »Volle zwei Jahre bevor Kennedy die Mondlandung zum nationalen Ziel ausrief, legten sich die NASA-Planer auf eine Landung auf den Mond fest – in einem weitgehenden politischen Vakuum«, so John M. Logsdon, Direktor des Space Policy Institutes.[78] Ein erstaunlicher Blick in die Zukunft – denn die Stunde dieser Planer schlug endgültig ja erst am 12. April 1961, als die Sowjetunion Juri Gagarin als den ersten Menschen im Weltraum präsentierte. Erst dann öffneten sich in den Vereinigten Staaten sämtliche Türen für eine bemannte Mondlandung und sämtliche Haushaltsschleusen. Am 20. April 1961 fragte Präsident Kennedy bei seinem Vizepräsidenten Johnson an, wo und wie die Sowjets in der Raumfahrt zu besiegen seien: »Haben wir eine Chance, die Sowjets mit einem Labor im Weltraum zu schlagen, oder mit einem Flug um den Mond, mit einer Rakete, die auf dem Mond landet, oder mit einer Rakete, die einen Menschen zum Mond und zurück bringt?« Wie es der

Zufall so wollte, hatten von Braun und seine Leute die Pläne für die Mondlandung da bereits in der Schublade: »Wir haben keine große Chance, die Sowjets auf dem Gebiet eines ›bemannten Labors im Weltraum‹ zu schlagen«, schrieb er in einem Memorandum an Vizepräsident Johnson. Aber: »Wir haben eine exzellente Chance, sie mit einer bemannten Mondlandung zu schlagen (und einer sicheren Rückkehr natürlich).«[79]

Wie konnte der Mann da so sicher sein? Immerhin war ein bemanntes Labor im Orbit im Vergleich zu der komplexen Reise zum Mond noch die leichtere Übung. Bisher hatte auch er selbst eine Raumstation neben ihrem militärischen Nutzen immer als *Voraussetzung* für eine Reise zu anderen Himmelskörpern gesehen. »Von diesem Stützpunkt aus wird der Flug nach dem Mond selbst nur noch ein Schritt sein, gemessen an den Entfernungen, mit denen wir im Weltall zu rechnen haben«, hatte er früher geschrieben.[80] Ursprünglich sah von Braun die Notwendigkeit, den Schritt zur Raumstation *vor* der Reise zu anderen Himmelskörpern zu unternehmen. Denn hier könnten sowohl Geräte als auch Besatzungen in unmittelbarer Nachbarschaft zur Erde zunächst Erfahrungen mit längeren Aufenthalten im All sammeln. Navigation und Manöver auf einer Reise zum Mond sind viel komplizierter und störanfälliger als ein Einschuß in den Orbit, den man gerade erst zu beherrschen lernte. Und sollten die Astronauten gesundheitliche Probleme bekommen, könnte man von einer Raumstation aus binnen weniger Stunden zur Erde zurückkehren. Doch plötzlich muß ihn irgend etwas veranlaßt haben, dieses logische Konzept völlig auf den Kopf zu stellen und die Reise zum Mond vor dem Bau der Raumstation zu unternehmen.

Eine Raumstation wäre auch ein leicht zu erringender Propagandaerfolg gewesen, denn im Grunde hätte man ja nur irgend etwas zur Raumstation erklären müssen, etwa eine ständig kreisende Gemini- oder Apollo-Kapsel. Oder man hätte eine der großen, tonnenförmigen Raketenstufen einfach zur Raumstation umbauen und in den Orbit schießen können. Tatsächlich tat man das ja auch, allerdings erst nach der Mondlandung: 1973, ein Jahr nach der letzten Mondlandung, brachten die USA ihr Skylab in die Umlaufbahn und schufen so die Voraussetzungen für das, was sie angeblich bereits geleistet hatten. Die USA verhielten sich wie ein Pianist, der seine Tonleitern erst nach einem ganz großen Konzert übt. 1961 empfahl von Braun in dem erwähnten Memorandum an Vizepräsident Johnson den Vereinigten Staaten, ihr Schicksal an ein vollkommen unkalkulierbares Abenteuer zu knüpfen. Wo sich Wissenschaftler und Bürokraten normalerweise lieber bedeckt hielten, lehnte von Braun sich weit aus dem Fenster. Am 8. Mai 1961 überreichten NASA-Administrator James E. Webb und Verteidigungsminister McNamara dem Vizepräsidenten ein weiteres Memorandum – zur Weitergabe an Kennedy: »Dramatische Erfolge im Weltraum symbolisieren die technologische Macht und organisatorische Kapazität einer Nation«, hieß es da. »Aus diesen Gründen tragen große Erfolge im Weltraum zum nationalen Prestige bei. (...) Wir schlagen vor, eine bemannte Mondlandung vor dem Ende dieses Jahrzehnts in unser Nationales Raumfahrtprogramm aufzunehmen.«[81]

Am 25. Mai 1961, sechs Wochen nach Gagarins Flug, übersetzte Kennedy dies nur noch in die erwähnten, schönen Worte von einer Mondlandung vor dem Ende des Jahrzehnts. Es sei nun an der Zeit, sagte er dabei, »für diese Nation, eine klar führende

Die Mondlandung als Symbol der Weltherrschaft, Cover eines Taschenbuchs

Rolle im Weltraum zu übernehmen, die in vielerlei Hinsicht der Schlüssel für unsere Zukunft auf der Erde sein kann...« Die Herrschaft im Weltraum als Schlüssel für die Zukunft, womöglich sogar für die Herrschaft auf der Erde – ist das nicht eine Übertreibung? Keineswegs. Vielmehr ist das Bild der amerikanischen Flagge auf dem Erdtrabanten bis heute ein wichtiges Symbol amerikanischer Überlegenheit. Nicht umsonst prangt beispielsweise auf der deutschen Taschenbuchausgabe von Zbigniew Brzezinskis Buch *Die einzige Weltmacht* nicht das Bild eines amerikanischen Bombers oder Flugzeugträgers, des Pentagons oder des Weißen Hauses, sondern das Bild eines salutierenden Astronauten auf dem Mond mit der Landefähre im Hintergrund. Untertitel des Buches: *Amerikas Strategie der Vorherrschaft*.

Ein Kaputnik namens Redstone

Um sich die Kühnheit dieses Unternehmens einmal richtig vor Augen zu führen, muß man bei der Selbstverpflichtung der Vereinigten Staaten zu einer Mondlandung zwei Dinge ganz klar separat bewerten:

1. Einmal die Verpflichtung, auf dem Mond zu landen. Bereits das war ein ungeheuerliches Versprechen.
2. Noch ungeheuerlicher war aber die Verpflichtung, diesen technischen Quantensprung auch noch innerhalb desselben Jahrzehnts vollziehen zu wollen.

Daß ein Präsident so etwas ohne eine wie auch immer geartete Erfolgsgarantie tun würde, war eigentlich kaum anzunehmen – schon gar nicht mitten im Kalten Krieg. Indem Kennedy die Vereinigten Staaten zu einer Mondlandung innerhalb von knapp zehn Jahren verpflichtete, machte er jede Hintertür zu. Aus unerfindlichen Gründen hielten seine Berater das Unternehmen für eine todsichere Sache, und so nahmen die USA in Gestalt von Präsident Kennedy die »sowjetische Herausforderung« zu einem Wettlauf zum Mond an. Zweifel an den behaupteten Erfolgen der Sowjets wurden gar nicht erst zugelassen. Hinter den Kulissen war von der von Kennedy und von Braun zur Schau getragenen Zuversicht jedoch gar keine Rede. Schon während der ersten Besprechungen beschlich die zukünftigen Astronauten ein eher ungutes Gefühl. Als etwa Alan Shepard »den ersten Meetings mit Ingenieuren in Langley beiwohnte, merkte er schnell – anhand der Argumente, der Meinungsverschiedenheiten und der Naivität –, daß die Hellsten und Besten der NASA noch immer nicht die leiseste Ahnung hatten, wie man zum Mond fliegen könnte«. »Immer noch – genauso wie es im späten 19. Jahrhundert viele konkurrierende Theorien darüber gab, wie man wie ein Vogel würde fliegen können – wußte niemand sicher, wie man am besten die Viertelmillion Meilen bis zum Mond würde reisen können.«[82] Bei der NASA befand sich das Know-how für eine Mondlandung also nicht – wo aber dann?

Von Brauns und Kennedys Siegesgewißheit stand in einem gewissen Mißverhältnis zu den technischen Möglichkeiten. Die für die ersten bemannten Flüge vorgesehene Redstone-Rakete hatte bis zum Mai 1961 eine Versagensquote von fast zwei Dritteln (57 Prozent). Von fünfunddreißig Flügen der Redstone waren zwanzig schiefgegangen: »Eines Nachts versammelten sich Shepard und die anderen am Cape, um einem weiteren Teststart einer von Brauns Redstones beizuwohnen«, schreibt Neal Thompson in seiner Biographie von Alan Shepard. Die Szenerie schien geradewegs aus einem Donald-Duck-Comic zu stammen. »Als der Countdown null erreichte, brachen Feuer und Rauch aus dem unteren Ende der Redstone hervor und hüllten augenblicklich die gesamte Rakete ein. Plötzlich schoß ein Projektil senkrecht nach oben und verschwand so schnell im Nachthimmel, daß ihm das Auge kaum folgen konnte. ›Guck dir mal die Beschleunigung von diesem Hurensohn an‹«, rief NASA-Flugdirektor Christopher Kraft etwas verfrüht. Denn »nachdem sich der Qualm verzogen hatte, wurde allen klar, daß es nicht die Rakete gewesen war, die sich aus dem Rauch erhoben hatte. Die Redstone stand immer noch still auf der Startrampe. Das, was sich da Richtung Weltall aufgemacht hatte, war der raketenbetriebene, an der Spitze der Kapsel angebrachte Rettungsturm gewesen.« Und noch schlimmer: Statt, wie in einem Notfall vorgesehen, die Kapsel mit sich fortzureißen, hatte sich die Rettungsrakete ganz allein davongemacht. Die Kapsel saß noch immer bleischwer auf der Redstone. Dafür ploppte nun der orangerote Fallschirm aus der Spitze der Kapsel und blähte sich sanft in der Seebrise. Schließlich puffte eine Wolke grüner Farbe aus der Kapsel, mit der normalerweise die Landestelle im Wasser markiert wird. »Die Rakete stand da, als wollte sie alle verspotten, und die stetige Ozeanbrise drohte den Fallschirm aufzublasen und die gesamte, mit hochexplosivem Flüssigtreibstoff gefüllte Rakete umzuwerfen«, schildert Thompson den Vorfall. Anschließend diskutierten die Ingenieure, wie am besten der Sprit aus dem Wrack abzulassen sei. »Jemand schlug vor, einen Gewehrschützen zu holen, um ein paar Löcher in die Flanke der Rakete zu schießen und auf diese Weise den Druck abzulassen. Kraft glaubte, seinen Ohren nicht zu trauen.« In der Tat: Vor soviel Sachverstand an der Wiege der bemannten Raumfahrt kann man eigentlich nur den Hut ziehen. Schließlich krabbelte ein mutiger McDonnell-Angestellter zur Basis der Redstone und schaltete die Zündsysteme ab. Damit war die Kuh erst mal vom Eis: »Es war ein höllisches Durcheinander«, meinte Christopher Kraft.[83]

»1959 war allein schon das Abheben vom Boden eine ausreichend kitzlige Aufgabe, und die sieben Mercury-Astronauten machten sich Gedanken, ob sie für eine Selbstmordmission ausersehen waren.«[84] Das Problem war nur, daß die Hauptperson dieses Harakiris einer der zuvor sorgsam aufgebauten Nationalhelden sein würde. Während in der Sowjetunion Kosmonauten im Prinzip verschwinden konnten, ohne daß ein Hahn nach ihnen krähte, waren Shepard und seine Kollegen ihren amerikanischen Mitbürgern fast so vertraut wie der Nachbar von nebenan. Amerika blickte in ihr Wohnzimmer, in ihren Vorgarten und in ihr Privatleben. Amerika kannte ihre Kinder, ihre Eltern und ihre Ehefrauen. Oder bildete sich das wenigstens ein. Und genauso, wie daraus nach einem gelungenen Flug ein maximales nationales Erlebnis werden konnte, barg dieser Umstand bei einem Fehlschlag die Gefahr einer nationalen Depression in sich. Und dieses Problem war auch höheren Orts erkannt worden. Anfang 1961 begann das President's Science Advisory Committee (PSAC, das wissenschaftliche Beratungskomitee des Präsidenten), sich mit dem »Fall Mercury« (so hieß die Kapsel) zu befassen. Die Herren trieb die berechtigte Sorge um, der erste Amerikaner könnte auf dem Weg ins All unrühmlich in einem Feuerball verglühen: »Die Mercury-Atlas- und Mercury-Redstone-Unfälle vom vergangenen Jahr«, hieß es vornehm in einem NASA-Papier über die Geschichte des Mercury-Programms, »hatten nicht dazu beigetragen, das Vertrauen der Wissenschaftler zu stärken, daß Mercury tatsächlich ein für den Menschen zugelassenes Programm war.«[85]

Und für den Transport eines Nationalhelden schon gar nicht. Momentan sah alles nach einer Katastrophe aus. »Der Tod eines Astronauten beherrschte Kennedys Gedanken. Das allerletzte, was seine Administration brauchen konnte, war die Liveübertragung vom Explosionstod Alan Shepards.«[86] Nach dem Sputnik-Schock, dem Desaster in der Schweinebucht und dem Flug Gagarins wäre der öffentliche Tod des Helden S. ein Desaster gewesen. Kein Wunder, daß sich Kennedy in den Tagen vor dem Start mehr und mehr »Sorgen über die Entscheidung machte, den Start live zu übertragen«.[87]

Erstaunlicherweise aber herrschte ganz plötzlich eitel Sonnenschein. Am 22. März 1961 erklärte der damalige Grandseigneur der amerikanischen Raketentechnik, Hugh L. Dryden, dem Präsidenten bei einer Konferenz im Weißen Haus, daß es bei dem ersten bemannten Flug der Mercury »keine ungerechtfertigten Risiken geben würde«. Interessant – wo doch allein der Start eines Menschen mit einer Redstone exakt ein solches »ungerechtfertigtes Risiko« darstellte. Wenn es kein solches Risiko gab, sollte das etwa bedeuten, daß überhaupt kein Mensch in die Mercury-Redstone-Kombination einstieg?

Und hatte diese Zuversicht vielleicht auch mit einem anderen großen Mann der bemannten Raumfahrt zu tun? Nein, nicht mit Wernher von Braun, sondern mit Robert R. Gilruth. Während Medien und NASA einen Riesen-Rummel um Wernher von Braun veranstalteten, war für die bemannten Raumschiffe in Wirklichkeit ein ganz anderer zuständig – besagter Bob Gilruth. Während Presse und Fernsehen auf Wernher von Braun gehetzt wurden, war der »lediglich« für die Startraketen der bemannten Programme verantwortlich, also für den sichtbaren Teil des Unternehmens. Die Verantwortung für die bemannten Vehikel wie die Mercury- oder Apollo-Kapsel und die Landefähre trug ein ganz anderer, nämlich Bob Gilruth. Während von Braun 1960 Direktor des Marshall Space Flight Center in Huntsville wurde (früher Army Ballistic Missile Agency), wurde Gilruth Chef des Manned Space Flight Center der NASA. Gilruth zeichnete für sämtliche bemannten Missionen der USA verantwortlich, angefangen vom Mercury-Programm bis hin zur letzten Mondlandung. Merkwürdig ist das deshalb, weil Gilruth eigentlich ein Experte für ferngelenkte, unbemannte Flugobjekte war. Denn zuvor hatte er ausgerechnet als Direktor der Pilotless Aircraft Research Division am Langley Research Center in Hampton, Virginia, geglänzt. Als Leiter der bemannten Raumflüge und Mondlandungen kann ihn das eigentlich kaum empfohlen haben – oder vielleicht doch? Die Pilotless Aircraft Research Division (PARD) entwickelte und startete unbemannte raketenbetriebene Flugmodelle zur Gewinnung aerodynamischer Daten.[88]

War das etwa genau die Qualifikation, die man für die spätere »bemannte Mondlandung« brauchte? Wir wissen es nicht. Sicher ist nur, daß von der PARD nicht weniger als vierzehn Ingenieure von der Entwicklung unbemannter Modelle in das bemannte Mondprogramm der USA wechselten. Und daß die Stimmung kurz vor dem Shepard-Flug überraschend kippte. Eigentlich gab es dafür nicht den geringsten Anlaß. Statistisch gesehen waren von drei Flügen der Redstone fast zwei schiefgegangen. Genau das, was für einen bemannten Flug notwendig gewesen wäre, gab es nicht: eine lange Reihe von erfolgreichen Testflügen. Dennoch waren die Mitglieder des PSAC-Komitees plötzlich der Meinung, daß alles Notwendige getan sei, um das Überleben des Piloten zu gewährleisten. Gewährleisten – das war nach Lage der Dinge eigentlich nur dann möglich, wenn der Pilot erst gar nicht einsteigen würde. Angesichts der bedrohlichen Situation erscheint der plötzliche Optimismus etwas überraschend. Auch der eines gewissen Edward C. Welsh: Der Geschäftsführer des National Aeronautics and Space Council tat sich mit einem Mal durch eine unerschütterliche Zuversicht hervor. »Warum einen Erfolg verschieben?« fragte er Präsident Kennedy.[89] Aufgrund welcher Eingebung der Mann darauf kam, daß der Flug ein Erfolg werden würde, ist nicht ganz klar. Vor dem Start einer Redstone konnte im Grunde niemand sagen, ob die Rakete funktionieren würde oder nicht. Die Statistik sagte: eher nicht.

Laut offizieller Geschichtsschreibung verließ Shepard trotz allem am 5. Mai 1961 um 9.34 Uhr an Bord seiner Redstone-Rakete den Start Komplex 5 auf Cape Canaveral – und zwar mit den markigen Worten: »Light this Candle« (Zünden Sie diese Kerze an). So mögen wir's, und so mag es auch ein echter Mythos. Wobei sich an der Spitze der Rakete zwar eine Raumkapsel befand. Allerdings konnte man den Raumfahrer nicht wie einen Autofahrer aus dem Fenster winken sehen – daß er an Bord war, müssen wir schon glauben. Immerhin: daß sich Shepard bei der Landung in der Kapsel befand, scheinen eine Menge Zeugen gesehen zu haben. 15 Minuten und 28 Sekunden nach dem Start einer Mercury-Kapsel von Cape Canaveral landete 302 Meilen östlich vom Startplatz und 100 Meilen nördlich von den Bahamas eine Mercury-Kapsel mit Shepard an Bord im Nordatlantik.[90] Als seine Kapsel am Fallschirm niederging, warteten bereits die Bergungshubschrauber des Flugzeugträgers *Lake Champlain* auf Shepard.[91]

Anschließend hob ein Helikopter die Kapsel so weit aus dem Wasser, daß Shepard die Luke öffnen konnte. Dann schlüpfte er in die herabgelassene Rettungsschlinge und ließ sich von dem Hubschrauber an Bord nehmen. Mit der Kapsel unter dem Rumpf flog der Helikopter zurück zu seinem Flugzeugträger, wo er das Raumschiff und den Astronauten absetzte.

Wie man letztlich das Überleben des Astronauten »gewährleistet« hatte, ist also nicht klar. Jedenfalls rettete Shepards Flug Kennedy, Amerika und die NASA. »Manche Länder bauen Kathedralen, wir haben ein Raumfahrt-Programm«, sagte John Pike, Direktor des Space Policy Project an der Federation of American Scientists.[92] Da ist sie wieder, die »Religion« des Raumes: The Lord is my Shepherd, pardon Shepard: »Mit Shepards Hilfe konnte die NASA zu jenem doppelgesichtigen Giganten heranwachsen, der sie schon alsbald werden sollte. Eine Propagandamaschine des Kalten Krieges und eine Behörde von brillanten Wissenschaftlern und furchtlosen Entdeckern.« Propaganda und Wissenschaft in einem? Wie kann das gehen? Was ist nun Lüge, und wo wird wirklich geforscht?

Im Nachhinein erscheint Shepards Flug wie eine rosa Pille, die Amerikas Psyche dringend brauchte: Bei der NASA gehe es »hauptsächlich darum, daß wir uns gut dabei fühlen, Amerikaner zu sein«, erklärte der erwähnte John Pike. Freilich klingt das mehr nach einer psychologischen als nach einer technischen Operation. »Indem er das immer noch junge Raumfahrtprogramm legitimierte, versetzte Shepard dem Unterlegenheitsgefühl gegenüber den Russen einen Stoß. Shepard war Balsam auf dem Ego des amerikanischen Volkes.«[93]

Mehr noch: Shepard war gar so etwas wie ein Seelsorger, der »die Dämonen der Minderwertigkeit exorziert« habe, von denen Amerika »besessen« gewesen sei, schrieb die Londoner *Times*.[94] Allerdings war die mentale Erbauung nicht der einzige Effekt seines Fluges, auch nicht der Schub für das amerikanische Selbstbewußtsein. Einen mindestens genauso großen Schub erlebten die Aktien des militärisch-industriellen Komplexes, etwa die von IBM oder McDonnell Douglas.[95] Zu Recht, denn nun flossen die Gelder erst richtig. Am Ende des Jahres 1961, also nachdem angeblich zwei Sowjets und zwei Amerikaner im All gewesen waren, betrug der Raumfahrtetat bereits 5 Milliarden Dollar, zehnmal mehr als in den letzten acht Jahren zusammen.[96]

Shepards Triumphzug durch Washington war deshalb nicht nur ein Triumphzug der amerikanischen Raumfahrt, sondern vor allem auch eine Party für die amerikanischen Rüstungskonzerne. Einige Tage nach dem Flug zogen Shepard und Kennedy in einer triumphalen Parade in Washington an 250 000 Menschen vorbei und verabreichten Chruschtschow damit den überfälligen Gegenschlag. Shepards Flug habe einen Jubel ausgelöst, wie seit dem Ende des Zweiten Weltkrieges nicht mehr, schrieb die *New York Times*. Nur wenige Wochen später verkündete Kennedy vor dem Kongreß offiziell das Mondprojekt. Niemand wunderte sich darüber mehr als die Astronauten. Zurück im Trainingszentrum fragte Shepard seine Kollegen: »Ist dieser Kerl verrückt?«[97]

Der Fall Virgil G.

Wir schreiben den 20. Juli 1969, 21.17 Uhr mitteleuropäischer Zeit. Soeben sind die ersten Menschen auf dem Mond gelandet. Am nächsten Morgen, um 3.56 Uhr, betritt als erster Mensch der Amerikaner Neil Armstrong den Erdtrabanten. Der erste Mann auf dem Mond sollte aber eigentlich ein anderer sein – Virgil Grissom.[98] Denn nicht Armstrong, sondern Grissom gehörte zu den dienstältesten Astronauten. Nicht Armstrong, sondern Grissom hatte bis dahin die meisten Raumflüge absolviert. Doch Grissom konnte den Ruhm, als erster Mensch den Mond zu betreten, nicht ernten. Und zwar, weil er plötzlich und unerwartet starb.

1961 war Virgil »Gus« Grissom nach Alan Shepard der zweite amerikanische Kandidat für einen suborbitalen Raumflug. Nach offizieller Geschichtsschreibung hob er am 21. Juli 1961 an der Spitze einer Redstone-Rakete ebenfalls vom Startkomplex 5 in Cape Canaveral ab. Seine Mercury-Kapsel hatte er nach der amerikanischen Freiheitsglocke in Philadelphia Liberty Bell 7 genannt. Auch Grissoms Flugbahn führte praktisch senkrecht nach oben. Grissom soll Details wie den Banana River, den Indian River sowie etwas, das wie eine große Landebahn aussah, gesehen haben. Auch West Palm Beach glaubte er zu erkennen.

Die Ähnlichkeit der Flüge von Shepard und Grissom war erstaunlich. Während Alan Shepard auf eine Höhe von 187,5 Kilometern stieg, kletterte Grissoms Kapsel auf 190 Kilometer. Während Shepard eine Entfernung von 303 Meilen über Grund zurücklegte, flog Grissom 302 Meilen weit. Die Flugzeit wich nur um neun Sekunden voneinander ab. Laut NASA dauerte Shepards Flug 15 Minuten und 28 Sekunden, während Grissom 15 Minuten und 37 Sekunden unterwegs gewesen sein soll.[99]

Mit Grissoms Landung begann der Ärger. Während er sich auf die Bergung durch einen Hubschrauber vorbereitete, stöpselte er im Cockpit seinen Helm ab und machte sich bereit, die heftig in den Wellen schwankende Kapsel zu verlassen. Dann lehnte er sich noch einmal in seiner Liege zurück, machte ein paar Notizen über den Flug und bereitete die Luke zur Sprengung vor. Dafür mußte er die Abdeckung von einem beweglichen Kolben abnehmen. Anschließend mußte er einen seitlichen Sicherungsstift aus dem Kolben herausziehen. Erst dann konnte er auf den Kolben schlagen, um die Sprengung auszulösen.[100] Diesen Mechanismus konnte man schlecht aus Versehen betätigen. Schließlich sollte Grissom ja nicht plötzlich in 200 Kilometern Höhe im Freien stehen beziehungsweise sitzen. Und auch auf dem unruhigen Wasser sollte die Luke nicht einfach aufgehen, sondern erst dann, wenn ein Bergungshubschrauber die Kapsel etwas aus dem Wasser gehoben haben würde.

Doch erstens kommt es anders, und zweitens als man denkt: »Ich lag da und war in meine Gedanken vertieft, als – Peng – plötzlich die Luke wegflog«, schilderte Grissom später das Geschehen.[101] Von einem Moment auf den anderen saß der Astronaut mitten auf dem Meer in einer offenen Kapsel. Wie seine unversehrte rechte Hand später zeigen sollte, hatte er den Auslösekolben des Sprengmechanismus nicht angerührt. Es fehlte die typische Verletzung, die man sich zuzog, wenn der Kolben nach der Auslösung der Sprengung zurückschlug.[102] Irgend jemand oder irgend etwas mußte den Mechanismus aber nun mal betätigt haben – aber was? Oder wer? Viel Zeit zum Nachdenken blieb Grissom nicht, denn schließlich lag er hier wie ein hilfloser Käfer auf dem Rücken – an Bord einer leckgeschlagenen Metallboje. Mit der weit offenen Luke begann Liberty Bell 7 rasch voll Wasser zu laufen und zu sinken.

Wollte der designierte Mann im Mond nicht sang- und klanglos absaufen, mußte er schnell handeln. Grissom zwängte sich mitsamt seinem Astronautenanzug durch die enge Luke und plumpste ins Wasser. Eigentlich wäre damit die Sache erledigt gewesen, denn schließlich schwebten ganz in der Nähe mehrere Bergungshubschrauber. Binnen kürzester Zeit hätte der Astronaut an einem Rettungskragen hängen können. Doch als wäre das, was er bis dahin erlebt hatte, noch nicht seltsam genug, passierte nun eine zweite merkwürdige Sache: Die Rettungshubschrauber kümmerten sich nicht um ihn. Im Rotorwind der Hubschrauber kämpfte der designierte Mann im Mond gegen einen ziemlich unrühmlichen und allzu irdischen Ertrinkungstod. Statt Grissom an Bord zu nehmen, kümmerte sich einer der Helikopter erst einmal um die Kapsel. Zwar schaffte Grissom es, zu dem Hubschrauber hinzuschwimmen, um in die Nähe des rettenden Kragens zu gelangen. Doch nun passierte etwas völlig Bizarres: Statt Grissom aufzunehmen, machte sich der Helikopter aus dem Staub. Eine Warnlampe habe ein Problem mit dem Triebwerk angezeigt, sagte der Pilot Jim Lewis später. Und da er bei einem Absturz nicht mit drehenden Rotorblättern auf Grissom plumpsen wollte, habe er sich lieber von dem schwimmenden Astronauten entfernt. So kam es, daß Grissom erst kurz vor dem Ertrinken von einem Helikopter aufgenommen wurde.[103] Da war er bereits vom Überlebenskampf gezeichnet. Allerdings gibt es da ein kleines Problem: Zurück auf dem Bergungsschiff *USS Randolph* hatte sich das Triebwerksproblem des ersten Hubschraubers verflüchtigt und ward nie wieder gesichtet. »Trotz des von Lewis gesehenen Warnlichts während der Bergung von Liberty Bell 7 wurde nie eine Störung des Helikoptertriebwerks gefunden.«[104] Eine gespenstische Sache.

Das Nachspiel zeigte, daß zwischen Grissom und der NASA irgend etwas nicht stimmte. Grissom beharrte darauf, die Sprengung der Luke nicht ausgelöst zu haben. Die NASA wiederum erklärte, keine technische Ursache für die vorzeitige Absprengung des Schotts gefunden zu haben. Tatsache ist, daß es noch einen weiteren Auslösemechanismus für die Luke gab. Der allerdings konnte nicht von Grissom betätigt worden sein, denn er befand sich an der Außenseite der Kapsel. Im Notfall hätte dort ein Froschmann eine kleine Klappe öffnen und an einem T-förmigen Griff ziehen können, und schon wäre das Schott weggeflogen. Und natürlich wäre es für einen Kampfschwimmer ein Leichtes gewesen, aus einem der Helikopter abzuspringen, zu Grissoms Kapsel zu schwimmen und den Mechanismus zu betätigen. Nur: Warum hätte er das tun sollen, solange sich der Astronaut nicht in einer Notlage befand? Und warum hätte er anschließend Grissom nicht helfen sollen?

Da sich das Rätsel nicht auflösen ließ, haftete Grissom fortan der Ruf eines Mannes an, der es vermasselt hatte. An Grissoms rechter Hand fehlte wie gesagt jedoch jene typische Verletzung, die man sich gewöhnlich bei der Betätigung des Auslösemechanismus zuzog. Zwar hätte man leicht nachprüfen können, ob die Klappe an der Außenwand geöffnet und an dem Griff gezogen worden war. Doch derselbe Bergungshubschrauber, der Grissom fast hätte ertrinken lassen, kappte auch noch die Verbindung zu der auf mysteriöse Weise leckgeschlagenen Kapsel, so daß sie bis auf weiteres im Ozean versank. Durch den Wassereinbruch sei das Raumschiff für den Hubschrauber zu schwer geworden, hieß es.

Ob es sich bei dem Unfall um einen »outside job« gehandelt haben könnte, ist natürlich eine gute Frage, über die am 17. Juni 2000 die preisgekrönte Raumfahrtseite *space.com* spekulierte, Nachrichtenlieferant für *CNN*, *USA Today* und *Yahoo!*. *Space.com* bezieht sich dabei auf den seinerzeitigen NASA-Rampendirektor Guenter Wendt: »Das ist das, was ich glaube«, sagte Wendt laut *space.com*. »Das ist die logischste Erklärung.«[105] Wendt beschreitet also den Weg zu dem externen Auslösemechanismus für die Absprengung der Luke. Aber er sagt auch: »Können wir es beweisen? Nein.« Seine Vorstellung, wie es zur Auslösung des externen Mechanismus gekommen sein könnte, wirkt etwas weit hergeholt. Denn dafür muß sich ja erstens die Abdeckung lösen, und zweitens muß irgend jemand oder irgend etwas an der Schnur ziehen. Zufall Nummer eins: Nach Wendts Version könnte sich die Abdeckung an der Außenhülle bei der Entfaltung des Fallschirms oder kurz danach abgelöst haben. Zufall Nummer zwei: Nach dem Aufsetzen auf dem Wasser könnte sich eine Fallschirmleine in dem T-förmigen Griff verfangen und daran gezogen haben.

Zwar hatte wahrscheinlich niemand damit gerechnet, daß Liberty Bell 7 aus ihrem nassen Grab jemals wieder auftauchen würde. Doch als dies 38 Jahre später, am 20. Juli 1999, dennoch geschah, war das alles weitgehend vergessen. Die NASA war nicht mehr dieselbe, die Kapsel war nicht mehr dieselbe, und Gus Grissom war auch nicht mehr derselbe. Genauer gesagt: Inzwischen war er wirklich tot, und zwar deshalb, weil er beim nächsten Mal nicht mehr so viel Glück gehabt hatte. Beim nächsten Unfall ging die Luke nicht zu früh auf, sondern zu spät. Beim nächsten Mal drohte kein Ertrinken, sondern es wartete der Feuertod. Doch davon gleich mehr.

1999 fanden sich im Inneren der geborgenen Mercury-Kapsel Papiere, Geld, Grissoms persönlicher Fallschirm, seine Sicherheitsgurte und sogar ein Stift – aber keine Ursache für den seltsamen Zwischenfall von 1961. Über den Zustand des externen Auslösemechanismus wurde nichts mitgeteilt, und die abgesprengte Luke wurde nicht gefunden. Beim Abstieg zum 5000 Meter tiefen Meeresgrund hatten sich Kapsel und Luke offenbar voneinander entfernt. Wesentlich merkwürdiger ist, daß auch ein anderer Gegenstand nicht gefunden wurde, ohne den Grissom wohl kaum in 190 Kilometer Höhe hätte fliegen können, um anschließend zur Erde zurückzukehren – der Hitzeschild: Als man Liberty Bell 7 1999 aus dem Wasser zog, war der Hitzeschild nicht da. Auch keine Reste davon. »Ich lehnte mich über das Heck des Bergungsschiffes und berührte erstmals die Kapsel«, erinnert sich der Leiter der Bergungsoperation, Curt Newport: »Meine Hand glitt zum unteren Ende von Liberty Bell 7. Ich legte mich auf das Deck, um zu sehen, ob irgendein Teil des Hitzeschildes noch da war. Da war nichts. Verdammt.«[106]

Und das, obwohl der Rest der Kapsel gut erhalten war. Daß dafür eine Erklärung her mußte, war klar. Und so machte man sich folgenden Reim auf das spurlose Verschwinden des Hitzeschildes: Er habe aus Beryllium bestanden und sich während der Zeit auf dem Meeresgrund vollständig aufgelöst.[107] Diese Version berücksichtigt allerdings nicht, daß Beryllium als besonders korrosionsbeständig gilt. Es zeigt »eine große Stabilität gegenüber feuchter Luft, so daß sich hochglanzpolierte Flächen mit der Zeit praktisch nicht verändern. Unter Normalbedingungen ist metallisches Beryllium reaktionsträge. Selbst bei Rotglut reagiert es nicht mit Wasser. Unterhalb von 600 °C tritt an der Luft keine Oxidation ein.«[108] Auf dem Meeresgrund jedoch sollen elektrolytische Prozesse die Zersetzung beschleunigt haben.

Gesehen hat das freilich niemand, und so besteht auch die Möglichkeit, daß Grissoms Kapsel niemals einen Hitzeschild hatte. Und nicht nur das, sondern möglicherweise auch keine Rakete. Jedenfalls, wenn man der renommierten *Encyclopedia Astronautica* glaubt, die sowohl mit der NASA als auch mit der *Encyclopedia Britannica* zusammenarbeitet. Die *Encyclopedia Astronautica* hält sich sehr viel auf ihre Exaktheit und Detailgenauigkeit zugute. Auf ihrer Internetseite präsentiert sie stolz die »kompletten Redstone- und Jupiter-Startlogbücher«. Bemerkenswert ist, daß die Starts von Alan Shepard und Virgil Grissom dort nicht verzeichnet sind. So vermerkt die Chronologie zwar für den 24. März 1961 und den 18. Mai 1961 den Flug einer Redstone, nicht aber für den 5. Mai 1961. An diesem Tag soll aber der erste Amerikaner mit einer Redstone in den Weltraum gestartet sein: Alan Shepard.

1961 Mar 24 – 17:30 GMT – *Launch Site*: Cape Canaveral.
Launch Complex: LC5. *Launch Vehicle*: Redstone.
LV Configuration: Redstone MRLV MRLV-5.
  MR-BD Test mission *Nation*: USA. *Program:* Mercury. *Payload:* Mercury Boilerplate. *Class*: Manned. *Type*: Spacecraft. *Spacecraft*: Mercury. *Agency*: NASA. *Apogee*: 181 km.
Suborbital test of Redstone modifications using a boilerplate Mercury capsule. The test was done at von Braun's insistence against Shepard's wishes, thereby putting the first US manned flight after Gagarin's. References: 5, 26, 59, 1758.

1961 May 18 – 2:00 GMT – *Launch Site*: Cape Canaveral.
Launch Complex: LC6. *Launch Vehicle*: Redstone.
LV Configuration: Redstone 2042.
  Test mission *Nation*: USA. *Agency*: USA. *Apogee*: 90 km.
Successful missile test. Missed aimpoint by 304 m. References: 439, 1758.

Wo ist der Flug von Alan Shepard am 5. Mai 1961?[110]
Redstone-Flüge am 24. März 1961 und am 18. Mai 1961.

1961 Jul 6 – *Launch Site*: Fort Wingate. *Launch Vehicle*: Redstone. *LV Configuration*: Redstone 1005.
  Operational Test mission *Nation*: USA.
Agency: USA. *Apogee*: 90 km.
Successful missile test. Missed aimpoint by 266 m.
References: 439, 778.

1961 Aug – *Launch Site*: Fort Wingate. *Launch Vehicle*: Redstone. *LV Configuration*: Redstone 1009. *FAILURE*: Human error in laying launch azimuth. Drop in inter-compartment pressure suspected.
  Operational Test mission *Nation*: USA.
Agency: USA. *Apogee*: 90 km.
Missile test failure. Missed aimpoint by 5,085 m. References: 439, 778.

Wo ist der Flug von Virgil Grissom am 21. Juli 1961?

Auch für den 21. Juli 1961 verzeichnet die »komplette« Startchronologie keinen Redstone-Flug. An diesem Tag soll aber der zweite Amerikaner ins All gestartet sein: Virgil Grissom. Vermerkt wird in der Chronologie jedoch nur ein Redstone-Flug am 6. Juli 1961 und ein Redstone-Flug im August 1961.[109]

Daß ausgerechnet die wichtigsten Flüge des Redstone-Programms fehlen, ist merkwürdig. Es könnte bedeuten, daß es an diesen Tagen überhaupt keine Redstone-Starts gab. War Grissoms Kapsel möglicherweise nicht nur ohne Hitzeschild unterwegs, sondern auch noch ohne Trägerrakete? Wie konnte Grissom dann aus luftiger Höhe am Fallschirm herabschweben, um ganz in der Nähe der Bergungsschiffe ins Wasser zu plumpsen? Fragen über Fragen. In dem Kapitel über die Landungen der Apollo-Kapseln werde ich versuchen, einer Lösung näher zu kommen.

Die Katastrophe von Apollo 1

Tatsache ist, daß sich der Vorzeigeastronaut Virgil Grissom zumindest im Laufe seiner weiteren Karriere bei seinem Brötchengeber reichlich unbeliebt machte. Ja, man könnte sogar sagen, daß Grissom der meistgehaßte Mann des Astronautenkorps war. Weil er sich ganz einfach weigerte, den ganzen Klamauk um den Mythos des sagenhaften Apollo-Raumschiffes mitzumachen. Für ihn war Apollo, das dritte und angeblich beste bemannte Raumschiff der NASA nach Mercury und Gemini, ganz einfach ein Haufen Schrott. Und das sagte er auch. Und zwar öffentlich.

Nach Mercury (ein Sitzplatz) und Gemini (zwei Sitzplätze) war Apollo das erste amerikanische Raumschiff für eine Dreimanncrew. Am 21. Februar 1967 sollte Gus Grissom die Kapsel auf ihrem bemannten Jungfernflug kommandieren. Das Vehikel bestand aus dem kegelförmigen Cockpit für die Besatzung und dem daran festmontierten, tonnenförmigen Serviceteil mit elektrischen Ausrüstungen, Treibstoff- und Sauerstoffvorräten sowie dem Triebwerk. Beides zusammen wog 30 Tonnen und war bei einem Durchmesser von 4 Metern etwa 11 Meter lang. Zum Start wurde die Kombination auf eine Trägerrakete vom Typ Saturn gesetzt. Bei den späteren Flügen zum Mond saß zwischen Raumschiff und Rakete zusätzlich die Mondlandefähre.

Aber nicht alle fanden dieses Gespann so herausragend, wie immer behauptet wird. Darunter ausgerechnet der Seniorastronaut der NASA, Virgil Grissom. »Es ist eine ganze Menge nicht in Ordnung mit diesem Raumschiff«, sagte er beispielsweise einmal. »Es ist nicht so gut wie die, die wir vorher geflogen sind.«[112] Wie bitte? Das Apollo-Raumschiff, das bis zum Ende des Jahrzehnts einen Amerikaner sicher zum Mond und zurück bringen sollte, war »nicht so gut« wie seine vergleichsweise primitiven Vorgänger, die allerhöchstens ein paar Erdumrundungen absolvieren konnten? Ende Januar 1967 provozierte der Topastronaut einen Eklat, über den heute noch jeder spricht, wenn der Name Grissom fällt. Am 22. Januar 1967 machte Grissom eine kurze Stippvisite bei seiner Frau zu Hause in Timber Cove, Texas. Als sein Blick auf den Zitronenbaum im Garten fiel, ging er hin, riß die größte Zitrone, die er finden konnte, ab und verstaute sie in seinem Reisegepäck. Als ihn seine Frau Betty fragte, was er denn damit vorhabe, sagte er, er wolle die Zitrone an das Raumschiff hängen – als Symbol des Versagens. Sprach's, sagte finster good bye – und ward nie wieder bei seinen Lieben gesehen.[113]

Das nächste Mal begegnete ihm seine Frau auf dem Heldenfriedhof von Arlington, Virginia. Seine Kollegen John Glenn und Alan Shepard schossen einen letzten Salut, den Sarg begleiteten NASA-Flugdirektor Christopher Kraft und Robert Gilruth, der ehemalige Experte für unbemannte Flugobjekte, jetzt plötzlich Direktor des Zentrums für bemannte Raumfahrt. Das war »The Nations Goodbye« *(Life Magazine)* für den designierten ersten Mann auf dem Mond. Aber was war eigentlich passiert? Laut NASA ereignete sich am 27. Januar 1967 ein tragischer Unfall, eine Katastrophe, oder noch besser: eine »Tragödie«. »Tragödie« ist die offizielle amerikanische Chiffre für nicht hinterfragbare Katastrophenfälle, die unvorhersehbar und unverschuldet über die Vereinigten Staaten hereinbrechen. Und wie es aussieht, könnte das eine weitere dicke Lüge in der Geschichte der Raumfahrt sein. Am Morgen dieses Tages bestieg Grissom zusammen mit seinen Kameraden White und Chaffee eine seiner gehaßten

Zitronen, nämlich eine auf die Spitze einer Saturn-Rakete montierte Apollo-Kapsel. Allerdings nicht, um abzuheben, sondern um einen Bodentest zu absolvieren. Und wie man das von Apollo schon kannte, klappte wieder mal nichts – und das drei Wochen vor dem geplanten Jungfernflug. Und wie man das von Grissom schon kannte, machte er seinem Unmut Luft. Statt wie geplant um 11 Uhr vormittags, konnten die Astronauten erst zwei Stunden später einsteigen – wegen technischer Probleme. Und statt mit dem Probecountdown nun endlich anfangen zu können, bemerkten die Raumfahrer einen sauren Geruch in der Kapsel. Also alles »auf Anfang«: den Countdown anhalten, mühsam die versiegelte Kapsel öffnen, Luftproben nehmen. Ergebnis: null. Türverriegelung wieder schließen, Countdown starten, eine Stunde später wieder anhalten: erneut saurer Geruch in der Kapsel. Also die ganze Prozedur noch mal: Tür entriegeln, Luftproben nehmen, analysieren. Ergebnis: wieder null. Tür wieder schließen. Anschließend wird der Test in der Kapsel von ständigen Störungen der Funkverbindung begleitet.[114] Und statt der Luft ist nun der Kommandant sauer. »Wie sollen wir mit euch vom Mond aus sprechen, wenn wir nicht mal über fünf Meilen Entfernung sprechen können?«, blaffte Virgil Grissom.[115] Über dem ganzen Projekt hing ein einziges großes Fragezeichen: Wie sollte man mit diesem Ding in drei Wochen ins All und später zum Mond kommen? Was sollte man mit einem Apollo-Raumschiff, bei dem noch im Dezember 1966 mehr als 20 000 Fehlfunktionen aufgelistet wurden?[116] »Die Konstruktion des Apollo-Raumschiffs ist ein technischer Alptraum«, befanden Experten. Trotz der Arbeit einiger der besten Ingenieure und Wissenschaftler und eines fast unbegrenzten Budgets habe die NASA ein Vehikel produziert, auf dessen einzelnen Komponenten das wahrscheinliche Desaster bereits eingraviert sei, meinte NASA-Kritiker Erik Bergaust.[117] Was fast so klingt, als sei Apollo niemals raumtauglich gewesen. Grissom hängte sich besonders weit aus dem Fenster – bedauerlicherweise auch vor der Presse. In einem Interview nannte er die Apollo-Kapsel einen »Eimer voll Schrauben«.[118] Der studierte Maschinenbauer, Luftfahrtingenieur und Testpilot ging allen auf die Nerven. Unentwegt inspizierte er jeden Quadratzentimeter der Kapsel – und meistens fand er was. »Seit Jahren bin ich ein einsamer Rufer in der Wüste«, sagte er.[119] Vielleicht zu einsam. Schon früher hatte er Morddrohungen erhalten. Nach Meinung seiner Familie kamen sie aus dem Raumfahrtprogramm. Grissom wurde zeitweise unter Bewachung gestellt und in besonders sichere Unterkünfte einquartiert. »Sollte es jemals einen ernsten Unfall im Raumfahrtprogramm geben, werde ich es sein«, sagte er zu seiner Frau.[120]

Am 27. Januar 1967 sollte sich die düstere Prophezeiung erfüllen. An diesem Tag muß irgend jemand beschlossen haben, den ewigen Nörgler Grissom zum Schweigen zu bringen. Das heißt: Wenn, dann wurde es wahrscheinlich schon früher beschlossen, nur durchgeführt wurde es am 27. Januar. Virgil Grissom wurde das Opfer eines Anschlags. Das behauptet jedenfalls sein Sohn Scott, heute Mitte fünfzig und als Flugkapitän ein Mann vom Fach. Während des Tests brach an Bord der Kapsel ein Feuer aus, bei dem alle drei Astronauten ums Leben kamen. Und Scott Grissom mag nicht glauben, daß dies auf Zufall oder Schlamperei zurückzuführen war: »Es war ein bewußter Akt der Sabotage. Ich habe keine Ahnung, ob von einer Person oder von fünfzig. Aber es wurde ganz klar getan.« (Newsgroup sci. space. history 28.8.01). Wie kommt der Mann zu einer solch ungeheuerlichen Behauptung? Sehen wir uns ein paar wesentliche Zutaten der Apollo-Kapsel an diesem Morgen an. Sie enthielt:

1. eine brandgefährliche, reine Sauerstoffatmosphäre;
2. eine Tür, die sich nur äußerst langsam öffnen ließ;
3. einen funkenanfälligen Verhau von Schaltern und elektrischen Schaltkreisen.

Sauerstoff ist, wie man weiß, jenes Gas, das ein Feuer erst möglich macht. Stülpt man ein Glas über eine Kerze, geht die Flamme sehr schnell aus, weil sie den vorhandenen Sauerstoff verbraucht. Wenn man allerdings einen großen Behälter mit hundertprozentigem Sauerstoff über die Kerze stülpen würde, sagen wir: so groß wie eine Apollo-Kapsel, dann würde genau das Gegenteil passieren. Die Kerze würde von ihrer eigenen Flamme verzehrt werden. Denn hundertprozentiger Sauerstoff ist das Fünffache dessen, was die Erdatmosphäre normalerweise an Sauerstoff enthält.

Würde man in einer solchen Atmosphäre leben, würden ständig irgendwo Feuer ausbrechen. Zur Zeit enthält die Erdatmosphäre 21 Prozent Sauerstoff. Bei nur einem Prozent mehr Sauerstoff in der Atmosphäre steigt die Wahrscheinlichkeit eines Waldbrandes durch Blitzschlag um 70 Prozent. Bei über 25 Prozent Sauerstoffgehalt droht eine Vernichtung von großen Teilen der Vegetation.[121] Was aber ist, wenn man den Sauerstoffanteil in der Luft nicht um 1 oder 2 Prozent erhöht, sondern von 20 auf 100 Prozent? Und was ist, wenn man den Druck in einer Kapsel zusätzlich noch über den normalen atmosphärischen Druck erhöht, wie bei Apollo 1 geschehen? Die Antwort: Man darf nicht mal mehr an einen Funken denken, schon steht alles in Flammen.

Als sei das alles noch nicht genug, benutzte die NASA an diesem Morgen zum ersten (und zum letzten) Mal eine Luke, die sich im wahrsten Sinne des Wortes ums Verrecken nicht öffnen ließ.[122] Schon unter normalen Bedingungen (das heißt: bei identischem Luftdruck auf beiden Seiten der Luke) brauchte man 90 Sekunden, um das komplexe Schott zu öffnen. An diesem Tag aber wurde die Kapsel sogar mit einem höheren als dem normalen atmosphärischen Druck beaufschlagt. Während des Feuers erhöhte sich der Druck zusätzlich, so daß die Luke überhaupt nicht mehr aufging. Merkwürdigerweise hatte die NASA das Raumschiff auch noch mit jeder Menge Brennmaterial vollgestopft. So sollen sich die drei Astronauten die Kapsel mit zwei Kunststoffmatten und Unmengen des Nylonklettbandes Velcro geteilt haben. Statt 0,32 Quadratmeter, wie maximal erlaubt, hätten sich an diesem Morgen 3,2 Quadratmeter Velcro an Bord befunden.[123] Wofür, um alles in der Welt, benötigte man in der engen Kapsel solche Unmengen Velcro, das in einer reinen Sauerstoffatmosphäre hervorragend kokelt und wie fast jeder brennende Kunststoff hochgiftige Gase abgibt? Hatten die Astronauten etwa ihren halben Hausrat mitgebracht, um ihn nun mit Klettband an der Wand der Apollo-Kapsel zu befestigen? Oder sollte dies vielleicht gar kein Test sein, sondern wollte man den dreien ein gemütliches Feuerchen bereiten? Nach dem Brand hatten die herbeigerufenen Ärzte Schwierigkeiten, die Astronauten aus der Kapsel zu ziehen, da ihre Anzüge mit geschmolzenem Nylon verklebt waren.[124] Und nun passierte noch etwas Merkwürdiges: Fackelt irgendwo eine Lagerhalle ab, klärt zum Beispiel ein Brandexperte, wo und vor allem wie das Feuer entstand: beabsichtigt oder unbeabsichtigt. Aber angesichts von drei zunächst ungeklärten Todesfällen holte die NASA nicht etwa die Polizei oder das FBI zur Spurensicherung. Vielmehr bildete die NASA selbst eine Untersuchungskommission. Eine Praxis, die übrigens bei jeder weiteren Katastrophe beibehalten wurde, sei es nun der Unfall der Raumfähre Challenger 1986 oder jener des Shuttles Columbia 2003. Und damit ähnelt die NASA schon wieder dem Vatikan, der die plötzlichen Todesfälle in seinen Mauern ebenfalls am liebsten selbst untersucht. »Der NASA die Durchführung der Apollo-1-Untersuchung zu gestatten, ist in etwa dasselbe, als hätte die Handelskammer von Dallas die Ermordung John F. Kennedys untersucht«, schrieb der *Washington Evening Star*.[125] Mit anderen Worten: Die Untersuchung der Katastrophe erfolgte im rechtsfreien Raum durch jene Behörde, unter deren Obhut der Unfall passiert war.

Schlimmer noch: Hochrangige NASA-Leute arbeiteten dabei mit Militärs und Personal des Apollo-Herstellers North American zusammen.[126] Für den Leiter der Untersuchungskommission, den NASA-Astronauten Frank Borman, seit 1957 Assistenzprofessor für Thermodynamik (Wärmelehre), war der Brand in der mit Sauerstoff vollgepumpten und mit Kunststoff und Strom führenden Kabeln vollgestopften Kapsel eine Überraschung: »Wir haben jede Gefahr zu identifizieren versucht, aber diese haben wir übersehen.«[127] Auch der studierte Ingenieur und Luftfahrtexperte Robert Seamans, damals Vize-Chef der NASA, fiel aus allen Wolken: »Es war ein derartiger Schock. Niemand konnte sich vorstellen, daß so etwas passieren könnte«, erklärte er.[128]

Niemand – bis auf die NASA. Denn weil sie ihre Raumschiffe mit reinem Sauerstoff füllen wollte, hatte die Raumfahrtbehörde schon lange vor der Katastrophe eine Reihe von Versuchen mit Sauerstoffatmosphären in Auftrag gegeben – mit katastrophalen Ergebnissen:

- Am 9. September 1962 brach in der mit Sauerstoff gefüllten Kapsel des Raumkabinensimulators auf der Brooks Air Force Base in San Antonio, Texas, ein Feuer aus. Beide Insassen kollabierten mit einer Rauchvergiftung.

- Am 17. November 1962 fingen im U.S. Navy Air Crew Equipment Laboratory (ACEL) in Philadelphia, Pennsylvania, beim Auswechseln einer Glühbirne Kleidungsstücke der vier Insassen eines Sauerstofflabors Feuer. Obwohl sie dem Inferno innerhalb von 40 Sekunden entkamen, wurden alle durch das Feuer verletzt.
- Am 28. April 1966, nur neun Monate vor der Apollo-Katastrophe, gab es einen Brand bei einem Test der mit reinem Sauerstoff arbeitenden Apollo-Lebenserhaltungssysteme in Torrance, Kalifornien.
- Am 1. Januar 1967, also nur drei Wochen vor dem Unfall von Grissom und seinen Kollegen, kamen zwei Männer bei einem Brand in einer Sauerstoffkammer auf der Brooks Air Force Base in San Antonio ums Leben.[129]

Wie die NASA dazu kam, Virgil Grissom und seine Kameraden am Morgen des 27. Januar 1967 mit jeder Menge Velcro und einer schlecht zu öffnenden Tür in exakt eine derartige Sauerstoffatmosphäre zu stecken, ist nicht nachvollziehbar – und das alles auch noch, ohne das Raumschiff zuvor ohne Astronauten zu testen. Ein solcher unbemannter Test, der den Astronauten das Leben hätte retten können, wurde kurzfristig abgesagt, angeblich aus Zeitgründen.[130]

Schon das reichte manchem, von Mord zu sprechen, zum Beispiel dem Raumfahrtjournalisten Erik Bergaust. Er nannte sein Buch über die Apollo-1-Katastrophe *Mord auf Rampe 34*. »Wenn Berichte von nackter Nachlässigkeit, Mißmanagement, schlampigen Tests und flagranten Mängeln stimmen, dann wurden drei Menschen unnötig geopfert, wenn nicht ermordet«, schrieb Bergaust auf Seite 41.

Die Berichte von nackter Nachlässigkeit hatte ein ehemaliger Qualitätsingenieur der Herstellerfirma North American Aviation geliefert. Sein Name: Thomas Ronald Baron. Der Mann nahm seinen Job ernst, vielleicht zu ernst. Schon vor der Katastrophe, noch als Mitarbeiter von North American, hatte Baron immer wieder atemberaubende Mißstände an der Startrampe angeprangert: Weil es beim Betanken von Raketen an Schutzanzügen fehlte, konnte nur ein Teil der Mannschaft arbeiten, der andere

Teil schlief oder spielte Karten. Arbeiter rauchten in der Nähe von Spritleitungen oder veranstalteten spontane Partys mit Reinigungsalkohol (Bergaust S. 40). Schon vor dem Unglück auf Rampe 34 hatte Baron einen 55-Seiten-Report über Schlampereien an der Startrampe geschrieben. Er behauptete, die Vorfälle in Notizbüchern festgehalten zu haben und verlangte die Überprüfung auf höchster Ebene des Apollo-Herstellers North American. »Irgend jemand muß die Öffentlichkeit und die Regierung darüber informieren, welche Zustände hier um sich greifen«, sagte er. Seinen Report baute er zu einem 500-Seiten-Konvolut aus.

Möglicherweise bekam es Baron schlecht, daß er auch über die Katastrophe auf Rampe 34 einige Details zu berichten wußte, die sich mit der NASA-Version ganz und gar nicht decken wollten, zum Beispiel mit der Behauptung, die Astronauten seien bereits nach wenigen Sekunden bewußtlos und nach vier Minuten mausetot gewesen. Diese exakte Zeitangabe bedeutet, daß die Astronauten bereits tot waren, als nach fünf Minuten die Kapsel aufging. Und das ersparte der NASA ein Menge Ärger. Denn als die Luke nach fünf Minuten geöffnet wurde, war kein einziger Arzt in der Nähe. Der erste Mediziner ließ sich erst zehn Minuten später blicken – eine Ewigkeit für einen Schwerverletzten. Unterlassene Hilfeleistung wäre noch der geringste Vorwurf an die Adresse der Raumfahrtbehörde gewesen. Bei einem Hearing am 21. April 1967 vor dem Kongreß enthüllte Baron, daß das Sterben der Astronauten wesentlich länger gedauert haben mußte, als bis dahin zugegeben – quälend lange. So hätten die Astronauten schon 10 bis 12 Minuten vor dem Ausbruch des Feuers Rauch in der Kapsel gemeldet. Genügend Zeit also, den Versuch abzubrechen und die Kapsel schnellstens zu öffnen. Ferner habe ihm ein anderer North-American-Angestellter nach dem Unglück erzählt, daß die Astronauten geschlagene fünf Minuten versucht hätten, das verhängnisvolle Schott aufzubekommen – demnach also nicht nach wenigen Sekunden bewußtlos waren. Zwar ließ North American den Angestellten Barons Aussagen umgehend dementieren, aber trotzdem verdichtete sich der Eindruck, daß an der offiziellen NASA-Version von der Katastrophe einiges ganz und gar nicht stimmte.

Dennoch herrschte bald wieder Ruhe, denn Thomas Baron fuhr mit seinen Aussagen vor die Wand. Oder besser gesagt: vor einen Zug. Und zwar mit seiner ganzen Familie. Eine Woche nach seiner Aussage vor dem Kongreßausschuß wurden Baron und die Seinen bei der Überquerung eines Bahngleises von einem Zug erfaßt und getötet. Sein Report ist bis heute verschwunden.

Dafür, daß der Tod der Astronauten noch wesentlich länger dauerte, als offiziell behauptet, gibt es jedoch noch weitere Indizien. So berichtete später Grissoms Sohn Scott, bei allen drei Astronauten sei bei der Obduktion ein Lungenödem (Wasseransammlung in der Lunge) festgestellt worden. Wie ein Blick in die Autopsieberichte zeigt, ist das korrekt (wiedergegeben von Kennan/Harvey, S. 325f.). Ein Lungenödem entsteht durch das Einatmen von Rauch. Die Lungenbläschen werden durch die ätzenden Brandgase porös und undicht. Der Blutkreislauf drückt Flüssigkeit in die geschädigten Bläschen, die damit keine Atemluft mehr aufnehmen können. Der Mensch ertrinkt an seiner eigenen Körperflüssigkeit.

Das Problem ist nur: Das dauert seine Zeit. In dieser sogenannten Latenzzeit verrichten die ätzenden Stoffe langsam ihre Arbeit und sickert die Flüssigkeit allmählich in die Bläschen. Deshalb findet es Grissom erstaunlich, daß die angeblich binnen weniger Minuten verstorbenen Astronauten ein Lungenödem entwickeln konnten: »Als Todeszeit haben sie fünf Minuten angegeben, aber es dauert 15 bis 20 Minuten, um ein Lungenödem zu entwickeln. Es gibt also eine Lücke von 10 bis 15 Minuten. Die Crew war AM LEBEN, als das Schott geöffnet wurde, und es wurden keine Anstrengungen unternommen, sie wiederzubeleben, um den Tatort nicht zu verändern«, berichtete Grissom am 3. August 2001 in einer Newsgroup.

Nun sind auch 15 bis 20 Minuten noch relativ wenig für die Ausbildung eines Lungenödems. Nach dem Einatmen von Kampfgasen, die insbesondere dem Brandrauch von Kunststoffen ziemlich ähnlich sind, vergehen noch Stunden bis zur Ausbildung eines Lungenödems. Wie lange die Astronauten wirklich um ihr Leben kämpften, wird man nie erfahren. Kurz nach Eintreten des Zwischenfalls schnitt der Leiter des Manned Spaceflight Centers, Robert Gilruth, das Cape und das Kontrollzentrum mit Hilfe einer totalen Nachrichtensperre von der Außenwelt ab. Während alle drei Astronauten angeblich ebenso schnell wie gleichzeitig verstarben, besagten Gerüchte während der Nachrichtensperre, daß nur ein Insasse von Apollo 1 verstorben sei. Erst zwei Stunden nach Eintreten des Notfalls verkündete die NASA öffentlich den Tod aller drei Raumfahrer: »Was tat die NASA während dieser zwei Stunden?«, fragte der NASA-Kritiker Erik Bergaust. Später kam heraus: nichts. Jedenfalls nichts, was den Tod der Astronauten hätte verhindern können. Als zum Beispiel die ersten Ärzte endlich an der Kapsel eintrafen, erklärte man ihnen kurzerhand, die Crew sei tot, woraufhin die Mediziner auf dem Absatz kehrt machten, berichten die NASA-Kritiker Kennan und Harvey (S. 36). Das heißt erstens: Der Tod der Astronauten wurde nicht ärztlich festgestellt. Und das heißt zweitens: Ärztliche Erste-Hilfe-Maßnahmen hatte es nicht gegeben. Wahrscheinlich gab es überhaupt keine Erste Hilfe, denn dafür hätte man die Astronauten sofort aus der Kapsel herausholen müssen. Das aber geschah erst sechs Stunden nach dem Beginn der Katastrophe. Bis der letzte Körper aus der Kapsel entfernt war, vergingen siebeneinhalb Stunden, so Kennan und Harvey (S. 14f.).

Als seien dies der Merkwürdigkeiten noch nicht genug, fügte dem viele Jahre später Virgil Grissoms Sohn Scott noch eine weitere hinzu: einen bewußt gelegten Kurzschluß an Bord von Apollo 1.

Vor einigen Jahren kam Scott Grissom auf die Idee, dem Wrack der Kapsel seines Vaters bei der NASA einen Besuch abzustatten. Sie lagerte im Langley Research Center der NASA in Hampton, Virginia. Er verschaffte sich Zutritt mit Hilfe des Freedom of Information Acts (Gesetz über die Freigabe von Informationen an US-Bürger). Eigentlich hatte er nichts Besonderes gesucht. Er wollte nur klären, ob man die Kapsel vielleicht in einem Museum ausstellen könnte. Doch plötzlich war er wie elektrisiert. An einem Schaltpult konnte Grissom erkennen, daß die Fahnder damals nach etwas ganz Bestimmtem gesucht hatten. Nur ein Schalter war demontiert worden, alle anderen Schalter saßen fest mit ihren Zuleitungen verbunden an ihrem ursprünglichen Platz. Die losen Kabel an der leeren Stelle waren von der Untersuchungskommission sorgfältig numeriert worden.[131]

In einer halb verfallenen Halle auf dem Gelände des Langley Research Centers der NASA (Hampton, Virginia) lagern in einem Container die Reste von Apollo 1

Den demontierten Schalter fand Grissom in einem Plastiktütchen mit der Aufschrift »Schalterabdeckung und Befestigungen S-11«. Der Schalter S-11 befand sich auf dem Hauptschaltpult direkt vor dem Kommandanten. Als Flugkapitän kennt sich Grissom mit Schaltpulten aus. Und nun fand er in diesem Tütchen etwas, »das ich in meiner ganzen Pilotenlaufbahn noch nie gesehen hatte«: ein rechteckiges Metallplättchen, das exakt unter den Schalter paßte – genau dorthin, wo sich sämtliche Kabelanschlüsse des Schalters befanden. Ganz offensichtlich hatte dieses Plättchen dort nichts zu suchen. Denn es bewirkte, daß die Anschlüsse des Schalters kurzgeschlossen wurden, egal, ob sich der Schalter in der Position »Ein« oder »Aus« befand. Seitdem ist Scott Grissom überzeugt, den letzten Mosaikstein zur Erklärung der Katastrophe vom 27. Januar 1967 gefunden zu haben. Es ist die Antwort auf die Frage, was das Feuer in der gefährlichen Sauerstoffatmosphäre verursachte: »In meinen Augen gibt es keinen Zweifel, daß dieses Metallplättchen den Kurzschluß verursachte, der dann das Raumschiff in Brand setzte.«[132]

Er fand heraus, daß sich der Schalter zwischen den Bordbatterien und den Manövrierdüsen an der Außenseite des Raumschiffes befand. Der Kurzschluß konnte also erst entstehen, wenn – wie bei dem Test vorgesehen – von Außenversorgung auf die Bordbatterien umgeschaltet wurde (»plugs out«). »Werden bei Euch irgendwelche Autos gestohlen, Gerhard?«, schrieb mir Scott Grissom im August 2001 während der Recherchen für einen Artikel in dem Wissensmagazin P. M.: »Eine Möglichkeit ist, den Wagen kurzzuschließen.

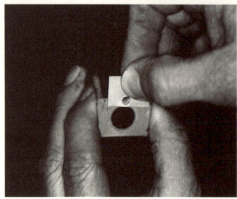

Anders als seine Nachbarn war der Schalter S 11 von der Untersuchungskommission demontiert worden (oben). Bei den Einzelteilen des Schalters fand Scott Grissom ein kleines Metallplättchen (Mitte). Das Plättchen gehörte nicht zu den üblichen Teilen, paßte aber genau unter den Schalter (unten)

Alles, was man dabei macht, ist, die Funktion eines Schalters mit etwas zu umgehen, das leitet. (...) Pumpe Deine Garage mit hundertprozentigem Sauerstoff voll, schließe Dein Auto kurz und mache damit weiter, bis der Pluspol der Batterie zu schmelzen anfängt, und Du hast genau das, was vor fast fünfunddreißig Jahren auf Rampe 34 passierte.« Tatsächlich zeigten die Monitore im Kontrollzentrum eine Erwärmung der Bordbatterien an[133] – ein Hinweis auf einen Kurzschluss. Kurz darauf brach das Feuer aus.

Schnell ist klar, daß die reine Sauerstoffatmosphäre als tödlicher Brandbeschleuniger wirkte. Warum die NASA den offensichtlich lebensgefährlichen Test in der Apollo-Kapsel trotzdem für unproblematisch hielt, wurde jedoch nie geklärt.

Hatte da jemand eine offene Rechnung mit einem der Astronauten, speziell mit Grissom? Standen manche vielleicht in Diensten einer ganz bestimmten fremden Macht? Tatsächlich sind für Grissoms Sohn Scott die »wahrscheinlichsten Schuldigen« die Sowjets. Warum aber sollte die NASA so etwas vertuschen? »Wenn es sowjetischen Ursprungs war und dies publik gemacht worden wäre, hätte das den dritten Weltkrieg verursachen können«, meint Grissom: »Ein guter Grund, den ersten Akt des Terrorismus auf amerikanischem Boden zu vertuschen.«[134]

Oder vertuschte die NASA gar in eigener Sache? Auch dafür gibt es keinen Beweis. Scott Grissom selbst legt Wert auf die Feststellung, »daß die NASA niemanden ermordet hat«. Auf meine Fragen zu Grissoms Enthüllungen hat die Raumfahrtbehörde nicht geantwortet. Das amerikanische *Star Magazine* zitierte einen NASA-Sprecher mit den Worten, Grissoms Behauptungen seien »purer Unsinn«: »Wir haben niemals festgestellt, was das Feuer auslöste.«[135] Aus dem bemannten Jungfernflug von Apollo am 21. Februar 1967 wurde jedenfalls nichts. Der Abschlußbericht der Untersuchungskommission kam am 5. April 1967 heraus und zeichnete sich durch eine enorme Beredsamkeit aus. Das 3000 Seiten starke Konvolut erweckte den Eindruck, als sei jeder Stein umgedreht worden. Aber auf Initiative des Kongreßabgeordneten James Sensenbrenner wurde der Fall 33 Jahre nach der Katastrophe erneut untersucht. Von wem? Natürlich von der NASA. Dafür reiste ein NASA-Team im Jahr 2000 gleich zweimal zu dem Apollo-Wrack nach Langley. Die Hauptfrage lautete: Wo kam denn nun das kleine Metallplättchen her, das Scott Grissom bei dem Schalter gefunden hatte und das er verdächtigte, den fatalen Kurzschluß ausgelöst zu haben? Erste Antwort: Scott Grissom hatte nicht etwa geträumt, sondern tatsächlich fand auch die neue Untersuchungskommission bei dem verdächtigen Schalter Nr. 11 ein Metallplättchen, das dort nicht hingehörte.

Blieben vorerst zwei Fragen:

1. Woher stammte der Gegenstand?
2. Wie kam er zu Schalter 11, zu dessen Grundriß er so wunderbar paßte?

Frage Nummer eins konnte offenbar einigermaßen überzeugend beantwortet werden: Das Metallplättchen stammte aus dem Raumschiff selbst. Es war aus einem Träger der Hauptkonsole herausgesägt worden. Aber von wem? Das Untersuchungsteam des Jahres 2000 fand es »hinreichend schlüssig«, daß das Metallteil im Rahmen der damaligen Unfalluntersuchung aus dem Träger herausgetrennt worden war – und zwar als Probe für das Mikroskop. »Wir glauben, daß es die dreidimensionale Form des Trägers unmöglich machte, seine Oberfläche unter dem Elektronenmikroskop nach Rostspuren zu untersuchen«, heißt es in dem Bericht. »Deshalb glauben wir, daß der Träger auseinandergeschnitten wurde, damit das kleinere Metallteil unter dem Elektronenmikroskop plaziert werden konnte.«[136]

Glauben heißt allerdings: Wir wissen es nicht. Und tatsächlich bedauert das Untersuchungsteam in einem Brief an Senator James Sensenbrenner die »fehlende Dokumentation« dieses nur vermuteten Vorgangs. Niemand hat damals eine Notiz darüber angefertigt. »Nicht bekannt« sei auch, »warum der Träger separat von dem Metallplättchen aufbewahrt wurde«. Genau das ist das Problem. Denn warum sollte jemand eine Mikroskopprobe von einem Metallträger nicht bei dem Träger, sondern bei einem Schalter aufbewahren? Bei einem Schalter, zu dessen Grundriß die »Probe« so exakt paßt, daß sie dort sehr gut die Anschlüsse hätte kurzschließen können? Bleibt also immer noch eine Frage offen:

Das Metallplättchen auf Fotos der Kommission von 2000 (links). Daneben zusammen mit dem Teil, aus dem es herausgesägt wurde

Warum hätte die Untersuchungskommission von 1967 zur Analyse ausgerechnet ein Metallstück in der Größe von Schalter 11 aus dem Träger herausschneiden sollen – um es anschließend nicht bei dem Träger, sondern bei Schalter 11 aufzubewahren?

Das läßt, wie gesagt, auch noch eine andere Möglichkeit offen: Daß die Fahnder des Jahres 2000 nicht der Untersuchungskommission, sondern den Tätern von 1967 auf der Spur waren. Daß diese also das Metallplättchen nicht in die Kapsel mitbrachten, sondern es aus einem hinter der Konsole verborgenen Träger herausschnitten, hinter Schalter 11 klemmten und so in dem Moment einen Kurzschluß provozierten, in dem auf die Bordbatterien der Kapsel umgeschaltet werden würde.

Auf zum Mond

Zweieinhalb Jahre vor der Mondlandung stand die NASA vor einem Scherbenhaufen: drei tote Astronauten – und das neue Apollo-Raumschiff ein »Eimer voller Schrauben«. Und noch schlimmer: dieser »Eimer« konnte auf lange Sicht nicht bei einem bemannten Flug erprobt werden. Der bemannte Jungfernflug von Apollo mußte von Februar 1967 auf den 11. Oktober 1968, also um eindreiviertel Jahre, verschoben werden. Das Ende des Jahrzehnts, das Kennedy für die USA als Datum für die Mondlandung gesetzt hatte, näherte sich mit Riesenschritten: Vom ersten

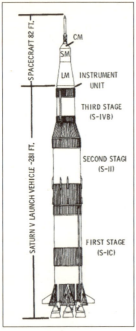

Saturn Startrakete: Erste Stufe, zweite Stufe, dritte Stufe, Landefähre (LM), Versorgungsteil (SM), Kommandokapsel (CM), Rettungsturm

bemannten Flug einer Apollo-Kapsel (Apollo 7 am 11. Oktober 1968) in den Erdorbit bis zum Ende des Jahrzehnts waren es nur noch vierzehn Monate, bis zur ins Auge gefaßten Mondlandung sogar nur noch zehn. In nur zehn Monaten sollte nicht nur die Kapsel, sondern die gesamte Konfiguration aus Rakete, Kapsel und Landefähre zuverlässig funktionieren.

Im einzelnen bestand das Apollo-Gespann aus drei Komponenten:

1. der etwa 110 Meter hohen, dreistufigen Saturn-V-Rakete, bestehend aus drei Antriebsstufen, mit einem Gesamtstartgewicht von 3000 Tonnen und einem Schub von 3400 Tonnen;
2. dem projektilförmigen Apollo-Raumschiff aus Versorgungsteil und Kommandokapsel, das am oberen Ende der Rakete saß – die Kommandokapsel war Wohn-, Schlaf- und Arbeitsplatz für die drei Astronauten;
3. der Landefähre, bestehend aus Landestufe und Aufstiegsstufe, die in der Rakete zwischen Apollo-Raumschiff und den großen Antriebsstufen untergebracht war.

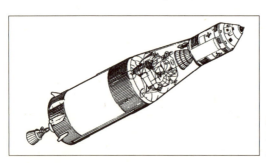

Saturn-Stufe, Landefähre und Apollo-Raumschiff

Diese hochkomplexe und -explosive Kombination von Geräten brach am 16. Juli 1969 zur kompliziertesten bemannten Raummission aller Zeiten auf. Nach dem Start wurde bei einer Geschwindigkeit von etwa 10 000 Stundenkilometern in rund 56 Kilometern Höhe die erste Stufe abgetrennt und die zweite Stufe gezündet. Etwa gleichzeitig wurde der Rettungsturm abgeworfen, der auf der Spitze der Apollo-Kapsel saß. Er bestand aus starken Feststoffraketen, die die Kapsel im Notfall von der Startrampe hätten wegziehen sollen. In knapp 200 Kilometern Höhe wurde bei etwa 24 000 Stundenkilometern die zweite Stufe abgeworfen und die dritte Antriebsstufe der Saturn V gezündet. Auf diese Weise schwenkte die Restkombination mit etwa 28 000 Stundenkilometern in die erdnahe Umlaufbahn ein. Bis hierhin sind sich Freunde und Kritiker der Mondlandung weitgehend einig, aber dann scheiden sich die Geister. Die Kritiker behaupten, daß das Apollo-Raumschiff ab jetzt einfach im Erdorbit blieb, während in die TV-Netzwerke auf der Erde vorbereitete Simulationen eingespeist wurden. Einige Skeptiker sind sogar der Meinung, daß sich an Bord der Saturn-Raketen überhaupt keine Menschen befanden und diese Raketen irgendwo ins Meer stürzten (siehe den Film *Unternehmen Capricorn* und das historische Vorbild Discoverer/Corona, auf das ich noch eingehen werde). Die offizielle Version dagegen behauptet, daß mit den Apollo-Missionen nun etwas noch nie Dagewesenes geschah. Und zwar soll die dritte Stufe der Rakete nicht abgeworfen worden, sondern erneut gezündet worden sein, um die Raumschiffkonfiguration zum Mond zu schießen. Dies ist eine Zäsur in der Geschichte der bemannten Raumfahrt. Man könnte auch sagen: eine Anomalie. Und zwar deshalb, weil diese Leistung nach Apollo niemals wiederholt wurde. Nicht vor und nicht nach Apollo, bei keinem anderen Raumfahrtprogramm, haben Menschen jemals (wieder) den erdnahen Orbit verlassen. Daher kann man hier nicht von einem Entwicklungssprung oder »Fortschritt« sprechen, sondern von einem Ausreißer, eben einer Anomalie. Nach diesem abenteuerlichen Sprung aus der schützenden Umgebung der Erde sollen mit Apollo weitere raumfahrerische Höchstleistungen vollbracht worden sein. Die offizielle Version der NASA erzählt den weiteren Fortgang wie folgt: Zunächst wurde die Kombination aus Kapsel, Versorgungsteil und Mondfähre mit Hilfe der dritten Stufe in Richtung Mond geschossen.

Anschließend hat sich die Kapsel mit dem Versorgungsteil von der restlichen Kombination getrennt, gewendet und mit ihrem Bug die Landefähre aus ihrer Ladebucht an der Spitze der dritten Stufe gezogen. In Mondnähe ist das Gespann aus Landefähre und Apollo-Raumschiff durch Zündung seines Haupttriebwerks in eine Kreisbahn um den Erdtrabanten eingeschwenkt.

Danach sind zwei Astronauten durch eine Luke in die Landefähre gestiegen, haben sie von der Kapsel getrennt und das Triebwerk der Landestufe gezündet. Auf diese Weise ist die Landefähre aus der Kreisbahn in eine neue Bahn gelangt, deren mondnächster Punkt nur noch wenige Kilometer über der Mondoberfläche lag. Diese Bahn wurde durch Einsatz des Landetriebwerkes abgebrochen, um den eigentlichen Abstieg zur Mondoberfläche zu beginnen. Nach der ersten weichen bemannten Landung auf dem Mond haben die Astronauten ihr Raumfahrzeug verlassen, um sich, ebenfalls zum ersten Mal, weit abseits von diesem Raumfahrzeug im All zu bewegen, und zwar, ebenfalls zum ersten Mal, auf einem anderen Himmelskörper. Dort haben sie fotografiert, Gesteinsproben gesammelt und wissenschaftliche Experimente durchgeführt, um anschließend in ihre Landefähre zurückzukehren. Beim Start haben sie den oberen Teil der Landefähre vom unteren Teil abgesprengt und sind in den Mondorbit zurückgekehrt, wo sie sich mit der Kommandokapsel und ihrem dort verbliebenen Kollegen wieder getroffen haben.

Nach dem Ankoppeln hat die Dreiermannschaft die Restlandefähre abgetrennt, die daraufhin auf dem Mond zerschellt ist. Anschließend ist das Raumschiff aus seiner Kreisbahn um den Mond durch Zünden des Haupttriebwerkes wieder in Richtung Erde geflogen. Nach mehrtägiger Reise sind die Astronauten nach erneutem Zünden des Haupttriebwerkes in die Erdatmosphäre eingetreten und anschließend in ihrer Kapsel an Fallschirmen im Pazifik gelandet. Soweit, wie gesagt, die offizielle Version.

Zählt man Apollo 13 nicht mit, da hier kein Landeversuch stattfand, haben von sechs bemannten Landeversuchen auf dem Mond sechs geklappt. Allen sechs Landeteams gelang die sichere

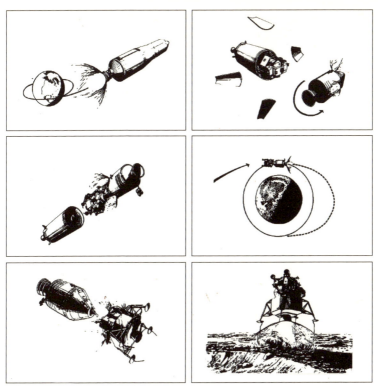

Angebliche Drahtseilakte im Weltraum: Verlassen der Erdumlaufbahn, Verbindung von Landefähre und Kapsel, Einschwenken in die Mondumlaufbahn, Trennung und Landung

Rückkehr zur Erde. Unglaublich, denn von sieben *unbemannten* Landeversuchen der US-Sonde Surveyor gelangen nur fünf. Und auch das ist schon viel. Bei den Sowjets blieb ein Teil der unbemannten Mondsonden schon im Erdorbit hängen. Ein anderer Teil rauschte an dem Erdtrabanten vorbei, und einige prallten mit dem Mond zusammen. Die erste, weiche Landung soll am 31. Januar 1966 mit Luna 9 gelungen sein. Der Wiederaufstieg einer winzigen Rückkehrkapsel und der Rücktransport von Mondproben scheiterte mehrfach, darunter angeblich just während der amerikanischen Mondlandung. Statt am 21. Juli 1969 auf dem Trabanten zu landen, sei die Sonde zerschellt.[137] Angeblich gelang es den Sowjets erst im September 1970, mit einer unbemannten Sonde Mondproben wohlbehalten zur Erde

Start vom Mond, Rendezvous mit dem Apollo-Raumschiff, Rückflug zur Erde, Trennung von Versorgungsteil und Kapsel, Wiedereintritt, Wasserung und Bergung

zurückzubringen. Darunter darf man sich aber nichts Großartiges vorstellen. Die Rückkehrkapseln der Sowjets waren vielmehr so etwas wie kleine Urnen mit etwa 100 Gramm Mondstaub an Bord.

Vor der bemannten Landung und Rückkehr von Apollo 11 im Juli 1969 hatten die USA keine einzige unbemannte Sonde sanft auf dem Mond gelandet *und* zur Erde zurückgebracht. Dieses Manöver wurde von den USA mit einer unbemannten Sonde nie durchgeführt. Das heißt, daß die USA die Technik der sanften Mondlandung *und* sicheren Rückkehr vom Mond vor Apollo 11 überhaupt nicht beherrschten. Diese Technik beherrschten nur die Sowjets, und zwar erst ab September 1970. Jedenfalls, wenn die Geschichtsschreibung insoweit stimmt.

Einmal und nie wieder – die Landefähre

Die bemannte Mondlandung ist um so erstaunlicher, als die Apollo-Kapsel nicht der einzige Scherbenhaufen war, vor dem die NASA nach dem Brand vom Januar 1967 stand. Der zweite war ein fast noch wichtigeres Gerät, nämlich die Mondlandefähre. Der »Eagle« (so der Name der Landefähre von Apollo 11) erwies sich vorerst als reichlich flügellahm. Schon das Triebwerk der Landefähre hatte nicht den besten Ruf. Am 1. September 1965 explodierte ein Exemplar bei Erprobungen im Arnold Engineering Development Center (AEDC). Ende April 1967 gingen zwei Triebwerke in der Bell Aerosystems Test Facility, Wheatfield, N. Y., in Flammen auf. »Das Aufstiegstriebwerk wurde als das kritischste Triebwerk des Apollo-Saturn-Vehikels betrachtet«, heißt es in einem NASA-Dokument.[138]

Als die erste Mondfähre im Sommer 1968 vom Herstellerwerk Grumman Aerospace in Cape Kennedy eintraf, schüttelten die Astronauten den Kopf: »Eine einzige Katastrophe, selbst nach Einschätzung der wohlmeinendsten Techniker«, so der Apollo-Astronaut James Lovell:

> »Bei den ersten Erprobungen des fragilen, folienbespannten Raumfahrzeuges sah es so aus, als weise jede entscheidende Komponente schwere, nicht behebbare Mängel auf. Die Anzahl der Mängel an diesem Vehikel übertraf selbst die Vorstellungskraft der größten Pessimisten bei der NASA.«[139]

Nach der Apollo-Kapsel schien auch die Landefähre für die geplante Mission nicht recht geeignet zu sein. Mit einem Gerät dieser Bauart sollten Neil Armstrong und Buzz Aldrin elf Monate später auf dem Mond landen. Doch wie sollte man dieses Ding auf Vordermann bringen – und noch dazu in der kurzen Zeit? Das Hauptproblem war im Grunde genommen unüberwindlich. Die Landefähre konnte nicht in der Umgebung getestet werden, für die sie gebaut wurde: nämlich auf der Mondoberfläche. Ob und wie die Landefähre auf dem Mond würde aufsetzen und wieder starten können, wurde ganz einfach nicht erprobt. Damit waren die Bedingungen für die Landefähre noch wesentlich schlechter als für die Startraketen wie die Redstone, Atlas oder Saturn und die Kapseln wie Mercury oder Gemini. Denn alle diese Geräte ließen sich unbemannt in der Umgebung erproben, in der sie schließlich zum Einsatz kommen sollten: auf der Erde, in der Atmosphäre und im Orbit. Im Grunde stand man damit vor einem absoluten Missionshindernis, denn einem Gerät, das noch nicht ein einziges Mal erfolgreich auf dem Mond gelandet war, konnte man eigentlich keine ernsthafte – sprich: bemannte – Expedition anvertrauen. Bei der Mondlandefähre würden Test- und Jungfernflug beziehungsweise -landung mit zwei zuvor als Helden aufgebauten amerikanischen Astronauten an Bord stattfinden müssen – und zwar live und auf dem Mond.

Statt der Mondlandefähre »testeten« die Vereinigten Staaten auf der Erde lediglich das sogenannte Lunar Landing Research Vehicle (LLRV). Das Training wurde auf dem sehr ähnlichen Lunar Landing Training Vehicle (LLTV) absolviert. Bizarr: Trainieren durften nur die Kommandanten der jeweiligen Apollo-Missionen, nicht aber die Piloten der Landefähren. »Offen gesagt«, plauderte Astronaut Gene Cernan aus dem Nähkästchen, »es gab keine Notwendigkeit, die Piloten der Landefähren auf dem LLTV zu trainieren.«[140] Seltsam: War die Notwendigkeit nicht durch die bevorstehenden Mondlandungen gegeben?

Schon diese Test- und Trainingsvehikel waren geeignet, den Verantwortlichen die Haare zu Berge stehen zu lassen. Sie formulierten das nur nicht so direkt. Wenn die Sprache auf das LLTV kommt, verfangen sich die Astronauten in Widersprüchen. Einerseits sei das LLTV »weniger stabil« als die Landefähre gewesen, andererseits aber sehr »realistisch«, so Gene Cernan. Also gleich (»realistisch«) und doch nicht gleich (»weniger stabil«). So flogen die Astronauten das LLTV nach dem Motto »Einmal und nie wieder«: »Es war ein wundervolles Trainingsgerät«, übte sich Astronaut Gene Cernan in vielsagender Diplomatie, allerdings von der Art, »wie man sie nie wieder sehen oder gebrauchen wird«.[141]

Der Eiertanz um die angeblichen Test- und Trainingsvehikel resultiert daraus, daß dies gar keine Trainingsvehikel waren, denn sie unterschieden sich grundlegend von der Landefähre. Besten-

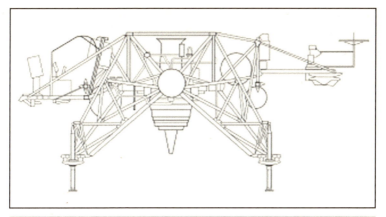

Lunar Landing Research Vehicle (LLRV) in Theorie und Praxis

falls waren sie Ausdruck einer gewissen Hilflosigkeit, die Landung auf einem anderen Himmelskörper auf der Erde erproben beziehungsweise üben zu wollen. Schlimmstenfalls waren sie ein Täuschungsmanöver, mit dem der Öffentlichkeit rege Vorbereitungen auf die Mondlandung vorgespielt werden sollten.

Am 6. Mai 1968 kletterte Neil Armstrong in den Pilotensitz eines LLRV und stieg auf 150 Meter Höhe, wo er eine simulierte Mondlandung beginnen wollte. Bei etwa 70 Metern Höhe kippte das LLRV nach vorn und begann abzustürzen. Armstrong versuchte, das Vehikel mit Hilfe der Lagekontrolldüsen zu stabilisieren, aber die reagierten nicht wie vorgesehen. Als das LLRV nun nach rechts kippte, war dem künftigen Mann im Mond klar, was die Stunde geschlagen hatte. Nur Sekunden vor dem Aufschlag rettete er sich mit dem Schleudersitz. Das war gut ein Jahr vor der Mondlandung.

Rund ein halbes Jahr vor der Mondlandung, am 8. Dezember 1968, hob ein Pilot namens Joe Algranti in einem LLTV ab. Nach etwa vier Minuten bekam das Gefährt Stabilitätsprobleme und fiel wie ein Stein zu Boden. Auch Algranti mußte sich mit dem Fallschirm retten. Der letzte Absturz eines LLTV erfolgte am 29. Januar 1971 mit dem Testpiloten Stuart M. Present an Bord. Von fünf Test- und Trainingsfähren waren damit drei abgestürzt.[142]

Nr.	Verbleib
LLRV-A1	abgestürzt am 6. Mai 1968 (Pilot: Neil Armstrong)
LLRV-A2	Dryden Flight Research Center
LLTV-B1	abgestürzt am 8. Dezember 1968 (Pilot: Joe Algranti)
LLTV-B2	abgestürzt am 29. Januar 1971 (Pilot: Stuart Present)
LLTV-B3	NASA Johnson Space Center

Macht nichts, könnte man sich trösten. Denn schließlich waren die Trainingsvehikel ja »weniger stabil« als die Landefähre. Doch das ist nicht wahr, jedenfalls, wenn man die Zahl der Triebwerke zugrunde legt. Und die ist für die Stabilität eines solchen »Senkrechtstarters« und -landers nun mal entscheidend. Laut Astronaut Cernan hatte das LLTV drei Triebwerke (eines zur Simulation der Mondschwerkraft und zwei zur Höhenregulierung).[143] Die Mondlandefähre aber hatte nur ein Triebwerk, und auf einem Bein steht es sich bekanntlich schlecht. Im Vergleich zu dem wackligen LLTV taugte die Mondlandefähre allenfalls zu einem Begräbnis erster Klasse – und zwar außerirdisch.

Ein senkrecht startendes und landendes Raumfahrzeug entwickelte die NASA ernsthaft erst wieder Anfang der neunziger Jahre, also dreißig Jahre nach der Mondlandung: den Delta Clipper Experimental. Seine Konfiguration spricht eine deutliche Sprache. Wie die vier Beine eines Tisches stemmten sich aus seiner breiten Basis vier Triebwerke der Schwerkraft entgegen – nicht eins, wie bei der Landefähre. Der Schwerpunkt des zuckerhutförmigen Gerätes lag unmittelbar über den Triebwerken, was ihm die Stabilität eines Stehaufmännchens verlieh. Während beim Delta Clipper das Gewicht nach oben hin entscheidend abnahm, setzte man dem Landeteil der Mondfähre noch die Kabine mit der Besatzung drauf.

Die Flugeigenschaften der Mondlandefähre könnten damit dem berühmten Luftballon ähneln, den man aufbläst und dann losläßt. Um die Stabilität der Landefähre zu verteidigen, argumentieren die Anhänger der Mondlandung gern allein mit der Aufstiegsstufe. Doch in Wirklichkeit mußte ja bei der Landung auch die Huckepackkombination aus Lande- und Aufstiegsstufe stabil fliegen. Außerdem verweisen die Apollo-Fans auf die computergesteuerten Lagekontrolldüsen.[144] Die Frage ist nur, ob der damalige Bordcomputer in der Lage gewesen ist, die komplexen Berechnungen so blitzschnell vorzunehmen und in die Tat umzusetzen, um das Landemodul stabil zu halten. Bekanntlich gelang das nicht einmal bei den mit mehreren Triebwerken ausgestatteten LLTVs. Trotz des überzeugenderen Designs nahm auch der Delta Clipper übrigens ein unrühmliches Ende. Am 31. Juli 1997 versagte eine angeblich schon bei der Mondlandung bewährte Technik, nämlich das Landegestell. Der Delta Clipper kippte um und explodierte.[145] Seitdem soll die NASA die Finger von dem Projekt gelassen haben.

Von der Stabilität einmal abgesehen, gab es noch ein weiteres Problem: die Zuverlässigkeit des Antriebs. Während man ein Flugzeug auch noch nach dem Ausfall aller Triebwerke landen kann, bedeutet der Ausfall des gesamten Antriebs bei einem senkrecht landenden Gerät den Totalverlust. Während irdische Senkrechtstarter (auch die LLTVs) deshalb über mehrere Triebwerke verfügen, war bei der Landefähre jeweils nur eins in Betrieb: Fiel es aus, war sie verloren. Und nicht nur sie, sondern mit ihr die Astronauten, unter Umständen auch die NASA und der Präsident – auf jeden Fall aber das ganze schöne amerikanische Prestige und Selbstbewußtsein. Bei ihrem Anblick hätte eigentlich niemand ruhig schlafen dürfen, weder einfache NASA-Techniker noch der Präsident.

Geometrie und Triebwerksgeometrie von Delta Clipper und Mondlandefähre

Die Erprobung des Geräts war nicht gerade geeignet, solche Schlafstörungen zu beseitigen. Denn der erste »Test«-Kandidat, die Landefähre Nr. 1 (Lunar Module 1, LM-1), flog mit Apollo 5 nur in den nahen Erdorbit. Wie sich zum Beispiel die harte Strahlung in den Strahlungsgürteln auf die Bordelektronik auswirken würde, ließ sich so natürlich nicht erproben. Unklar blieb auch, ob sich das Landegestell der Fähre im All entfalten würde – denn die Landefähre Nr. 1 hatte gar kein Landegestell dabei. Statt 39 Sekunden brannte das Landetriebwerk nach der ersten Zündung nur 4 Sekunden.[146] Daß die NASA »aufgrund dieses Erfolges« weitere Flugerprobungen der Landefähre absagte, ist bizarr.[147] Statt das merkwürdige Gerät nun auf Herz und Nieren zu testen, flogen weder Apollo 6 noch Apollo 7 mit einer Landefähre. Apollo 7 hatte zwar einen Piloten für die Landefähre an Bord – aber eben keine Landefähre dabei.[148] Apollo 8 flog angeblich zwar endlich aus dem Erdorbit hinaus zum Mond, allerdings wieder ohne Landefähre. Statt dessen führte Apollo 8 wie andere Missionen zuvor lediglich einen entsprechenden Ballast mit sich. Erstaunlich, denn nun bot sich die erste Gelegenheit, die Landefähre außerhalb des Erdorbits in den Strahlengürteln und im freien Weltraum zu erproben. Aber statt ins All wanderte die Landefähre Nr. 2 von der Konstruktionshalle direkt ins Museum. Gehörte sie da etwa hin?[149]

Von intensiven Tests, von denen immer wieder gesprochen wird, konnte also gar keine Rede sein. Obwohl die Landefähre Nr. 1 bei Apollo 5 weder vollständig war, noch reibungslos funktioniert hatte, ließ die NASA drei Apollo-Missionen verstreichen, bevor sie wieder eine Landefähre ins All schickte. Der erste gemeinsame Flug der gesamten Apollo-Hardware startete mit Apollo 9 am 3. März 1969 von Cape Kennedy, also viereinhalb Monate vor der ersten bemannten Mondlandung. Allerdings wieder nicht zum Mond, sondern nur in den erdnahen Orbit. Das heißt: Vor der ersten bemannten Mondlandung am 20. Juli 1969 flog die Landefähre nur ein einziges Mal durch den freien Weltraum zum Mond, und zwar bei der Mission von Apollo 10, zwei Monate (!) vor der Mondlandung von Apollo 11. Vor der Mondlandung wurde eine Landefähre also nur dreimal im Weltraum in Betrieb genommen, zweimal mit negativem Ergebnis: Bei Apollo 5 versagte das Triebwerk nach vier Sekunden, bei Apollo 9 begann es zu spucken und zu stottern. Ausgerechnet beim ersten Flug einer Landefähre durch das freie All, bei Apollo 10, soll dann plötzlich alles glatt gegangen sein. Bis auf die eigentliche Landung soll Apollo 10 eine vollständige Mondmission absolviert haben. Im Mondorbit seien zwei Astronauten aus der Kommandokapsel in die Landefähre umgestiegen, hätten abgekoppelt und sich der Mondoberfläche bis auf wenige Kilometer genähert. Statt zu landen, seien sie dann aber wieder umgekehrt und zum Mutterschiff zurückgekehrt.

Die Mondlandung

Es ist ja kein Geheimnis: Die Authentizität der Mondlandung haben schon viele bezweifelt. Diese Zweifel haben eine außergewöhnliche Medienkarriere hinter sich. So außergewöhnlich, als würden die Ringe eines vor dreißig Jahren ins Wasser geworfenen Steines heute einen Tsunami verursachen. Der Mann, der diesen Stein 1974 ins Wasser warf, war der ehemalige Mitarbeiter des Raketenherstellers Rocketdyne, Bill Kaysing. Der Name des Steins, sprich: Buches, lautete: *We Never Went to the Moon* – Wir flogen niemals zum Mond.

»Ich bin den Ereignissen nur kursorisch gefolgt, aufmerksam wurde ich nur durch aufsehenerregende Entwicklungen, wie zum Beispiel das Feuer auf Rampe 34. (...) Seit dem Sommer 1969 wurden das Gefühl und der Glaube, daß die Reise eines Menschen zum Mond noch immer in der Zukunft liegt, stärker. (...) Während die Jahre vergingen, verglich ich die Apollo-Flüge mit vielen anderen Ereignissen im Leben Amerikas. Ein herausragendes Beispiel und bemerkenswerter Vergleich war Watergate. Hier war ein Fall von Führern, die der Öffentlichkeit ein Gesicht zeigten, während ein anderes vollkommen im verborgenen lag; eine machiavellistische Doppelbödigkeit, die viele Menschen bestürzte und ihre Gleichgültigkeit erschütterte.«[150]

Die Karriere von Bill Kaysings Buch ist ein Beispiel dafür, wie auch kleinste Ursachen größte Wirkung entfalten können. Denn nachdem ich mir dieses inzwischen berühmte Werk besorgt hatte, war ich doch einigermaßen verblüfft über die Beschaffenheit dieses »Steins«. Dies war nicht die umfangreiche und fundierte Untersuchung, die ich erwartet hatte. Statt dessen handelte es sich um ein dünnes, fotokopiertes Heft mit schlecht reproduzierten Fotos, auf denen man im Grunde genommen alles und nichts erkennen konnte. Der Text selbst erweckte eher den Eindruck einer losen Materialsammlung denn einer strukturiert erzählten Geschichte. Dennoch geht es hier nicht darum, Kaysings Verdienste und Wirkung herabzuwürdigen. Denn kurz nach der Mondeuphorie und der allgegenwärtigen NASA-Propaganda brachte dieser Mann es fertig, die Sache einmal gegen den Strich zu denken. Und während einige seiner Überlegungen der nagenden Kritik der Zeit nicht standhalten konnten, sind andere Zweifel bis heute nicht überzeugend ausgeräumt.

Ein Klassiker auf dem Gebiet des Films ist der Spielfim *Unternehmen Capricorn* (engl.: *Capricorn One*). Bereits im Jahr 1978 spielte hier Filmemacher Peter Hyams *(Das Relikt, End of Days)* die mögliche Fälschung einer Landung auf einem anderen Himmelskörper durch. Obwohl in dem Film von einer gefälschten Landung auf dem Mars die Rede ist, weist die Ausstattung (zum Beispiel die Landefähre) auf das eigentliche Thema des Streifens hin: die Landung auf dem Mond. Deren Inszenierung stellt sich

Actionthriller-Spezialist Peter Hyams so vor: Kurz vor dem Start der Rakete öffnet sich plötzlich die Luke der Kapsel, die drei nichtsahnenden Astronauten werden aus ihrem Raumschiff hinauskomplimentiert, in einen Privatjet verfrachtet und zu einem abgelegenen Hangar in der Wüste geflogen. Die Rakete hebt inzwischen alleine ab, und die leere Kapsel wird in eine Umlaufbahn um die Erde gebracht. In dem Hangar sind eine Raumkapsel und eine fremdartige Landschaft mit der Landefähre aufgebaut. Die Astronauten verbringen die Zeit mit Fernsehübertragungen aus der falschen Kapsel, von der »Marsoberfläche« und schließlich wieder aus der Kapsel. Als schließlich die echte (leere) Kapsel beim Wiedereintritt aus dem Erdorbit in der Atmosphäre verglüht, wissen die drei, daß ihr Stündlein geschlagen hat. Denn wenn ihre Kapsel verglüht ist, dürfen selbstverständlich auch sie nicht zurückkehren. Daraufhin entwickelt sich eine dramatische Verfolgungsjagd mit den Häschern der NASA. Nur einer schafft es, durchzukommen und platzt mitten in sein eigenes, inszeniertes Staatsbegräbnis.

Nach Bill Kaysings Fotokopiensammlung dauerte es achtzehn Jahre, bis ein fundierteres Werk herauskam: Ralph Renés Buch *NASA mooned America*. Zusammen mit Willy Brunner habe ich den Autor 2002 für die Dreharbeiten zu unserem Film *Die Akte Apollo* in Passaic nahe New York besucht. Genau wie Kaysings Buch war auch *NASA mooned America* eine Sammlung von Fotokopien mit einer Auflage von maximal einigen tausend Exemplaren. Und genau wie Kaysings Werk erschien auch Renés Buch 1992 im Selbstverlag. Aber trotzdem nährte das Buch die Zweifel an der Mondlandung aufs neue. Ausgerechnet Michael Collins, den dritten Mann der Apollo-11-Mission, ertappte René bei einer plumpen Fälschung. Während Armstrong und Aldrin mit der Landefähre auf der Oberfläche des Trabanten niedergingen, steuerte Collins die Kommandokapsel des historischen Apollo-11-Unternehmens um den Mond – so jedenfalls die offizielle Darstellung. Später veröffentlichte Collins eine Autobiographie mit dem Titel *Carrying the Fire*. Darin war ein Foto abgedruckt, das ihn mitten im schwarzen All schwebend zeigt. Ein Foto an einer anderen Stelle des Buches zeigt Collins ebenfalls schwebend und mit einem Raumanzug bekleidet, aber diesmal an

Das Foto links oben stammt aus dem vorderen Inneneinband von Collins Buch Carrying the Fire. *Augenscheinlich schwebt Collins hier bei einem Raumspaziergang im All. Das Foto rechts oben stammt aus dem Bildteil und zeigt Collins an Bord eines »Zero-G«-Flugzeuges beim Training während eines Parabelfluges. Dreht man das Bild um, zeigt sich, daß es mit dem angeblichen Bild vom »Raumspaziergang« deckungsgleich ist (links). Das heißt: An Bord von solchen Trainingsflugzeugen wurden Raumspaziergänge simuliert und anschließend als echt ausgegeben.*

Bord eines Trainingsflugzeugs bei einem sogenannten Parabelflug. Auf den ersten Blick haben die beiden Fotos nichts miteinander zu tun. Auf dem einen sieht man Collins von rechts, auf dem anderen von links. Dennoch schöpfte René Verdacht, glich die Fotos in Größe und Ausrichtung aneinander an, und siehe da: Das Abbild des Astronauten auf den beiden Aufnahmen war

Für solche Simulationen wurden sogar Raumschiffattrappen mit an Bord der Trainingsflugzeuge genommen.
Oben sehen wir wieder Michael Collins. Unten Astronaut Scott bei einem Raumspaziergang während der Apollo-9-Mission.

absolut deckungsgleich, Körperhaltung und Gesichtsausdruck stimmten bis ins Detail überein. Hier wie dort handelte es sich um ein und dasselbe Bild von Michael Collins – einmal mit dem Trainingsflugzeug und einmal mit dem schwarzen »All« im Hintergrund. »Deshalb stammen die Fotos alle beide vom selben Bild, nämlich von dem im Trainingsflugzeug«, meint René. »Collins schwebte also nicht im Weltall«, resümiert er, »wozu die Lüge?«[151]

Wenn die Astronauten schon einen Raumspaziergang im Erdorbit fälschen, so fragt sich René, was stellen sie dann erst an, wenn es um eine Mondlandung geht? Stammen ihre Fotos wirklich von Flügen zum Mond, oder wurden sie in Wirklichkeit in Flugzeugen oder in einem Studio auf der Erde gemacht?

In jedem Fall ist Renés Buch – neben nichtssagenden und irreführenden Passagen – abschnittsweise gut recherchiert und durchdacht. Und es zeigt, daß Zweifel nur zu berechtigt sind. Die bisher sorgfältigste englischsprachige Analyse dürften 1999 jedoch die beiden Engländer Mary Bennett und David S. Percy mit ihrem Buch *Dark Moon* vorgelegt haben. Die Mondlandung demontieren sie ebenso sachlich wie gewissenhaft und detailversessen. Auf dem deutschen Buchmarkt beschäftigte sich bisher hauptsächlich Gernot L. Geise mit der angeblichen Mondlandung, den wir ebenfalls für *Die Akte Apollo* interviewten.

Ein Enfant terrible der Szene ist der Dokumentarist Bart Sibrel. Er verlegte sich auf eine für Europäer vielleicht ungewöhnliche, aber im bigotten Amerika nicht ganz aus der Luft gegriffene Methode der Wahrheitsfindung. Wiederholt forderte er Astronauten auf, auf eine Bibel zu schwören, daß sie tatsächlich auf dem Mond spaziert waren. Die Reaktionen waren eher ablehnend: Laut seiner Dokumentation *Astronauts Gone Wild* – Astronauten drehen durch – gab Astronaut John Young (Apollo 10, 16) Fersengeld, verpaßte Buzz Aldrin (Apollo 11) Sibrel einen Kinnhaken, und Ed Mitchell (Apollo 14) gab ihm einen Tritt in den Hintern. Ob Kinnhaken freilich als solide Beweisführung für die Realität einer Mondlandung anzusehen sind, darf bezweifelt werden. In *A Funny Thing Happened On the Way to the Moon* – Etwas Merkwürdiges passierte auf dem Weg zum Mond – aus dem Jahr 2001 setzte sich Sibrel ausführlich mit den Mondlandungen auseinander und kam zu dem Schluß, daß alles Schwindel sei. Am 15. Februar 2001 trat Sibrel in einem Mondlandungs-Special des US-Senders *Fox* auf. Titel: *Conspiracy Theory: Did we land on the moon?*. Und auch deutsche Leitmedien befaßten sich mit der »Sache Mond«, und zwar weitgehend unvoreingenommen. Besonders *Spiegel TV* widmete sich den Zweifeln an der Mondlandung. Zunächst zeigte *Spiegel TV* die *Fox*-Dokumentation *Conspiracy Theory: Did we land on the moon?* im Rahmen eines Themenabends am 27. Januar 2001. Deutscher Titel: *Mondlandung – Nachrichten aus dem All*. Zwischen den einzelnen Teilen der Dokumentation durfte damals noch der deutsche Astronaut und Raumfahrtprofessor Ulrich Walter im Studio die Mondlandung verteidigen. Am 11. Oktober 2002 lief im WDR erstmals Willy Brunners und meine Dokumentation *Die Akte Apollo*, für die wir auch in den USA recherchiert hatten. Der Film wurde seither in zahlreichen deutschen und ausländischen Sendern wiederholt. Am 3. Januar 2004 wiederholte *Spiegel TV* die Dokumentation *Conspiracy Theory: Did we land on the moon?* ohne Zwischenkommentare von Ulrich Walter im Rahmen eines *Spiegel TV Spezials* über die Landung auf dem Mond und dem Mars. Und es gibt eine filmische Antwort auf all diese Zweifel: *Kubrick, Nixon und der Mann im Mond* ist ein 52 Minuten langes Stück des Regisseurs William Karel, in dem US-Offizielle und die Witwe von Stanley Kubrick zum Spaß bekennen, die Mondlandung sei von dem Meisterregisseur gefälscht worden.[152] Meiner Meinung nach dient der Streifen dazu, die Skepsis an der Mondlandung ins Lächerliche zu ziehen. Der Film gibt sich nicht als Satire zu erkennen und sorgte so für eine Menge Verwirrung. Eine verblüffende Anspielung auf die Fälschung der Mondlandung findet sich in dem James-Bond-Film *Diamantenfieber* aus dem Jahr 1971. Auf der Flucht vor seinen Häschern rennt Bond (Sean Connery) durch eine weitläufige Anlage und gerät dabei plötzlich in eine Halle, in der ein paar Astronauten in einer künstlichen Mondlandschaft geheimnisvollen Tätigkeiten nachgehen. Auch die US-Flagge und die Landefähre fehlen nicht. Ebenso schnell, wie er gekommen war, verläßt Bond die Szenerie wieder, ohne daß der Film den Vorfall weiter aufgreift.

Die verborgene Verschwörung

Gegen die Möglichkeit einer gefälschten Mondlandung wird bezeichnenderweise häufig kein technisches Argument vorgebracht. Vielmehr kommt oft der Einwand, daß man so etwas unmöglich im verborgenen hätte durchführen können, ohne daß jemand »geplaudert« hätte. Mit der Zeit komme doch alles »irgendwie heraus«. Das ist eine erstaunlich optimistische Haltung. Ihre Vertreter stützen sich dabei auf die zahlreichen Skandale und Skandälchen, die täglich in den Medien »herauskommen« und hochkochen – oder hochgekocht werden. Denn selbstverständlich wird ein gewisser Teil dieser Affären ganz bewußt ins Rampenlicht gerückt. Paradoxerweise schaffen öffentlich gewordene Skandale nämlich Vertrauen in die Demokratie und ihre Medien. Sie schaffen die Illusion von Transparenz und Kontrolle, damit die wirklich wichtigen Dinge weiterhin verborgen bleiben können. Genau deshalb gibt es auch den Typ des funktionalen Enthüllers. Das sind jene Aufdecker, deren Enthüllungen nicht etwa totgeschwiegen oder diffamiert, sondern umgehend in sämtlichen Medien durchgekaut werden. Meist ist damit klar, daß wir uns exakt über diese Sache aufregen sollen. Der dysfunktionale Enthüller bekommt dagegen mit aller Härte zu spüren, wo der Unterschied zwischen erwünschten und nicht erwünschten Skandalen liegt. Wie auch immer: Die Vorstellung, die öffentlich gewordenen Skandale deckten alle verborgenen Machenschaften auf, dürfte wohl etwas zu optimistisch sein. Wäre sie zutreffend, würde das bedeuten, daß im Grunde nichts und niemand zur Geheimhaltung fähig ist. Und das würde heißen, daß sämtliche militärischen und nachrichtendienstlichen Organisationen einer Wunschvorstellung hinterherjagen. Ich persönlich glaube nicht, daß sie das tun, sonst könnten sie ihre Arbeit einstellen. Der Glaube, daß doch »alles irgendwie herauskommt«, ist eine schöne demokratische Illusion. Ihren Verfechtern fällt meist gar nicht auf, daß sie die Fähigkeit militärischer Apparate zur Geheimhaltung damit generell in Frage stellen. In Wirklichkeit sind militärische und geheimdienstliche Organisationen, und mit solchen haben wir es hier zu tun, auf Geheimhaltung spezialisiert. Und das wiederum heißt, daß die Menschheit einen kleineren oder größeren Teil ihrer Geschichte überhaupt nicht kennt und daß der Teil, den sie kennt, in kleineren oder größeren Teilen falsch oder unvollständig ist.

Damit sind wir wieder bei der Raumfahrt und der Mondlandung. »Die Verschwörungstheoretiker sagen, die NASA fälschte die Mondmissionen. Und das bei 250 000 Menschen, die daran mitarbeiteten, vom Topmanager bis zur Näherin. Daß all diese Leute an der Verschwörung beteiligt gewesen sein sollen, ist undenkbar. So viele Leute können kein Geheimnis bewahren«, sagte uns der Astronom und NASA-Verteidiger Philip Plait von der Universität Sonoma bei San Francisco für den Film *Die Akte Apollo* ins Mikrophon. Das ist völlig richtig. Allerdings ist es auch gar nicht nötig, daß alle diese Menschen ein Geheimnis bewahren.

Das zeigt das Beispiel Discoverer. Discoverer war ein Forschungssatellit der Vereinigten Staaten, der ab etwa 1959 gestartet wurde, also zu einer Zeit, als die Planungen für eine Mondlandung begannen. An Bord der Satelliten wurden beispielsweise radiobiologische Experimente gemacht und Strahlenmessungen durchgeführt. Discoverer war nicht irgendein Projekt, sondern der »Wegbereiter für die gesamte friedliche und militärische Nutzung des Weltraums«, so heißt es jedenfalls in einer *N 24*-Dokumentation über das Programm.[153] Das Projekt »stand ganz am Anfang der friedlichen und militärischen Nutzung des Weltraums«, bestätigt Dr. Richard Garwin vom wissenschaftlichen Beraterstab des Präsidenten.

Das ist dumm, denn die ganze Geschichte von dem Forschungssatelliten Discoverer war glatt gelogen – und kaum jemand wußte davon. In Wirklichkeit gab es praktisch kein ziviles Forschungsprogramm namens Discoverer. Die Versuchs-Kapseln wurden häufig noch kurz vor dem Start gegen militärische Nutzlasten ausgetauscht, die Versuchs-Mäuse waren bisweilen aus Plastik, »ihre aus dem All übertragenen Herztöne« wurden künstlich erzeugt. Und in Wirklichkeit hieß das Programm auch nicht Discoverer, sondern Corona. »Die Mäuse-Starts waren eine Tarnung (...) Zur Tarnung baute man auch eine ›Affen-Kapsel‹, die aber niemals benutzt wurde«, berichtet der Lockheed-Mann und Zeitzeuge Bill Obenauf.[154]

Leiter des Corona- bzw. Discoverer-Programms war kein Mann der NASA, sondern der CIA: der Geheimdienstler Richard Bissell. Ein Dunkelmann, der, wenn er gerade keine »zivilen« Raumfahrtprogramme fälschte, zusammen mit der Mafia Mordkomplotte gegen Fidel Castro schmiedete.[155] Die angebliche Discoverer-Mission wurde nicht von irgendeinem NASA-Büro aus geführt, sondern von einem gewissen »Black Corona Office«. Und das wurde natürlich ebenfalls nicht von Zivilisten aufgebaut, sondern von einem General namens Osmund Ridland. Während alle Welt an ein ziviles Satellitenprogramm namens Discoverer glaubte, wurden mit den Raketen in Wirklichkeit Spionagesatelliten in eine polare Umlaufbahn gebracht, die über die Sowjetunion führte. Und sicher ist es auch nur ein merkwürdiger Zufall, daß das 1960 über der Sowjetunion abgeschossene Spionageflugzeug U2 sowieso nicht mehr dem neuesten Stand der Technik entsprach. Die Aufregung um den Abschuß lenkte von der Tatsache ab, daß von der Vandenberg Air Force Base bereits die ersten Corona-, pardon: Discoverer-Satelliten starteten, die die Spionage revolutionieren sollten.

Gelogen wurde dabei, daß sich die Balken bogen – nicht nur über Sinn und Zweck, sondern auch über den Verlauf der Missionen. Ein Colonel Frank Buzard erzählt:

> »Bei der Discoverer eins läuft alles bestens, sie hebt ab, es gibt keinerlei Probleme, und die Air Force hält prompt eine große Pressekonferenz ab und erklärt, Discoverer eins hätte die Umlaufbahn erreicht. Nur, daß unsere Beobachtungsstationen sie da oben nicht finden, und auch sonst niemand. Aber wir haben jetzt bereits herausposaunt, daß das Ding in der Umlaufbahn ist. Wir gehen der Sache also nach und stellen fest, daß unsere Beobachtungsstation die Rakete nur bis zur Hälfte der Flugstrecke verfolgen konnte. Aber weil es bis dahin keine Probleme gegeben hatte, ging man davon aus, es würde auch weiterhin alles glatt gehen. Das ist natürlich ein absoluter Fehlschluß. Jetzt wußten wir, daß wir in Zukunft niemals voreilig behaupten durften, wir hätten die Umlaufbahn erreicht. Wir taten dann drei Wochen lang alles, um die Leute glauben zu machen, daß die Discoverer eins im Orbit war. Aber im Grunde bin ich fest davon überzeugt, daß sie irgendwo in den Südpazifik gestürzt ist.«[156]

Da startet also eine Rakete und verschwindet im schönen Blau des Himmels. Und während sie abschmiert und in den Pazifik stürzt, erzählt man der Welt wochenlang, sie beziehungsweise ihr Satellit kreise um die Erde. Etwa so stellen sich auch einige Skeptiker den wirklichen Ablauf der Apollo-Missionen vor. Wie gesagt: Der Weltraum ist für eine Lüge wie geschaffen. So leicht kann niemand nachprüfen, was dort wirklich passiert, und die, die es können, haben vielleicht selbst etwas zu verbergen – zum Beispiel die Sowjets.

Vermutlich hätten zahlreiche Menschen in den sechziger und siebziger Jahren die Existenz eines solchen großen Spionageprogramms mit dem Argument geleugnet, daß so etwas sicherlich ausgeplaudert werden würde. Wie sollte man auch ein derartiges Täuschungsmanöver vor Tausenden von Mitarbeitern der beteiligten Raketen- und Satellitenhersteller geheimhalten, ohne daß jemand redete? Ganz einfach: Indem man sich bestimmter, konspirativer Standardprozeduren bediente: »Offiziell war ich Sekretärin bei der Air Force«, berichtet die inzwischen pensionierte Sekretärin Kathryn Holt. »Ich wußte, daß mir die Kürzel CIA oder NRO [National Reconaissance Office, Nationale Aufklärungsbehörde] niemals über die Lippen kommen durften. Ich habe nicht einmal die Wörter ›geheim‹ und ›Geheimprogramm‹ in den Mund genommen. Die waren schlicht tabu. Bevor man mit jemandem über das Projekt sprach, mußte man einander vorgestellt werden. Nehmen wir an, ich wäre Ihnen begegnet, und ich hätte gewußt, daß Sie in das Projekt eingeweiht sind, dann hätte ich trotzdem erst mit Ihnen darüber reden dürfen, wenn man uns einander offiziell vorgestellt hätte. Das ist so und so, und er weiß über Corona Bescheid.«

Mit den beteiligten Wissenschaftlern trieben die Geheimdienstler so ihre Spielchen: »Ein Plan bestand darin, die Affen-Kapsel mitten in der Nacht, wenn die Agena-Leute schliefen, gegen die Kamera-Kapsel auszutauschen«, berichtet der ehemalige Lockheed-Mann Obenauf. Austausch der Nutzlast? Wie es scheint, hatte das Szenario aus dem Film *Unternehmen Capricorn*, bei dem die Astronauten kurz vor dem Start die Kapsel verlassen, durchaus eine reale Grundlage. Aber wie wurde das alles selbst vor jenen geheimgehalten, die die Raketen und die Satelliten bauten? »Kameras können schlecht durch Wolken fotografieren«, berichtet Obenauf. »Eine meiner Aufgaben bestand darin, am Morgen des Starttages, manchmal auch kurz nach Mitternacht, einen Anruf mit einem GO oder HOLD für den Start entgegenzunehmen, falls Wolken die Sicht über den zu fotografierenden Orten in Rußland behindern würden.« Da Obenauf dem restlichen Personal den wahren Grund für die Verzögerung nicht nennen konnte, erzählte er den Leuten ein paar Lügen:

> »Falls ich ein HOLD bekam, rief ich die anderen Lockheed-Leute, die nichts über die Kamera wußten, an und erzählte ihnen, wir hätten ein Nutzlastproblem und könnten heute nicht starten. Sie waren ziemlich sauer auf uns, aber während wir den Tag mit Tischtennis und Kaffeetrinken verbrachten, nahmen wir das hin. Ich mußte sie belügen, denn ich konnte weder eine Kamera noch Wolken über Rußland erwähnen. Es gab Wettersatelliten, die die russischen Wolken beobachteten. Wenn man Douglas, die die Thor-Rakete herstellten, und all die Bodenstationen rund um die Welt dazuzählt, betraf die Sache mit der gefälschten Nutzlast wahrscheinlich ein paar tausend Leute.«

Ein paar tausend Leute! War es nötig, all diese Menschen in die Verschwörung einzuweihen? Und war es deshalb wahrscheinlich, daß schließlich einer von ihnen plaudern würde? Ganz und gar nicht. Wie das Corona/Discoverer-Programm beweist, genügt in Wirklichkeit ein harter, abgeschotteter Kern von Mitwissern und eine große Zahl von Mitläufern, die lediglich das wissen, was sie für ihren Job benötigen. Warum sollte jemand, der eine Steuerdüse baut, darüber Bescheid wissen, ob diese Düse nun einen Spionagesatelliten oder einen Container voller Mäuse steuert? Warum sollte jemand, der eine Rakete betankt, wissen, ob deren Satellit nun die Sowjetunion fotografiert oder aber die Strahlung im Weltall mißt? Und warum sollte ein Pilot, der am Fallschirm herabsegelnde Rückkehr-Kapseln aus der Luft fischt, darüber Bescheid wissen, daß sich in ihrem Inneren ein Spionagefilm befindet? »Ich wurde zusammen mit einem Captain namens Jim Gluton auf einer Stube untergebracht«, erinnert sich der an der Bergungsaktion der Spionagekapseln beteiligte Major Everett Anderson:

»Ich fragte ihn: Was sollen wir da oben eigentlich machen? Und er antwortete: Ich glaube, wir sollen Raketenspitzen einfangen, die aus dem Weltraum herunterfallen. Und ich dachte: O Gott, jetzt haben sie mich ans Ende der Welt geschickt, und dann liege ich auch noch mit so einem Irren auf der Stube. Ich habe also reagiert, wie es die meisten wohl getan hätten, wenn man ihnen erzählt, sie sollten Raumkapseln in der Luft einfangen.«

Auch wenn etwas schiefging, wurde die Panne gegenüber Unbefugten streng abgeschirmt. »Wir hatten aufregende Zeiten und Stunden«, erinnert sich Obenauf:

»Bei einem Start, bei etwa 7000 Metern, verlor die Thor-Rakete ihre Führung und flog Richtung Santa Maria, so daß sie vom Sicherheitsoffizier zerstört werden mußte. Alles kam zwischen den hohen Sanddünen am Strand herunter. Da die meisten Lockheed-Leute nicht wissen sollten, daß eine Kamera an Bord war, und da diese Kamera zerstört worden war, wurden ein paar von uns mit einem Pick-up-Laster losgeschickt, um die Kamerateile einzusammeln und die Splitter der Linse aus dem Sand zu sieben. Es war ein Durcheinander, aber nur der Filter der Linse war zerbrochen. Die Linse war noch ganz. Wir luden die delikate Fracht knirschend auf den Truck und waren froh, daß niemand von den Fairchild-Leuten unsere Achtlosigkeit sah. Wir nahmen eine große Plane, um alles zuzudecken.«

Die erste Mission, die ganz ohne Zwischenfälle verlief, war Discoverer 14: »Die Kamera des Corona machte ihre Aufnahmen, die Kapsel mit dem Film wurde abgeworfen, und es gelang, sie in der Luft einzufangen. Die Flugzeugbesatzungen aber hatte man über den wahren Inhalt der Bergungskapsel im Unklaren gelassen.«

So wirkten also vom Bau über den Start und die Bergung der Nutzlasten Tausende von Menschen mit, ohne einen blassen Schimmer zu haben, was sie da eigentlich machten. Und so konnten die Vereinigten Staaten mehr als zwölf Jahre lang nicht nur ihr Corona-Programm verfolgen, sondern später auch noch andere geheime Programme, denn »Corona war nur das erste von einer langen Reihe von ähnlichen Projekten«.[157]

Tatsächlich war das Projekt Corona in mehrfacher Hinsicht ein Testfall. Um einerseits zu proben, wie man Raketen sicher startet, Satelliten in eine Umlaufbahn bringt und die Erde vom Orbit aus fotografiert. Und um andererseits zu prüfen, wie man in einem angeblich öffentlichen Programm erfolgreich einen geheimen Kern verbergen kann, von dem weder die Mehrzahl der Mitarbeiter noch die Öffentlichkeit etwas wissen. Also exakt das, was einige Kritiker bei der Mondlandung vermuten. Da die »Hülle« nichts vom eigentlichen Sinn der Mission weiß, kann sie Berge von Dokumentationen, Berechnungen und Handbüchern produzieren, ganz so, als fände die Mission tatsächlich so statt wie behauptet. Kaum jemand wird angesichts dieser Materialien Verdacht schöpfen, da nicht einmal deren Produzenten Verdacht schöpfen – egal, ob sie nun davon ausgehen, Mäuse in die Umlaufbahn oder Menschen auf den Mond zu schießen. Auch ich habe jahrelang keinen Verdacht geschöpft, während ich über die Raumfahrt und die Mondlandung Artikel schrieb. Bis ich mir die Sache dann für *Die Akte Apollo* etwas näher ansah. Man stelle sich vor, man würde bei einem Autohersteller einen Jeep bestellen, um damit zum Nordkap zu fahren. In Wahrheit will man zwar gar nicht zum Nordkap fahren, aber das muß ja der Jeephersteller nicht wissen. Er baut ein Auto, mit dem man mehr oder weniger gut zum Nordkap fahren kann. Zwar weist das Auto zahlreiche Mängel auf, aber trotzdem nimmt man es ihm ab und fährt mit großem Hallo davon. Und hinterher wird der Hersteller den Teufel tun und nachfragen, wie es denn nun am Nordkap gewesen sei. Viel lieber wird er das Geld kassieren, tief durchatmen und Gott oder sonstwem danken, daß es das Ding zum Nordkap geschafft hat und daß der ganze Murks am Ende nicht aufgefallen ist. Oder etwa nicht?

Das Beispiel Corona zeigt die Zellstruktur des Unternehmens Raumfahrt: Die beteiligten Unternehmen, Behörden und Organisationen stellten genauso Zellen dar, wie ihre Abteilungen. Das gilt auch für die NASA. Was in einer Zelle passierte, konnte anderen Zellen verborgen bleiben. Als Willy Brunner und ich 2002 während der Dreharbeiten für *Die Akte Apollo* Dr. Ernst Stuhlinger in Huntsville besuchten, mußten wir verblüfft feststellen, daß selbst Stuhlinger seinerzeit nur in einer solchen Zelle saß und hinsichtlich der Mondlandung nicht über Informationen aus erster Hand verfügte. Dabei war Stuhlinger schließlich nicht irgendwer, sondern als Wernher von Brauns rechte Hand ganz oben im Entwicklungsteam der Saturnrakete. Aber wie alle anderen auch, sah er die Mondlandung nur im Fernsehen. Zuständig für die Operationen der bemannten Kapsel und Landefähre waren nämlich nicht Stuhlinger und von Braun, sondern der erwähnte Robert Gilruth vom Manned Spacecraft Center der NASA, früher Experte für unbemannte Flugzeuge (Leiter der Pilotless Aircraft Research Division am Langley Research Center). »Ich schaute auf den Bildschirm und verließ mich darauf«, sagte deshalb Stuhlinger zu uns. Weil ich das nicht ganz glauben konnte, fragte ich: »Es gab sozusagen einen technischen Bereich, den Sie ja unter Ihren eigenen Händen hatten, von dem Sie ganz genau wußten, was dort geschieht, und es gab einen anderen, den Sie auch konsumiert haben, wie jeder andere auch – kann man das so sagen?« Als daraufhin nichts kam, ergänzte ich: »Den Sie auch konsumiert haben, wie zum Beispiel ein Fernsehzuschauer.« Antwort: »Ja, das ist natürlich schon richtig.« Aber natürlich glaubt Stuhlinger dennoch fest an die Mondlandung.

Die USA – ein Schurkenstaat?

Die sechziger Jahre, zu deren Beginn Präsident Kennedy das Mondprogramm verkündete und an deren Ende die erste Mondlandung stattfand, waren ein wildes und gewalttätiges Jahrzehnt für die Vereinigten Staaten. Und ohne die spektakulären Erfolge der bemannten Raumfahrt wären sie zum Desaster für die USA geworden. Fast könnte man spekulieren, ob es die Vereinigten Staaten am Ende des Jahrzehnts ohne das Mondprogramm so noch gegeben hätte. Denn außer der bemannten Raumfahrt ist weit und breit nichts in Sicht, was die Vereinigten Staaten hätte zusammenhalten und ihr Bild in der Öffentlichkeit daheim und in der Welt hätte aufhellen können. Es fing an mit einem diplomatischen Desaster: dem Abschuß des Spionagepiloten Gary Powers durch die Sowjetunion am 1. Mai 1960. Im August 1960 wurde der Mann in der UdSSR auch noch vor

Gericht gestellt und öffentlichkeitswirksam zu zehn Jahren Gefängnis verurteilt.

Im Inneren der USA ließen sich die schwelenden Rassenkonflikte immer weniger verdecken und drohten zu einer Zerreißprobe für die Vereinigten Staaten zu werden. Am 19. Oktober 1960 spitzten sich die Konflikte zwischen Schwarzen und Weißen mit der Gefangennahme des Bürgerrechtlers Martin Luther King zu. Am 12. April 1961 trumpfte die Sowjetunion mit dem ersten bemannten Raumflug von Juri Gagarin auf, nur fünf Tage später, am 17. April 1961, schlitterten die Vereinigten Staaten in die Pleite an der kubanischen Schweinebucht. 1500 von den USA trainierte Rebellen (oder Terroristen, je nach Blickwinkel) scheiterten kläglich bei dem Versuch, einen Aufstand auf der Insel auszulösen und Kuba zu erobern. Der Grund: Präsident Kennedy versagte den Terroristen im letzten Moment die angeforderte Luftunterstützung und schmiedete damit vermutlich den ersten dicken Nagel zu seinem eigenen Sarg. 1200 Aufrührer wurden von den kubanischen Streitkräften gefangengenommen.

Das Jahrzehnt war also gerade mal ein gutes Jahr alt, und schon war Feuer unterm Dach der Vereinigten Staaten. Da traf es sich gut, daß unter großem Mediengetöse am 5. Mai 1961 und am 21. Juli 1961 die beiden ersten Amerikaner ins All starteten. Amerika war eben doch groß, gut und erfolgreich, lautete die Botschaft.

Der Befreiungsschlag war bitter nötig, denn die nächste Hiobsbotschaft wartete schon. In der Nacht vom 12. auf den 13. August 1961 begann die DDR mit dem Bau der Berliner Mauer – eine Katastrophe für die Schutzmacht USA, die nach dem Schweinebucht-Desaster zunehmend als Schwächling dastand. Am 20. Februar 1962 polierte John Herschel Glenn mit seiner Erdumrundung das trübe Bild der USA nur vorübergehend etwas auf, denn bereits zwei Monate später stellte Fidel Castro die Invasoren von der Schweinebucht öffentlichkeitswirksam vor Gericht. Auf der Anklagebank saßen in Wirklichkeit aber die gesamten Vereinigten Staaten von Amerika. Am 14. April 1962 verurteilte ein kubanisches Tribunal die »Rebellen« zu dreißig Jahren Haft. Die erfolgreiche, dreifache Erdumrundung von Mercury 7 am 24. Mai 1962 verschaffte den USA eine kurze Atempause. Aber schon am 11. und 12. August 1962 verwiesen die Sowjets mit der ersten Doppelmission im All (Wostok 3 und 4) die USA auf die Plätze.

Ende September 1962 drohte eine neue, innere Zerreißprobe durch die Affäre um den schwarzen Studenten James Meredith. Nachdem Meredith seinem Land neun Jahre lang als Soldat gedient hatte, hatte er im Januar 1961 einen Studienplatz an der Universität von Mississippi beantragt und auch erhalten. Als die Universität jedoch erfuhr, daß Meredith »schwärzer war als erwartet«, verweigerte sie ihm den Zugang zu ihren Hörsälen. Nach einem eineinhalbjährigen Kampf um den Studienplatz entschied der US Supreme Court am 10. September 1962, daß Meredith zum Studium zuzulassen sei. Wie schon das Urteil der Kubaner, so traf auch dieser Richterspruch die gesamten USA. Amerika, ein Land der Intoleranz und des Rassismus, lautete die Botschaft. Danach kam es zu schweren Unruhen. Auf Meredith wurde später ebenso ein Mordanschlag verübt wie auf die beiden Männer, die zu seinem Schutz US-Marshals an die Universität von Mississippi geschickt hatten: John F. und Robert F. Kennedy (letzterer damals Justizminister). Die fortgesetzten Rassenunruhen und Diskriminierungen von Schwarzen wiesen darauf hin, daß die Vereinigten Staaten ganz im Gegensatz zu dem Image, das sie durch die bemannte Raumfahrt von sich schufen, in Wirklichkeit ein rückständiges und rassistisches Land voller Mythen, Vorurteile und archaischem Haß waren. Es drohte die Erkenntnis, daß der amerikanische Traum in Wirklichkeit ein Alptraum aus Unterdrückung, Feindseligkeit und Krieg war, sowohl im Innern als auch nach außen.

Noch während der Rassenunruhen in Mississippi kochte Kuba-Krise Nummer zwei hoch. Während des Sommers hatten die USA Wind von sowjetischen Raketenlieferungen an Kuba bekommen. Am 29. August 1962 deuteten Aufnahmen eines U2-Spionageflugzeuges auf neue militärische Installationen und die Präsenz von sowjetischen Technikern auf Kuba hin. Schon wieder schienen die USA mit dem Rücken an der Wand zu stehen. Zum Beweis ihrer Fortschrittlichkeit blieb den USA nur noch die bemannte Raumfahrt.

Sicher gab es auch andere Dinge und wissenschaftliche Errungenschaften. Aber die fortgesetzten nationalen Desaster ließen sich nur noch mit den spektakulären Raummissionen konterkarieren. Am 3. Oktober 1962 begeisterte Mercury 8 mit sechs Erdumläufen die Amerikaner und die Welt. Der triste amerikanische Alltag wurde mit einem Gefühl von Größe übertüncht. Das war auch dringend nötig, denn schon am 14. Oktober 1962 schreckten Berichte von einer ballistischen Rakete auf einer kubanischen Startrampe die US-Regierung auf. Zwischen den USA und der Sowjetunion entwickelte sich ein nervenzerfetzendes Gezerre um die Geschosse. Um weitere Raketenlieferungen der Sowjetunion an Kuba zu verhindern, gab Kennedy am 22. Oktober 1962 eine Blockade der Zuckerinsel bekannt. Alles hing nun davon ab, ob amerikanische auf sowjetische Schiffe schießen würden. Die Welt schien sich am Rande des Atomkrieges zu befinden. Erst am 28. Oktober kapitulierte der sowjetische Staats- und Parteichef Chruschtschow und informierte die Vereinigten Staaten, daß er die Raketen abziehen werde. Daß dies im Grunde genommen schon wieder eine Niederlage für die USA war, erfuhr die Öffentlichkeit nicht. Denn in Wirklichkeit gab Kennedy klein bei: Den schönen PR-Sieg über die Sowjetunion bezahlte er mit weitreichenden Zugeständnissen, an denen die Vereinigten Staaten noch eine Weile zu knabbern hatten – weil Kennedy den Abzug von Raketen versprach, und zwar aus der Türkei. Und weil Kennedy die Vereinigten Staaten verpflichtete, Kuba nie wieder anzugreifen. Möglicherweise ist das der wirkliche und einzige Grund, warum Fidel Castro noch heute regiert. Ein weiterer Nagel an Kennedys Sarg, denn just um diese Zeit arbeitete sein eigener Generalstab mit Hochdruck an Plänen zur Invasion der Zuckerinsel. Um einen Vorwand für den Angriff zu schaffen, sollte Kuba eine gefälschte Terrorkampagne in die Schuhe geschoben werden, ein Szenario, das vierzig Jahre später möglicherweise zur Vorlage für den 11. September 2001 wurde (siehe meine Bücher *Operation 9/11* und *Mythos 9/11)*. Diesmal allerdings nicht, um einen Krieg gegen Kuba, sondern gegen die arabische Welt und den Islam zu entfesseln.

Beweise für die Fortschrittlichkeit und friedlichen Absichten der Vereinigten Staaten waren jedenfalls dringend nötig. Denn nun begann auch noch die zunehmende Verstrickung in den Vietnam-Konflikt. 1962 hatten die USA bereits 4000 »Militärberater« nach Vietnam geschickt – ab 1964 griffen US-Soldaten aktiv in die Kämpfe ein. Was mit der Entsendung einiger »Militärberater« begonnen hatte, entwickelte sich in den sechziger Jahren zum Vernichtungsfeldzug einer Supermacht gegen ein Volk von Reisbauern.

Und während die Vereinigten Staaten Tausende von Vietnamesen meuchelten, einen Hektar Dschungel nach dem anderen niederbrannten und mit Pestiziden vergifteten, versuchten sie gleichzeitig, die Menschheit mit einer Eroberung der ganz anderen Art zu faszinieren – oder sollte man sagen: zu hypnotisieren? Es ging um die Eroberung des Weltraums durch saubere, weiße, amerikanische Helden, die in adretten Wohnzimmern lebten, mit netten Frauen verheiratet waren und brave Kinder großzogen. Die Botschaft: Erobern muß nicht Sünde sein! Die liebenswerten Familien wurden nicht etwa, wie behauptet, für die seelische Bodenhaftung der Astronauten gebraucht, sondern für die globale psychologische Operation, in deren Verlauf Freund und Feind mit der zivilen Friedensliebe der Vereinigten Staaten eingeseift werden sollten. Statt Bajonette pflanzten diese Helden Flaggen auf, und statt in militärischer Tarnfarbe kamen ihre »Streitwagen« in reinem Weiß daher. Ihre feuerspeienden Raketen waren sichtbar nicht auf die Erde, sondern auf den Weltraum gerichtet und unterstrichen so die Harmlosigkeit dieses Imperiums. Gleichzeitig übertünchten die Heldentaten der Astronauten Pleiten wie die Schlacht von Ap Bac, bei der die südvietnamesischen Verbündeten der USA Anfang 1963 eine empfindliche Niederlage erlitten, in deren Verlauf fünf Helikopter durch den Vietkong abgeschossen wurden. Aber wie es der Zufall, das Schicksal oder die Psychokrieger des Pentagons so wollten, kletterte schon am 16. Mai 1963 »ein benommener Mann« namens Gordon Cooper »nach 22 Erdumrundungen aus seinem Mercury-Raumschiff mit Namen ›Faith 7‹ zurück in die Zivilisation«.[158]

Von wegen »Zivilisation«: Um die gleiche Zeit wurde die amerikanische Öffentlichkeit durch US-Sheriffs in Birmingham/Alabama aufgewühlt, die minderjährige Schwarze, die für die Aufhebung der Apartheid demonstrierten, mit Wasserwerfern und Polizeihunden traktierten und einsperrten. Nachdem Demonstranten und Polizei Verhandlungen aufnahmen, fühlte sich der Ku-Klux-Klan berufen, ein Hotel mit auswärtigen Demonstranten abzufackeln. Wieder einmal war es Präsident Kennedy, der Truppen schickte, um Recht und Ordnung wiederherzustellen. Bei einer Reise durch den amerikanischen Süden lobte er die schwarze Bürgerrechtsbewegung von Martin Luther King. Allmählich dürften Kennedys Sargnägel vollzählig gewesen sein.

Im Frühsommer 1963 nun brannte es buchstäblich lichterloh: Im Juni verbrannte sich in Saigon öffentlich der buddhistische Mönch Thich Quang Duc aus Protest gegen die Verfolgungspolitik des US-Vasallen Ngo Dihn Diem, zudem schickte die UdSSR die erste Frau in den Weltraum (jedenfalls behauptete sie das), und ein Heckenschütze erschoß den Schwarzen Medgar Evers, als dieser gerade nach Hause kam. Doch damit nicht genug: Am 7. August ereignete sich eine Tragödie, die das ganze Land bewegte. An diesem Tag starb der neugeborene Sohn von Präsident Kennedy, Patrick Bouvier Kennedy. Als dreieinhalb Monate später, am 22. November 1963, bei einem Besuch in Dallas/Texas, sein Vater John F. Kennedy erschossen wurde, hatte das Land einen vorläufigen Tiefpunkt erreicht. Neben Patrick B. und John F. Kennedy starben in den folgenden Jahrzehnten übrigens zahlreiche weitere männliche Mitglieder der Familie eines unnatürlichen Todes: Robert F. Kennedy (Attentat, 1968), David Anthony Kennedy (Überdosis Drogen, 1984), Michael LeMoyne Kennedy (Ski-Unfall, 1997), John F. Kennedy Junior (Flugzeugabsturz, 1999).

Doch zurück in den Sommer 1963: Am 28. August 1963 führte Martin Luther King mehrere hunderttausend Menschen in einem gigantischen Marsch nach Washington, um das Land und die Welt auf die unhaltbaren Zustände in den USA aufmerksam zu machen.

Nach dem nationalen Trauma der Ermordung Kennedys inszenierten die Vereinigten Staaten am 4. August 1964 den sogenannten »Tongking-Zwischenfall« und traten daraufhin offiziell in den Krieg gegen Vietnam ein. Angeblich hatten vietnamesische Schnellboote zwei US-Kriegsschiffe beschossen, doch nichts davon entsprach der Wahrheit. Zeugen wie der US-Aufklärungspilot James P. Stockdale erklärten später, »nicht ein einziges«

vietnamesisches Schiff gesehen zu haben – »nichts als schwarzes Meer und amerikanische Feuerkraft«. 1995 sagte der vietnamesische General Nguyen Giap gegenüber dem früheren US-»Verteidigungs«-Minister McNamara, am 4. August 1964 habe es keine vietnamesische Attacke gegeben.[159]

Im November 1964 wurde Kennedys Vizepräsident und Nachfolger Lyndon B. Johnson zum Präsidenten gewählt, John F. Kennedys Bruder und ehemaliger Justizminister Robert Kennedy schaffte den Sprung in den Senat. Im Februar 1965 folgte ein neuer rassistischer Exzeß, als der schwarze Bürgerrechtler und Aktivist Malcolm X erschossen wurde. Etwa gleichzeitig starteten die USA nicht nur eine Offensive an der Vietnam-, sondern auch eine an der Weltraumfront. Während im März 1965 amerikanische Bomber im Rahmen der Operation »Rolling Thunder« weite Teile des nordvietnamesischen Dschungels niederbrannten und -bombten, starteten am 23. März zwei amerikanische Saubermänner zur ersten amerikanischen Erdumrundung in einem Zweisitzer ins All: Virgil Grissom und John Young. Während die GIs in Vietnam den Feind ab Juni vernichteten, wo sie ihn fanden (»search and destroy«), und Dorfbewohner in Lager steckten, hielten ab 3. Juni die Astronauten James McDivitt und Edward White die Öffentlichkeit mit dem Flug von Gemini 4 und dem ersten amerikanischen Raumspaziergang in Atem. Während die Amerikaner in Vietnam aus allen Rohren feuerten, schossen sie zu Hause eine Rakete nach der anderen in den Weltraum: Auf Gemini 3 und 4 folgten Gemini 5, 6 und 7.

1966 übertraf die Zahl der gefallenen GIs erstmals die der getöteten Vietnamesen. Im Juni wurde der bereits erwähnte schwarze Student James Meredith bei einer Demonstration angeschossen, im Oktober wurde der schwarze Ausnahmeboxer Hurricane Carter verhaftet und des Mordes beschuldigt (1985 wurde er nach insgesamt neunzehn Jahren als unschuldig aus der Haft entlassen). Von März bis November 1966 flogen Gemini 8, 9, 10, 11 und 12. Und so ging es immer weiter. Im Januar 1967 wurde ein Mann vergiftet, der jenen Mann erschossen hatte, der angeblich den Präsidenten ermordet hatte. Die Rede ist von Jack Ruby, Lee Harvey Oswald und John F. Kennedy. Im Juli 1967 kam es zu Rassenunruhen in Detroit und Newark, während Vietnamgeneral

Westmoreland von Verteidigungsminister McNamara zusätzliche Truppen verlangte. Das ganze Jahr 1968 über wurde die westliche Welt von Massendemonstrationen gegen den Vietnamkrieg erschüttert. Im Januar 1968 kaperte Nordkorea das US-Schiff *Pueblo*, im April wurde Martin Luther King erschossen, im Juni Präsidentschaftskandidat Robert F. Kennedy. Im Oktober 1968 startete das erste bemannte Apollo-Raumschiff (Apollo 7). Im November 1968 wurde der ehemalige Gegenkandidat und Kennedy-Intimfeind Richard Nixon zum Präsidenten gewählt. Ausgerechnet in der Amtszeit des Mannes mit der langen Lügennase (für die er nichts konnte) und dem Spitznamen »Tricky Dick« (für den er eine Menge konnte) erlebten die Vereinigten Staaten und die Welt eine nie dagewesene Blüte der bemannten Raumfahrt: die Mondlandungen. Sämtliche Mondlandungen fanden in der ersten Amtsperiode Nixons statt, zwischen 1969 und 1972. Seinen Namen »Tricky Dick« trug er schon lange bevor er in der Watergate-Affäre derartig log, betrog und vertuschte, daß es sogar Amerika zuviel wurde und es ihn aus dem Amt jagte. 1950 verpaßte ihm seine Gegenkandidatin im Rennen um einen Sitz im Senat, die Demokratin Helen Gahagan Douglas, diesen Spitznamen, weil er sie im Wahlkampf trickreich als verkappte Kommunistin verleumdet hatte.

Noch Mitte Dezember 1968 »galten laut einer Umfrage die Morde an King und [Robert F.] Kennedy bei den Chefredakteuren der amerikanischen Zeitungen als ›Nachricht des Jahres‹, plante das Nachrichtenmagazin *Time* für seine letzte Dezemberausgabe eine Titelgeschichte zum Thema ›Protest und Rebellion‹«. Doch im Dezember 1968 umkreiste auch Apollo 8 den Mond: »Die Mondumkreisung verdrängte die beiden politischen Morde von ihrem Umfrageplatz, den Aufmacher ›Protest‹ von der *Time*-Titelseite.«[160] Die Bodenkontrolle las der Besatzung von Apollo 8 über Funk einige Glückwunschtelegramme vor, unter anderem von Charles Lindbergh und Lyndon B. Johnson. Ein Telegramm kam von einer unbekannten Bürgerin. Sie schrieb: »Danke Apollo 8. Du hast 1968 gerettet.«[161]

Nun also »Tricky Dick«. Ein Advokat, dem es vor keinem noch so merkwürdigen Winkelzug grauste, lenkte Amerika in den Zeiten der Mondlandung. Oder steuerte er etwa die Mondlandungen in den Zeiten Amerikas? Wie auch immer. Die Desinformation will uns jedenfalls glauben machen, daß Nixon die Mondlandungen eher lästig fand – vor allem, weil sie quasi eine Erfindung seines Erzfeindes Kennedy gewesen seien. Daran ist natürlich kein Wort wahr, denn die Mondlandungen verschafften Nixon eine Reihe von glänzenden Auftritten als Präsident und oberster Befehlshaber einer Nation, die mit einem bemannten Raumschiff zuerst einen anderen Himmelskörper erreicht hatte. Seinem Land hielten die prestigeträchtigen Mondlandungen psychologisch und publizistisch den Rücken frei. Und wenn Nixon am Mondprogramm nichts lag, warum fand die erste Mondlandung dann ausgerechnet am 20. Juli 1969 statt – auf den Tag genau zum sechsmonatigen Jubiläum seiner Amtseinführung (20. Januar 1969)? War dies nur ein Zufall oder doch ein kleines Geschenk zum Jubeltag?

Richard »Tricky Dick« Nixon 1950, und sein großer Auftritt nach der Rückkehr der Apollo-11-Astronauten 1969

Die Apollo-Missionen verschafften dem nicht gerade vertrauenerweckenden Nixon die höchstmögliche Publicity. So führte er auch ein Telefongespräch mit den Astronauten auf dem Erdtrabanten. In seinem Tagebuch notierte er: »Der Präsident unterhielt eine interplanetare Konversation mit den Apollo-11-Astronauten Neil Armstrong und Edwin Aldrin auf dem Mond.« Ein solches Telefonat hat in Wahrheit bis heute noch nie stattgefunden, da bisher nicht nur kein Mensch einen anderen Planeten betreten, sondern nach Apollo auch nie wieder den erdnahen Orbit verlassen hat.

1969 war Richard Nixon »gerade als unser neuer Präsident vereidigt worden«, schreibt der Schriftsteller und Journalist Dave McGowan, Gründer des *Center for an informed America*: »Zum Teil hatte er seinen Aufstieg in diese Position dem Versprechen an das amerikanische Volk zu verdanken, sich aus dem zunehmend unpopolär werdenden Krieg in Vietnam zurückzuziehen.«[162]

Vom Moment seines Amtsantrittes an hätten Nixons Handlungen seine Versprechen an das amerikanische Volk Lügen gestraft, schreibt McGowan und stellt Nixons Kriegspolitik den Ereignissen an der »Mondfront« gegenüber. Zwischen den Schlagzeilen von der Mondlandung und vom Krieg in Vietnam herrschte ein harter Verdrängungswettbewerb. Der Übersichtlichkeit halber habe ich die Daten in einer Tabelle gegenübergestellt:

Mai 1969	Die Presse enthüllt illegale Bombardements in Kambodscha.	Medienhype um Apollo 10, die letzte Testmission vor der Mondlandung.
Juni 1969	Nixon kündigt Rückzug von US-Truppen an, tatsächlich werden aber nur 25 000 von 540 000 Soldaten abgezogen, eine »durchsichtige Lüge«, die dem Präsidenten nur wenig Zeit verschafft, so McGowan.	Die Nation ist mit der Nachbereitung von Apollo 10 beschäftigt und fiebert der ersten Mondlandung entgegen.
Juli 1969	Am 14. Juli kommt ein Skandal ans Licht, der an den Folterskandal von	»Gerade rechtzeitig, um den Tag zu retten, hebt am 16. Juli Apollo 11 ab,

	Abu Ghuraib 2004 erinnert. Es handelt sich um Details der »Ausbildung« eines gewissen Francis Reitemeyer, der für das Töten und Foltern in Vietnam trainiert wurde.	und vor den Augen einer bezauberten Nation absolviert vier Tage später der ›Adler‹ seine historisch einwandfreie Landung auf der unberührten Oberfläche des Mondes. Für eine ganze Weile ist Vietnam vergessen, während Amerika in dem patriotischen Stolz schwelgt, das Reich des Bösen auf dem Mond geschlagen zu haben.« (McGowan)
November 1969	»Allerdings ist der Honeymoon von kurzer Dauer, da im November Seymour Hersh ein Massaker an 504 Zivilisten in dem Dorf My Lai enthüllt und damit die volle Brutalität des Krieges in Südostasien nach Hause bringt.« (McGowan)	Am 14. November startet Apollo 12 zu einer weiteren Bilderbuchlandung auf dem Mond. Während US-Soldaten in Vietnam morden, foltern und brandschatzen, ist Amerika ganz hingerissen von seinen sauberen Weltraumhelden.
März/April 1970	Die USA stürzen Kambodschas Prinz Sihanouk und installieren ein Marionettenregime, das die US-Truppen in Vietnam unterstützt. Als im April zusätzlich US-Truppen in Kambodscha einmarschieren, eskaliert der Krieg weiter. Am 14. April enthüllen Vietnam-Veteranen bei einer internationalen Pressekonferenz in New York, San Franciso und Rom gräßliche Einzelheiten	Währenddessen, am 11. April, »wurde es Zeit für einen neuen Flug zum Mond. Und zwar nicht für irgendeinen Flug zum Mond, sondern dieser sollte das Element der Gefahr einführen. Die beiden ersten gingen ohne jede Unebenheit vorüber, in Amerika wird die Mondlandung abgehakt.« Aber bei der Mission Apollo 13, die auf dem Weg zum Mond

	des Phoenix-Folterprogramms. Aber die Öffentlichkeit bekommt nicht viel davon mit – wegen Apollo 13.	plötzlich einen Unfall erleidet, »wurden unsere Augen an den Bildschirm geheftet«, so McGowan. So sehr, daß für My Lai, Phoenix und Vietnam nicht mehr viel Aufmerksamkeit blieb. Die nationale Hochstimmung nach der Rettung der Astronauten reicht für den ganzen Rest des Jahres.
Januar 1971	In den USA wird ein gewisser Colonel William Calley wegen Kriegsverbrechen angeklagt. Er soll den Massenmord von My Lai persönlich angeordnet und beaufsichtigt haben.	Am 31. Januar startet Apollo 14. Da diese Mission die erste seit dem katastrophalen Unfall von Apollo 13 ist, findet auch sie die »ungeteilte« Aufmerksamkeit des Publikums.
Juli 1971	Die *New York Times* nimmt die Veröffentlichung der skandalösen Pentagon-Papers wieder auf, die die gesamte Vietnam-Politik als ein Geflecht von Lügen entlarven.	Am 26. Juli hebt Apollo 15 ab: »Nach einer weiteren reibungslosen Mission, die eindeutig beweist, daß Amerika das coolste Land der Welt ist, kehren die Astronauten am 7. August zurück. Der Rest des Jahres verläuft ruhig.« (McGowan)
März/April 1972	Die Nordvietnamesen beginnen eine massive Offensive, die US-Behauptungen, der Sieg sei nahe, Lügen strafen. Nixon antwortet mit massiven Bombardements und der Verminung nordvietnamesischer Häfen.	»Außerdem antworten sie, am 16. April, mit dem Start einer neuen Rakete zum Mond. Am 27. April kehrt die Besatzung zu einem weiteren heldenhaften Wiedersehen zurück.« (McGowan)

Dezember 1972	Nachdem der Frieden bereits greifbar nahe schien, werden die Verhandlungen unter dem Schutz der Mission von Apollo 17 abgebrochen und durch ein weiteres massives Bombardement ersetzt, bei dem Tausende von Menschen ihr Leben verlieren.	7. Dezember: Start von Apollo 17, triumphale Rückkehr am 19. Dezember.

Quelle: *http://davesweb.cnchost.com/apollo.htm*

Nur sechs Wochen nach dem 19. Dezember 1972, »nachdem die Gespräche wiederaufgenommen wurden, wurde eine Friedensvereinbarung bekanntgegeben. Einige Tage später tritt ein Waffenstillstand in Kraft, womit Amerika sein Engagement in Südostasien beendet. Obwohl die CIA ihren Stellvertreterkrieg fortsetzt, kehren Amerikas Frauen und Männer in Uniform heim. Und obwohl noch mehrere Missionen geplant waren, hört man nie wieder etwas vom Apollo-Programm«, so McGowan. Macht nichts, denn das hatte seine Schuldigkeit getan. Am Ende eines Jahrzehnts der Morde, Unruhen und Staatsstreiche, einer Zeit der Kriegsverbrechen und Schurkereien, erschienen die Mondlandungen der zwölf amerikanischen Helden als eine Art Katharsis, die das ganze Land und sein internationales Image von all dem unsäglichen Schmutz reinigte.

Wie sagte doch Astronaut Frank Borman, Leiter der Untersuchungskommission im Fall Apollo 1, so treffend:

»Dies erschien mir wie eine Entschädigung für eine qualvolle Epoche der amerikanischen Geschichte, die von Jahren miserabler Innenpolitik und Studentenunruhen geprägt war, all das verstärkt durch den Vietnamkrieg. Es war fast wie eine innere Reinigung. Das gab uns zumindest die Bestätigung, daß das Land nicht völlig in Unordnung war.«[163]

»Einen Mann auf den Mond zu bringen, inspirierte nicht nur die Nation, sondern die ganze Welt«, sagte der NASA-Chefhistoriker

Stephen Dick zum fünfunddreißigjährigen Jubiläum der ersten Mondlandung. »Die sechziger Jahre waren eine turbulente Zeit in den USA, und die Mondlandung zeigte, was in einer Zeit vollbracht werden konnte, in der manches andere schiefging.«[164]

»Mission accomplished«, würde da der heutige Präsident George W. Bush wohl sagen. Eine Super-Gehirnwäsche. Das amerikanische Gewissen war sauberer als je zuvor. Die Mondlandungen hatten ihre Schuldigkeit getan, und auch der Mann fürs Grobe: Nachdem am 17. Juni 1972 auf der Suche nach Wahlkampfunterlagen mehrere Einbrecher in die Wahlkampfzentrale der Demokraten im Washingtoner Watergate-Hotel eingebrochen waren, führten die Spuren alsbald ins Weiße Haus – zu »Tricky Dick«, dem Präsidenten aller Mondmänner. Zum ersten Mal seit über hundert Jahren sah sich wieder einmal ein Präsident der Vereinigten Staaten einem Amtsenthebungsverfahren gegenüber. Am 9. August 1974 trat Nixon zurück.

Die Jäger und die Kletterer ...

Extrem nützlich also, diese Mondlandungen. Nur: Fanden sie auch wirklich statt? Ob diese Frage wirklich zu beantworten ist, wird sich erst noch herausstellen. Versuchen wir es deshalb mit einer etwas einfacheren Version der Frage: Welche Beweise gibt es, daß amerikanische Astronauten auf dem Mond landeten? Gegenfrage: Welche Beweise gibt es, daß irgendein Bergsteiger einen bestimmten Gipfel erklommen hat? Das zu beweisen dürfte ja vergleichsweise einfach sein, sollte man meinen – immerhin befinden wir uns in der Bergsteigerei ja auf der Erde. Tatsächlich aber tobt seit jeher ein erbitterter Streit um die »Authentizität bergsteigerischer Heldentaten«, und ein gewisser Oliver Häussler hat darüber eine sehr unterhaltsame Arbeit geschrieben.[165] Ergebnis: Erstaunlicherweise ist es bereits äußerst schwierig, die Erstbesteigung eines irdischen Berges zu beweisen, woraus folgt, daß einige Erstbesteigungen bei näherem Hinsehen nicht erfolgt sein könnten und die Geschichte der Bergsteigerei in einigen Punkten neu geschrieben werden müßte. Getreu dem Motto: »Die Jäger und die Kletterer, das sind die größten Schmetterer«

(Volksmund). Gelegenheit, das lehrt die Geschichte des Alpinismus, macht nicht nur Diebe, sondern auch falsche Gipfelstürmer. Die Versuchung steigt proportional zur Abgeschiedenheit des Ortes und dem in Aussicht stehenden Ruhm. Übertragen auf den Mond, läßt das nichts Gutes ahnen. Eine Fälschung ist in etwa so wahrscheinlich wie der Diebstahl eines Goldklumpens, der nachts unbeobachtet in einer abgeschiedenen Seitenstraße liegt.

Das Aufstellen der Flagge galt auch im Alpinismus als traditioneller Beweis einer Erstbesteigung – oder Pseudobeweis. Unter amerikanischen Entdeckern hat der Schwindel Tradition. Als 1906 ein gewisser Dr. Frederick Cook behauptete, den Mount McKinley (benannt nach dem 1901 ermordeten US-Präsidenten William McKinley) bestiegen zu haben, präsentierte er als Beweis ein Foto seiner Person mit der Flagge auf dem Gipfel. Das war zwar schon wesentlich mehr, als die Apollo-Astronauten erbrachten, deren Gesichter nicht einmal zu erkennen sind (bis auf eine Ausnahme: Harrison Schmitt bei Apollo 17). Gelogen war es trotzdem. Es stellte sich heraus, daß hier zwar der richtige Mann zu sehen war – allerdings auf dem falschen Gipfel. 1996 fand ein Gremium an der Universität von Alaska »klare und überzeugende Beweise«, daß Dr. Frederick Cook den Gipfel des Mount McKinley nicht erreicht hatte. Die von Cook veröffentlichten Beweisfotos seien nicht oberhalb von 6000 Fuß entstanden (2000 Meter). Der Mount McKinley bringt es aber auf 20 300 Fuß (6200 Meter). Die Experten stützten sich vor allem auf Cooks ungenaue Beschreibungen des Gipfels sowie auf die Tatsache, daß ein von ihm gemachtes Foto nicht den Gipfel, sondern eine wesentlich niedrigere Erhebung zeigte.[166]

Schon Anfang des 20. Jahrhunderts gab es ein erbittertes Wettrennen zu weit abgelegenen Orten. Und schon damals ging es darum, wer dort zuerst die amerikanische Flagge aufpflanzen würde. Und schon damals wurde geschwindelt, was das Zeug hielt. Cook zum Beispiel konnte zu den schon seinerzeit virulenten Vorwürfen in Sachen Mount McKinley zunächst nicht befragt werden, denn da war er schon auf dem Weg zu seiner nächsten Entdeckung – oder zu seinem nächsten Schwindel, wie manche meinten, zum Beispiel der Entdecker Robert Peary. Als der nämlich nach seiner Expedition zum Nordpol in die Zivilisation zurückkehrte, staunte er über Cooks Behauptung, ebenfalls dort gewesen zu sein. Der Nordpol, das war aus damaliger Sicht in etwa so weit weg wie heute der Mond. Obwohl auch diese »Entdeckung« Cooks heute als Schwindel gilt, erklomm Frederick Cook, wenn schon keine hohen Gipfel, so doch immer bedeutendere wissenschaftliche Höhen. Noch heute verwaltet eine »Frederick A. Cook Society« seinen zweifelhaften Ruhm. Wie ist das möglich? Nun: Cook hatte durchaus auch politische und publizistische Erfolge. So wurde ihm die Entdeckung des Nordpols unter anderem per Abstimmung zugesprochen – nicht etwa unter Wissenschaftlern und Entdeckern, sondern durch eine Leserumfrage in einer Zeitschrift. Dabei erhielt sein Widersacher Peary vier, Cook aber 96 Prozent der Stimmen.[167]

Auf diese Weise könnte man heutzutage vielleicht auch die Mondlandung »beweisen«. Es gilt der Satz des Soziologen Niklas Luhmann: Was nicht kommuniziert wird, das existiert auch nicht.[168] Oder umgekehrt: Was kommuniziert wird, das ist gewißlich wahr. Und in Sachen Kommunikation der Mondlandung hat sich die NASA nun wirklich nichts vorzuwerfen.

Schon die ersten amerikanischen Entdecker des Nordpols entdeckten weniger den Nordpol als vielmehr den Umstand, daß die Behauptung einer Entdeckung weitaus bequemer sein kann als die Entdeckung selbst. Das gilt übrigens auch für den Cook-Konkurrenten Robert Peary. Ganz wie manche Astronauten wurde er zwar zum amerikanischen Nationalhelden befördert und schließlich auf dem Heldenfriedhof von Arlington beerdigt. Nach eingehenden Analysen wurde aber auch bei seinen Expeditionen eine Reihe von Ungereimtheiten festgestellt: »Die Öffnung von Pearys Unterlagen 1984 konnte seine Behauptung, am 6. April 1909 den Nordpol erreicht zu haben, nicht untermauern, sondern ergab im Gegenteil auch im Hinblick auf andere Errungenschaften Pearys viele Zweifel.«[169]

Heute behauptet die *Encyclopedia Britannica* gewissermaßen mit dem Mut der Verzweiflung, der Nordpol sei 1926 »definitiv« erstmals von dem amerikanischen Entdecker Richard E. Byrd per Flugzeug und dem Team des Norwegers Roald Amundsen per Luftschiff erreicht worden.

Doch zurück zu den buchstäblich irdischen Beweisschwierigkeiten: Um Erstbesteigungen überhaupt dokumentieren zu können, entwickelte die Gipfelstürmergemeinde gewisse Mittel der Authentifizierung. Denn alpinistische Erfolge ohne glaubwürdige Belege sind »heute automatisch dem Verdacht von Betrug und Schwindel ausgesetzt«, schreibt Oliver Häussler. Und was den Bergsteigern recht ist, sollte den Raumfahrern nur billig sein. Hätte also die Mondlandung Aussichten, als Erstbesteigung anerkannt zu werden? Klopfen wir dazu die erforderlichen Beweismittel einmal ab.

1. Zuallererst wäre da das Gipfelfoto, das jedoch unter seinem doppelgesichtigen Charakter leidet. Seine Beweiskraft kann sich leicht gegen die Wahrheit richten, wenn jemand genügend Energie aufwendet, um es geschickt zu fälschen, siehe Cook. In Zusammenhang mit der Mondlandung hinterläßt es schon deshalb einen schalen Geschmack, weil die behaupteten Entdecker darauf gar nicht zu erkennen sind. Und auch die Identität des Ortes läßt sich auf den Fotos nicht wirklich feststellen – ob es sich also um den Mond handelt oder nicht.
2. Eine weitere Möglichkeit sind geeignete Zeugen, die die Bezwingung des Gipfels beeiden könnten. Doch außer den Astronauten selbst ist weit und breit kein unabhängiger Mensch in Sicht, der sie auf ihren angeblichen Touren begleitet hätte.
3. Notfalls reicht auch ein authentischer Bericht, der sich von anderen bestätigen läßt, die sich ebenfalls schon einmal in dieser Gegend bewegt haben: »Hier wird die Weg- und Routenbeschreibung des Bergsteigers im Diskurs der Experten als stimmig klassifiziert oder auch nicht«, schreibt Häußler.[170] In Sachen Mondlandung heißt das freilich: Fehlanzeige. Denn außer den Astronauten haben sich bis jetzt keine unabhängigen Experten auf dem Mond bewegt, die die Plausibilität von deren »Weg- und Routenbeschreibung« bestätigen könnten.
4. Manche Erstbesteigung wurde auch durch einen auf dem Gipfel zurückgelassenen Gegenstand verifiziert, der später von anderen Expeditionen gefunden wurde. Der Eispickel des Erstbesteigers des Nanga Parbat (1953), Hermann Buhl, wurde 1999 beispielsweise von einer japanischen Expedition gefun-

den. Zwar haben die Astronauten nach eigenen sowie NASA-Angaben geradezu einen ganzen Fuhrpark auf dem Mond gelassen – dummerweise aber konnte bis heute noch niemand nachsehen, ob sich diese Gegenstände wirklich dort befinden. Weder bemannte oder unbemannte Missionen, noch die stärksten Fernrohre der Welt konnten bisher auch nur ein Zipfelchen der angeblich zurückgelassenen Ausrüstungen entdecken.

5. Die letzte Chance besteht darin, Steine mitzubringen, die nur von diesem Gipfel stammen können. In der Bergsteigerei macht das nicht viel Sinn, aber die Astronauten nehmen diesen Beweis für sich in Anspruch. In der Praxis leidet er aber an einem unauflöslichen Widerspruch. Denn wenn das Gestein unbekannt ist, kann auch niemand wissen, ob es von diesem Gipfel stammt. Ist das Gestein aber bekannt, ist der Beweis hinfällig – denn dann kann das Gestein auch von Orten stammen, an denen man solches Gestein üblicherweise findet. Im Falle von Mondgestein soll das zum Beispiel die Antarktis sein. Kompliziert wird die Sache dadurch, daß dessen Echtheit wiederum anhand der Apollo-Proben festgestellt wird.[171] Prinzipiell kann Mondgestein aber auch von einer der unbemannten sowjetischen Sonden stammen, die auf dem Mond gelandet sind.

Die zentralen Beweise der Bergsteigerei greifen bei der Mondlandung daher nicht. Aus Bergsteigersicht würde die Mondlandung damit in den Bereich des »Hüttenlateins« gehören, jene Geschichten, die man sich im Schein des Hüttenofens bei einem Glas Jagertee erzählt.

Er kam, sah und knipste

Stellen Sie sich vor, Sie haben mit Ihrer Frau ein Wochenende in London gebucht. Und da Ihre Frau ein Fan von Erinnerungsfotos ist, werden Sie von ihr dazu verdonnert, den Aufenthalt fotografisch festzuhalten. Kein Problem, denken Sie, aber leider hat Ihre Frau auch eine kleine sadistische Ader. Sie hat da noch ein paar Schwierigkeiten eingebaut. Während Sie Ihre bessere Hälfte auf den Stufen von Westminster Abbey und neben einem Bobby ablichten sollen, dürfen Sie nicht durch den Sucher Ihrer Spiegelreflexkamera schauen! Damit Sie das auch wirklich nicht machen, hat Ihre Frau perfiderweise den Spiegel aus der Kamera ausgebaut. Des weiteren dürfen Sie die Kamera auch nicht in Kopfhöhe halten, um wenigstens auf diese Weise »zielen« zu können, sondern Ihre Frau befestigt den Fotoapparat fest an Ihrer Brust! Damit nicht genug: Sie müssen eine Kamera ohne jede Automatik verwenden. Weder Belichtungszeit, Blende oder Schärfe werden automatisch eingestellt. Einen Belichtungsmesser hat der Apparat zwar schon, aber dessen Werte werden im Sucher angezeigt, den Sie ja nicht zu sehen bekommen.

Grotesk? Unter diesen Bedingungen könnte kein Mensch ein brauchbares Foto machen? Leider sind das exakt jene Bedingungen, unter denen die Apollo-Astronauten ihre Ausflüge auf dem Mond fotografieren mußten – und das waren eben keine Sightseeing-Wochenenden in einer milliardenmal fotografierten Stadt, sondern die ersten Besuche von Menschen auf einem anderen Himmelskörper.

Verglichen mit den heutigen Möglichkeiten der vollautomatischen und digitalen Fotografie befindet sich das Jahr 1969 in grauer Vorzeit. Nicht was Auflösung, Schärfe und Qualität der Bilder angeht, sondern was die Wahrscheinlichkeit von brauchbaren Resultaten betrifft. Während heutzutage die Chancen hoch sind, beim ersten Druck auf den Auslöser ein korrekt belichtetes Foto zu bekommen, war man davon zu jener Zeit weit entfernt. Die Kunst des Fotografierens bestand gerade darin, daß das, was heute in Elektronikchips stattfindet, in Kopf und Hand des Fotografen stattfinden mußte: Die Beurteilung der Aufnahmesituation und das Einstellen von Blende, Belichtungszeit und Schärfe erforderte Erfahrung. Das gilt auch für gestalterische Aufgaben, etwa das Festlegen des Ausschnitts. Ende der sechziger Jahre war Fotografieren eine anspruchsvolle Aufgabe, vor allem, wenn dabei mittel- oder großformatige Kameras benutzt wurden, bei denen Aufnahmefehler noch mehr zur Geltung kamen als bei Kleinbild- oder Minikameras. Mit dem Einsatz einer Hasselblad-500er-Mittelformatkamera auf dem Mond stellte die NASA höchste Ansprüche an die Astronauten in ihrer Rolle als Fotografen. Ein solches Werkzeug ist etwas für echte Könner. Wobei Könner nicht heißt: kommen, sehen und knipsen. Im Gegenteil. Um mit einer solchen »alten« Hasselblad eine gute Aufnahme zu machen, braucht man schon eine Menge Erfahrung, Können, Geduld und Zeit. Vor allem kann man nicht im Vorbeigehen auf ein Objekt halten und abdrücken – in der Annahme, daß das Foto gelungen ist. Man muß sich schon eine ganze Weile bei einem Motiv aufhalten und mit verschiedenen Einstellungen mehrmals abdrücken.

Die auf der Mondoberfläche benutzte Kamera war nach Angaben der NASA eine bis auf wenige Ausnahmen unveränderte Standardkamera der Baureihe Hasselblad 500 EL.

1. Direkt vor dem Film, also zwischen Film und Linse, befand sich eine sogenannte Reseau-Platte mit einem Gitter von fünf mal fünf feinen Kreuzchen, wie sie für fotogrammetrische Zwecke benutzt wird. Das Gitter sollte angeblich eine bessere Orientierung, Abstandsschätzung und Beurteilung von Verzerrungen erlauben.[172] Vielleicht war es aber auch nur eine pseudowissenschaftliche Show. Da es sich zwischen Film und Linsensystem befand, mußte jedes Kreuzchen zwangsläufig auf jedem Foto zu sehen sein.
2. Die Optik bestand aus einem speziell für die NASA entwickelten Zeiss-Biogon-Weitwinkelobjektiv mit einer Brennweite von 60 Millimetern und einer maximalen Blende von 5,6; außerdem war das Objektiv mit einem abnehmbaren Polarisationsfilter ausgerüstet.
3. Als einzigen Schutz gegen die Hitze erhielten Kamera und Magazine einen silbernen Anstrich. Ein weiterer Schutz gegen die extremen Temperaturen zwischen über 100°C plus und über 100°C minus oder gegen die radioaktive Strahlung war nicht vorhanden.
4. Schließlich war die Kamera mit Vorrichtungen zur Vermeidung statischer Aufladungen ausgerüstet.[173]

Angesichts der Gewichts- und Raumprobleme in Kommandokapsel und Landefähre hätte man eigentlich eine kleinere Kamera erwartet. Schließlich wurde bei Apollo 11 nicht nur eine Hasselblad, sondern deren drei mitgeführt. Die beiden anderen befanden sich in der Landefähre und in dem über dem Mond kreisen-

Hasselblad 500 EL *Hasselblad 500 EL mit Reseau-Platte*

den Kommandomodul. Die beschriebene Hasselblad-Ausrüstung ist nicht unbedingt das, was man für eine Reportage in Extremsituationen empfehlen würde, schon gar nicht, wenn hoher Zeitdruck und Raumknappheit bestehen wie bei der Apollo-11-Mission. Hier hatten die beiden Astronauten auf der Mondoberfläche nur zweieinhalb Stunden Zeit.

Bei dem benutzten Film handelte es sich um einen ganz normalen Kodak Ektachrome-Diafilm, allerdings mit einer Empfindlichkeit von 160 ASA.[174] Wenn das stimmt, ist das in zweifacher Hinsicht erstaunlich. Erstens ist ein Diafilm (also ein Positivfilm) für unbekannte Belichtungssituationen kaum geeignet, da er weniger fehlertolerant ist. Zweitens sind 160 ASA für die Lichtverhältnisse auf dem Mond ziemlich empfindlich. Da es hier keine Atmosphäre gibt, hatte man mit einer äußerst grellen Sonne zu rechnen. Je empfindlicher der Film, desto höher die Gefahr von Überbelichtungen.

Mit anderen Worten: Die Ausrüstung scheint für den angegebenen Zweck nicht unbedingt geeignet gewesen zu sein. Diese Ausrüstung ließe auf eine ganz andere Aufnahmesituation schließen mit

- bekannten und sicheren Beleuchtungsverhältnissen;
- ausreichend Raum zur Unterbringung der Kamera;
- ausreichend Ruhe und Zeit zur Bedienung der Kamera;
- voller Bedienbarkeit der Kamera.

Es ist doch kein Zufall, daß man angesichts dieser erforderlichen Bedingungen eher an ein Studio als eine fremde, unbekannte und feindliche Welt denkt.

In den Zeiten der manuellen und »chemischen« Fotografie ist oft nur jede zweite, dritte Aufnahme etwas »geworden«. Falsche Belichtung, Verwackeln, Unschärfen oder abgeschnittene Köpfe und Füße waren die häufigsten Fehler. Die richtige Belichtung versuchte man zunächst mit Hilfe von Erfahrungswerten zu bestimmen. Zum Beispiel schlägt die Belichtungsanleitung für den Kodak Ektachrome-Diafilm aus dem Jahr 2001 für hellen Sonnenschein auf Sand oder Schnee bei einer 250stel Sekunde Blende 22 vor, bei starker Bewölkung Blende 5,6.[175] Leider aber sind diese Erfahrungswerte nicht einfach auf den Mond übertragbar, da sie natürlich auf der Erde gewonnen wurden. Zudem waren diese Erfahrungswerte auch auf der Erde nur Annäherungswerte und haben nicht immer perfekte Resultate gebracht, so daß man, wie gesagt, gern noch eine zweite und dritte Aufnahme »oberhalb« und »unterhalb« des wahrscheinlich richtigen Belichtungswertes gemacht hat. Die Engländer sagen dazu »bracketing«, was soviel heißt wie »Bereichsfotografieren«. Gerade in unsicheren Belichtungssituationen ging ohne Bracketing gar nichts. Ein ganz wichtiger Unterschied zu heute bestand natürlich auch im mangelnden »Feedback«. Anders als bei Digitalkameras konnte man das Resultat nicht sofort sehen und sich so auf die Aufnahmesituation »einschießen«. Wie die Fotos geworden sind, konnten die Astronauten erst nach der Rückkehr zur Erde erfahren. Insgesamt stand die »Mondfotografie« praktisch in allen Bereichen vor schier unüberwindlichen Problemen:

- **Bedienung**
  Manuell; wurde dadurch extrem erschwert, daß die Kamera auf der Brust befestigt war.[176] Zusätzlich wurde die Bedienung durch die extrem dicken, unter Druck stehenden Handschuhe erschwert.
- **Blende**
  Mußte manuell eingestellt werden. Erfahrungswerte für die Belichtung beruhten auf irdischen Verhältnissen und irdischer Sonneneinstrahlung. Die Astronauten verfügten weder über externe Belichtungsmesser, noch hätten sie eine eingebaute Belichtungsmessung benutzen können, da deren Werte im Sucher angezeigt wurden. Den konnten sie aber nicht benutzen.
- **Belichtungszeit**
  Mußte manuell eingestellt werden. Die Kameras verfügten weder über eine Blendenautomatik noch eine Zeitautomatik.
- **Schärfe**
  Das hätte noch das geringste Problem sein sollen. Nach Lage der Dinge hätten die Astronauten auf eine große Tiefenschärfe zurückgreifen können müssen. Einmal wegen des Weitwinkelobjektivs (Brennweite: 60 Millimeter), das Motive ab etwa 1 Meter Entfernung scharf darstellt. Zum anderen wegen des grellen Sonnenlichts, das eine kleine Blende erfordert und damit ebenfalls eine große Tiefenschärfe ermöglicht.
- **Ausschnitt**
  Konnte nicht genau festgelegt werden, da die Astronauten aufgrund ihrer starren Helmkonstruktion nicht durch den Sucher der auf ihrer Brust befestigten Kamera schauen konnten. Der Sucher hätte aber auch nicht helfen können, da der Spiegel ausgebaut worden war.[177]
- **Film**
  Es war zu erwarten, daß sich zumindest die Empfindlichkeit der chemischen Filme unter den extremen Temperaturen verändern würde – wenn die Filme bei über 100 °C und der radioaktiven Strahlung des freien Weltraums nicht ohnehin unbrauchbar geworden wären. Die radioaktive Strahlung führt gewöhnlich auch zu Nebeleffekten und nachlassenden Kontrasten. Anders als bei der späteren Produktion von

IMAX-Filmen auf der Internationalen Raumstation (ISS; also unterhalb der schützenden Strahlungsgürtel), waren Kameras und Filme dagegen nicht besonders abgeschirmt. Und zu guter Letzt verfügte der Diafilm nur über einen schmalen »Belichtungskorridor«.

Mit anderen Worten: Die Probleme und Einschränkungen bei der Mondfotografie waren geradezu grotesk. Die Astronauten hatten nur eine geringe Chance, brauchbare Fotos abzuliefern. Um so erstaunlicher ist das Ergebnis. Damit meine ich nicht, daß tatsächlich einige der Fotos vom Mond gelungen sind. Sondern damit meine ich, daß alle Fotos auf dem ersten Film der Apollo-11-Mission perfekt gelungen sind.

Begleiten wir also Neil Armstrong, den ersten Menschen auf dem Mond, und seine Nachfolger bei ihrer Fotosafari auf dem Erdtrabanten und schauen wir uns einige Situationen an, die bereits von Skeptikern als verdächtig bezeichnet wurden. Damit Sie als Leser dieselbe Qualität zur Verfügung haben wie ich, werde ich die Fotos in Originalqualität über die Webseite *www.wisnewski.de* zugänglich machen. Werfen wir also einen Blick auf das erste Foto, das Neil Armstrong nach dem Ausstieg aus der Landefähre gemacht haben soll (links):

Die ersten Fotos auf dem Mond gelingen perfekt,
Armstrong-Fotos AS-11-40-5850, AS-11-40-5851
(die Ziffernfolge wurde den Fotos von der NASA zugewiesen)

Perfekter Schnappschuß: Buzz Aldrin steigt aus der Landefähre, der helle Bereich ist eine Lichtreflexion. Armstrong-Foto AS11-40-5863

Daß solche Bilder Verdacht erregt haben, ist kein Wunder. Sie sind nicht nur perfekt belichtet, sondern auch perfekt durchkomponiert und ausgeleuchtet. Der Fuß des Landemobils befindet sich genau in der Bildmitte. Der linke Rand des Schriftzuges »United States« schließt exakt mit dem linken Bildrand ab. Und das ohne Sucher! Armstrong springt also aus der Landefähre, drückt auf den Auslöser der an seiner Brust befestigten Kamera – und Volltreffer! Er kam, sah und knipste. Danach machte er noch ein 360-Grad-Panorama von der Mondoberfläche.

Auf den stark behinderten Hasselblad-Fotografen Armstrong kommt als nächstes ein wahrhaft historischer Moment zu, mindestens so wichtig wie der Händedruck zwischen den Staatschefs zweier Supermächte: Sein Kumpel Buzz Aldrin, der zweite Botschafter des Planeten Erde auf dem Mond, verläßt die Landefähre, leider auch noch im Gegenlicht und damit im Schatten. Ausschnitt und Belichtung – alles unklar. Aber Armstrong läßt sich nicht beirren, drückt ab – und Volltreffer! Armstrong drückt noch mal ab und – wieder perfekt!

Doch nun weiter in der seltsamen Welt des Mondes. Als nächstes macht Armstrong eine völlig andere Aufnahme, und zwar von der Düse des Landetriebwerks.

Seltsamerweise hinterließ das Landetriebwerk auf dem Mondboden keine Spuren (AS 11-40-5864, oben) – ganz anders, als die NASA noch in der Pressemappe von Apollo 11 vermutet hatte (unten)

Auch diese Gegenlicht-Aufnahme gelingt perfekt, der Schriftzug »United States« ist bestens zu sehen, was Armstrong natürlich nicht wissen kann. Er kann eigentlich gar nichts wissen: weder ob Ausschnitt noch ob Belichtung stimmen. Dennoch verzichtet er auf eine weitere Aufnahme. Nun stimmte Skeptiker aber nicht nur die perfekte Ausleuchtung nachdenklich, sondern auch eine eher technische Frage, nämlich der Zustand des Mondbodens unter dem Landetriebwerk. Unter der Düse dieses Raketenmotors weist nicht einmal eine kleine Vertiefung darauf hin, daß hier kurz zuvor noch der Feuerstrahl eines Raketentriebwerkes wirkte. Der Mondboden wirkt völlig unversehrt. Daß das

Triebwerk einen kleineren oder größeren Krater hätte graben müssen, ist aber keine Idee der Landungsskeptiker. Vor der Mondlandung hatten sich auch NASA-Grafiker eine erhebliche Beeinflussung des Bodens durch die Landefähre vorgestellt, wie die Skizze zeigt. Und in seinem Buch *Start in den Weltraum* hatte kein Geringerer als Wernher von Braun über die Mondlandung geschrieben: »Jetzt schlagen die langen, grünen Raketenflammen schon gegen die ausgedörrte Oberfläche des Mondes. Wolken bräunlichgrauen Staubes werden nach allen Seiten weggeschleudert. Der Staub sinkt in der geringen Anziehungskraft des Mondes nur langsam zu Boden...«[178]

Daß das Mondmobil jede Menge Staub aufgewirbelt hat, ist unbestritten. »Zuerst habe ich bemerkt, daß wir tatsächlich Staub aufwirbelten, als wir etwa dreißig Meter hoch waren«, berichtete Neil Armstrong im kommentierten Funkprotokoll der ersten Mondlandung:

> »Wir bekamen langsam einen transparenten Schirm von sich bewegendem Staub, der die Sicht etwas behinderte. Als wir tiefer gingen, verschlechterte sich die Sicht.«[179]

Mit einem Wort: Es staubte also gewaltig, als der »Adler« daherkam, um sich auf der Mondoberfläche niederzulassen – laut offizieller Darstellung, versteht sich, aber etwas anderes haben wir ja nicht.

Warum fiel von dem bei der Landung aufgewirbelten Staub kein einziger Krümel auf die Landefüße der Mondfähre? Armstrong-Foto AS11-40-5918 (Ausschnitt)

Nur: Wo ist der ganze Staub hingekommen? Denn auf der Landefähre, speziell aber den großen Landefüßen findet sich nicht die geringste Spur von Staub. Das ganze Ding schimmerte und glänzte, als sei es nicht in einer riesigen Staubwolke heruntergekommen, sondern frisch aus der Fabrik von einem Kran auf den Mond gesetzt worden.

Sonst war der Staub doch äußerst anhänglich, wie diese Astronautenbeine zeigen, NASA-Foto AS16-108-17730

Der Schub der Landetriebwerke und seine Wirkung auf die Mondoberfläche waren schon immer ein Hauptthema der Skeptiker. Denn hier war ja kein Laubgebläse zugange, sondern ein Raketenmotor mit bis zu 5 Tonnen Schub. Selbst wenn die Astronauten nur mit dem halben Schub gelandet sein sollten, wären immer noch 2,5 Tonnen Schubkraft übrig geblieben. Aber es findet sich keine nennenswerte Vertiefung unter dem Landetriebwerk.

Verfechter der Geschichte von der Mondlandung sind nicht in der Lage, die Zweifel zu zerstreuen. Sie neigen dazu, das Landetriebwerk angesichts solcher Zweifel auf eine Weise wegzuerklären, daß man sich fragen muß, wie die Astronauten überhaupt auf dem Mond landen konnten. Laut Philip Plait zum Beispiel, Astronom und eine Art freiberuflicher Anwalt der Mondlandung, hat sich die Landefähre derartig unauffällig auf die Mondoberfläche gemogelt, daß diese gar keine Zeit hatte, sich zu wundern beziehungsweise einen Krater zu bilden. Philip Plait von der Sonoma-Universität nahe San Francisco war einer jener Interviewpartner, die Willy Brunner und ich für die Dreharbeiten zu *Die Akte Apollo* besucht hatten, nachdem von der NASA kein Gesprächspartner zu bekommen war. »Die Landefähre kam nicht so herunter, wie es immer in alten Filmen gezeigt wird« (nämlich senkrecht), meint Plait. Der Lander sei vielmehr flach heruntergekommen, »hinterließ eine schmale Spur von weggeblasenem Staub und landete sehr schnell. Je näher sie kamen, um so weniger Schub brauchten sie.« Für Plait ist es »eine völlig falsche Annahme, daß da ein Krater im Boden sein müßte«.[180] Die Vorstellung eines Kraters im Mondboden stammt aber nicht von irgendwelchen »Verschwörungstheoretikern«, sondern von Wernher von Braun: »Der Feuerstrahl der Brennkammern gräbt einen kleinen Krater in den Mondboden«, prophezeite er in seinem oben erwähnten Buch schon vor der ersten Mondlandung.[181]

Auch die Behauptung, die Astronauten hätten das Landetriebwerk kurz über dem Boden abgeschaltet, läßt sich nicht halten. Jedenfalls nicht, wenn man den offiziellen Apollo-Materialien glaubt, zum Beispiel dem kommentierten Funkprotokoll von Apollo 11:

»Als wir uns dem Boden näherten, flogen wir immer noch seitlich nach links, was mich davon abhielt, das Triebwerk abzuschalten...«, wird Neil Armstrong in den Kommentaren des Funkprotokolls zitiert. »Das Triebwerk lief tatsächlich bis zum Aufsetzen.«[182] Eine Vorstellung davon, was der heiße und druckvolle Strahl eines Triebwerks anrichten kann, gewinnt man bei irdischen Senkrechtstartern. Sie schaffen es, sogar Beton aufzulösen und die Bruchstücke nach oben zu schleudern. Nach »dem Abplatzen mehr oder weniger großer Flächenteile (...) werden die losgelösten Teile häufig unter einem sehr steilen Winkel vom Boden hochgeschleudert, so daß sie Zelle und Triebwerk gefährden können«, heißt es in dem Standardwerk *Senkrechtstarttechnik* von Xaver Hafer und Gottfried Sachs.[183] Nun haben wir es auf dem Mond aber mit lockerem Gestein und einem Sechstel der Erdschwerkraft zu tun. Hier hätten die Steine sofort hochspritzen können, etwa so, als würde man einen Hochdruckwasserstrahl in ein lockeres Kiesbett halten. Keine gute Idee. Allein das hätte bereits ein schwerwiegendes Missionshindernis sein können.

Doch begleiten wir die Astronauten weiterhin auf ihrer Fotosafari. Natürlich macht Armstrong noch weitere Bilder – alle perfekt: Aldrin, wie er die Leiter heruntersteigt, Aldrin, wie er seine Füße auf den Mondboden setzt, Aldrin, wie er vor der US-Flagge salutiert. Danach kommen die berühmten Aufnahmen von Aldrins Fußabdruck auf der Mondoberfläche. Erster Versuch: perfekt! Zweiter Versuch: auch perfekt!

Die unteren Fotos haben Skeptiker besonders nachdenklich gestimmt, da die NASA behauptete, die Kameras seien fest an der Brust montiert gewesen. Plötzlich aber können sie senkrecht nach unten »schauen«. Armstrong-Fotos AS11-40-5877, AS11-40-5878, AS11-40-5879 und AS11-40-58780

Daß mancher sich hier wunderte, ist verständlich. Wobei sich Aldrins Fuß auf den unteren Aufnahmen auch noch am Bildrand befindet. Wie schafft man das ohne Sucher, haben sich da schon viele gefragt. Mir selbst ist außerdem aufgefallen, daß das Foto oben links, anders als es auf den ersten Blick aussieht, keineswegs scharf ist. Seine Tiefenschärfe ist vielmehr auffallend gering. Und das, obwohl die Kamera hier fast senkrecht auf das Motiv blickt, also nur leicht gekippt ist. Der Entfernungsunterschied zwischen unterem und oberem Bildausschnitt zum Objektiv ist also äußerst gering. Aber nur das untere Drittel des Fotos ist scharf, der Rest ist unscharf. Die Unschärfe beginnt mitten im Fußabdruck. Zum Vergleich zwei Ausschnitte aus dem Foto. Der eine vom unteren Bereich des »Abdruckfotos«, der andere vom oberen Bildrand.

Betrachtet man sich das berühmte Bild vom Fußabdruck einmal näher, stellt man eine äußerst geringe Tiefenschärfe fest – und das im grellen Licht der Sonne (Ausschnitte aus AS 11-40-5877)

Diese Unschärfe hätte eigentlich nicht sein dürfen, denn es gibt zwei gute Gründe, warum Fotos auf dem Mond eine sehr große Tiefenschärfe hätten haben müssen. Erstens war die Hasselblad-Kamera der Astronauten angeblich mit einem Weitwinkelobjektiv ausgerüstet (60 Millimeter Brennweite). Bei einem solchen Objektiv erscheinen bereits Gegenstände ab etwa 1 Meter Entfernung scharf. Bei den grellen Lichtverhältnissen des Mondes und dem relativ empfindlichen Film wäre es zudem nötig gewesen, eine sehr kleine Blende zu benutzen. Das hätte ebenfalls zu einer großen Tiefenschärfe geführt. Statt dessen ist die Tiefenschärfe äußerst gering.

Mit dem Bildrand hat der »blinde« Fotograf auch weiterhin überhaupt keine Schwierigkeiten. Bei dem folgenden Bild links plaziert er die US-Flagge am linken Bildrand, den Astronautenkollegen (angeblich Aldrin) am rechten Bildrand. Aldrin vor dem Landebein: Auch dieses Bild ist perfekt ausgewogen. Aldrin frontal: Das obere Ende des Astronauten schließt genau mit dem oberen Bildrand ab. Man beachte auch die perfekt zentrierte Flagge in dem Bild auf der nächsten Seite (unten rechts).

Natürlich würde man mit Recht vermuten, daß die NASA nur die besten Fotos veröffentlicht und ins Netz gestellt hat, und daß es mit Sicherheit jede Menge Ausschuß gegeben hat. Leider ist das falsch, denn die NASA hat das komplette, angeblich von Neil Armstrong aufgenommene erste Filmmagazin für das Internet zur Verfügung gestellt. Die Aufnahmen sind lückenlos durch-

*Perfekte Bildausschnitte von »blinden« Fotografen:
Armstrong-Fotos AS11-40-5886, AS11-40-5902,
AS11-40-5903 und AS11-40-5905*

numeriert und wie folgt überschrieben: »Apollo 11 Mondspaziergang – das Filmmagazin ›S‹ in seiner Gesamtheit, gescannt von der originalen Filmrolle.« Genau 120 Fotos – von Nr. 5850 bis Nr. 5970. Zwar gibt es eine Handvoll »unbeabsichtigter« Auslösungen auf dem Film, aber die »gewollten« Fotos sind alle perfekt geglückt. Es gibt also keine mißlungenen Aufnahmen auf dem Film. Daß dieser Fotograf nicht durch den Sucher sah, ist eigentlich kaum zu glauben. Vielmehr erwartet man solche Fotos von einem Fotografen, der durch den Sucher sehen und exakt den Ausschnitt bestimmen konnte.

Das aber konnte Armstrong nicht. Wer also hat die Mondfotos aufgenommen? Und wo? Denn wie ich schon festgestellt habe, paßt auch die geringe Tiefenschärfe nicht gut zum Film und zur Aufnahmesituation auf der grell erleuchteten Mondoberfläche.

Merkwürdig ist auch die Sache mit dem Familienfoto des Apollo-16-Astronauten Charlie Duke: »Ich nahm ein Foto von meiner Familie. Unsere Kinder waren fünf und sieben«, erzählte Duke nach seiner Mondlandung mit Apollo 16 im April 1972.

»Ich hatte da ein kleines Bild, das von einem der NASA-Männer namens Loudy Benjamin bei uns hinterm Haus gemacht worden war, und wir haben es in Plastik eingeschweißt. Auf die Rückseite haben wir geschrieben: ›Dies ist die Familie von Astronaut Duke vom Planeten Erde, auf dem Mond gelandet im April 1972.‹ Und die Kinder haben es unterschrieben, um sie auf diese Weise in den Flug einzubinden. Ich ließ es auf dem Mond zurück und habe ein Bild von dem Foto gemacht, und das gehört heute zu unseren nettesten Erinnerungen.«

Dabei handelte es sich offensichtlich um ein ganz normales, auf Papier abgezogenes Farbfoto. Aber warum hat Charles Duke das Foto in Plastik eingeschweißt? Schließlich wollte Duke es ja nicht dort zurücklassen, wo es herkam, nämlich auf seinem Hinterhof – sondern auf dem Mond. Diese Maßnahme klingt möglicherweise für eine Hausfrau plausibel, die ihr Gemüse in Plastik einschweißt – nicht aber für jemanden, der sehr gut wissen muß, daß eine solche Plastikhülle vor den Bedingungen des Mondes überhaupt keinen Schutz bieten kann. Zunächst einmal würde sich die

Wie überstand das in Plastik eingeschweißte Familienbild von Charlie Duke die brutale Hitze auf dem Mond?
NASA-Foto
AS16-117-18841

Plastikhülle nach dem Ablassen der Atmosphäre aus der Landefähre im Vakuum aufblähen, undicht werden oder platzen. Dann wäre die Frage, was passiert, wenn Duke den Papierabzug in der Plastikhülle auf die über 100 °C heiße Mondoberfläche legt. Ob Duke es wohl gelingen würde, seine Bilder zu machen, bevor sich das Foto aufheizen und häßlich verformen würde?

Und was ist mit dem Satz auf der Rückseite und den Unterschriften der Kinder? Ganz offensichtlich sollte hier der Eindruck erweckt werden, als wollte Duke eine Art Denkmal oder Nachricht an die Zukunft auf der Mondoberfläche hinterlassen. Als der Astronaut, der er angeblich war, mußte er jedoch sehr gut wissen, daß ein solches in Plastik eingeschweißtes Foto wahrscheinlich nicht einmal wenige Stunden und schon gar nicht wenige Mondtage überleben würde. Die hier suggerierte Vorstellung, das Foto würde für alle Zeiten so liegen bleiben, gehört zu den vielen Legenden um die Mondlandung. Haben Sie schon mal ein Farbfoto am Fenster im prallen Sonnenlicht oder vielleicht auch im Backofen liegen lassen? Im brutalen Sonnenlicht auf dem Mond wäre das Farbbild vermutlich sehr bald ausgebleicht und eingerollt. Alles in allem erweckt das Ganze den Eindruck einer bewußt in die Welt gesetzten, rührenden Legende, die höchstens völlig Ahnungslose beeindrucken konnte.[184]

Ein Mond mit zwei Sonnen

Kommen wir zur Sache: Ist das nun wirklich der Mond, was man auf den genannten Bildern sieht, oder doch etwas ziemlich Irdisches? Ein paar Hinweise, die die letztere These stützen, habe ich oben schon gefunden. Weitere Antworten auf diese Frage hängen eng mit dem Thema Beleuchtung zusammen. Die Beleuchtungsverhältnisse auf dem Mond müßten sich vor allem durch zwei Eigenschaften auszeichnen:

1. Da es nur die Sonne als Lichtquelle gibt, müßte die Mondoberfläche absolut gleichmäßig beleuchtet sein. Sowohl NASA als auch Skeptiker der Mondlandung sind sich einig, daß die Astronauten keine Scheinwerfer dabei hatten.

Dunkelt man ein berühmtes Apollo-11-Foto gleichmäßig ab, erkennt man deutlich einen Lichtspot.
NASA Foto AS11-40-5902

2. Da es auf dem Mond keine Atmosphäre gibt, die das Sonnenlicht mildern oder streuen könnte, müßte die Beleuchtung äußerst grell und die Lichtverhältnisse müßten von harten Schatten und brutalem Gegenlicht gekennzeichnet sein.
Doch auf dem Mond, den uns die NASA vorsetzt, ist alles ganz anders, als wir es erwarten: Die Mondoberfläche ist nicht gleichmäßig beleuchtet, wie es bei Sonnenlicht zu erwarten wäre, sondern äußerst ungleichmäßig.

Zum Beispiel bei diesem berühmten Bild von Buzz Aldrin. Schon im Originalzustand fällt auf, daß die Mondoberfläche hier nicht gleichmäßig beleuchtet ist. Vielmehr gibt es links neben Aldrins Beinen einen hellen Fleck, im Vordergrund und im Hintergrund wird die Mondoberfläche dunkel. Wenn man die Helligkeit des Bildes gleichmäßig (!) weiter herabregelt, wird der Lichtspot noch deutlicher. Ganz ungeniert scheint es bei der »TV-Liveübertra-

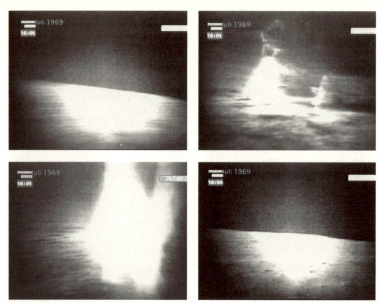

Liveübertragung vom 21. Juli 1969 (Wiederholung): Lichtspot auf der Mondoberfläche, dem Landemodul und einem an der Kamera vorbeilaufenden Astronauten.

gung« vom Mond zugegangen zu sein. Synchron mit der Kamera tastet offenbar ein gleißender Lichtspot die Mondoberfläche ab. Er schwenkt von der Mondoberfläche zur Mondfähre und taucht sie in grelles Licht. Dann läuft ein Astronaut von links direkt an der Kamera und damit unmittelbar vor dem Scheinwerfer vorbei, der daraufhin Anzug und Tornister in gleißendes Licht taucht. Dieser Spot schafft es sogar, den schwarzen Hintergrund auszuleuchten, wie das erste und das letzte Bild der Vierergruppe zeigen. Das deutet darauf hin, daß der Spot tatsächlich auf so etwas wie einen schwarzen Schirm oder eine schwarze Kulisse fällt. Denn wenn dort das schwarze All wäre, dürfte man den Spot natürlich nicht mehr sehen.

Zweitens sehen auch Gegenlichtaufnahmen vom Mond nicht so aus, wie sie aussehen sollten. Nicht nur, daß man im Gegenlicht des Mondes Einzelheiten erkennen kann – man erkennt sogar viel mehr als auf der Erde.

Das Gegenlichtbild aus einer irdischen Schneelandschaft entkräftet auch den Einwand, die Mondoberfläche habe das Son-

Während bei dem Astronauten im direkten Gegenlicht des Mondes (AS 16-114-18423) seltsamerweise Einzelheiten zu erkennen sind, bleibt im irdischen Gegenlicht alles schwarz.

nenlicht reflektiert und so die Schatten des Gegenlichts wieder aufgehellt. Denn das schafft nicht einmal irdischer Schnee. Irdischer Schnee aber reflektiert das Sonnenlicht weitaus stärker als die Mondoberfläche. Während die Rückstrahlfähigkeit (Albedo) des Mondes nur 12 Prozent beträgt,[185] strahlt irdischer Schnee 50 bis 90 Prozent des Sonnenlichtes wieder ab.[186] Dennoch kann er eine Gegenlichtaufnahme nicht aufhellen. Irgend etwas muß die Objekte auf dem »Mond« also aufgehellt haben. Aber Scheinwerfer auf dem Mond? Das kann nicht sein. Oder besser: Das darf nicht sein. Sowohl NASA als auch Skeptiker der Mondlandung stimmen, wie gesagt, darin überein, daß die Astronauten

Aber siehe da: Es ist gar kein Gegenlicht, vielmehr spiegelt sich im Visier des Astronauten eine weitere Lichtquelle – die es auf dem Mond nicht geben dürfte (NASA-Foto AS16-114-18423, Ausschnitt)

keine Scheinwerfer dabeihatten. Werfen wir aber einmal einen Blick auf das gesamte Bild AS16-114-18423. Wir sind uns wohl einig, daß sich die Lichtquelle hinter dem Astronauten befindet. Erstens sieht man sie beziehungsweise ihre Linsenreflexionen hinter dem Astronauten, zweitens fällt der Schatten exakt nach vorn. Das Problem ist nur, daß sich im Visier des Astronauten frontal eine zweite Lichtquelle spiegelt. Das aber wäre nur dann möglich, wenn der Mond zwei Sonnen hätte.

Angesichts dieser Tatsachen kommt man an Begriffen wie »Kulisse« oder »Halle« kaum noch vorbei. Das Wort »Halle« im Zusammenhang mit der Mondlandung ist aber eine Art Schreckgespenst aller Apollo-Fans. Wenn es ausgesprochen wird, bekreuzigen sich Astronauten ebenso wie Journalisten, Politiker genauso wie Raumfahrtingenieure – jedenfalls innerlich. Aber

Auf diesen NASA-Fotos sind Mond (oben, AS 11-40-5868) und Halle (unten, 69 H 698) kaum zu unterscheiden.

natürlich wurden die Mondlandungen tatsächlich in einer Halle inszeniert, gestellt, oder wie immer man das nennen will. Und das ist auch gar kein Geheimnis. Allerdings nennt die NASA das nicht Inszenierung, sondern »Training«. Oder gar »Simulation«. Und bei diesem »Training« findet man exakt jene Bedingungen vor, die man auf dem Mond so schmerzlich vermißt: eine Halle mit Scheinwerfern, kontrollierbaren Bedingungen und regelbarem Licht. Und natürlich mußten die Astronauten dort auch nicht selbst fotografieren. Dabei fielen jede Menge Bilder an, die insbesondere von den Aufnahmen der Apollo-11-Mission kaum zu unterscheiden sind.

Drehte man das Hintergrundlicht in der Trainingshalle ab, erhielt man ziemlich exakt die Situation von Apollo 11. Zwischen den Fotos von Apollo 11 und jenen aus der Halle läßt sich ein Unterschied praktisch nicht mehr feststellen. Selbst die Fußspuren und die Bodenbeschaffenheit ähneln sich verdächtig:

Mond (Ausschnitt von NASA-Foto AS11-40-5902)

Trainingshalle (Ausschnitt von NASA-Foto 69 H 698

Wie aber konnte man schon während des Trainings Sand oder Staub mit derselben Körnung auftreiben wie später auf dem Mond? »Ein kleiner Schritt für einen Menschen, aber ein großer Sprung für die Menschheit« – war der Schritt, den die NASA machen mußte, vielleicht viel kleiner, als wir dachten?

Übrigens haben wir für unseren Film *Die Akte Apollo* auch den Meister-Fotografen Michael Light nach dem Scheinwerfer-Problem gefragt. Michael Light ist der Mensch, der sich außerhalb der NASA am intensivsten mit den Mondbildern befaßt hat. In seinem Bildband *Full Moon* befindet sich eine Gegenlichtaufnahme, die über der Mondoberfläche ein strahlendes Lichtobjekt zeigt. Wir fragten ihn, ob das auch ein Scheinwerfer sein könnte. »Sicher«, meint er, »das könnte auch künstliches Licht sein. Natürlich ist es das nicht. Aber selbstverständlich könnte man das machen.«[187]

Scheinwerfer oder Sonne – wer mag das entscheiden? Und wo kommen die seltsamen Lichter am »Mondhimmel« her? Etwa aus einer Halle? Links: AS 15-85-11367, Unten: »Mond«-Foto AS 12-48-7084 (Ausschnitt)

Überhaupt sieht man am Mondhimmel so einiges, was da nicht hingehört, zum Beispiel auf der obigen Aufnahme. Sie soll während der Apollo-12-Mission entstanden sein und den sogenannten Surveyor-Krater zeigen, in dem am 19. April 1967 die Sonde Surveyor III gelandet sein soll. Im samtenen Schwarz des Mondhimmels erkennt man deutlich einige helle Streifen.

Astronauten beim Training (NASA-Fotos S69-55368, S69-32243)

Tatsächlich entdeckt man genau solche Strukturen und Lichteffekte auf Bildern der Simulationen. Bei dem zweiten Trainingsfoto oben ist man schon sehr nah an der »Realität«. Der Boden ist mit Sand und Felsen bedeckt. Wenn man jetzt das Licht ausschalten würde, würde der Hintergrund schwarz erscheinen.

Der Mond ist also ganz anders, als wir das erwartet haben. Statt auf eine Welt des grellen Lichts und schwarzer Schatten stoßen wir auf eine ganze Reihe von Anomalien. Menschen, die nicht einmal durch die Sucher ihrer Kameras blicken können, schießen lückenlose Serien von Meisterfotos. Und auch das gute alte Sprichwort »Wo Licht ist, ist auch Schatten« scheint hier nur eingeschränkt zu gelten. Denn die Schatten scheinen sich auf dem

Nicht parallele Schatten auf Mond (NASA-Foto AS14-66-9232) und Erde

Mond ganz anders zu verhalten, als es ihnen zukommt. Diese Schatten sind ein zentraler Streitpunkt zwischen Skeptikern und Anhängern der Mondlandung. Das Faszinierende an ihnen ist, daß sich die Wahrheit im Prinzip mit ihrer Hilfe enthüllen läßt. Denn während Sonnenlicht parallele Schatten produziert, verursacht künstliches Licht in der Regel nicht parallele Schatten. Wenn also die Mondlandung mit Hilfe von Scheinwerfern in einer Halle gestellt wurde, dann dürften die Schatten nicht parallel verlaufen. War die Mondlandung aber echt, dann müßten die Schatten parallel verlaufen. So einfach ist das im Prinzip, und deshalb steht für viele schon allein anhand der Schatten fest: Die Mondlandung war gefälscht.

Wie man an den obigen Bildern sieht, ist die Sache aber nicht so einfach, denn auch auf dem unteren Foto von der Erde sind die Schatten nicht parallel. Leider werden von manchen Mondlandungsskeptikern immer wieder Äpfel mit Birnen verglichen. Und zwar deshalb, weil es auch noch auf die Perspektive des Betrachters ankommt. Nehmen wir einmal ein paar Eisenbahnschienen. Obwohl sie immer parallel verlaufen, erscheinen sie mal parallel, mal nicht parallel – je nach Standort des Betrachters.

Scheinbar nicht parallele, parallele Eisenbahnschienen

Genauso ist es mit Licht und Schatten. Die Parallelität der Schatten hängt davon ab, aus welcher Richtung man auf die Schatten blickt. Besser gesagt: ob das Sonnenlicht in Bezug auf den Betrachter von hinten, von vorne oder von der Seite kommt. Parallel erscheinen Schatten nur dann, wenn das Sonnenlicht senkrecht zur Blickrichtung einfällt. Dann müssen sie sogar parallel erscheinen.

Wenn das Licht von der Seite kommt, müssen Schatten parallel sein, wie das Bild von der Erde zeigt (oben). Solche physikalischen Gesetze scheinen auf dem Mond nicht zu gelten (Ausschnitt aus AS14-68-9487).

Anders auf dem Mond. Während auf dem oberen Bild von der Erde alle drei Schatten parallel verlaufen (der vordere, der mittlere und der hintere), machen sich die Schatten auf dem Mondbild doch erstaunlich selbständig. Es sieht ganz so aus, als befände sich links außerhalb des Bildes im gedachten Schnittpunkt der Schatten irgendwo eine punktförmige und damit künstliche Lichtquelle. Aus meiner Sicht bleibt daher allein aufgrund einiger Mondfotos der Verdacht einer Fälschung der Mondlandung tatsächlich bestehen.

Das Rätsel der Fadenkreuze

Etwas anders verhält sich die Angelegenheit bei der Sache mit den Fadenkreuzen. Ich habe ja schon erwähnt, daß sich zwischen Film und Linse der »Mondkamera« eine Platte mit feinen Fadenkreuzen befand. Da sich diese Fadenkreuze vor jedem Objekt befinden, das die Kamera aufnimmt, müssen sie auf jedem Bild immer vollständig abgebildet sein. Erstaunlicherweise gibt es Objekte, die geradewegs von der Mondoberfläche in die Kamera gesprungen sein müssen, um sich zwischen Film und Fadenkreuze zu mogeln – mit dem Ergebnis, daß die Fadenkreuze plötzlich von ihnen verdeckt wurden. Wie zum Beispiel auf dem folgenden Bild von Charlie Duke und dem Mondauto. Die nach oben ragende Stange hat sich an zwei Stellen vor das Fadenkreuz gesetzt! Ganz klar: So etwas kann natürlich nur dann passieren, wenn in das belichtete Filmmaterial noch zusätzliche Gegenstände hineinmanipuliert werden, meinen die Kritiker.

Aber weiße Gegenstände könnten die feinen Fadenkreuze überstrahlen, meinen Verteidiger der offiziellen Version. Allerdings ist das Phänomen auch bei weniger hellen Gegenständen zu beobachten, wie die Beispiele auf S. 180 zeigen. Bei einem Foto von Harrison Schmitt (Apollo 17) muß sich der Astronaut in die Kamera gemogelt haben, denn das Fadenkreuz wird von ihm verdeckt. Selbst ein grauer Felsen läßt die feinen Kreuze verschwinden.

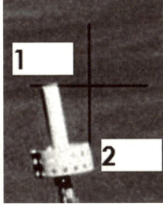

Verdeckte Fadenkreuze aus der Kamera?
(Ausschnitte aus NASA-Foto AS16-107-17446)

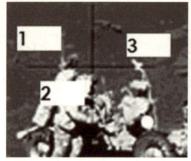 

Auch auf diesen Bildern wurden die Fadenkreuze in der Kamera seltsamerweise von Motiven vom Mond verdeckt. NASA-Fotos AS17-137-21011 und AS17-140-21496

Die Sache bringt selbst Top-Fotograf Michael Light ins Grübeln. Zunächst hat er überhaupt keine Erklärung für die teilweise verschwundenen Fadenkreuze: »Ich weiß nicht. Ich müßte entweder ein sehr gutes Negativ haben oder das Original. Hmm – wie könnte das funktionieren...«, grübelte er bei unserem Besuch in San Francisco. Um dann zu sagen: Das sei eben ein Teil des Problems, daß »diese Verschwörungstheoretiker« mit Abzügen der vierten oder fünften Generation arbeiten würden. Und dann riesige Vergrößerungen dieser schlechten Kopien benutzten. Und dann dieses Zeug als Beweis nähmen, »als den einen Schlüssel, um den ganzen Schwindel zu entlarven. Und das ist absurd«. Absurd hin oder her – ich habe Michael Light beim Wort genommen und mir die bestmögliche Vergrößerung der oben genannten Fotos besorgt.

Tatsächlich ist die Sache da schon etwas weniger eindeutig. Auf Bild AS16-107-17446 ist das feine Kreuz immer noch als

Fadenkreuze bleiben in Grauwerten vorhanden. Foto AS16-107-17446, Positionen 1 und 2 extrem vergrößert

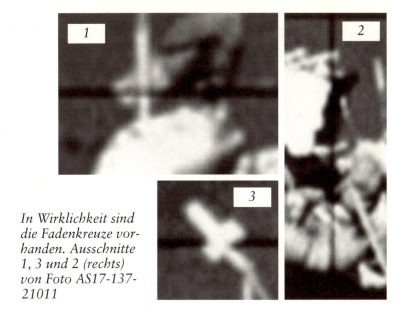

In Wirklichkeit sind die Fadenkreuze vorhanden. Ausschnitte 1, 3 und 2 (rechts) von Foto AS17-137-21011

leichter Grauwert »hinter« dem weißen Gegenstand erkennbar. Auf einer extremen Vergrößerung des nächsten Bildes AS17-137-21011 (Astronaut mit Rover) kann man zumindest bei den ersten beiden Stellen erkennen, daß das Fadenkreuz in Wirklichkeit durchgängig vorhanden ist.

Bei Ausschnitt 1 läuft das Kreuz waagerecht durch, bei Ausschnitt 2 senkrecht. Erst »säuft« es im schwarzen Visier des Astronauten ab, dann in dem schwarzen Bereich zwischen Helm und Arm und schließlich in der Falte einer Armbeuge, mit der es zufällig deckungsgleich zu sein scheint. Lediglich im dritten Ausschnitt wird das Kreuz tatsächlich verdeckt. Da dies der hellste Gegenstand in den drei Bereichen ist, kann es sich wirklich um einen Überstrahlungseffekt handeln. Kommen wir zu dem Bild mit dem Felsen. Auch hier ist das Fadenkreuz in Wirklichkeit vorhanden. Es verschwindet lediglich in der hell-dunklen Körnung des Felsens. Wie das funktioniert, kann man auf der Vergrößerung erkennen. In hellen Bereichen ist das Kreuz zu sehen, in dunklen Bereichen geht es unter. Dadurch wird es so ausgedünnt, daß es bei schlechten Auflösungen nicht mehr zu erkennen ist. Michael Light hatte also recht.

Auch hier haben sich die Fadenkreuze lediglich versteckt, Ausschnitte aus NASA-Foto AS17-140-21496

Das deutet darauf hin, daß die abgebildeten Motive nicht nachträglich in das Bild hineinkopiert wurden und so die Fadenkreuze verdeckt haben. Vielmehr spricht einiges dafür, daß die Fadenkreuze entweder in schwarz-weiß-grauen Bereichen »absoffen« oder aber tatsächlich überblendet wurden, wie das folgende Foto einer reflektierenden Folie zeigt:

Überblendetes Fadenkreuz bei NASA-Foto AS12-48-7042

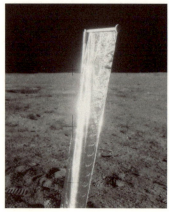
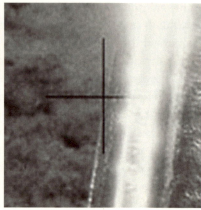

Daß die Mondlandung stattgefunden hat, beweist das dagegen nicht – sondern lediglich, daß die NASA bisweilen an den falschen Stellen kritisiert wird.

Wie man sieht, ist die Auseinandersetzung mit den Mondfotos äußerst kompliziert und vielschichtig. Am überzeugendsten sprechen sie dann gegen eine echte Mondlandung, wenn sie objektive Gegebenheiten zeigen, wie beispielsweise fehlende Triebwerkskrater und -flammen und beschädigte Landefähren (darauf komme ich gleich). Auch die Sache mit der geringen Tiefenschärfe ist ein harter Widerspruch zu den Verhältnissen auf dem Mond. An solchen Fakten gibt es wenig zu rütteln. Schwierig wird es dann, wenn es um Lichtverhältnisse und Ausschnitte geht, so verdächtig das alles auch sein mag. Da wir es hier mit kopierten Filmen zu tun haben, können zwischen den Generationen durchaus Bearbeitungsschritte stattgefunden haben, wie zum Beispiel eine Veränderung der Ausschnitte oder Beeinflussungen der Belichtung. Genau deshalb müßte man unbedingt einen Blick auf die Originalfilme werfen. Für unseren Film *Die Akte Apollo* hatten Willy Brunner und ich genau das vor. Da wir im Sommer 2002 in den USA drehen wollten, rief ich am 28. Mai 2002 in »Juhstn« an. Durch gebetsmühlenhafte Erwähnung ihres Namens während der Mondmissionen hat die texanische Stadt Houston geradezu einen sakralen Ruf als jene Bodenstation, die während dieser schicksalhaften Stunden der Menschheit mit den Göttern in Weiß auf dem Mond kommunizierte. Wenn von »Houston« die Rede ist, dann ist meistens das nach Präsident Lyndon B. Johnson benannte Johnson Space Center gemeint, das etwa 22 Meilen südöstlich der Stadt liegt. Im Johnson Space Center liefen während der Mondlandungen alle Fäden zusammen. Es ist die US-amerikanische Zentrale für die bemannte Raumfahrt, angefangen bei Mercury und Gemini über Apollo und Skylab bis hin zum Shuttle und der Internationalen Raumstation. Hier befindet sich auch die berühmte Mission Control, also jenes Kontrollzentrum, von dem aus die Mondlandungen gesteuert wurden. Und hier werden auch die Negative der Mondmissionen gebunkert – und das im wahrsten Sinne des Wortes: Sie sind top secret.

Eine gewisse Eileen Hawley bat mich, meine Bitte um einen Drehtermin und ein Interview in einer E-Mail zu schildern, was ich auch prompt tat. Doch nichts passierte. Am 5. Juni 2002 schickte ich daher eine weitere E-Mail an Frau Hawley. Wenig später erhielt ich eine lapidare Absage. Kein normal Sterblicher kommt an die Fotos heran. Und ein Interview zu den Mondfotos gab es auch nicht.

Die Stille nach dem Start

Überzeugender sind, wie gesagt, Aufnahmen von objektiven Gegebenheiten. Dazu zählen:

- fehlende Triebwerkskrater,
- kein Staub auf den Landefüßen,
- nicht sichtbare Triebwerksflammen und
- verheerende Schäden an der Landefähre.

Irgendwann muß es den Astronauten bei ihren Spaziergängen auf dem Mond zum Beispiel einmal ganz schlecht geworden sein, etwa als sie ihren Blick nach oben richteten. Nicht, weil sie da begriffen, wie weit die Erde weg ist – sondern eher, weil sie nun erkannten, daß sie da niemals wieder hinkommen würden. Jedenfalls nicht mit einer Landefähre aus Pappmaché und Folie.

Wie durch ein Wunder schaffen sie es dennoch, mit dem seltsamen Gerät von der Mondoberfläche wegzukommen. Auch wenn dies, wie zum Beispiel bei Apollo 16, reichlich verbeult aussieht, als es im Mondorbit ankommt. Es erinnert eher an eine Slumhütte nach einem Sturm als an ein Raumfahrzeug. Tatsächlich muß hier irgend jemand der Mondfähre übel mitgespielt haben. Diese Fotos sind der Beweis, daß es außer mit Apollo 13 noch einen schweren Unfall während der Apollo-Missionen gegeben haben muß, nämlich mit der Mondfähre von Apollo 16. Die gesamte, zuvor ebene Seite wurde aufgerissen und verbeult. Zweifellos muß hier ein mittelschwerer Meteorit eingeschlagen oder eine Explosion stattgefunden haben. Von einem solchen Zwischenfall wird aber nichts berichtet. Gern würde man sich das noch genauer anschauen, aber seltsamerweise hat die NASA ausgerechnet von diesen Fotos keine hohen Auflösungen ins Netz gestellt.

Apollo 16-Landefähre auf dem »Mond« und im »Mondorbit«. Was ist diesem Gefährt zugestoßen? NASA-Fotos AS16-113-18332 und AS16-122-19533

Schwere Schäden an der Landefähre von Apollo 16. Oder war es bloß ein Modell? Vergrößerungen von AS16-122-19533 und S16-122-19535

Während die NASA selbst in ihrer Pressemappe des Apollo-11-Fluges noch von einem kräftigen Triebwerksstrahl ausging, sah man dann »in Wirklichkeit« nichts.

Doch ich greife vor, denn die Frage lautet: Wie sind die Landefähren überhaupt in den Mondorbit zurückgekommen? Mancher wunderte sich, sie hier zu sehen, denn auf dem »Mond« sah man ihr Triebwerk nicht laufen. Normalerweise müßte man nämlich eine Triebwerksflamme unter dem Vehikel sehen. Diese Idee stammt nicht von »Verschwörungstheoretikern«, sondern von der NASA, wie das obere Bild zeigt. Es befindet sich in der Pressemappe von Apollo 11.

Die Beweise, daß die Treibstoffe der Landefähre mit einer hellen Flamme hätten verbrennen müssen, sind erdrückend. Davon ging nicht nur die NASA in ihrer Pressemappe von der Mondlandung aus, sondern auch Wernher von Braun in seinem Zukunftsszenario einer Mondlandung. Die Düsen des Space Shuttle, die mit fast identischen Treibstoffen laufen, produzieren ebenso eine Flamme wie das Apollo-Landetriebwerk bei einem Test auf einem irdischen Prüfstand.

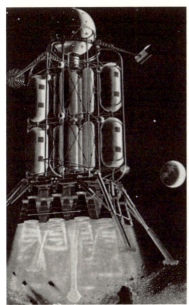

Wie Entwürfe von Wernher von Braun (links oben), Fotos von Shuttle-Triebwerken im All (rechts oben) und Fotos von der Erprobung der Triebwerke der Landefähre zeigen, hätte es sehr wohl eine Flamme geben müssen!

Und dabei war bei diesem Test heller Tag. Selbst die Apollo-Freunde von clavius.org räumen ein, daß die Flamme des Landetriebwerks dabei nur »fast unsichtbar« war. Das bedeutet also »sichtbar«. Erst recht vor dem Hintergrund des schwarzen Alls. (Auf clavius.org führt ein Aerospace-Ingenieur namens Jay Windley einen tapferen Abwehrkampf um die bröckelnde Verschwörungstheorie, die Amerikaner seien ab 1969 mehrmals auf dem Mond gelandet.) Ein weiteres Indiz, daß das Raketentriebwerk nicht lief, ist die Stille im Hintergrund des Funkverkehrs beim Start vom Mond. Kurz vor dem Abheben mußten zunächst einmal Explosionen das Gefährt erschüttern – nämlich in dem Moment, in dem die Aufstiegsstufe mit Hilfe von Sprengladungen von der Landestufe abgetrennt wird. Nach Druck auf den »Abort Stage«-Knopf im Cockpit werden jene Bolzen gesprengt, die Lande- und Aufstiegsstufe bis dahin zusammengehalten haben. Gleichzeitig hacken von Sprengladungen angetriebene Messer Kabel und Leitungen durch.[188]

Die Landefähre hätte unter diesen Vorgängen regelrecht erzittern müssen.

Lauschen wir dagegen kurz in den Funkverkehr zwischen der Apollo-11-Landefähre und Houston hinein:

Missionszeit 124:21:54, Aldrin: »9, 8, 7, 6, 5, abort stage...«

Die Astronauten drücken den »Abort stage«-Knopf. »Abort stage« heißt Stufentrennung. In diesem Moment sollen mehrere Sprengbolzen explodieren, um die Verbindung zwischen Aufstiegsstufe und Landestufe zu trennen. Gleichzeitig sollen Kabel- und Leitungsbündel durch guillotineartige Messer getrennt werden, um die logistischen Verbindungen zwischen Lande- und Startstufe zu trennen. Im Hintergrund des Funkverkehrs bleibt es jedoch still.

»... engine arm...«

Das Triebwerk wird scharf gemacht.

»... proceed.«

Dem Computer wird der Befehl erteilt, mit dem Startprogramm fortzufahren (»proceed«) und die Zündung des Triebwerks vorzunehmen. Wieder hört man nichts, bis auf ein statisches Rauschen.[189]

Und genau das könnte der Mondlandung gewissermaßen das Genick brechen. Schon Wernher von Braun wußte genau, daß der Start vom Mond nicht lautlos ablaufen würde. In seinem Zukunftsroman *Start in den Weltraum* schrieb er: »Bei X-4, vier Sekunden vor dem Start, macht sich in den Kabinen ein donnerndes Rumpeln bemerkbar: Die Raketentriebwerke haben gezündet.«[190]

Beim »wirklichen« Start vom Mond hört man im Hintergrund des Funkverkehrs jedoch nichts. Die Anhänger der Mondlandung begründen das damit, daß sich die Landefähre ja schließlich im luftleeren Raum befunden habe und im Vakuum generell kein Schall übertragen werde. Ein Milchmädchenargument. Denn der

Obwohl sich die Astronauten in der Landefähre nur etwa 40 Zentimeter von dem laufenden Raketentriebwerk entfernt aufhielten, hört man im Hintergrund des Funkverkehrs kein Triebwerksgeräusch.

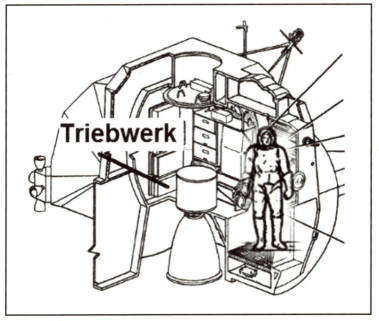

Schall würde natürlich über die Struktur der Landefähre übertragen, an der das Triebwerk befestigt ist. Denn wie hätten sonst nach der offiziellen Erzählung der NASA die Astronauten von Apollo 13 die Explosion im Versorgungsteil ihres Raumschiffes hören sollen: »Bei einer Missionszeit von fünfundfünfzig Stunden hörten und fühlten alle drei Astronauten einen ziemlich lauten Knall«, heißt es im *Apollo Lunar Surface Journal*. »Wir alle haben die Explosion gehört«, erzählte hinterher Astronaut James Lovell.[191] Warum also sollte man im Innern der Landefähre weder die Explosion bei der Stufentrennung noch das dröhnende Triebwerk hören? Und was bisher nicht für möglich gehalten wurde: Der zweite Übertragungsweg für den Triebwerksschall in der Landefähre war die Luft. Laut Pressemappe von Apollo 11 befand sich das Triebwerk in derselben Druckkabine wie die Astronauten, nämlich in der sogenannten »midsection« (Mittelteil) der Aufstiegsstufe, einem Bereich, der genau wie das Cockpit unter Druck stand: »Nur die Mannschaftskabine und der Mittelteil werden unter Druck gesetzt«, heißt es in der Pressemappe auf Seite 96.[192] Das heißt: Die Astronauten sollen sich unter atmosphärischem Druck etwa einen halben Meter von einem laufenden Raketentriebwerk mit Houston unterhalten haben, ohne daß dort auch nur ein leises Rauschen des Triebwerks ankam. Das ist, gelinde gesagt, erklärungsbedürftig.

O Gott, das All ist radioaktiv!

Cape Canaveral, Florida, 31. Januar 1958, 22.48 Uhr.[193] Fauchend schießt ein grellgelber Feuerstrahl aus der Basis einer Jupiter-C-Rakete, einer direkten Nachfahrin von Wernher von Brauns V2. Dann hebt sich das Geschoß langsam in den Himmel, an der Spitze der erste Satellit der Vereinigten Staaten, Explorer 1. Explorer 1 war nicht nur die Antwort auf den russischen Sputnik, sondern sollte vor allem die Frage beantworten, wie radioaktiv das All eigentlich ist. Zu diesem Zweck hatten Versuchsleiter Dr. James Van Allen von der University of Iowa und seine Kollegen etwas sehr Naheliegendes getan: Sie hatten einen Geigerzähler in den Satelliten eingebaut.

Schon in den fünfziger Jahren hatten Stratosphärenballons hohe Strahlenwerte registriert. Während die Welt im aufblühenden Genre der Science-Fiction-Literatur schwelgte, runzelten Stratosphärenphysiker bedenklich die Stirn. Wenn das so weiterginge, würde es mit der Eroberung des Weltraums nichts werden. Denn wenn die radioaktive Strahlung nach oben hin immer intensiver wurde, dann sprach natürlich manches dafür, daß sie exakt da herkam, wo sich neuerdings alle Welt hinwünschte: aus dem Weltraum. Die Sache wurde nicht an die große Glocke gehängt. Denn schließlich löste das Wort Radioaktivität statt bunter Bilder von glitzernden Raumschiffen ganz andere Bilder aus – Bilder von verbrannten und verstümmelten Körpern aus Hiroshima zum Beispiel. Radioaktive Strahlung hatte sich inzwischen als eine der perfidesten Bedrohungen der Gesundheit und des Lebens erwiesen. Den Kampf gegen die Radioaktivität hatte die Menschheit schon lange vor ihrem ersten Schritt ins All verloren, und zwar auf der Erde. Bestimmte radioaktive Strahlung durchdringt praktisch alles, was sich ihr in den Weg stellt und tötet früher oder später alles, was da kreucht und fleucht. Während jahrzehntelanger, leidvoller Erfahrungen hatte sich herausgestellt, daß es gegen gefährliche radioaktive Strahlung im Grunde nur zwei Mittel gab: Entweder blieb man ihr fern, was man im Fall der bemannten Raumfahrt nicht wollte. Oder man schützte sich mit dicken Schichten aus Blei oder (schwerem) Wasser, was man im Fall der bemannten Raumfahrt nicht konnte.

Explorer 1 war deshalb von hoher Bedeutung. Damit der Satellit der Strahlung optimal auf die Spur kommen konnte, hatte man seine Umlaufbahn elliptisch gestaltet. Ein Teil der Umlaufbahn befand sich in unmittelbarer Nähe des Globus (erdnächster Punkt: ca. 360 Kilometer), ein anderer Teil reichte weiter ins All hinaus (erdfernster Punkt: ca. 2500 Kilometer). So hoffte man, die Strahlenwerte in Abhängigkeit von der Entfernung zur Erde messen zu können. Van Allen und sein Team machten also nichts anderes als Strahlenschützer, die sich einem leckgeschlagenen Kernkraftwerk nähern, oder Verbraucherschützer, die nach dem Unfall von Tschernobyl das Gemüse auf dem Wochenmarkt untersuchten. Nun wären die wohl ziemlich erschrocken, wenn ihr Geigerzähler gleich den Geist aufgegeben hätte. Da hätte es geheißen: Beine in die Hand nehmen und sich von diesem Ort entfernen. Kaum war Explorer im All, erlebten die Forscher jedoch genau das. Erwartungsgemäß stiegen die Meßwerte mit zunehmender Entfernung von der Erde an, doch dann verstummte der Geigerzähler plötzlich. Ratlosigkeit machte sich breit – was konnte die Ursache dafür sein? Daß Explorer 1 tatsächlich keine Strahlung mehr maß, war kaum anzunehmen. Was aber war dann passiert? War vielleicht ganz einfach die Funkverbindung abgebrochen? Um das zu klären, wurde am 5. März 1958 Explorer 2 gestartet. Doch der Satellit erreichte seinen Orbit nicht, weil eine seiner Antriebsstufen versagte. Schließlich setzte man alle Hoffnungen auf den Start von Explorer 3 am 26. März 1958. Diesmal war der Flug erfolgreich, und die Instrumente lieferten dasselbe Bild wie beim ersten Mal: Mit zunehmender Entfernung von der Erde stieg die Strahlung stetig an, um plötzlich auf Null abzusinken. Bei der Annäherung an die Erde verlief die Entwicklung umgekehrt. Die Radioaktivität stieg von Null plötzlich auf einen Höchstwert, um mit abnehmender Entfernung langsam nachzulassen. Dafür gab es nur eine Erklärung: In einiger Entfernung von der Erde war die Strahlung so stark, daß der Geigerzähler ganz einfach überlastet war und keine Werte mehr lieferte. Als den Wissenschaftlern dies klar wurde, konnte sich einer von ihnen, Ernie Ray, nicht mehr beherrschen und rief: »O Gott, das All ist radioaktiv!«

Das war nun wirklich eine schlechte Nachricht. Die Forscher waren wie vor den Kopf gestoßen. Die wissenschaftlichen, technologischen, aber auch kulturellen Implikationen dieser Nachricht waren spektakulär. Sollte sich dies bestätigen, könnte das bedeuten, daß die Menschheit für immer auf ihrem Heimatplaneten eingesperrt war. Und das, obwohl Reisen in den Weltraum und speziell zum Mond mindestens seit den nationalen TV-Phantasien von Walt Disney praktisch fest in den amerikanischen Traum eingeplant waren. Die Interpretation der Daten ergab, daß die Erde von einem Gürtel aus harter radioaktiver Strahlung umgeben ist. Während weiterer Sondenmissionen wurde noch ein zweiter »Strahlungsgürtel« entdeckt – das sind jene Bereiche, in denen die solare und kosmische Strahlung auf das Magnetfeld der Erde treffen. Das ist wie bei einem Schneepflug, der durch dichtes Schnee-

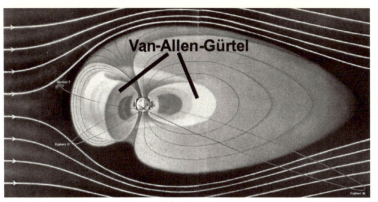

Das Magnetfeld und die Van-Allen-Strahlungsgürtel

treiben fährt – besonders viel Schnee staut sich in der Schaufel. Und tatsächlich rast die Erde wie eine Art Strahlenpflug durchs Weltall. In ihren Strahlungsgürteln, die nach ihrem Entdecker »Van-Allen-Gürtel« getauft wurden, sammeln sich besonders viele strahlende Partikel. Durch den Ansturm der Sonnenstrahlung werden die Strahlungsgürtel und das Magnetfeld auf der Sonnenseite gestaucht, auf der Schattenseite in die Länge gezogen.

Nun war die Tatsache, daß die Geigerzähler von Explorer 1 und 3 vorübergehend den Dienst eingestellt hatten, schon bedenklich genug. Offen blieb zunächst aber die Antwort auf die Frage, um wieviel die Strahlung die Kapazität der Meßgeräte überstiegen hatte. Die Antwort: um den Faktor 1000! Das behauptet jedenfalls das amerikanische Space Science Institute.[194] Die nächste schlechte Nachricht war, daß die Erde noch weitere Strahlungsgürtel bekam, und zwar künstliche. Sowohl die Vereinigten Staaten als auch die Sowjetunion ließen um 1960 im erdnahen Weltraum mehrere Atombomben explodieren. Die Explosionen veränderten nachhaltig die Strahlenumgebung der Erde: »Das gigantische Experiment schuf neue (innere) magnetische Strahlengürtel, die fast die gesamte Erde umgeben, und injizierte genug Elektronen und andere energetische Partikel in die Ionosphäre, um weltweite Effekte hervorzurufen. Die Elektronen bewegten sich entlang der magnetischen Feldlinien vor und zurück, und wenn sie in der Nähe des Nordpols die Atmosphäre berührten, verursachten sie künstliche Nordlichter«, so die Physikerin

Rosalie Bertell. Weitere Atomversuche im All Anfang der sechziger Jahre »beeinflußten ernsthaft den unteren Van-Allen-Gürtel und veränderten seine Form und Intensität«. Genauer gesagt: Der Gürtel brach zeitweise zusammen. Dadurch drangen nun die radioaktiven Teilchen des unteren Van-Allen-Gürtels dorthin vor, wo sie gar nicht hinsollten – in die Atmosphäre und damit in die Biosphäre des Planeten. Daß Kritiker in diesem Zusammenhang von »space vandalism« reden, ist daher kein Wunder. Es ist offensichtlich, daß die Vereinigten Staaten und die Sowjetunion verantwortungslos an den grundlegenden Schutzmechanismen des Planeten herumspielten. Und was mindestens so wichtig ist: Bevor die USA zu ihren angeblichen Mondreisen aufbrachen, haben sie und die Sowjetunion den Weltraum in der Umgebung der Erde noch zusätzlich radioaktiv verseucht. »Laut amerikanischen Wissenschaftlern kann es mehrere hundert Jahre dauern, bis sich die Van-Allen-Gürtel auf ihrem normalen Niveau stabilisiert haben.«[195]

Die Apollo-Missionen stellen daher nicht nur wegen der Mondlandungen eine Sensation dar, sondern weil sie als erste bemannte Missionen angeblich die schützenden Strahlengürtel der Erde durchflogen und verlassen haben. Nicht vorher und nicht nachher haben bemannte Raumschiffe den Erdorbit verlassen, um durch die Van-Allen-Gürtel zu fliegen. Das war ein spektakulärer Schritt, der merkwürdigerweise jedoch nicht gewürdigt wurde. Dabei wäre es doch durchaus erwähnenswert gewesen, daß am 21. Dezember 1968 erstmals bemannte Kapseln den Versuch unternahmen, die Schutzhülle des Planeten zu verlassen und die gefährlichen Strahlungsgürtel zu durchdringen. An diesem Tag verließ Apollo 8 die Erdumlaufbahn und machte sich auf den Weg durch die Van-Allen-Gürtel zum Mond. Das allein beinhaltete nicht nur ein beträchtliches Risiko, sondern auch einen spektakulären wissenschaftlichen Menschenversuch: Welche Strahlungen gemessen würden, wie sich die Astronauten dabei fühlen würden und ob der Flug gar abzubrechen sei, hätte eigentlich eines der zentralen Themen sein müssen. Bei der Annäherung und später nach der Landung auf dem Mond gab es ja auch klar definierte Zeitpunkte, an denen über einen Abbruch der Mission zu entscheiden war. Merkwürdigerweise gab es so etwas nicht, als Menschen erstmals die Strahlungsgürtel des Planeten durchquerten und in den freien Weltraum flogen. Diesem historischen Ereignis widmete die Pressemappe von Apollo 8 lediglich einen dürren Absatz. Die solare Strahlung und die Strahlung im Van-Allen-Gürtel stellten in der dickwandigen Apollo-Kapsel keine Gefahr für die Astronauten dar, wurde da behauptet, ohne daß eine bemannte Apollo-Kapsel jemals den Van-Allen-Gürtel durchquert hatte. In der Tat hatte man meines Wissens auch keine mit Strahlenmeßgeräten und Versuchstieren ausgerüstete, unbemannte Apollo-Kapsel durch die Strahlengürtel geschickt, um ihre Abschirmung zu testen. Die geschätzten Strahlungswerte lägen unterhalb von 1 rad pro Mann, behauptete die NASA dennoch, was weniger sei als bei einer gründlichen Röntgenuntersuchung des Brustkorbs. Als Apollo 8 angeblich durch den Van-Allen-Gürtel flog, war von der Aufregung bei Explorer 1 nichts mehr zu spüren. Dabei bot die Abschirmung der Apollo-Kapsel nur 7,5 Tausendstel jenes Schutzes, den Atmosphäre und Magnetfeld am Äquator bieten. Das bedeutet: Die Apollo-Astronauten flogen vergleichsweise nackt durch die Van-Allen-Gürtel. Derselbe Strahlenschutz wie auf der Erde hätte eine 10 Meter dicke Wasserwand oder eine 90 Zentimeter starke Bleiwand erfordert. Die Abschirmung der Apollo-Kapsel entsprach aber nur etwa 7 Millimetern Blei.[196]

In Wirklichkeit haben sich die Explorer-Satelliten natürlich nicht geirrt. Die Strahlung im Van-Allen-Gürtel ist sehr stark. Im wesentlichen kursieren zwei Werte über die Strahlung in den Van-Allen-Gürteln (gemessen in der Äquivalentdosis-Einheit Sievert):

- bis zu 200 Millisievert pro Stunde im inneren Gürtel, bis zu 50 Millisievert im äußeren Gürtel, jeweils hinter einer 3 Millimeter dicken Aluminiumschicht[197],
- durchschnittlich 600 Millisievert pro Stunde[198].

Das ist 400 000 beziehungsweise 1,2 Millionen Mal so hoch wie das, was ein Bundesbürger im Durchschnitt pro Stunde abbekommt. Nach dem Reaktorunfall von Tschernobyl wurde eine ganze Stadt evakuiert, nur weil die Dosisleistung dort auf 6 Millisievert pro Stunde angestiegen war. Nach der ersten Quelle wären die 200 Millisievert ein Spitzenwert, den die Astronauten hinter einer 3 Millimeter dicken Aluminiumhülle zu erwarten gehabt hätten. Das dürfte in etwa der Wandung der Mondfähre entsprochen haben, mit der die Astronauten von Apollo 13 die Strahlengürtel durchquerten, als sie vom Mond zur Erde zurückkehrten. Aufgrund einer Fehlfunktion des Hauptraumschiffes ließen die Astronauten die Mondlandefähre angeblich nicht am Mond zurück, sondern traten in der angekoppelten Landefähre die Rückreise zur Erde an. Erst in unmittelbarer Erdnähe seien sie wieder in die Apollo-Kapsel umgestiegen. »Ein Hitze- und Mikrometeoritenschild aus verschiedenen Schichten aus Mylar und einem dünnen Aluminiumprofil umgibt die gesamte Struktur der Aufstiegsstufe« (also der Kabine der Mondfähre), heißt es in der Pressemappe von Apollo 11.[199] Die Wandung der Apollo-Kapsel war dicker.

Nach der zweiten Quelle wären die 600 Millisievert während der gesamten eineinhalbstündigen Reise durch die Van-Allen-Gürtel bei den Astronauten *angekommen:* »Während der Reise durch die Van-Allen-Gürtel waren die Astronauten einer durchschnittlichen Strahlendosis von 0,167 Millisievert pro Sekunde ausgesetzt«, heißt es da. Macht zusammen 600 Millisievert pro Stunde, in eineinhalb Stunden also 900 Millisievert. Das wäre freilich schon fast ein ganzes Sievert. Hier beginnen »nachteilige Wirkungen auf das Knochenmark, Erbrechen, Übelkeit, schlechtes Allgemeinbefinden«. Die Sterblichkeit liegt schon bei 20 Prozent. Zu beiden Werten kommen freilich noch die Reise durch den freien Weltraum, der Aufenthalt auf dem Mond und die Rückreise durch die Van-Allen-Gürtel.

effektive Dosis in Sv	**Strahlenwirkungen**
0 bis 0,5	Ohne größeren diagnostischen Aufwand keine unmittelbar nachteiligen Wirkungen feststellbar, aber Schwächung des Immunsystems
0,5 bis 1	Veränderungen des Blutbilds, Hautrötungen, vereinzelt Übelkeit, Erbrechen, sehr selten Todesfälle
1 bis 2	Nachteilige Wirkungen auf das Knochenmark, Erbrechen, Übelkeit, schlechtes Allgemeinbefinden, etwa 20 Prozent Sterblichkeit

effektive Dosis in Sv	Strahlenwirkungen
ab 4	Schwere Einschränkungen des Allgemeinbefindens sowie schwere Störungen der Blutbildung. Die Infektionsbereitschaft ist stark erhöht, 50%ige Sterblichkeit
ab 6	Neben den genannten schweren Störungen treten gastrointestinale Symptome auf. Die Überlebensrate ist nur noch sehr gering
Über 7	Nahezu 100prozentige Sterblichkeit
über 10	Zusätzlich Schädigung des ZNS, bis hin zu Lähmungen
über 100	Schneller Tod durch Ausfall des ZNS (Sekundentod)

Quelle: medicine worldwide

Solche Symptome wurden von keiner Apollo-Mission berichtet. Zwei der drei Apollo-13-Astronauten erfreuen sich heute eines hohen Lebensalters. Zwar starb der dritte, John L. Swigert, im Alter von 51 Jahren an Knochenkrebs. Wenn das eine Folge der Durchquerung der Strahlengürtel gewesen wäre, wäre allerdings auch die Gesundheit von seinen Kollegen in Gefahr gewesen. Statt dessen ist James A. Lovell mit 77 Jahren sogar der älteste aller Mondfahrer geworden. Und das, obwohl er am intensivsten mit den Strahlengürteln Bekanntschaft schloß. Er reiste nicht nur zweimal zum Mond (mit Apollo 8 und Apollo 13), sondern brachte die Rückreise in einem Fall sogar in der dünnwandigen Landefähre hinter sich. Sein Kollege Fred W. Haise ist heute 71 Jahre alt. 1979 verließ er die NASA, um Präsident der Grumman Space Company zu werden, des Herstellers der Landefähre.

Schließlich ist über eine Form der radioaktiven Gefahr zu sprechen, bei der auch die hartnäckigsten Verteidiger der Mondlandungen die Waffen strecken. Als Erklärung, warum die Missionen überhaupt gewagt wurden und warum Astronauten sie überlebten, fallen ihnen angesichts dieser Bedrohung nur noch zwei eher unwissenschaftliche Argumente ein: Heldentum und pures Glück. Diese Gefahr stellen die großen Ausbrüche der Sonne dar. Daß die Sonne gleichmäßig strahlen würde, ist ja nur ein bequemer Eindruck unter dem Schutz des irdischen Magnetfeldes und der Atmosphäre. In Wirklichkeit »flackert«, »lodert« und pulsiert die Sonne ganz so, wie man es von einem natürlichen Prozeß ja auch erwarten würde. Dabei produziert sie in äußerst unregelmäßigen Abständen Ausbrüche, bei denen sie enorme Mengen hochenergetischer radioaktiver Teilchen in den Raum schleudert. Während solcher Ereignisse verwandelt sich der sogenannte Sonnenwind in einen radioaktiven Sturm oder Orkan, der in der Lage ist, alles Leben in kurzer Zeit zu vernichten.

Diese unbestritten tödliche Gefahr kommt in der Pressemappe von Apollo 8 (also der offiziell ersten bemannten Mission, die in den freien Weltraum flog) nur in einem dürren Satz vor: »Jeder während der Mission auftretende solare Ausbruch wird durch die weltweiten Stationen des Alarmnetzwerks für den Sonnenwind beobachtet.« Der Satz beinhaltet das Eingeständnis, daß man im Falle eines solchen Ausbruchs wenig tun kann – außer ihn zu »beobachten«. Interessant ist, was hier nicht steht: zum Beispiel, welche Notmaßnahmen bei einem solaren Ausbruch zu treffen wären. Die Wahrheit ist: Auf der Reise zwischen Mond und Erde gibt es keine Rettungsmöglichkeiten, ebensowenig auf dem Erdtrabanten. Die hochenergetischen Teilchen fegen in wenigen Stunden durch das Sonnensystem – zu schnell und unberechenbar für ein Apollo-Raumschiff. Für die Besatzung auf dem Mond existierte ein mehr oder weniger hilfloses Szenario. Im Fall eines herannahenden Sonnensturms sollte sie mit der Mondfähre starten und in kürzester Zeit zur besser geschützten Kommandokapsel im Mondorbit zurückkehren. Doch ob deren Schutz im Fall eines Sonnensturms ausgereicht hätte, ist fraglich. Außerdem fliegen manche radioaktiven Teilchen fast mit Lichtgeschwindigkeit und legen die Entfernung Sonne–Mond in 30 Minuten zurück.[200] Konsens ist: Hätte ein starker Sonnensturm eine Apollo-Besatzung getroffen, wäre sie sehr wahrscheinlich in kurzer Zeit an der Strahlenkrankheit zugrunde gegangen. Und das Problem ist: Die Wahrscheinlichkeit, daß das passieren würde, war enorm hoch. Ausgerechnet zwischen 1967 und 1970 befand sich die Sonne nämlich in einem sogenannten »solaren Maximum«, einer Phase besonders hoher Sonnenaktivität. Die Ausbrüche der Sonne korrelieren mit der Anzahl der beobachteten Sonnenflecken: Je mehr Sonnenflecken, um so mehr und stärkere Materieausbrüche gibt es. Nun rechneten die Astrophysiker ausgerechnet für die Jahre 1967 bis 1970 mit dem Schlimmsten. Beim vorhergehenden Sonnenmaximum Ende der fünfziger Jahre hatten sich die zehn stärk-

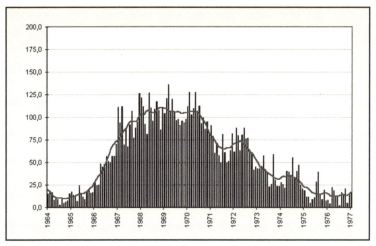

Sonnenaktivität in den Zeiten der Mondlandungen

sten Ausbrüche »ausnahmslos bei Sonnenfleckenzahlen größer 90« pro Monat ereignet, schrieb der Physiker K. Wohlleben: »Voraussichtlich wird während der Jahre 1967–1970 die Sonnenfleckenzahl über 90 betragen, d.h., während dieser Zeit können sehr starke Ausbrüche erfolgen.«[201] Tatsächlich lag die Zahl der beobachteten Sonnenflecken dann noch viel höher, nämlich bei bis zu 127 Sonnenflecken pro Monat. In dieser Zeit eine Besatzung tagelang durch das freie All reisen zu lassen, stellte ein enormes Risiko dar. Die Astronauten hätten eben Glück gehabt, kommt hier häufig als Antwort. Allerdings kann man diese Situation nicht im Nachhinein beurteilen, sondern man muß von dem ausgehen, was die damaligen Planer wußten. Und die mußten mit dem Schlimmsten rechnen. Vergleichen läßt sich das am besten mit einer eindringlichen Sturmwarnung in einem Segelrevier. Wären irdische Stürme tödlich oder schwer gesundheitsschädlich, würde man schließlich auch keine Segelcrew mitten in der Sturmsaison über den Atlantik schicken. Sehr wahrscheinlich würden mitten in der Sturmsaison auch nicht neun Törns hintereinander das unverschämte Glück haben, auf keinen einzigen Sturm zu treffen. Genau das aber kennzeichnet das Risiko und das Glück der Mondmissionen. Russisches Roulett ist dagegen ein ungefährliches Hobby. »Eine Menge Leute denken über die Apollo-Astronauten nach und darüber, daß sie nicht viel Schutz hatten und trotzdem gesund blieben«, sagt John Lane von der ASRC Aerospace Corporation, die sich mit dem Strahlenschutz für künftige Mondmissionen befaßt. Bei Apollo habe es sich um sehr kurze Missionen gehandelt, und zu großen Teilen hätten die Astronauten einfach Glück gehabt. Aber: »Ich bin nicht sicher, wie sie es hingekriegt haben, soviel Glück zu haben, ich glaube jedoch nicht, daß man sich bei künftigen kurzen Missionen oder Reisen zu den Planeten auf Glück verlassen kann.«[202]

Wenn Astronauten Sterne sehen

Ja, wie haben die Astronauten das »hingekriegt«? Lassen sich die Flüge durch die Strahlengürtel zum Mond und zurück in den an Bord der Apollo-Raumschiffe gemessenen Strahlendosen und -phänomene überhaupt wiederfinden? Zum Beispiel wären da die Lichtblitze, die Astronauten gewöhnlich in ihren Augen wahrnehmen. Das sind nicht etwa explodierende Supernovae oder in die Erdatmosphäre eintretende Meteoriten. Vielmehr handelt es sich dabei um in das Auge eindringende, hochenergetische Partikelstrahlung aus dem Weltall – ein Phänomen, das bereits im erdnahen Orbit wahrgenommen werden kann. Die hochenergetischen Partikel dringen durch die Raumschiffhülle, Brillen und Helme in das Auge ein und erzeugen auf der Netzhaut einen Lichtblitz. Und das Interessante ist nun, daß diese Lichtblitze von verschiedenen Raumbesatzungen gezählt wurden. Ergebnis: Während ihrer angeblichen Rückreise vom Mond zur Erde, bei der sie natürlich auch durch die Strahlengürtel flogen, sahen die Apollo-Astronauten durchschnittlich nicht mehr Lichtblitze als Astronauten in der erdnahen Umlaufbahn. Die Besatzung von Apollo 17 nahm während ihrer angeblichen Reise zwischen Mond und Erde sogar überhaupt keine Lichtblitze wahr.

Mission	Bereich	Lichtblitze pro Stunde
Raumst. Mir	400 km Orbit	11
Raumst. Skylab	440 km Orbit	78
Apollo-Sojus	220 km Orbit	27
Apollo 14–17	Mond – Erde	14 (Durchschnitt)

Quelle: Casolino et al: Light Flashes Observations On Board Mir And ISS With Sileye Experiments, Academy Press, 2003

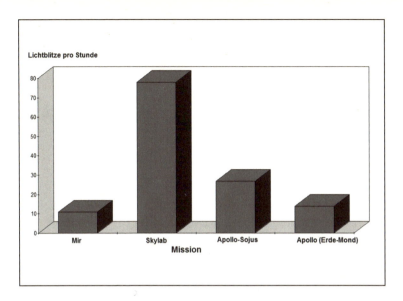

Wie bereits gesagt, hatte die NASA die Strahlenbelastung für die Besatzung von Apollo 8 im Vorhinein auf 1 rad geschätzt. Erstaunlicherweise aber liegen die tatsächlich gemessenen Werte noch weit darunter, nämlich zwischen einem 0,1 und 0,5 rad. Nur eine Mission soll tatsächlich etwa 1 rad abbekommen haben, nämlich Apollo 14.

Wie hoch man die Strahlenbelastung im Van-Allen-Gürtel, im freien Raum und auf dem Mond nun auch ansetzt – sie muß si-

Erstaunlicherweise unterscheiden sich die Strahlenwerte von Apollo-Mondmissionen nicht von solchen, die nicht zum Mond flogen.

Table 2 Average Radiation Doses of the Flight Crews for the Apollo Missions	
Apollo Mission	Skin Dose, rads
7	0.16
8	.16
9	.20
10	.48
11	.18
12	.58
13	.24
14	1.14
15	.30
16	.51
17	.55

gnifikant höher sein als bei einem reinen Erdorbit. Sonst wäre alles, was die Wissenschaft über die Strahlengürtel erzählt, falsch. Das heißt, daß zu der Strahlenbelastung im Erdorbit ein Betrag x dazukommen muß. Und das Problem ist, daß man diesen Betrag x bei Apollo-Missionen vergeblich sucht. Das Merkwürdige ist, daß sich die Strahlendaten von Apollo-Missionen im Erdorbit nicht signifikant von den Strahlendaten von Apollo-Missionen zum Mond unterschieden. Apollo 7 und Apollo 8 zum Beispiel weisen exakt dieselben Strahlenwerte auf, obwohl Apollo 8 den Mond umkreiste, Apollo 7 aber im Erdorbit blieb. Apollo 11 (0,18 rad) wiederum hat nicht mehr Strahlung abbekommen als die reinen Orbitalmissionen 7 und 9 (0,16 bzw. 0,2 rad). Und auch die Besatzung von Apollo 13 ist mit ihren Strahlendaten im »Orbitbereich«, obwohl sie die Rückreise durch die Strahlengürtel doch in dem dünnen Landemodul zurückgelegt haben soll. Es erstaunt auch, daß selbst die offizielle Dokumentation der »Biomedical Results of Apollo« Mondmissionen und Missionen im Erdorbit einfach in einen Topf wirft: Die Strahlung sei während des Apollo-Programms kein Problem gewesen, heißt es da. Die von den Besatzungsmitgliedern der Missionen Apollo 7 bis 17 empfangenen Dosen seien »gering« gewesen...

Willkommen im Hotel »Lunatic«

Auch vom Mond geht eine radioaktive Gefahr aus, unter anderem von harter Partikelstrahlung. Nur: Wie hoch diese Strahlung ist, darüber schweigt sich die Raumfahrtgemeinde vornehm aus. Ist es schon schwierig, Strahlendaten für die Strahlengürtel und den freien Weltraum zu bekommen, so ist dies für den Mond fast unmöglich. Wie viele Lexikonartikel und Berichte man über Mondsonden und -landungen auch liest: Nirgendwo sind die überaus interessanten Strahlenwerte für den Erdtrabanten verzeichnet. Und wenn doch, dann findet man keine zweite Quelle, die die Daten bestätigen würde.

Wie ernst das Problem sein muß, kann man indes an Planungen für den Erdtrabanten ablesen – zum Beispiel einem Hotel, das der niederländische Architekt Hans-Jürgen Rombaut entworfen hat.

Für einen Architekten ist die Mondumgebung natürlich eine große Herausforderung und Chance. Denn wenn es stimmt, daß dort die Schwerkraft nur ein Sechstel der Erdgravitation beträgt, muß man das Thema Statik ganz neu bewerten und kann für den Mond kühne Bauten entwerfen. Das hat Rombaut denn auch getan, und zwar mit seinem Mondhotel »Lunatic«. Heraus kamen zwei schräg aufragende, 160 Meter hohe Türme, wie sie auf der Erde nicht möglich wären. Soweit die Kür. Allerdings gibt es auf dem Mond auch eine lästige Pflicht. Und das ist die Strahlung. »Die kosmischen Strahlen und solaren Partikel sind tödlich«, meint Rombaut. Und deshalb konstruierte der Architekt sein Hotel auch etwas anders als die NASA ihre Mondfähren. Obwohl die Aufenthaltsdauer der Gäste mit wenigen Tagen durchaus vergleichbar ist, kam Rombaut zu völlig anderen Schlußfolgerungen und Lösungen als einst die NASA mit ihren Mondfähren.

Die Wände seines Hotels setzen sich wie folgt zusammen (von außen nach innen):

6 cm Wand aus Mondmaterial
6 cm Wand aus Mondmaterial
3 cm Glas
35 cm Wasser
3 cm Glas
_____
53 cm Gesamtstärke

Die Bewohner des Hotels müssen demnach mit 53 Zentimeter starken Wänden gegen die Strahlung geschützt werden. Das sind noch lange nicht jene 10 Meter Wasser oder 90 Zentimeter Blei, die dem natürlichen Strahlenschutz der Erde entsprechen würden. Man kann es nur deshalb verantworten, weil die Hotelbesucher natürlich nur ein paar Tage bleiben würden – so wie die Apollo-Astronauten. Die allerdings hatten demgegenüber überhaupt keinen Strahlenschutz, nämlich nur ein »dünnes Aluminiumprofil« oder den Raumanzug. Das Hotelpersonal übrigens müßte sich außerhalb seiner Dienstzeit in die unterirdischen Bereiche des Mondhotels zurückziehen, da der überirdische Strahlenschutz auf die Dauer nicht ausreicht. Wie man sieht, paßt dies nicht so ganz mit dem zusammen, was man uns über die Mondlandungen erzählt. Gegenüber den 53 Zentimeter dicken

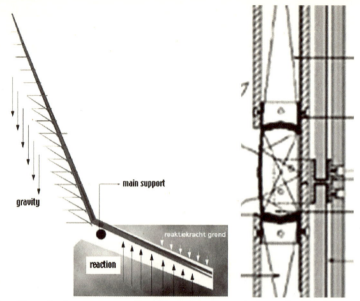

Mondhotel »Lunatic« im Profil und im Detail (Wand): 53 Zentimeter dicke Außenwände schützen das Mondhotel »Lunatic« vor der tödlichen Strahlung.

Wänden des Mondhotels können das dünne Aluminiumprofil der Landefähre oder die Raumanzüge keinen ausreichenden Schutz geboten haben. Auch wenn man bei den Mondlandungen wegen besonders günstiger Bedingungen (kürzere Aufenthaltsdauer, keine großen solaren Ausbrüche usw.) 10, 20 oder auch 30 Zentimeter von Rombauts Hotelwand abziehen würde, so käme man immer noch auf 23 Zentimeter – und nicht auf, sagen wir, 3 Millimeter, die die Landefähren-Hülle in etwa stark gewesen sein dürfte.

Der Tod der Hündin Laika

Erinnern Sie sich noch an den sowjetischen Hund Laika? Was heißt »sowjetisch«: Es war einfach ein kleiner Hund, der angeblich auf den Straßen Moskaus aufgesammelt wurde, um am 3. November 1957 an Bord des sowjetischen Satelliten Sputnik 2 in den Weltraum geschossen zu werden. Hinsichtlich seines Schicksals wanden sich die sowjetischen Wissenschaftler wie die sprichwörtlichen Aale: Während einige behaupteten, Laika sei nach ihrem Flug wohlbehalten auf der Erde gelandet, erklärten andere, der Hund sei nach einigen Tagen im Weltall mit einer Spritze oder Gift im Futter getötet worden. Erst 2002 kam bei einem Weltraumkongreß ans Licht, daß Laika sehr viel schneller starb als bis dahin zugegeben, nämlich schon nach fünf bis sieben Stunden – angeblich an »Überhitzung« der Kapsel. Das erklärte ein gewisser Dimitri Malaschenkow vom Institut für Biomedizinische Probleme der Russischen Föderation: »Infolge technischer Probleme« seien die Temperaturen in der Kapsel so stark angestiegen, daß die Hündin keine Überlebenschance gehabt hätte. Darauf hätten Simulationen hingedeutet, die auf der Erde angestellt worden seien.« Obwohl die Hündin während des Fluges an einen Herzmonitor angeschlossen war, existieren keine medizinischen Aufzeichnungen über Laikas Tod« (...) Aber: »Die kurz vor Abbruch der Verbindung aufgefangenen Daten über Atem- und Herzfrequenz hätten damals bewiesen, daß Säugetiere – und damit auch Menschen – ohne Probleme in der Schwerelosigkeit überleben könnten.«[203]

Die Wahrheit ist: Malaschenkows Erklärung über den plötzlichen und unerwarteten Tod der Hündin Laika ist eine Nebelkerze. Denn in Wirklichkeit ging es bei dem Flug nie um die Schwerelosigkeit. Dann hätte man Laika ja in eine niedrige und kreisförmige Umlaufbahn um die Erde geschickt. Dort hätte man die Effekte der Schwerelosigkeit in aller Ruhe studieren können. Die Versuchsanordnung des Laika-Fluges spricht dagegen eine ganz andere Sprache. Denn Laika wurde nicht in einen kreisförmigen, sondern in einen exzentrischen Orbit geschickt, dessen erdnächster Punkt bei 212 Kilometern, dessen erdfernster Punkt aber bei 1660 Kilometern lag – also mitten im unteren Strahlungsgürtel.[204] Da man bei wissenschaftlichen Versuchen interessiert ist, den zu beobachtenden Einflußfaktor (hier angeblich die Schwerelosigkeit) auf das Versuchstier von anderen Faktoren zu isolieren, kann es so nicht gewesen sein. Denn bei dieser Umlaufbahn würden sich die Effekte der Schwerelosigkeit mit denen der hohen Strahlung mischen, und man würde nie zuverlässig wissen, wodurch die Gesundheit des Versuchstiers nun beeinträchtigt wurde. Daran erkennen wir, daß die Sache mit der Schwerelosigkeit nicht stimmen kann. Hätte man ihren Einfluß auf das Versuchstier messen wollen, hätte man wahrscheinlich eher eine Kreisbahn unterhalb der Strahlungsgürtel gewählt. Statt dessen aber tat man zweierlei: Man spickte die Kapsel mit Strahlenmeßgeräten und das Versuchstier mit Biosensoren und schickt beides in den Strahlungsgürtel. Diese Versuchsanordnung spricht eine deutliche Sprache: Man wollte erstens die Strahlung und zweitens die Auswirkungen dieser Strahlung auf das Versuchstier messen – und das war nach wenigen Stunden tot. Die Effekte der ebenfalls bestehenden Schwerelosigkeit konnte man dabei vernachlässigen, weil sie wohl kaum nach so kurzer Zeit zum Tode geführt hätten. Wie es scheint, haben allein die Sowjets Konsequenzen aus solchen Versuchen gezogen: »Lange Zeit sahen die Russen die Gefahr der Strahlung bei längeren Reisen in den Weltraum sehr pessimistisch«, schrieb Peter L. Smolders in seinem Buch *Soviets in Space:* »Die sowjetischen Kosmonauten flogen auf ihren Flügen um die Erde nie höher als 500 Kilometer ... Als Grund nannten die Raumfahrtmediziner die Van-Allen-Strahlungsgürtel. Diese bestehen aus hochenergetischen Atomteilchen, die ihren Ursprung in der kosmischen Strahlung haben und vom irdischen Magnetfeld eingefangen werden. Die Intensität dieser Strahlung variiert je nach Aktivität der Sonne.« Die Sowjets flogen also niemals bemannt in die Strahlengürtel hinein – jedenfalls soweit wir wissen –, und die Amerikaner auch nicht. Bis auf eine Ausnahme: die Mondmissionen. »Die Strahlendosis in diesen Gürteln bewegt sich zwischen 75 und 100 Röntgen pro Sekunde – da nicht mehr als 15 bis 20 Röntgen pro Tag akzeptabel sind, eine tödliche Dosis. Dies ist der Grund, warum die Sowjets Bedenken gegen höhere Orbits haben.« 1 Röntgen entspricht etwa 1 rad, also dem, was einige Apollo-Missionen insgesamt erreichten. Eine Strahlendosis von 75 bis 100 rad pro Sekunde wäre in der Tat spektakulär. Auch bei einer mehr oder weniger guten Abschirmung hätte sich die Strahlendosis der Astronauten dann auf viele Tausend rad addieren müssen und nicht auf die 0,16 rad, die beispielsweise die Besatzung von Apollo 8 abbekommen haben soll. Smolders versucht diesen Widerspruch zu glätten, indem er darauf hinweist, daß die Astronauten die Strahlungsgürtel sehr schnell durchquert hätten. Aber wahrscheinlich nicht im Bruchteil einer Sekunde, so daß sie mit 0,16 bis 1,14 rad nach Hause kommen konnten.«Die durch Sputniks, Raketen und Ballone erlangten Informationen haben über jeden Zweifel erwiesen, daß die Strahlung das Haupthindernis für Reisen in den Weltraum darstellt«, zitiert Smolders denn auch Viktor Bazikin, ehemals Mitglied der Vereinigung für Astronomie und Geodäsie in der Akademie der Wissenschaften.[205] Zum Tod des Versuchshundes Laika würde das freilich trefflich passen.

Man sieht also: Hier herrscht noch erheblicher Aufklärungsbedarf. Die angegebenen Strahlenwerte für die Van-Allen-Gürtel klaffen weit auseinander. Sie reichen von signifikant erhöht bis tödlich. Als sicher darf deshalb immerhin gelten, daß die Strahlenbelastung von zum Mond fliegenden Besatzungen zumindest deutlich höher sein müßte als die von Orbitbesatzungen. Daß dieser Sachverhalt in den von der NASA angegebenen Werten aber nicht erkennbar ist, bleibt das eigentliche Rätsel.

Auch auf die Lebenserwartung der Astronauten hätte sich eine wesentlich höhere Strahlenbelastung eigentlich auswirken müssen – es sei denn, alles, was man sich über die gesundheitsschädlichen Wirkungen von gefährlicher radioaktiver Strahlung erzählt, ist falsch.

Alles in allem sind viele Mondfahrer heute in ihren Mittsiebzigern. Bis heute (Mai 2005) sind sie im Schnitt 70,16 Jahre alt geworden. Daß sie die durchschnittliche Lebenserwartung eines männlichen Weißen in den USA von 75 Jahren noch erreichen werden, ist gut möglich. Dann hätten die Mondunternehmen und die Reisen durch die Van-Allen-Gürtel überhaupt keinen Einfluß auf ihre Lebenserwartung gehabt. Selbst dann nicht, wenn man die Reise zum Mond und zurück zweimal antrat, wie James A. Lovell (heute 77), John W. Young (heute 74) und Eugene A. Cernan (heute 71). Alle drei lebten im Mai 2005 noch. Auch von der Strahlung abgesehen, waren die Apollo-Flüge nicht gesundheitsschädlich. Weder gab es einen tödlichen Unfall, noch wurde jemand ernsthaft verletzt. Die bisher verstorbenen Mondfahrer starben an ganz »gewöhnlichen« Todesursachen, wie alle anderen »Erdlinge« auch. Die besonderen Belastungen der Mondmissionen lassen sich anhand des bisher erreichten Lebensalters und der Todesursachen nicht darstellen.

Die Mondfahrer

Geburtsdatum, erreichtes Alter bis zum Mai 2005, ggf. Todesursachen

Apollo 8, 11.–22.10.1968, Mondumkreisung
Frank F. Borman, 14. März 1928, 77
James A. Lovell, 25. März 1928, erste Mondreise, 77
William A. Anders, 17. Oktober 1933, 71

Apollo 10, 18.–26.5.1969, Mondumkreisung
Thomas P. Stafford, 17. September 1930, 74
John W. Young, 24. September 1930, erste Mondreise, 74
Eugene A. Cernan, 14. März 1934, erste Mondreise, 71

Apollo 11, 16.–24.7.1969, 1. Mondlandung
Neil A. Armstrong, 5. August 1930, 74
Edwin E. »Buzz« Aldrin, 20. Januar 1930, 75
Michael A. Collins, 31. Oktober 1930, 74

Apollo 12, 14.–24.11.1969, 2. Mondlandung
Charles P. »Pete« Conrad, 2. Juni 1930, 69, starb am 8. Juli 1999 bei einem Motorradunfall
Richard F. Gordon, 5. Oktober 1929, 75
Alan L. Bean, 15. März 1932, 73

Apollo 13, 11.–17.4.1970, Mondumkreisung, abgebrochene Mission
John L. Swigert, 30. August 1931, 51, starb am 27. Dezember 1982 an Knochenkrebs
Fred W. Haise, 14. November 1933, 71
James A. Lovell, 25. März 1928, zweite Mondreise, 77

Apollo 14, 31.1.–9.2.1971, 3. Mondlandung
Alan B. Shepard, 18. November 1923, 74, starb am 21. Juli 1998 an Leukämie
Stuart A. Roosa, 16. August 1933, 61, starb am 12. Dezember 1994 an Komplikationen infolge einer Bauchspeicheldrüsenentzündung
Edgar D. Mitchell, 17. September 1930, 74

Apollo 15, 26.7.–7.8.1971, 4. Mondlandung
David R. Scott, 6. Juni 1932, 72
Alfred M. Worden, 7. Februar 1932, 73
James B. Irwin, 17. März 1930, 61, starb am 8. August 1991 an einem Herzanfall

Apollo 16, 16.–27.4.1972, 5. Mondlandung
Thomas K. Mattingly, 17. März 1936, 69
Charles M. Duke, 3. Oktober 1935, 69
John W. Young, 24. September 1930, zweite Mondreise, 74

Apollo 17, 7.–19.12.1972, 6. und letzte Mondlandung
Eugene A. Cernan, 14. März 1934, zweite Mondreise, 71
Ronald E. Evans, 10. November 1933, 56, starb am 6. April 1990 an einem Herzanfall
Harrison H. Schmitt, 3. Juli 1935, 69

Hiobsbotschaften vom Mondgestein

Aber gibt es nicht handfeste Beweise für die Mondlandungen? Wie ist es mit dem Mondgestein? Was ist mit dem Laserreflektor, den Apollo-Astronauten auf dem Mond hinterlassen haben? Was ist mit dem Hammer und der Feder, die David Scott (Apollo 15) vor laufender Kamera auf dem Mond aus seinen Händen fallen ließ und die beide gleichzeitig auf der Oberfläche aufschlugen? War das nicht der Beweis, daß sich die Astronauten tatsächlich im Vakuum des Mondes befinden? Ich will hier nur drei »Beweise« herausgreifen: das Mondgestein, die angeblich auf dem Mond hinterlassenen Laserreflektoren und das Experiment mit Hammer und Feder.

Wie ich bereits im Beispiel über die Erstbesteigung eines Berggipfels dargelegt habe, birgt der Beweis des Mondgesteins ein Paradoxon in sich. Entweder ist das Gestein einzigartig und unbekannt – dann können wir auch nicht wissen, ob es vom Mond stammt. Oder das Gestein ist bekannt – dann besteht aber auch die Möglichkeit, daß es aus einer anderen Quelle stammt. Was vielleicht überraschen wird – für Mondgestein auf der Erde gibt es im Prinzip drei mögliche Quellen:

1. die bemannten Mondlandungen der Amerikaner;
2. die unbemannten Mondlandungen der Sowjets;
3. Meteoriten in der Antarktis, die durch den Aufprall von Asteroiden auf dem Mond zur Erde geschleudert worden sein sollen.

Für einen einzigartigen Beweis sind das also zwei Quellen zuviel. Das Paradoxon des Mondgesteins läßt sich prinzipiell nicht auflösen. Ich führe die Überlegungen hinsichtlich der Echtheit des NASA-Mondgesteins dennoch einen Moment fort. Um die Authentizität von Mondgestein sicher zu beweisen, gibt es im Grunde nur die Vergleichsmethode. Doch was wird hier eigentlich miteinander verglichen: Mondgestein der Vereinigten Staaten mit Mondgestein der Vereinigten Staaten? Das wäre nach Lage der Dinge keine gute Idee. Mondgestein der Amerikaner mit Mondgestein der Sowjets? Auch das wäre nur mit Vorsicht zu genießen, da auch die Sowjets einige ihrer Raummissionen möglicherweise überhaupt nicht durchgeführt haben, vielleicht sind darunter auch welche zum Mond. Mondgestein mit Mondmeteoriten aus der Antarktis? Das wäre gar keine gute Idee, denn die Herkunft der Arktismeteoriten kann man (wenn überhaupt) zuverlässig ja gerade nur anhand von Vergleichsproben vom Mond feststellen. Schließlich gibt es noch die »Ferndiagnose«. Seit einigen Jahrzehnten haben sich zum Beispiel immer wieder Sonden auf den Weg gemacht, die aus dem Orbit oder nach einer Landung versucht haben, mit Hilfe von Meßgeräten Daten über die Mondoberfläche zu gewinnen. Da dabei aber nur grobe Werte über die Zusammensetzung der Mondoberfläche herauskommen, helfen diese Messungen nicht wirklich weiter – vor allem deshalb nicht, weil sich Mond- und Erdgestein sehr ähnlich sein sollen. Zur genauen Unterscheidung kommt man an detaillierten Laboranalysen von Vergleichsproben deshalb nicht vorbei.[206] Alles in allem ist die Beweislage also nicht die allerbeste.

Und Fakt ist, daß, als Apollo 11 am 24. Juli 1969 mit ihren Bodenproben auf der Erde landete, erst einmal überhaupt keine Vergleichsproben vorhanden gewesen sein können. Denn die ersten angeblichen »Mondmeteoriten« in der Antarktis wurden erst 1972 entdeckt. Und auch die Sowjets hatten 1969 noch kein Mondgestein zur Erde zurückgebracht. Interessanterweise hatten sie zwar alles daran gesetzt, exakt zum selben Termin wie die Amerikaner erstmals Mondproben zur Erde zu schaffen. Bevor Apollo 11 am 16. Juli 1969 von Cape Canaveral abhob, war am 13. Juli 1969 bereits die unbemannte sowjetische Sonde Luna 15 gestartet, um sich auf den Weg zum Mond zu machen. Sie sollte am 21. Juli landen – exakt dem Tag, an dem Neil Armstrong erstmals seinen Fuß auf den Mond setzen wollte und sollte. Doch nun ereilte Luna 15 und Apollo 11 ein sehr unterschiedliches Schicksal. Die USA, die noch nicht einmal eine unbemannte Sonde erfolgreich auf dem Mond gelandet *und* zurückgeholt hatten, starteten gleich mit einem Zweimannraumschiff und über 20 Kilogramm Mondgestein von dem Erdtrabanten und kehrten wohlbehalten nach Hause zurück. Die mit unbemannten Sonden und Landern erfahrenere Sowjetunion aber scheiterte. Angeblich stürzte Luna 15 bei ihrem Landeversuch am 21. Juli aus unbekannten Gründen ab. Hätte aber alles geklappt, hätten Sowjets und Amerikaner wahrscheinlich am selben Tag Mondgestein zur Erde zurückgebracht. Warum? Wollten die Sowjets im Wettlauf zum Mond ganz einfach mithalten? Oder war es vielleicht so, daß die Mission, die angeblich glücklich vom Mond zurückkehrte, gar nicht dort war – nämlich Apollo 11? Und daß die Mission, die angeblich verunglückte, in Wirklichkeit zurückkehrte und das erste Mondgestein zurückbrachte – nämlich Luna 15? Das ist natürlich nur eine gewagte Spekulation. Tatsache war lediglich, daß um den 24. Juli 1969 herum, dem Tag der Rückkehr von Apollo 11, auf der Erde dringend Mondgestein gebraucht werden würde. Das mußten weder 5, noch 10 oder 20 Kilo sein. Um den ersten wissenschaftlichen Bedarf zu befriedigen, hätten den Vereinigten Staaten wenige Gramm gereicht. Daß die USA den größten Teil des Gesteins erst einmal für sich behalten wollten, leuchtet wohl jedem ein. Normalerweise fordern Forscher sogar »nur einige Milligramm auf einmal an«, meint Graham Ryder, Geologe am Lunar and Planetary Institute (LPI) in Houston. Die Kapazität von Luna 15 betrug etwa 100 Gramm. Außerdem darf an dem Mondgestein keineswegs jeder herumforschen, wie er will. Jeder Antragsteller wird mißtrauisch examiniert. Ryder: »Sie müssen ihren Antrag mit einer detaillierten Erklärung einreichen, wie sie das Mondgestein benutzen wollen und was sie herausfinden wollen.« Unliebsame Fragestellungen können so von vornherein ausgeschlossen werden.

Nun mag eine vermutete Form von Komplizenschaft zwischen den USA und der UdSSR völlig abwegig erscheinen. Tatsache ist aber, daß die Sowjetunion zumindest mit ihrer nächsten Mondsonde Luna 16 den Vereinigten Staaten einen großen Gefallen tat. Diese Sonde startete am 12. September 1970 und landete am 20. September auf dem Mond. Am 24. September 1970 brachte ihre Rückkehrkapsel etwa 100 Gramm Mondmaterie zur Erde zurück. Und statt nun ihrerseits zu triumphieren und eifersüchtig über ihren Schatz zu wachen, wie es dem angeblich erbitterten Wettrennen eigentlich entsprochen hätte, steckten die Sowjetwissenschaftler ihre Köpfe mit den NASA-Leuten zusammen, verglichen, tauschten aus – und »akzeptierten die Authentizität des Apollo-Materials«.[207]

Das war's dann. Damit war nicht nur das Mondgestein, sondern auch die ganze amerikanische Mondlandung endgültig perfekt. An einen Zufall mag man kaum glauben, denn genau genommen war eine solche Beweisführung unerläßlich. Was, wenn die einzige Quelle für Mondgestein amerikanische Missionen gewesen wären? Früher oder später hätte der eine oder andere vielleicht leise Zweifel angemeldet und nach einer Überprüfung verlangt. So aber war die Sache im Kasten. Wer den Amerikanern so alles aus ihren Beweis- und Glaubwürdigkeitsproblemen half, ist kaum zu glauben. Ausgerechnet die Sowjetunion zertifiziert das Mondmaterial des Erzfeindes. Tja – wes Brot ich ess, des Lied ich sing, kann man da nur sagen. Und das ist durchaus wörtlich gemeint. Denn während sich USA und Sowjetunion anscheinend unversöhnlich gegenüberstanden, fraßen die Sowjets den Amerikanern in Wirklichkeit aus der Hand – und zwar Weizen. Schon 1963, als der angebliche Wettlauf in den Weltraum einen vorläufigen Höhepunkt erreichte, verhandelte die Sowjetunion mit US-amerikanischen Firmen über umfangreiche Weizenlieferungen.[208] Auch in den siebziger Jahren zwangen ungünstige Wetterbedingungen die Sowjetunion, große Mengen Weizen bei ihrem angeblichen Erzfeind zu bestellen.[209]

Die Echtheit des amerikanischen Mondgesteins hing also zunächst an einem seidenen Faden – an gerade mal 100 Gramm Gestein unbekannter Herkunft, von dem die Sowjetunion behauptete, daß es vom Mond stammte. Jene Sowjetunion, die ganz im Gegensatz zum Namen ihres Zentralorgans *Prawda* keineswegs immer die Wahrheit verkündete. Die Wahrheit ist: Während alle Welt an ein verbissenes Wettrennen zum Mond glaubte, ergänzten sich die sowjetischen und die amerikanischen Raumfahrtprogramme in idealer Weise. Genau die Vorstufe zu einer bemannten Landung, die den USA fehlte – eine erfolgreiche unbemannte Landung *und* Rückkehr vom Mond mit Bodenproben –, lieferte wahrscheinlich die Sowjetunion. Bei der unbemannten Erkundung des Mondes leistete sie mit Landern und sogar zwei unbemannten Robotfahrzeugen wesentlich mehr als die Vereinigten Staaten und gewann auf diese Weise viele Daten über die Verhältnisse auf dem Erdtrabanten: vor allem Bilder und Bodenproben. Vorausgesetzt natürlich, dieser Teil der sowjetischen Raumfahrtgeschichte stimmt.

Das Mondgestein der Apollo-Missionen revolutionierte unser Verständnis von der Entstehung des Mondes. So war man vor den Mondlandungen beispielsweise der Meinung, die Erde könne einen vollkommen fremden Himmelskörper eingefangen und so zu ihrem Mond gemacht haben. Nach den bemannten Mondlandungen wurde dies alles revidiert: »Die Gesteinsproben, die Apollo-Astronauten vom Mond mit auf die Erde brachten, hatten bereits klar gemacht, daß es so nicht gewesen sein kann. Es gab einfach zu viele Ähnlichkeiten in der Zusammensetzung der beiden Himmelskörper«, heißt es beim Max-Planck-Institut für Chemie.[210] Einige Wissenschaftler fordern sogar einen erneuten Flug zum Mond, um die Erde erforschen zu können. Denn schließlich sei die Mondoberfläche geradezu mit irdischem Gestein gepflastert. Satte fünf Tonnen Erdmaterial sollen auf jeder Quadratmeile Mond zu liegen gekommen sein, errechnete John Armstrong von der University of Washington in Seattle. Und zwar soll das Material bei Asteroideneinschlägen auf der Erde zum Mond geschleudert worden sein.[211] Das führt zu der Frage: Was sammelten die Apollo-Astronauten demnach eigentlich? Mondgestein? Erdgestein? Oder eine Art Mond-Erde-Gestein?

Tatsache ist: Gab es vorher vier Theorien von der Genese unseres Erdtrabanten (neben der Einfang- auch die Abspaltungs-, Schwesterplanet- und Aufpralltheorie), so war es nach den Apollo-Missionen nur noch eine: die Aufpralltheorie. Danach muß die Erde in der Frühphase der Planetenentstehung mit einem marsgroßen Protoplaneten zusammengestoßen sein. Während der Kern des Fremdlings in der Erde verschwunden sein soll, seien beim Aufprall große Teile der Erdkruste in den Weltraum geschleudert worden, wo sie in kürzester Zeit zusammen mit Teilen des Protoplaneten einen neuen Mond geformt hätten. Anders kann man sich die große Ähnlichkeit von Erd- und Mondgestein ganz einfach nicht erklären: »Das beschriebene Szenario erklärt viele Eigenschaften von Erde und Mond sehr gut«, meint zum Beispiel das Astrolexikon über die Aufpralltheorie. Denn schließlich sei der Mond dem Erdmantel »sehr ähnlich«.[212]

Wo aber kam dieser »Protoplanet« so plötzlich her, um mit der Erde zusammenzurempeln und ihr die Mondmasse zu entreißen? Das läßt sich rekonstruieren. Es gibt einen Faktor, an dem man ablesen kann, wie weit der andere hypothetische Himmelskörper, der für die Entstehung des Mondes verantwortlich gewesen sein soll, von der Sonne entfernt gewesen sein muß: das Verhältnis von schwerem zu leichtem Sauerstoff. Man spricht in diesem Zusammenhang auch von Sauerstoffisotopen. Himmelskörper in unterschiedlicher Entfernung von der Sonne weisen unterschiedliche Verhältnisse der Sauerstoffisotopen in ihrem Gestein auf. Das Bemerkenswerte ist aber nun, daß das Verhältnis der Sauerstoffisotopen in Mond- und Erdgestein sehr ähnlich ist. Also, so folgern die Wissenschaftler, muß der gute Mond von einem Planeten (ab-)stammen, der sich sehr nah an der Erde befunden haben muß. Wie nah, das kann man freilich nur vermuten.[213]

Es gibt noch mehr derartig spannende Verhältnisse. Ein anderes ist das zwischen den seltenen Elementen Niob und Tantal. Die beiden kommen im Sonnensystem meistens im selben Verhältnis vor – aber nicht im Erdmantel. »Dort ist der Anteil von Niob im Vergleich zu Tantal um zirka 30 Prozent zu gering«, konstatiert das Max-Planck-Institut für Chemie. Der Grund soll sein, daß sich Niob bei großen Himmelskörpern und folglich hohem Druck im Metallkern des Planeten lösen soll, in diesem Fall der Erde. Das geht aber nur bei großen Himmelskörpern. Merkwürdig ist nur, daß auch das Mondgestein zuwenig Niob enthält, obwohl der kleine Mond Druckverhältnisse, unter denen es sich löst, gar nicht herstellen kann. Dafür fanden die Forscher des Max-Planck-Instituts »nur eine Erklärung: Der Mond muß mindestens zur Hälfte aus dem bereits an Niob verarmten Silikatmantel der Erde gebildet sein.«[214]

Nach den Analysen des Mondgesteins sind Mond und Erde also so ziemlich ein und dasselbe. Mußte man für diese Erkenntnis tatsächlich 20 Milliarden Dollar oder mehr, die das Mondprogramm gekostet hat, ausgeben? Zumal noch weitere merkwürdige Befunde dazukommen: So wird der bei der Raumfahrtbehörde verbliebene Teil der insgesamt 382 Kilo Mondgestein überaus sorgfältig gelagert. Die Proben werden in mit Stickstoff gefüllten Behältern aufgehoben und sorgfältig gegen Verschmutzungen durch irdisches Material geschützt. Genau wie kein Mensch an die Originale der Mondbilder herankommt, so hat auch kein Normalsterblicher Zutritt zu den kostbaren Gesteinsproben des Erdtrabanten. Bis auf wenige Wissenschaftler, zum Beispiel den bereits erwähnten Graham Ryder, Geologe am Lunar and Planetary Institute (LPI) in Houston. Zwischen 1978 und 1982 durfte er bei der Katalogisierung des Mondgesteins mithelfen (warum das sensationelle Mondgestein erst neun bis dreizehn Jahre nach der ersten Mondlandung katalogisiert wurde, wäre natürlich auch eine interessante Frage). »Die Proben sind so kostbar, daß wir sie nicht einmal anfassen«, sagt Ryder. »Um Kontaminationen zu vermeiden, dürfen sie nur mit Aluminium, rostfreiem Stahl oder Teflon berührt werden. Sogar die Gummihandschuhe, die man trägt, müssen mit Teflon beschichtet sein.«[215]

Andrew Steel, ein Astrobiologe von der Universität Portsmouth in Großbritannien, ist einer der wenigen Wissenschaftler, die den kostbaren Proben einmal mit schärferen optischen Instrumenten zu Leibe rücken durften. Und erst dann schien das Mondgestein seine wirklichen Geheimnisse zu offenbaren. Was Steel da sah, könnte unser Verständnis von der Erde und ihrem Trabanten, insbesondere aber vom Mondgestein, erneut revolutionieren. Denn der Wissenschaftler war in höchstem Maße überrascht, als er in den Mondproben etwas entdeckte, was dort beim besten Willen nicht hineingehörte: die Faser einer Bürste. Bei näherem Hinsehen förderte Steel ein ganzes Sammelsurium von Dingen zutage, die nicht vom Mond stammen konnten. Neben Plastik-, Nylon- und Teflonteilen sogar irdisches Kleingetier, das sich in den Proben vom Mond offenbar ganz wohl gefühlt hatte. Wie war das alles da hineingekommen? Wie können die Proben in all den ultra-sauberen Räumen, trotz sorgfältigstem Umgang, derartig mit irdischem Material verschmutzt worden sein? Und wenn die Lagerung wirklich so strikt war, wie behauptet, kann das dann nicht nur heißen, daß die allzu irdischen Spuren bereits enthalten waren, *bevor* die Mondproben eingelagert wurden? Zum Beispiel, als sie gesammelt wurden? »Wir müssen wirklich genau herausfinden, wo sie eigentlich herkommen«, meint Steel. Wer? Die Mondproben? Nein: »Die Verschmutzungen.« Natürlich.

Vielleicht kann man bei der Gelegenheit auch noch herausfinden, wie es einem irdischen Bakterium möglich war, in der vom Mond mitgebrachten Kamera von Surveyor 3 zu überleben. Diese von den Amerikanern 1967 auf dem Erdtrabanten gelandete Sonde wurde 1969 von den Apollo-12-Astronauten besucht, wobei sie einige Teile der Sonde mit zur Erde zurückbrachten – darunter die Kamera. Die Wissenschaftler um Steel fragen sich nicht nur, wie das Bakterium in der Kamera die Rückreise überstehen konnte – sondern auch den Hinflug, einschließlich zweieinhalbjährigem Aufenthalt auf der lebensfeindlichen Mondoberfläche. Denn schließlich muß es ja irgendwie dahin gekommen sein. »Dirty little secrets«, schmutzige, kleine Geheimnisse, sieht der renommierte Internetfachdienst *space.com* in den verschmutzten Mondproben der NASA.[216]

Kann sein. Kann aber auch sein, daß die schmutzigen Geheimnisse doch wesentlich größer sind, als uns allen lieb sein kann. Was man am 16. März 2005 im renommierten *Wall Street Journal* lesen konnte, war jedenfalls kaum zu glauben. Nachdem Präsident Bush kürzlich eine neue Mondoffensive angekündigt habe (siehe auch Teil III), werde nun für die Vorbereitung dieser Missionen ein Stoff gebraucht, den die NASA früher gleich tonnenweise gebunkert hatte: künstlicher Mondstaub. »In Vorbereitung auf die Apollo-Missionen«, steht da, »stellte die NASA vierunddreißig Typen künstlichen Mondstaubes her, um die unterschiedlichen Bedingungen zu simulieren, die Beobachtungen mit dem Teleskop erwarten ließen. Darüber hinaus untersuchten sie auch Meteoriten, von denen sie glaubten, daß sie Mondgestein ähnlich sein könnten.« Allein dieser Satz enthält eine Menge Informationen. Erstens bezogen die NASA-Leute ihr Wissen über das Mondgestein danach aus Teleskopbeobachtungen und Analysen von Meteoriten. Von den angeblichen Landungen der Surveyor-Sonden auf dem Mond ist hier gar nicht die Rede: Die erste soll am 30. Mai 1966 auf dem Mond niedergegangen sein, die zweite am 17. April 1967, die dritte am 8. September 1967, die vierte am 7. November 1967 und die fünfte am 7. Januar 1968. Eine davon wurde, wie gesagt, von den Astronauten von Apollo 12 besucht, wobei sie eine Kamera abbauten und zur Erde zurückbrachten. Angeblich haben alle diese Sonden über 85 000 Bilder von der

Mondoberfläche zurückgefunkt. Die NASA aber bezog ihr Wissen über das Mondgestein laut *Wall Street Journal* aus Teleskopbeobachtungen und Analysen von Meteoriten. Zweitens fertigte sie aufgrund dieser Beobachtungen in Vorbereitung auf die Mondlandungen vierunddreißig verschiedene Sorten künstlichen Mondstaubes an. Damit hätte man wohl jede beliebige Mondkulisse ausstatten können.

1991 habe die NASA einen weiteren Auftrag zur Produktion von künstlichem Mondstaub erteilt. 1993 wurden gleich 25 Tonnen des Produkts mit dem Namen »lunar regolith simulant« hergestellt. Aber warum hätte die NASA 1991 oder 1993 Astronauten mit künstlichem Mondstaub auf eine Mondlandung vorbereiten sollen? Eine weitere Mondlandung war um diese Zeit weit und breit gar nicht in Sicht. Tatsächlich wurden mit diesem künstlichen Mondstaub auch keine Astronauten ausgebildet. Jedenfalls steht davon nichts in diesem Bericht. Vielmehr passierte etwas anderes mit dem künstlichen Mondstaub: Er wurde unter anderem an Forscher und Universitäten verschickt. Aber was wollten diese »Forscher und Universitäten« anhand dieses künstlichen Mondmaterials eigentlich herausfinden? Wie man künstliches Mondmaterial herstellt? Wohl kaum. Vielmehr ist zu befürchten, daß diese Wissenschaftler und Universitäten der Meinung waren, echten Mondstaub zu untersuchen – oder wenigstens so taten, als würden sie echten Mondstaub untersuchen. Und daß sie anschließend eine ganze Reihe von wissenschaftlichen Arbeiten über die Beschaffenheit des Mondgesteins anfertigten, die unter anderem dazu führten, daß aufgrund der Ähnlichkeit dieses Materials zu irdischem Gestein die Entstehungsgeschichte des Mondes umgeschrieben wurde. Bekanntlich soll ja entgegen früheren Vorstellungen der Mond nach heute herrschender Meinung aus der Erde entstanden sein. Übrigens will ich hier auch nicht verschweigen, daß die NASA bereits die Herstellung von größeren Mengen »Marsmaterials« in Auftrag gegeben hat.[217]

Ein Photon namens NASA

Neben den Gegenständen und Materialien, die man angeblich vom Mond zurückbrachte, gibt es andere, die man angeblich dort zurückgelassen hat, zum Beispiel Laserreflektoren, im Jargon der NASA: Laser Ranging Retroreflektoren (LRRR). Die Besatzungen von Apollo 11, 14 und 15 sollen diese etwa 46 mal 46 beziehungsweise 104 mal 61 (Apollo 15) Zentimeter großen Geräte aufgestellt haben, um eine bessere Entfernungsmessung zwischen Erde und Mond zu ermöglichen. Die Apparate bestehen im Prinzip aus zahlreichen »Katzenaugen«, so daß ein Lichtstrahl in die Richtung reflektiert wird, aus der er gekommen ist. Wird ein Lichtstrahl von der Erde losgeschickt, trifft er auf den Reflektor und wird zurückgeworfen. Aus der Laufzeit des Laserstrahls läßt sich dann die exakte Entfernung Erde – Mond bestimmen. Soweit die Theorie. Nur: Macht das wirklich Sinn? Denn in Wirklichkeit hat ein Laserstrahl, wenn er den Mond erreicht, bereits einen Durchmesser von 7 Kilometern. Wenn der Laserstrahl zur Erde zurückkehrt, hat er je nach Methode bereits einen Durchmesser von bis zu 20 Kilometern.[218] Was natürlich nichts anderes bedeutet, als daß der gesamte Strahl reflektiert wurde, und zwar zum allergrößten Teil von der Mondoberfläche. Und selbstverständlich kann man von einem solchen Strahl, der sichtbar auf die Erde zurückfällt, ebenfalls die Laufzeit messen – Laserreflektor hin oder her. Allerdings hätten es die Wissenschaftler angeblich gern etwas genauer. Bei einem Strahl von 20 Kilometern Durchmesser weiß man natürlich nicht, welcher Teil der Mondoberfläche die gemessenen Reflexionen reflektiert hat – ein Berg oder eine tiefe Ebene?[219]

Und könnte man die Reflektoren wirklich anpeilen, wäre damit doch der Beweis erbracht, daß tatsächlich bemannte Apollo-Raumschiffe auf dem Mond landeten? Nicht ganz, denn um einen Laserreflektor abzusetzen, benötigt man selbstverständlich keine bemannte Landefähre. Dafür genügt auch ein x-beliebiger, unbemannter Lander. Zweitens müßte idealerweise feststehen, daß Laserreflektoren ausschließlich von den Amerikanern auf dem Mond abgesetzt wurden. Genau das ist aber nicht der Fall. Vielmehr behaupteten auch die Sowjets, Laserreflektoren auf der

Mondoberfläche aufgestellt zu haben, und zwar mit Luna 17 (Start 10. November 1970) und Luna 21 (Start 8. Januar 1973).

Warum aber sollten die Sowjets im November 1970 einen Laserreflektor auf der Mondoberfläche absetzen, wenn doch schon einer oben war, nämlich der von Apollo 11? Schließlich kann man solch ein passives Instrument, das im Grunde wie ein Spiegel funktioniert, ohne weiteres mitbenutzen. Dem Reflektor ist es vollkommen gleichgültig, ob er einen amerikanischen oder sowjetischen Laserstrahl zurückwirft. Auf diese Weise hätten die Sowjets bei ihren Landeunternehmen Nutzlast sparen können. Aber nein, selbst nachdem die Amerikaner mit Apollo 14 und 15 zwei weitere Laserreflektoren abgesetzt haben wollen, ließen es sich die Sowjets nicht nehmen, noch einen Laserreflektor zum Mond zu fliegen, eben mit Luna 21. Andererseits ist es natürlich nicht verboten, die Mondoberfläche mit Laserreflektoren zu pflastern.

Gehen wir zunächst der Frage nach, ob und wie solche Geräte überhaupt angepeilt werden können. Laut einem Papier der Technischen Universität München ist das gar nicht so einfach. Zunächst mal braucht man eine hohe Sendeenergie, »weil wegen der nicht zu vermeidenden sendeseitigen Strahlaufweitung« die Photonen auf eine Fläche von rund 20 Quadratkilometern auf der Mondoberfläche verteilt werden: Und dieser ausgeleuchteten Fläche steht die »geringe wirksame Reflektorfläche« von rund 1 Quadratmeter gegenüber.[220] Das Ganze scheint noch schwieriger zu sein als die sprichwörtliche Suche nach der Stecknadel im Heuhaufen. Doch damit nicht genug: »Nachdem das Signal die im Mittel 384 400 Kilometer lange Strecke zurückgelegt hat, kann nur ein kleiner Anteil des Lichtes davon auf den Reflektor treffen und den Rückweg antreten. Wiederum ein kleiner Teil davon trifft letztendlich wieder auf das Teleskop und kann über Umlenkspiegel zu dem Detektor gelangen.« Und: »Mit Ausnahme des Reflektors von Apollo 15 im Bereich des Hadley-Massivs kann man sich auch nicht an den Umgebungsstrukturen (Krater, Berge) auf der Mondoberfläche orientieren. Auch im Falle des Reflektors von Apollo 15 hat man häufig keine optische Unterstützung bei der Pointierung des Teleskops, da das Landungsgebiet nur für die Hälfte einer Lunation [Mondzyklus] von der Sonne beleuchtet wird.« Das klingt ganz so, als würden sich die

Astronomen bei ihrer Suche nach dem 1 Quadratmeter kleinen Winzling an Landmarken orientieren wollen. Zusätzlich zu diesen Schwierigkeiten ist das ganze Unternehmen auch noch vom irdischen Wetter und – wegen des Störlichts – von den Mondphasen abhängig. Selbst bei bestem Wetter kann man eigentlich nicht zweifelsfrei feststellen, ob man den Reflektor gefunden hat – und zwar deshalb, weil man ihn nicht sehen kann: »Die angemessenen Reflektoren sind so klein, daß sie im Teleskop nicht gesehen werden können.« Es stellt sich die Frage, wie man einen Gegenstand, den man nicht sehen kann, auf der Mondoberfläche überhaupt finden und identifizieren kann. Denn außer der optischen Wahrnehmung gibt es keine Möglichkeit, die Reflektoren aufzuspüren. Weder senden sie irgendwelche Funksignale aus, noch gibt es auf dem Mond ein GPS-System.

Tatsächlich »gestaltet sich die Erkennung von Treffern zum Mond recht schwierig«, heißt es in dem TU-Dokument. Das mag man sofort glauben. Wie man dem Papier entnehmen kann, kann es schon eine Weile dauern, bevor überhaupt etwas vom Mond zurückkommt, das als eine Reflexion der Laserreflektoren interpretiert werden kann. Doch was für eine Reflexion kommt da zurück? Nun: »Von den abgesendeten ca. 10^{19} Photonen findet im Mittel noch nicht einmal ein einziges den Weg zum Empfänger zurück. Also darf nicht bei jedem Meßvorgang mit einem positiven Ergebnis gerechnet werden. Nur alle paar Mal ist überhaupt ein Photon zu registrieren, das aus dem abgesendeten und vom Reflektor auf dem Mond reflektierten Laserpuls stammt.« Da bleibt einem nun wirklich die Spucke weg: Von 10^{19} ausgesendeten Photonen kommt genau eines zurück! Wenn überhaupt! Ein Photon! Von 10 000 000 000 000 000 000! Wenn ich das richtig sehe, sind das 10 Trillionen! In Prozentzahlen läßt sich das gar nicht mehr ausdrücken. Was eines von 10 Trillionen Photonen heißt, ist klar: null. Null Komma nichts.

Dazu hatte ich dann doch ein paar Fragen, die ich an Dr. Dieter Egger vom Institut für Astronomische und Physikalische Geodäsie der TU München schickte, einen der Autoren des Papiers: »Wodurch läßt sich ausschließen, daß es sich einfach um ›verirrte Photonen‹ oder beliebige Reflexionen handelt?« Antwort: »Es läßt sich nicht ausschließen, daß das Photon von woanders herstammt. Die Wahrscheinlichkeit dafür wird mit Filtern (spektral, zeitlich, räumlich) stark verringert.« Und: »Woraus ergibt sich mit absoluter Sicherheit, daß das empfangene Lasersignal von dem Reflektor stammt und nicht von der Mondoberfläche? Kann man dies mit hundertprozentiger Sicherheit unterscheiden?« Antwort: »Es gibt keine absolute Sicherheit. Alles ist Wahrscheinlichkeit und Statistik.«

Im Klartext heißt das: Die Wissenschaftler bombardieren den Mond so lange mit Laserstrahlen, bis er endlich mal ein Photon ausspuckt, mit dem sie zufrieden sind. Da sie aber ihr Ziel gar nicht sehen können, kann dieses Photon irgend etwas sein: eine Störung, ein Rauschen, eine Laune der Natur, ein heller Felsbrocken. Ob es aber der Laserreflektor ist, das kann niemand wissen – auf dem Photon steht ja nun mal nicht NASA drauf.

Hat jemand mal eine Landefähre?

Weil mir die Sache keine Ruhe ließ, habe ich in Sachen Laserreflektor übrigens noch weitere Recherchen angestellt. Nachdem in dem TU-Papier davon die Rede war, man würde sich bei der Suche nach den Reflektoren an Landmarken orientieren, habe ich auch Tom Murphy angeschrieben, Assistant Professor für Physik an der University of California in San Diego. Auch er behauptete, daß sie »sehr dünne« Laserstrahlen zum Mond senden und »individuelle Reflektoren« identifizieren können. Meine nächste Frage: »Wie machen Sie das?« Antwort: »Wir richten unser Teleskop ganz einfach auf die Koordinaten der Apollo-Landeorte aus.«

So einfach ist das also. Schließlich müssen die Koordinaten genau festgehalten worden sein. Das meinte jedenfalls Michael Stennecken, Gründungsmitglied und heute Vorstand der Deutschen Raumfahrtgesellschaft (DRG) und nebenbei begeisterter Raumfahrthistoriker. Irgendwann Mitte der neunziger Jahre hörte er von einem gewissen Dennis Hope, der auf dem Mond Grundstücke verkaufte. Mehr aus Jux und Tollerei überlegte sich Stennecken, daß er, wenn überhaupt, dann schon ein Grundstück haben wollte, von dem auch Fotos existierten, also eins in der Nähe der Landeorte der Apollo-Missionen.

»Angeblich ›besitzen‹ sogar die ehemaligen US-Präsidenten Carter und Reagan derartiges Eigentum auf dem Mond. Da ich nun mal nicht dort ›hinaufgehen‹ kann, um mir ein ›gutes‹ Stück auszusuchen, habe ich mich entschieden, ein nettes Stück Mond von einem Ort zu ›bestellen‹, wo andere schon eine ganze Reihe von Fotos gemacht haben. So begann meine Suche nach den sechs Landeplätzen von Apollo mit maximaler Genauigkeit.«[221]

Leider erlebte Stennecken, im Hauptberuf Computerwissenschaftler an der Universität Münster, dabei sein blaues Wunder. Kein Mensch konnte ihm sagen, wo genau die Apollo-Mondfähren gelandet sein sollen. Ziemlich geschockt gründete Stennecken die CLLC-Initiative: Coordination of Lunar Landing Coordinates – die Initiative zur Koordination der Mondlandungskoordinaten. Nun ist es ja schon ziemlich bedauerlich, daß man die Landekoordinaten der Apollo-Fähren überhaupt »koordinieren« muß, zumal im Nachhinein. Denn schließlich dachte man bisher, es gebe pro Mission genau ein Koordinatenpaar, und damit genug. Doch am 30. April 1998 schrieb Stennecken seine Erlebnisse bei der Suche nach den Koordinaten der Apollo-Landungen in einem Brief an eine Gruppe namens »Back to the Moon« nieder, die sich für eine bemannte Rückkehr zum Erdtrabanten einsetzen wollte. »Sehr geehrte Herren«, schrieb Stennecken da,

»ich möchte eine Initiative mit dem Namen ›CLLC‹ vorschlagen, das bedeutet ›Coordination of Lunar Landing Coordinates‹. Vielleicht können Sie mein Anliegen unterstützen und es den heute Verantwortlichen für das Erbe der großen ›ersten Erkundung des Mondes‹, des Apollo-Programms von 1969 bis 1972, vorschlagen. Ich glaube, daß diese Errungenschaft der Menschheit, die Erde zu verlassen und einen Fuß auf den Mond zu setzen, so lange nicht vollständig ist, solange ein wichtiger Punkt nicht abgeschlossen ist. Nämlich eine offizielle Dokumentation, wo sich die Landeorte der sechs Apollo-Landefähren genau befinden. Es stellt sich heraus, daß es viele Unstimmigkeiten in den Koordinaten der Mondlandeorte gibt.«

Aber es kommt noch dicker: »Auch der NASA fehlt es an einer ›offiziellen Version‹.« Das heißt: Auch die Raumfahrtbehörde wußte nicht so genau, wo ihre Mondfähren eigentlich abgeblieben sind. Er selbst, so Stennecken, verstehe sich als privater Raumfahrthistoriker und sei wahrscheinlich der erste, der die Unstimmigkeiten in den Daten der lunaren Landestätten jemals dokumentiert hat. Vermutlich liegt er damit richtig, denn auch ich habe sonst kaum Diskussionen über diese Diskrepanzen gefunden. Und wenn, dann beziehen sie sich alle auf Stennecken. Eine historische Leistung also. Natürlich habe er nie wirklich ein Stück Mond kaufen wollen. Dafür habe er bei der Suche nach seinem neuen Grundstück aber eine Entdeckung gemacht:

»Exakte und übereinstimmende Daten von den Landekoordinaten der Mondfähren zu bekommen, war unmöglich! Für mich war das eine totale Überraschung, und jeder, dem ich es erzählte, konnte es nicht glauben. Jeder war überzeugt, daß Fakten wie diese anerkannte Daten seien, die seit nunmehr dreißig Jahren in den Geschichtsbüchern stehen.«

Nun fühlte sich Stennecken nicht nur als Raumfahrthistoriker herausgefordert, sondern auch als Fan, der eine kleine Raumfahrtsammlung sein Eigen nennt, einschließlich eines Sauerstoffschlauches von der Mission Apollo 12 – garantiert 45 Mal um den Mond gekreist!

Doch hören wir weiter: »Während fast zweijähriger Suche nach den ›verlorenen Landeplätzen auf dem Mond‹ konnte ich von keiner einzigen NASA-Seite eine befriedigende Antwort bekommen«, schrieb Stennecken. Und weiter:

»Sobald ich nachfragte, verstanden sie mein ›Problem‹ nicht und sagten: ›Das steht alles auf dieser und jener Webseite‹, und so weiter. Also habe ich beschlossen, sämtliche verfügbaren ›offiziellen‹ Versionen der Landekoordinaten zu sammeln, und fand nicht weniger als zehn verschiedene Hauptversionen, acht davon auf NASA-Seiten.«

Seine Erkenntnisse stellte der Raumfahrt-Historiker in einer Tabelle zusammen, und diese Tabelle schickte Stennecken mit der provozierenden Betreffzeile »verlorene Mondlandeplätze« an verschiedene NASA-Autoritäten mit der Bitte um Stellungnahme. Ergebnis:

> »Einige antworteten rundheraus: ›Ich kenne die exakten Koordinaten nicht...‹, und: ›Ich kann Ihnen auch keine anderen Seiten nennen als die von Ihnen erwähnten.‹ Und schließlich eine andere Autorität: ›Außer diesen haben wir keine weiteren Vorschläge.‹«

Wieder andere schlugen Stennecken vor, diese oder jene Koordinaten zu benutzen. Nach Stenneckens Eindruck lautete die Grundeinstellung: »... ist nicht so wichtig...« Das könne ja sein, und er tue dies ja auch nicht, um irgend jemanden in Verlegenheit zu bringen. Aber trotzdem ließ er nicht locker. Als nächstes speiste er die Daten in den Computer ein, wobei herauskam, daß die größte Abweichung immerhin 20 Kilometer betrug, und zwar bei Apollo 11. Diese Daten hätten zudem gezeigt, daß es abgesehen von Schreibfehlern und Verwechslungen des Dezimalsystems mit dem Bogen-System ein »grundlegendes Problem« geben müsse.

Stennecken vermutet, daß das Problem in der Benutzung verschiedener Koordinatensysteme für den Mond liegt – jedenfalls bekam er verschiedene Hinweise darauf. So schrieb ihm Dr. Dave Williams vom National Space Science Data Center (NSSDC), er habe dieselben Probleme wie Stennecken: »Es gibt keine offizielle Liste der Apollo-Landeplätze.« Endlich einmal sämtliche Daten durchzugehen »und eine Entscheidung hinsichtlich der besten Plätze zu treffen«, stehe bei ihm aber ganz oben auf der Agenda. Wer also bisher der Meinung war, die besten Plätze für die Apollo-Missionen seien vor den Landungen ausgesucht worden, wird hier eines Besseren belehrt. Vielmehr sucht man nach diesen »besten« Plätzen erst jetzt. Ein Problem liege darin, so Dr. Williams, daß das kartographische Netz in den vergangenen dreißig Jahren einige Veränderungen durchgemacht habe, so daß die Koordinaten davon abhängen, welches Koordinatensystem gerade benutzt werde. Aber darüber hinaus scheine es auch »grundlegende Diskrepanzen zwischen all den Werten zu geben«. Reichlich kompliziert für eine ziemlich einfache Frage, möchte man meinen. Ein Paul Spudis vom Johnson Space Center schrieb, es gebe zwei Gründe für die Abweichungen. Erstens habe man bis in die jüngste Zeit kein sehr exaktes kartographisches Netzwerk für den Mond besessen. Man wisse zwar, daß sich der Landeplatz von Apollo 11 genau 301 Kilometer von jenem der Apollo-16-Landefähre entfernt befinde – wo die beiden Fähren aber im Verhältnis zur Mondlandschaft stünden, sei nicht so ganz klar. Außerdem hätten das Kontroll-Zentrum in Houston und die Kartographen des Mondes verschiedene Koordinatensysteme benutzt, die zudem noch dauernd modifiziert worden seien. So hätten viele verschiedene Angaben ihren Weg in die Literatur gefunden.

Ziemlich verwirrend das Ganze. Nur noch eine Frage: Wie konnten die Astronauten angesichts dieser Konfusion überhaupt sicher auf dem Mond landen? Bei der Frage nach den genauen Landekoordinaten half zwischendurch nur noch der reine Glaube weiter: »Ich glaube«, schrieb Michael Stennecken, »daß die genauesten und glaubwürdigsten Daten 1987 in *The Journal of Geophysikal Research*, Jahrgang 92, Nummer B13, Seite 14177 bis 14184 publiziert wurden. Die Autoren sind Merton Davies u. a. Dieses Papier nennt Ihnen die Apollo-Landekoordinaten bis auf fünf Dezimalstellen genau!« Umgehend schickte Stennecken seine Erkenntnis an Paul Williams vom NSSDC, der sich postwendend dankbar zeigte: »Vielen Dank für die Weiterleitung ... Merton Davies ist eine sehr zuverlässige Quelle, also danke für die Quelle. Ich vergleiche diese Zahlen mit unseren und nehme die notwendigen Korrekturen vor.«

Hurra, dachte sich Stennecken: »Nun kenne ich die Stellen, an denen das Triebwerk der Landestufen auf den Mondboden zeigt, bis auf 30 Zentimeter genau – und das ist weniger als der Durchmesser des Landetriebwerks« (siehe Anhang).

Doch leider hatte sich Stennecken zu früh gefreut, denn nun veröffentlichte das NSSDC eine neue Webseite mit neuen Mondlandungskoordinaten, »die sich von allen Daten unterschieden, die ich gesammelt hatte«. Und außerdem wurden die Daten damals mit einer kleinen Einschränkung veröffentlicht: Der

Autor wollte sich nicht festlegen, ob dies nun die definitiven, offiziellen Landeplätze seien. Merkwürdig – da hat man ein paar Landekoordinaten aus einer seriös klingenden Quelle, aber »offiziell« soll das nun auch nicht sein. »Selbst nach fast dreißig Jahren gibt es offensichtlich keine offizielle Version!«, resümierte Michael Stennecken. Auch die genauesten Daten helfen nichts, wenn sie sich auf ein nicht gängiges Koordinatensystem beziehen. »Die ›erste Erkundung des Mondes‹ von 1969 bis 1972 wird nicht wirklich vollständig sein, solange es keine autorisierte Dokumentation der Landekoordinaten gibt«, meint Michael Stennecken.

Stenneckens Suche nach den Landeplätzen von Apollo führte ihn schließlich zu dem erwähnten Merton Davies. Da war er vermutlich genau an den Richtigen geraten, denn Davies gehörte zu den Masterminds des erwähnten Corona-Programms – jenes Schwindels über einen zivilen Forschungssatelliten namens Discoverer, der in Wirklichkeit ein Spionagesatellit war. Davies' Name sollte als einer derjenigen in Erinnerung behalten werden, die ganz am Anfang mit dabei waren, als sich das Militär in den Weltraum aufmachte, heißt es in dem Buch *The Corona Project: America's First Spy Satellites*. Und tatsächlich kannte auch Davies in Wirklichkeit die Koordinaten der Apollo-Landeplätze nicht: »Ich habe die Orte der Landefähren nicht direkt gemessen«, schrieb er Stennecken, »sondern nur Krater in der Nähe.« Nun: Die Koordinaten irgendwelcher Krater anzugeben, in deren Nähe sich die Landefähren angeblich befinden, dürfte freilich nicht ganz so schwierig sein. Aber Stennecken erwies sich sozusagen als »hard assed«, wie man so schön sagt. Der Mann aus Münster in Germany ließ nicht locker und wurde deshalb nach und nach wohlwollend von der Raumfahrtfamilie adoptiert. Einer der Höhepunkte war ein gemeinsames Foto mit dem alten Buzz Aldrin. Der alte Merton Davies dagegen mußte nachsitzen und nun auf Teufel komm raus die »richtigen« oder auch »offiziellen« Landekoordinaten von Apollo beschaffen. Er tat das auch, und zwar in einem Artikel mit dem Titel *Lunar coordinates in the regions of the Apollo Landers* im *Journal of Geophysical Research* vom 25. August 2000. Und da beißt sich die Katze in den Schwanz, denn ermittelt worden sein sollen diese Koordinaten unter anderem mit Hilfe der Laserreflektoren, für deren Ortung man wiederum – richtig: Koordinaten braucht.

Jetzt wissen wir auch, was davon zu halten ist, wenn Astronomen mit Hilfe der Landekoordinaten der Apollo-Missionen auf dem Mond nach winzig kleinen Laserreflektoren suchen wollen. Natürlich könnte man ja auch die zurückgelassenen Landefähren oder Mondautos suchen und sich von dort aus nach den Laserreflektoren umsehen. Das ist aber leider unmöglich, weil beides bis heute noch nicht gesichtet wurde. Bis jetzt lautet die Bilanz: absolute Fehlanzeige.

Galileo und die Mondlandung

Auf den vergangenen Seiten konnte ich nur die wichtigsten Widersprüche in Sachen Mondlandung behandeln. Es gibt noch eine Reihe weiterer Fragwürdigkeiten. Zum Beispiel:

Bildhintergrund

Wie an anderer Stelle bereits angesprochen, ist der Hintergrund auf den Aufnahmen der frühen Apollo-Missionen auffallend schwarz. Die Szenerie bekommt dadurch einen deutlichen Bühnencharakter.

Apollo 11 aber landete angeblich in einer von Bergen umgebenen Ebene (nächste Seite). Diese Berge hätten eigentlich auf den Fotos der Astronauten auftauchen müssen (rechtes Bild). Der Hintergrund ist aber in jeder Richtung samtschwarz. Spektakulär werden die Hintergründe erst ab Apollo 15. Erst jetzt bekommen die Bilder Tiefe und Hintergrund. Nur sieht es manchmal ganz so aus, als sei derselbe Hintergrund bei verschiedenen Missionen benutzt worden.

Schwerkraft

Trotz der geringen Schwerkraft des Mondes von einem Sechstel der Erdschwerkraft konnten die Astronauten auf dem Mond keine großen Sprünge machen. Und das, obwohl sie trotz ihrer schweren Ausrüstung auf dem Mond lediglich etwa ein Drittel ihres Erd-Gewichts gehabt hätten. Einige Skeptiker haben

Die Berge am angeblichen Landeplatz von Apollo 11 sind auf den Fotos von Apollo 11 merkwürdigerweise nicht zu sehen (rechts: NASA-Foto AS11-40-5852)

anhand von Fotos festgestellt, daß sie höchstens 40 Zentimeter hoch sprangen. Dennoch reicht die Datenbasis nicht aus, um hier in der einen oder anderen Richtung Schlüsse zu ziehen. Weder beweisen die Fotos einen Aufenthalt auf dem Mond, noch widerlegen sie ihn. Denn es gibt einfach zu viele Unbekannte in der Rechnung.

Astronaut »John Young« beim Sprung auf dem Mond (NASA-Foto AS16-113-18339), laufender Astronaut (aus Film oder TV)

Erstens: Wer ist dieser Mann überhaupt? Ist das wirklich ein Astronaut namens John Young? Zweitens: Wie hoch kann dieser Mann auf der Erde springen – und zwar in einer dem Mondgewicht entsprechenden Ausrüstung? Denn nur so lassen sich die beiden Leistungen vergleichen.

Was die Bewegungen der Astronauten auf dem Mond angeht, bleiben dennoch deutliche Ungereimtheiten. Normalerweise werden menschliche Schritte, die wir beobachten, durch zwei Merkmale charakterisiert: Amplitude (also Höhe, Weite) und Geschwindigkeit. Es ist klar, daß sich unter einer derart geringeren Schwerkraft vor allem Höhe und Weite verändern müßten. Vielleicht kann man das anhand der Sprunghöhe nicht genau bewerten, aber man kann sehr wohl beurteilen, ob sich die Füße der Astronauten beim Laufen wenigstens etwas höher über den Boden erheben als auf der Erde. Und das tun sie nicht. Erstaunlicherweise verändert sich das Merkmal Amplitude überhaupt nicht, sondern lediglich das Merkmal Zeit. Die Bewegungen laufen also langsamer ab, ohne höher oder weiter auszufallen. Mit anderen Worten: Die Mondaufnahmen lassen ein wichtiges Element einer geringeren Schwerkraft vermissen, nämlich neben der zeitlichen auch die räumliche Ausdehnung der Bewegungen. Wenn aber die räumliche Ausdehnung fehlt, spricht das dafür, daß diese Bewegungen in Wirklichkeit unter Erdbedingungen stattfanden und nur der Zeitfaktor verändert wurde. Das heißt: Die Aufnahmen wurden in Zeitlupe gezeigt. Tatsächlich bekommen die Aufnahmen sofort einen »natürlichen« beziehungsweise irdischen Charakter, wenn man sie schneller laufen läßt. Das konnte man beispielsweise eindrucksvoll in der bereits erwähnten Sendung von *Spiegel TV* sehen.

Geht man von einer Simulation aus, würde das bedeuten, daß der Funksprechverkehr auf Zeitlupenaufnahmen aus einem Studio gelegt wurde. Erleichtert worden wäre das durch den Umstand, daß man praktisch niemals ein Gesicht und damit auch keine Lippenbewegungen der Astronauten sieht. Um Zeitlupenaufnahmen mit Originaltönen zu »synchronisieren«, ist die Verdeckung der Lippen beziehungsweise des Gesichts sogar eine notwendige Vorbedingung. Anders funktioniert das überhaupt nicht.

Vakuum
Die NASA hat sich natürlich einiges einfallen lassen, um das Publikum von ihren Mondlandungen zu überzeugen. Man absolvierte ein Experiment, das das Fernsehpublikum davon überzeugen sollte, daß sich die Götter in Weiß tatsächlich auf dem Mond befinden. Und zwar stellte sich Astronaut David Scott während der Apollo-15-Mission vor die Fernsehkamera und ließ einen Hammer und eine Feder fallen – angeblich, um Galileos Annahme zu beweisen, daß in einem Vakuum schwere und leichte Gegenstände gleich schnell fallen. Und siehe da: Die beiden Gegenstände fielen wirklich gleichzeitig zu Boden. »Na, wie ist das?« resümierte Scott. »Dies beweist, daß Herr Galileo recht hatte.« Nein, das beweist es nicht, und das sollte es auch gar nicht beweisen. Vielmehr sollte auf diese Weise Galileo zum Kronzeugen für die Mondlandung gemacht werden. Denn wenn Galileo erstens recht hatte (was niemand bezweifelt) und zweitens die von Scott losgelassenen Gegenstände gleich schnell fallen, dann muß sich der Astronaut ja in einem Vakuum befinden – also auf dem Mond. So einfach spannt man Galileo Galilei in die eigene Inszenierung ein, und wer Zweifel an der Mondlandung hat, zweifelt gewissermaßen gleich Galileo an. Doch damit sind die Tricks noch nicht ausreichend beschrieben. Denn schließlich gibt es ein kleines Problem: Scott führte sein Experiment nur in einer völlig verschwommenen Fernsehaufnahme vor, in der man die Gegenstände gar nicht richtig erkennen konnte – vor allem nicht die Feder. Damit hier gar keine Fragen aufkommen, wurde auch ein hochauflösendes Foto gemacht, auf dem die Feder zu sehen ist, wie sie auf der Mondoberfläche liegt – nur, daß sich die Feder dort natürlich nicht bewegt. Trotzdem fügt sich im Gehirn eins zum anderen: Einerseits sah man zwei Gegenstände gleich schnell fallen, und was das für Gegenstände waren, hat man ja auf einem Foto gesehen. Ende der Fragen.

Nur eine noch: Wenn der Illusionist David Copperfield vor Hunderten von Zuschauern eine Frau live auf der Bühne schweben lassen kann – warum sollten dann ein paar Astronauten etwas Ähnliches nicht in einem verschwommenen Video schaffen, in dem man die Gegenstände nicht einmal erkennen kann, so daß der Betrachter nicht beurteilen kann, ob die »Frau« respektive die

Astronaut David Scott läßt etwas fallen – aber was?

»Feder« echt ist oder aus Plastik. Wenn wir bei David Copperfield live auf der Bühne »Augenzeugen« einer fliegenden Frau werden können – glauben wir dann auch, daß Frauen fliegen können? Würden wir Illusionisten wie David Copperfield auch nur einen Euro zahlen, wenn wir ihre Kunststücke nur auf unscharfen Videos bewundern und die Frau »in guter Qualität« nur auf einem Foto sehen dürften, auf dem sie auf der Erde steht? Natürlich nicht, und damit hätten wir auch recht. Also sollten wir aufgrund eines unscharfen Videos und eines scharfen Fotos auch die Mondlandung nicht »kaufen«.

Funkverkehr
Als Beweis für die Authentizität der Mondlandung wird immer wieder der Funkverkehr angeführt. Insbesondere wird darauf hingewiesen, daß Radioamateure in aller Welt den Funkverkehr empfangen hätten und daß man die Herkunft der Radiowellen habe feststellen können. Nun, das kann ja alles sein, nur gehörte es zum damaligen Stand der Technik, den Mond als Relaisstation für Funkübertragungen zu benutzen. Zu diesem Zweck wurden

Mondrelais-Antenne der USS Liberty

Radiowellen zum Mond geschickt, dort reflektiert und wieder auf der Erde empfangen. Damit hätte man zwei Fliegen mit einer Klappe schlagen können. Erstens wäre als Ursprungsort der Übertragungen der Mond erschienen. Zweitens wären zwischen Frage und Antwort jene unumgänglichen 2,6 Sekunden vergangen, die ein Funkspruch zum Mond und zurück nun mal – ungefähr – benötigt. Benutzt wurde diese Technik zunächst von Geheimdiensten wie der National Security Agency, um den Ursprungsort von Übertragungen zu verschleiern. Spionageschiffe wie die *USS Liberty* übermittelten so geheime Informationen, ohne daß sich der Aufenthaltsort des Schiffes feststellen ließ.

»1967 betrieben die Vereinigten Staaten rund um die Welt etwa ein Dutzend solcher Schiffe. Fünf davon waren der *Liberty* sehr ähnlich, andere waren viel kleiner, wie die *USS Pueblo*, die 1968 von Korea gekapert wurde. Dazu kam eine Anzahl von Schiffen mit zivilen Besatzungen und nur kleinen Spionageeinheiten der US-Navy.«[222]

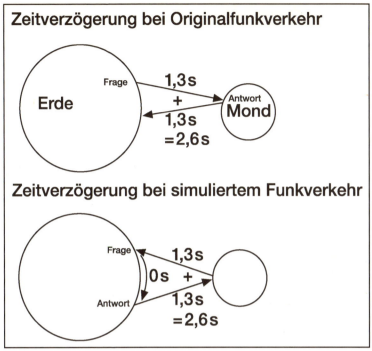

Bei einem echten Funkverkehr zwischen Erde und Mond wird die Frage von der Erde zum Mond gesendet, die Antwort vom Mond zur Erde. Zeitverzögerung: ca. 2,6 Sekunden. Bei einem simulierten Funkverkehr würde die Frage zu einem Punkt auf der Erde gesendet, zum Beispiel in einen Nebenraum. Zeitverzögerung: gleich null. Von dort ginge die Antwort zum Mond und wieder zurück zur Erde. Zeitverzögerung: ca. 2,6 Sekunden.

Auch das Radioteleskop von Jodrell Bank in Großbritannien experimentierte mit Übertragungen via Mond. Die ersten Erfolge gab es bereits 1949. 1953 schließlich »schickte« der Mond mit einer Zeitverzögerung von 2,4 bis 2,7 Sekunden (je nach Abstand zur Erde) »kräftige Echos« zurück, berichten Bennet und Percy in ihrem Buch *Dark Moon*. Damit wäre ein solches Funksignal für Laien nicht von einem Funksignal zu unterscheiden gewesen, das seinen Ursprung auf dem Mond hat.

Am 14. Mai 1959 benutzte Jodrell Bank den Erdtrabanten als Kommunikationssatelliten und schickte eine interkontinentale Übertragung via Mond zum Cambridge Research Center der United States Air Force. Am 3. Juni 1959 schickte das Millstone Hill Radar Observatorium in Massachusetts eine Aufnahme von Präsident Eisenhowers Stimme über den Mond nach Saskatchewan, Kanada. Am 25. August 1959 beamte das Royal Radar Establishment in Malvern, Großbritannien, Signale via Mond zur Universität von Texas.[223] Heutzutage braucht man dafür übrigens keine Riesenantennen mehr. Vielmehr schaffen das schon Radioamateure. Am Samstag, dem 18. August 2001, absolvierten ein gewisser Al Ward (Rufzeichen W5LUA) aus Allen/Texas und ein gewisser Barry Malowanchuk (Rufzeichen VE4MA) aus Winnipeg/Manitoba die erste Erde-Mond-Erde-QSO auf 24 Gigahertz. QSO steht für Zweiwegkonversation.[224]

Asynchrone »Liveaufnahmen«
Es gibt Anzeichen dafür, daß die Welt keineswegs, wie behauptet, eine Liveübertragung der ersten Mondlandung zu sehen bekam, sondern ein vorproduziertes Schauspiel. In der im deutschen Fernsehen am 21. Juli 1969 gezeigten, angeblichen Liveübertragung von der Landung von Apollo 11 sind die Originaltöne mit dem Geschehen asynchron und eilen dem Bildgeschehen um mehrere Sekunden voraus. Als Aldrin beispielsweise den Kontakt der unter den Landebeinen angebrachten Fühler mit der Mondoberfläche meldet, befindet sich die Landefähre noch viele Meter über dem Mond: »Contact Light.« Sofort darauf sagt Armstrong: »Engine Stop!« Der deutsche Kommentator Werner Buedeler bestätigt: »Das Triebwerk hat ausgeschaltet.«

So weit, so gut. Aber auf dem TV-Bild schwebt die Mondfähre mit unveränderter Geschwindigkeit in Richtung Oberfläche. Die Diskrepanz ist so offensichtlich, daß die Sache sogar einem Moderator im Studio auffällt: »Sie müßten stehen, jetzt«, wirft er ein. Doch statt dessen vergehen noch weitere, quälende Sekunden, bis die Mondlandefähre sichtbar aufsetzt. Sollte das daran liegen, daß die Triebwerke über der Mondoberfläche ausgeschaltet worden seien (wie manche Verteidiger der Mondlandung behaupten), hätte sich nach dem Ausschalten die Geschwindigkeit erhöhen müssen. Aber nichts passiert. Die Landefähre schwebt nach der Meldung »Engine Stop!« gleichmäßig weiter in Richtung Oberfläche. Von Triebwerkslärm hört man übrigens auch im Hintergrund dieses Funkverkehrs nichts. Als Armstrong »Engine Stop!« befiehlt, gibt es keine Veränderung in der Geräuschkulisse.

Kommt ein Raumschiff geflogen...

Zu jedem guten Raumflug gehört selbstverständlich auch eine Landung. Bevor der amerikanische Space Shuttle wie ein Flugzeug landete, kamen die bemannten US-Kapseln am Fallschirm auf dem Wasser herunter. Man nannte das den »splashdown«. Wo das freilich genau erfolgen würde, war indes nicht so leicht vorherzusagen. Denn man darf ja nicht vergessen, daß die Landung schon mit dem Wiedereintritt in die Erdatmosphäre eingeleitet wurde und daß die Kapsel nach dem Wiedereintritt im Vergleich zum Space Shuttle kaum noch steuerbar war. Wo genau die Apollo-Kapseln auf der Erde landen würden, hing von sehr vielen Faktoren ab. Zunächst ist da der Punkt des Wiedereintritts, also des ersten Kontakts mit der dichteren Atmosphäre. Wenn man bedenkt, daß eine Raumkapsel auf einer erdnahen Umlaufbahn mit etwa 8 Kilometern pro Sekunde fliegt, leuchtet es ein, daß es sehr schwierig ist, diesen Punkt genau zu treffen. Auch wenn die Kapsel bereits leicht abgebremst wurde, um in die Atmosphäre einzutreten. Bei fast 8 Kilometern pro Sekunde haben auch die kleinsten Ursachen sehr große Wirkungen, das heißt Abweichungen vom geplanten Landepunkt. Als ich mich mit den Apollo-Landeoperationen beschäftigt habe, fand ich heraus, daß die Apollo-Kapseln nach der Rückkehr vom Mond nicht erst einen Erdorbit einlegten, sondern direkt in die Atmosphäre eintraten, und zwar mit annähernd 12 Kilometern pro Sekunde. Das ist um 50 Prozent schneller als bei einem Wiedereintritt aus dem erdnahen Orbit und fünfzehnmal so schnell wie eine Gewehrkugel. Ein kühnes Unternehmen. Die Kapseln waren, wie gesagt, keine Flugzeuge und daher in dieser Phase nur sehr eingeschränkt steuerbar. Vor allem aber waren sie in dieser Phase schlecht zu navigieren. Das heißt, daß nach dem Beginn des Wiedereintritts kein bestimmter Punkt mehr angesteuert werden konnte. Denn weder gab es damals das Satellitennavigationssystem GPS, noch wurden die Kapseln wie Flugzeuge von einem Instrumentenlandesystem heruntergeführt. Und zu sehen war der vorherbestimmte »target point« für die Astronauten auf dem Wasser schon gar nicht. Das ist aber noch immer nicht das Ende der Unwägbarkeiten. Denn wenn eine Kapsel mit fast 40 000 Stundenkilometern in die Atmosphäre hineinschießt, dann entscheiden sehr viele weitere Faktoren darüber, wie weit sie fliegen wird, und zwar Faktoren, die die Astronauten nicht beeinflussen können. Zum Beispiel die Lufttemperatur, die Dichte und natürlich die Wind- und Wetterverhältnisse. Die werden spätestens dann zum Thema, wenn die Kapsel ihre Fallschirme öffnet. Bei Apollo 11 geschah das angeblich in etwa 23 000 Fuß Höhe, also 7,5 Kilometer über dem Erdboden.[225] Kurz und gut: Eine auf den Kilometer genaue Landung ist sehr schwer vorstellbar. Daß Raumkapseln ihr vorgesehenes Landegebiet um Hunderte, wenn nicht Tausende von Kilometern verfehlen, ist daher nichts Besonderes. Bei den Sowjets schossen Kapseln des öfteren Tausende von Kilometern über ihr Ziel hinaus, in Einzelfällen sollen sie sogar in China statt in der Sowjetunion niedergegangen sein. Das ist auch kein Wunder, denn während und nach dem Wiedereintritt in die Erdatmosphäre flogen Raumkapseln ballistisch oder semi-ballistisch, das heißt wie eine Kanonenkugel oder in etwa wie ein Stein, der über das Wasser hüpft. Die Steuerungsmöglichkeiten waren in dieser Phase gering bis gar nicht vorhanden, zumindest, wenn sich viele Kilometer über dem Boden die Fallschirme öffneten.

Auch bei den Amerikanern schossen viele Raumschiffe deshalb über ihr vorherberechnetes Ziel hinaus: Aurora 7 am 24. Mai 1962 um 400 Kilometer, Gemini 3 am 23. März 1965 um 111 Kilometer, Gemini 5 am 29. August 1965 um 170 Kilometer, Gemini 8 am 17. März 1966 um 330 Kilometer und Mercury Big Joe am 9. September 1959 gar um 925 Kilometer. Wie gesagt, das ist alles ganz normal, genau genommen zeichneten sich die Amerikaner sogar noch durch eine besondere Treffsicherheit aus. Allerdings kam es hierbei zu einigen Seltsamkeiten. Anhand einer Tabelle von allen Wasserungen kann man die durchschnittliche Treffsicherheit von bemannten und unbemannten amerikanischen Raumkapseln berechnen.[226] Doch dabei ergibt sich ein merkwürdiges Bild. Während nämlich unbemannte US-Kapseln um durchschnittlich

150 Kilometer von ihrem Ziel abwichen, waren es bei bemannten Kapseln nur 42 Kilometer. Während laut Tabelle keine einzige unbemannte Raumkapsel näher als 13 Kilometer an ihren geplanten Landepunkt herankam, liegt der Rekord bei bemannten Kapseln bei sagenhaften 700 Metern (Gemini 9A). Eine enorme Treffsicherheit. Liegt das daran, daß Menschen an Bord eben genauer steuern können als automatisch geflogene Kapseln? Wohl kaum. Denn auch bei den bemannten Kapseln gibt es erhebliche Unterschiede. Zum Beispiel kann man aus der Gesamtheit der bemannten Kapseln die Apollo-Kapseln herausrechnen. Und da ergibt sich eine Treffgenauigkeit von durchschnittlich 3 Kilometern. Der absolute Spitzenreiter unter den Apollo-Landungen ist Apollo 14 mit nur 1,1 Kilometern Abweichung vom Zielpunkt. Viele Apollo-Kapseln landeten in Sichtweite jener Bergungsschiffe, die bereits am vorgesehenen Landepunkt warteten. Normal ist das nicht, denn ohne die bemannten Apollo-Missionen liegt die durchschnittliche Treffsicherheit von bemannten US-Raumkapseln bei 63 Kilometern. Das heißt also, daß die Apollo-Missionen bereits aufgrund ihrer Landegenauigkeit eine interessante Ausnahme in der Geschichte der Raumfahrt darstellen. Genau genommen läßt sich diese Exaktheit mit den Verhältnissen beim Wiedereintritt aus dem Orbit und dem langen ungesteuerten Abstieg am Fallschirm nur schlecht vereinbaren.

Bemannte US-Raumkapseln: Entfernung vom geplanten Landepunkt

Raumschiff	Landedatum	Abweichung
Freedom 7	5. Mai 1961	9,2 km
Liberty Bell 7	21. Juli 1961	9,2 km
Friendship 7	20. Februar 1962	75,0 km
Aurora 7	24. Mai 1962	400,0 km
Sigma 7	3. Oktober 1962	8,2 km
Faith 7	16. Mai 1963	6,4 km
Gemini 3	23. März 1965	111,1 km
Gemini 4	7. Juni 1965	81,4 km
Gemini 5	29. August 1965	170,3 km
Gemini 7	18. Dezember 1965	11,8 km
Gemini 6A	16. Dezember 1965	12,9 km
Gemini 8	17. März 1966	330,0 km
Gemini 9A	6. Juni 1966	0,7 km

Raumschiff	Landedatum	Abweichung
Gemini 10	21. Juli 1966	6,2 km
Gemini 11	15. September 1966	4,9 km
Gemini 12	15. November 1966	4,8 km
Apollo 7	22. Oktober 1968	3,5 km
Apollo 8	27. Dezember 1968	2,6 km
Apollo 9	13. März 1969	5,0 km
Apollo 10	26. Mai 1969	2,4 km
Apollo 11	24. Juli 1969	3,1 km
Apollo 12	24. November 1969	3,7 km
Apollo 13	17. April 1970	1,9 km
Apollo 14	9. Februar 1971	1,1 km
Apollo 15	7. August 1971	1,9 km
Apollo 16	27. April 1972	5,6 km
Apollo 17	19. Dezember 1972	1,9 km
Skylab 2	22. Juni 1973	9,6 km
Skylab 3	25. September 1973	8,0 km?
Skylab 4	8. Februar 1974	8,0 km?
ASTP Apollo	24. Juli 1975	7,3 km

Tabelle »Zielgenauigkeit« unbemannter US-Raumkapseln

Raumschiff	Landedatum	Abweichung
Jupiter AM-18	28. Mai 1959	? km
Mercury-Big Joe	9. September 1959	925 km
Mercury-Little Joe 2	4. Dezember 1959	? km
Mercury-Redstone 1A	19. Dezember 1960	33 km
Mercury-Redstone 2	31. Januar 1961	111 km
Mercury-Atlas 2	21. Februar 1961	30? km
Mercury-Atlas 4	13. September 1961	63 km
Mercury-Atlas 5	29. November 1961	48 km
Gemini 2	19. Januar 1965	26 km
Apollo 201	26. Februar 1966	72 km
Apollo 202	25. August 1966	370 km
Gemini 2-MOL	3. November 1966	13 km
Apollo 4	9. November 1967	16 km
Apollo 6	4. April 1968	80 km

Quelle: *http://en.wikipedia.org/wiki/Splashdown*

Wandelt man diese Werte in Diagramme um, stellt man sehr schnell fest, daß es offenbar zwei sehr deutlich abgrenzbare Gruppen von bemannten US-Raumkapseln gab: solche mit sehr genauer Landung und andere mit ungenauer Landung. Die Apollo-Fahrzeuge befinden sich ausnahmslos in der Gruppe der Raumkapseln mit sehr genauer Landung.

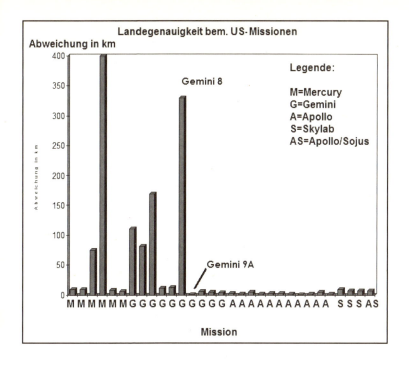

Wie man sieht, hören bei bemannten US-Raumschiffen die ungenauen Landungen ganz plötzlich auf, und zwar bei Gemini 9A am 6. Juni 1966 mit sagenhaften 700 Metern Abweichung vom geplanten Landeort. Dabei muß man sich vor Augen halten, daß der sogenannte »footprint«, also der Bereich, in dem mit der Landung zu rechnen war, bei den Gemini-Kapseln eigentlich eine Abmessung von 550 mal 90 Kilometern hatte. Haben die Amerikaner also einfach die Landetechnik in den Griff bekommen? Das ist fraglich, denn es gibt hier überhaupt keine lineare Entwicklung. Die ungenauen Landungen hören vielmehr ebenso schlagartig auf, wie die genauen Landungen einsetzen. Es gibt auch keine »Ausreißer« mehr. Aufgrund der vielen Unwägbarkeiten während des Wiedereintritts und des abschließenden Fallschirmfluges erscheint diese Tatsache als ungewöhnlich. Fast ist man geneigt, die Grafik dahin gehend zu interpretieren, daß die Kapseln ab Gemini 9A aus der unmittelbaren Nähe des geplanten Landeortes stammten. Die nächste Frage ist, ob man die unterschiedliche Herkunft von bemannten US-Kapseln in den Landedaten wiedererkennen kann. Ob also aus dem Orbit kommende Kapseln genauer landeten als die viel schneller anfliegenden Mondkapseln. Dabei stellt sich das genaue Gegenteil heraus, nämlich daß die aus dem Orbit anfliegenden Kapseln im Durchschnitt viel weiter danebenlagen als die vom Mond kommenden – nämlich fast 80 Kilometer im Vergleich zu etwa 3 Kilometern der Mondkapseln.

Vielleicht mag es dafür plausible Gründe geben, aber als vorläufiges Ergebnis läßt sich festhalten, daß sich die Mondflüge in der Landegenauigkeit genausowenig niederschlagen wie in den Strahlendaten oder in den Lebenserwartungen der Mondfahrer. Weder die höhere Geschwindigkeit vor dem Wiedereintritt noch die wesentlich höhere Komplexität der Missionen haben sich in ungenaueren Landungen niedergeschlagen.

Zur Sicherheit habe ich noch einen Experten befragt: Dr. Michael Gräßlin vom Institut für Raumfahrtsysteme (IRS) an der Universität Stuttgart. Das IRS hat ein sehr kompetentes Vorlesungspapier zum Thema Wiedereintritt von Raumfahrzeugen herausgebracht und schien mir daher für meine Fragen die richtige Adresse zu sein. »Bei der Frage nach der Landegenauigkeit

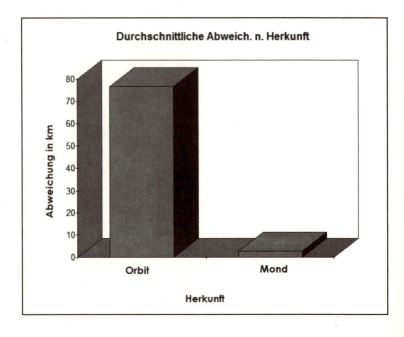

muß man auch immer die Frage nach der Navigationsgenauigkeit stellen, das heißt: Wie genau weiß ich, wo ich bin?«, schrieb mir Dr. Gräßlin am 21. März 2005. Und weiter:

»Mit heutigen Methoden (GPS) läßt sich die Position eines Fahrzeuges relativ gut bestimmen (ausgenommen Blackout). Damals zu Apollo waren die Unsicherheiten sicherlich größer. Heute ist mit entsprechendem Aufwand eine Landung im 1-km-Bereich sicherlich möglich, die Frage ist, ob das wirklich sinnvoll ist. Der Aufwand wird einfach zu hoch. Eine Genauigkeit von 5 km reicht in der Kasachischen Steppe und auf dem Ozean oder Atlantik aus (= in der Nähe des Bergungsschiffes).«

Heute sei die Landung im 1-Kilometer-Bereich also möglich, meint der Experte. Apollo hat sie aber bereits vor fünfunddreißig Jahren möglich gemacht. Nachdem ich festgestellt hatte, daß vom Mond zurückkehrende Raumkapseln seltsamerweise viel genauer gelandet sind als aus dem Orbit zurückkehrende, wollte ich noch wissen, wie Gräßlin die Daten bewertet. Er bestätigte im wesentlichen meine obigen Ausführungen:

»Die Treffergenauigkeit hängt ganz stark von dem Eintrittszustand ab, d. h. Position und Geschwindigkeit in 120 km Höhe [dem sogenannten spürbaren Atmosphärenrand, G. W.]. Aus dem Orbit kann ich die Manöver genauer ausführen und diesen Zustand besser einhalten. Komme ich z. B. vom Mond zurück, dann liegt meine letzte Kurskorrektur schon sehr lange zurück, und der Eintrittszustand ist daher mit größeren Unsicherheiten behaftet.«

Andererseits stehe durch die höhere Geschwindigkeit auch mehr kinetische Energie zur Verfügung, die man beim Bremsen zur Steuerung benutzen könne. »Dennoch«, so Gräßlin, »sollte die Rückkehr aus dem Orbit genauer sein.« Nun, genau das ist sie nicht. Aus dem Orbit zurückkehrende Missionen lagen durchschnittlich fast 80 Kilometer daneben, vom Mond zurückkehrende Missionen nur 3 Kilometer. Diese Grafik hatte ich auch Dr. Gräßlin übermittelt. »Wie Ihre beigefügte Grafik zusammenhängt«, so Gräßlin,

»kann ich Ihnen daher nicht erklären.« Vielleicht könnte es mit dem generell höheren Navigations- und Steueraufwand bei der Rückkehr vom Mond zusammenhängen, spekuliert der Experte. Gerade das hatte er aber zuvor im Grunde selbst ausgeschlossen: »Komme ich z. B. vom Mond zurück, dann lag meine letzte Kurskorrektur schon sehr lange zurück, und der Eintrittszustand ist daher mit größeren Unsicherheiten behaftet.« Vielleicht hat man auch dazugelernt, vermutet Gräßlin. Wie meine zuvor gezeigte Grafik verdeutlicht, ist auch das unwahrscheinlich, denn die ungenauen Landungen der amerikanischen Raumkapseln hörten nicht allmählich, sondern schlagartig auf – ohne jeden Übergang.

Nun haben Skeptiker ja schon immer geargwöhnt, daß die Kapseln bei wichtigen Missionen weder aus dem Orbit noch vom Mond kamen – sondern am Fallschirm aus einem Frachtflugzeug geworfen wurden. Das wäre natürlich die einfachste Erklärung für die supergenauen Landungen und dafür, daß vor allem die Apollo-Kapseln mit schöner Regelmäßigkeit in Sichtweite der wartenden Bergungsschiffe herunterkamen. Diesen Verdacht äußerte beispielsweise Ralph René für die Landung von Gemini 6A am 16. Dezember 1965.[227] Er begründete ihn damit, daß nach der Landung eine Antenne aus dem Raumschiff herausragte, die seiner Meinung nach während des Wiedereintrittes hätte abschmelzen müssen. Gemini 6A flog gleichzeitig mit Gemini 7 im Orbit, angeblich zur ersten Rendezvous-Mission zweier US-Raumschiffe. Beide Raumschiffe sind sehr genau gelandet, mit einer Abweichung von nur 12,9 beziehungsweise 11,8 Kilometern. Auch Bill Kaysing äußerte in einem Interview die Meinung, die Kapseln mit den Astronauten seien nicht aus dem Weltraum, sondern aus dem Bauch einer Frachtmaschine gekommen:

> »Die Apollo-11-Raumkapsel oder die Saturn 5 flogen außerhalb der Sichtweite der Leute und wurden dann im Südatlantik versenkt, wo alle sechs gestarteten Missionen [Kaysing meint offenbar die sechs angeblichen Apollo-Mondlandungen, insgesamt starteten elf bemannte Apollo-Kapseln, G. W.] jetzt liegen. Dort waren keine Astronauten an Bord, natürlich. Sie wurden sorgfältig versteckt, um angeblich in ihrer

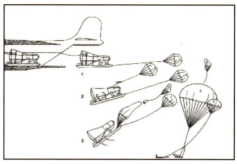

Abwurf einer amerikanischen (Schema) und sowjetischen Raumkapsel aus einem Flugzeug

Kommandokapsel zurückgebracht zu werden, bis sie aus einem C5A-Transportflugzeug geworfen wurden. Es war sehr leicht, das alles zu tun, denn sie hatten die totale Kontrolle über alles.«

Kaysing benennt auch einen – allerdings anonymen – Zeugen für diesen Vorgang. Und zwar habe ihn während einer Radiosendung ein Pilot angerufen und folgendes gesagt: »Ich flog von San Francisco nach Tokio und sah, zusammen mit einigen Passagieren, wie eine Kommandokapsel aus einer C5A geworfen wurde. Dann öffneten sich die rot-weiß gestreiften Fallschirme, und sie schwebte zur Meeresoberfläche hinab.« Das kann zwar sein, beweist aber keine Fälschung der Mondlandungen, zumal kein Datum angegeben wird. Denn eine solche Operation kann natürlich auch Teil des Trainings und der Erprobung gewesen sein. Solche Abwürfe wurden zu Trainingszwecken ja tatsächlich durchgeführt.

Fazit: Zunächst mal fehlt es an Beweisen, daß die Apollo-11-Astronauten, die beispielsweise am 24. Juli 1969 aus dem Hubschrauber an Bord des Flugzeugträgers *USS Hornet* stiegen, wirklich zuvor auf dem Mond waren. Erstens haben wir die Mondlandung nur im Fernsehen gesehen. Wenn das ein Beweis wäre, dann wäre auch die Existenz von Aliens, fliegenden Untertassen, Poltergeistern, sprechenden Tieren und Schreibmaschine schreibenden Affen erwiesen. Denn das haben wir auch schon alles im Fernsehen gesehen. Dasselbe gilt für Fotos. Zweitens sind auch andere, sogenannte wissenschaftliche Beweise bei näherem Hinsehen nicht hieb- und stichfest. Drittens konnten wir »auf dem Mond« die Gesichter der Astronauten nicht erkennen. Viertens konnten wir sie überraschenderweise auch nach der Landung nicht erkennen, denn jetzt trugen die Astronauten plötzlich sogenannte Quarantäneanzüge. Fünftens merkt man den »zurückgekehrten« Astronauten auch die körperlichen und gesundheitlichen Strapazen nicht an, denen sie während ihrer zehn- bis zwölftägigen Missionen ausgesetzt gewesen sein müssen. Zehn Tage Schwerelosigkeit, Muskel- und Knochenabbau, Eingeklemmtsein in engen Sesseln, Raumkrankheit, schlechte Ernährung, ungewohnte Druckverhältnisse, hohe Strahlenbelastung, körperliche Strapazen auf dem Mond und schließlich Desorientierung beim Wiedereintritt in die Atmosphäre und auf der schwankenden See sollten eigentlich ihre Spuren hinterlassen. Zumindest würde man nicht

Drei topfitte Athleten nach der Heimkehr vom Mond. Doch: Wer sind diese Menschen? Erst später tauchen am Fenster der »Quarantäne-Station« Collins, Armstrong und Aldrin auf. Außer einer gewissen Nachdenklichkeit sieht man keine Spur irgendwelcher Strapazen

erwarten, daß drei topfitte Athleten federnden Schrittes und in kerzengerader Haltung den Bergungshubschrauber verlassen. Genau das passierte aber. Am 24. Juli 1969 stiegen drei hochgewachsene, sportliche Typen sicheren Schrittes die Gangway des Helikopters an Bord der *USS Hornet* herunter, liefen lässig winkend ein paar Meter bis zu dem Quarantäne-Mobil, in dem sie anschließend verschwanden, ohne jemals ihre Masken abzunehmen. Ob das jene Männer waren, die sich wenig später am Fenster des Containers zeigten – Armstrong, Collins und Aldrin –, weiß kein Mensch. Tatsache ist, daß man auch den Gesichtern der drei Mondfahrer nichts Ungewöhnliches ansah – keine Spur von Streß, Erschöpfung oder dem Gewichtsverlust, den die Apollo-Besatzungen angeblich zu verkraften hatten.

Die Jagd nach Apollo

Lange sollte es eigentlich nicht mehr dauern, bis dem Mond das hochpolitische Geheimnis entrissen wird, ob dort jemals Apollo-Landefähren niedergegangen sind oder nicht. Denn erstaunlicherweise hat inzwischen ein neues Wettrennen verschiedener Sonden zu dem Erdtrabanten begonnen. Japaner, Europäer, Chinesen und Amerikaner – alle wollen plötzlich zum Mond. Warum eigentlich? Die Antwort: Wir wissen nichts über den Mond. Forscher in aller Welt würden den Erdtrabanten neu entdecken, schrieb beispielsweise *Spiegel Online* am 29. Dezember 2003: »... und hoffen durch die Entschlüsselung seiner Geschichte auf Erkenntnisse über die Entstehung der Erde.« Nanu! Haben wir das nicht alles schon längst? Hat nicht das von den Apollo-Missionen mitgebrachte Mondgestein die Geschichte des Mondes und damit auch einen Teil der Geschichte der Erde entschlüsselt und sämtliche bis dahin existierenden Entstehungstheorien über den Haufen geworfen? Nichts da: Drei Jahrzehnte nach sechs bemannten Mondlandungen und zahlreichen unbemannten Sonden haben wir vom Mond noch immer keine Ahnung: »Der erdnächste fremde Himmelskörper ist nach wie vor ein Buch mit sieben Siegeln«, berichtet am 28. September 2003 der Internetdienst *telepolis* über die neue Mond-Sonde der ESA, SMART-1.

»Erstaunlich lückenhaft« sei das Wissen über den Mond, zitiert *telepolis* den ESA-Wissenschaftler Bernard Foing, Projektleiter der SMART-Mission. Besonders die erdabgewandte Seite des Mondes, aber auch seine Polregionen seien weitgehend unerforscht. Nun gut: Dort sind ja keine Apollo-Missionen gelandet. Aber, so Foing: »Wir wissen nicht einmal mit Sicherheit, wie der Mond überhaupt entstanden ist.« Auch »detaillierte Daten über die Zusammensetzung der Mondkruste fehlen«.[228] Wie kann das sein – waren 382 Kilogramm Mondgestein von sechs verschiedenen Apollo-Landeplätzen etwa nicht genug?

Rätsel über Rätsel. Doch allmählich scheint die Zeit gekommen, sie zu lösen. Sollte die NASA die Mondlandungen auf der Erde inszeniert haben, könnte es für die Weltraumbehörde langsam eng werden – oder aber für die Skeptiker. Denn je weiter die Satelliten-, Kamera- und Teleskoptechnik voranschreitet, desto mehr nähert sie sich jener magischen Grenze, ab der man die Hinterlassenschaften der Apollo-Missionen auf dem Mond erkennen kann. Angesichts der inzwischen massiven Zweifel wäre das fast

Die 3,26 Meter hohe und 4,20 Meter breite Landestufe ist das größte von den Astronauten auf dem Mond zurückgelassene Objekt. Sie müßte in nicht allzuferner Zukunft zu entdecken sein.

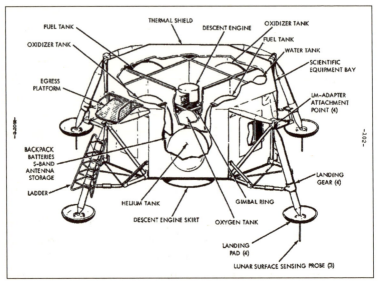

so, als fänden die Mondlandungen zum zweiten Mal statt. Vielleicht würde ein solcher Moment ähnlich gefeiert werden wie die Mondlandungen selbst, oder aber, falls nichts gefunden würde, die Vereinigten Staaten in eine Depression stürzen. Auf jeden Fall könnten die nächsten Jahre spannend werden, denn für die einzig verbliebene Supermacht der Welt hängt eine Menge von der Antwort ab. Sollten die USA die Wahrheit »gesagt« haben, winkt ihnen ein weiterer Prestigezuwachs, auch für ihre kommenden Propagandafeldzüge, die sie zur Anzettelung neuer Kriege brauchen. Sollte die Antwort negativ ausfallen, wird den USA wohl kein vernünftiger Politiker auf der Welt mehr folgen. Die Frage, ob die Vereinigten Staaten ihre Mondfähren sicher auf dem Erdtrabanten gelandet haben, ist also keineswegs von gestern. Sie ist ebenso brisant wie brandaktuell.

Aber was kann man dort finden? Natürlich haben die Astronauten alles Mögliche zurückgelassen. Angefangen bei der Landestufe und dem Mondauto über die Flagge und allerlei wissenschaftliche Geräte bis hin zu dem erwähnten winzigen Laserreflektor müßte eine Apollo-Landestelle eigentlich aussehen wie ein futuristischer Zeltplatz. Doch es liegt nahe, daß man als erstes den größten Gegenstand sehen wird, und deshalb möchte ich mich nachfolgend auch ausschließlich darauf beziehen: die Landestufe. (Obwohl es noch andere interessante und wesentlich größere Gegenstände gäbe: die angeblich auf dem Mond aufgeschlagenen, oberen Saturn-Stufen. Inwieweit sie allerdings einfach »verschluckt« wurden, ist unklar. Deshalb lasse ich sie hier weg.) Die Landestufe ist der Teil der Landefähre mit dem Abstiegstriebwerk, den vier Landebeinen und der Leiter, mit deren Hilfe die Astronauten zur Mondoberfläche abgestiegen sind. Beim Start wurden die Verbindungen zwischen Landestufe und Aufstiegsstufe getrennt, die Aufstiegsstufe benutzte den Landeteil als Starttisch. Dieser Landeteil müßte also heute noch auf dem Mond stehen. Er hat einen Durchmesser von etwa 4,20 Metern und ist 3,26 Meter hoch.

Das ist vor allem deshalb wichtig, weil diese Höhe von 3,26 Metern eine weitere Möglichkeit bietet, die Landestufe aufzuspüren: durch die Suche nach ihrem Schatten. Dieser Schatten kann je nach Sonneneinstrahlung kürzer oder länger sein. Aber eines muß man natürlich hinzufügen: Diese Möglichkeit ist auf jeden Fall nur die zweite Wahl. Denn über Schatten läßt sich trefflich streiten, solange man das Objekt, das den Schatten wirft, nicht sieht. Gewißheit kann erst das Objekt selbst bringen.

Werfen wir also einen Blick auf laufende oder bevorstehende Projekte, die in der Lage sein könnten, die Vereinigten Staaten in Verlegenheit zu bringen – oder ihnen für immer aus der Patsche zu helfen. Eigentlich wäre die Sache ganz einfach: Man müßte lediglich einen jener irdischen Spionagesatelliten für eine Mondreise umrüsten, deren Auflösung zur Zeit bei 1,5 Metern bis 30 Zentimetern liegen soll. Die letztgenannte Auflösung erreicht beispielsweise der neue französische Späher »Helios IIA«.[229] Eine solche Operation könnte sich lohnen. Denn ebenso wie die Mondlandungen selbst eine Propagandaoperation von strategischer Bedeutung waren, so ist natürlich auch die Frage, ob sie gefälscht waren, von politischer Bedeutung. Vorerst muß man sich jedoch mit anderen Geräten zufriedengeben, zum Beispiel der Mond-Sonde Clementine, gestartet am 25. Januar 1994. Mit ihr haben einige eifrige Wissenschaftler bereits versucht, das lästige Feuer des Zweifels an den Mondlandungen auszutreten, allerdings ohne Erfolg. Was alle Welt als ziviles Projekt zur Erkundung des Mondes betrachtete, war in Wirklichkeit ein gemeinsames Kind von SDI und NASA. SDI ist die Abkürzung für Strategic Defense Initiative, die Weltraumkriegspläne des inzwischen verstorbenen Ex-US-Präsidenten Ronald Reagan. Die zuständige Behörde ist die Ballistic Missile Defense Organization (BMDO). Und als die Sonde Anzeichen für Wasser auf dem Mond entdeckt haben wollte, wurde dies erstaunlicherweise vom Pentagon verkündet: »Das Pentagon gab am 3. Dezember 1996 bekannt, daß auf dem Boden eines Kraters auf dem Mond Eis gefunden wurde«, heißt es auf einer Webseite des US-Militärs. »Der Krater am Südpol des Mondes wurde mit Hilfe von Radar entdeckt, und obwohl er nie von der Sonne beleuchtet wird, gibt es ein paar Bilder von ihm.«[230] Doch warum sucht ausgerechnet das Verteidigungsministerium auf dem Mond nach Wasser? Sind die Wasserleitungen im Pentagon verstopft? Angeblich, so die offizielle Erklärung, habe die Sonde eine neue Generation preiswerter und leichter Sensoren erproben sollen. Und das geschah eben auf dem Mond. So verkaufte

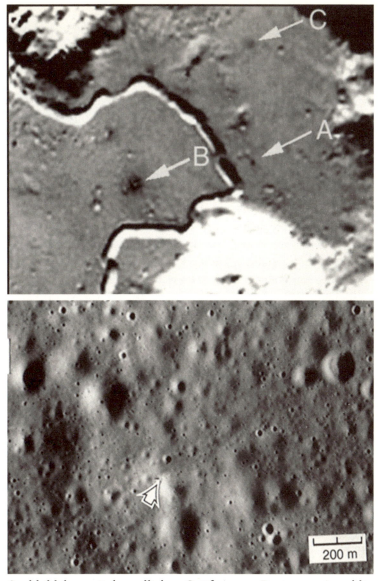

Suchbildchen mit freundlichen Grüßen vom Pentagon: Angebliches Clementine-Foto der Apollo-15-Landestelle (oben), angebliche Apollo-16-Landestelle, aufgenommen vom Mondorbit aus

jedenfalls das Pentagon die Mission der Öffentlichkeit. 1,8 Millionen Bilder machte Clementine auf dem Erdtrabanten, und weil das Pentagon schon mal dabei war, wollte man auch gleich eine lästige Sache aus dem Weg räumen, nämlich die angeblich gefälschte Mondlandung. Sofort wurde die Mission für Schlagzeilen genutzt wie: »Clementine-Bilder zeigen die Landestelle von Apollo 16.« Oder: »Landestelle von Apollo 15 auf Bildern gesichtet.«[231]

»Legen Sie die absurden Behauptungen, die Apollo-Mondlandungen seien gefälscht, beiseite«, prahlte gleich der Internetdienst der Raumfahrtgemeinde, *space.com*: Auf Fotos der Clementine-Sonde hätten zwei Wissenschaftler Beweise für eine Landung entdeckt. Neue Forschungen von Misha Kreslawski von der Brown University in Providence, Rhode Island, hätten in der Nähe der Apollo-15-Landestelle »Anomalien« auf der Mondoberfläche gefunden. Anomalien? Man ahnt es schon: Natürlich nicht die Landefähre selbst!

Die Clementine-Bilder habe Kreslawski zusammen mit seinem Kollegen Juri Schkuratow vom Kharkow Astronomischen Observatorium in der Ukraine untersucht. Dabei hätten sie auch eine Reihe von Aufnahmen von der Umgebung der Apollo-15-Landestelle unter die Lupe genommen, eigentlich auf der Suche nach frischen Meteoritenaufschlägen oder seismischen Aktivitäten in der Mondkruste. Und siehe da: »Ein kleiner, dunkler Punkt, der auf den Fotos entdeckt wurde, hat nichts mit einem Krater zu tun, sondern deckt sich exakt mit der Landestelle von Apollo 15, sagte Kreslawski zu *space.com*.« Erstaunlich, denn nicht einmal die NASA wußte, wo genau sich die Landestelle von Apollo 15 eigentlich befindet! Tatsächlich zeigt ein Blick auf die Fotos schnell, daß es sich bei der Sensation in Wirklichkeit um ein Phantom handelt. Um die Mondlandungen zu retten, interpretieren NASA- und Pentagon-Leute verzweifelt irgend etwas in verschwommene Fotos vom Mond hinein – und beschweren sich übrigens gleichzeitig, wenn Laien dasselbe mit Fotos vom Mars machen und dort ein »Gesicht« entdecken. In Wirklichkeit bedient sich die NASA exakt desselben Blendwerks. Flugs werden ein paar Fotos von verschwommenen, dunklen Flecken mit dicken, suggestiven Pfeilen versehen – fertig sind die Bilder von den Apollo-Landestellen. Und

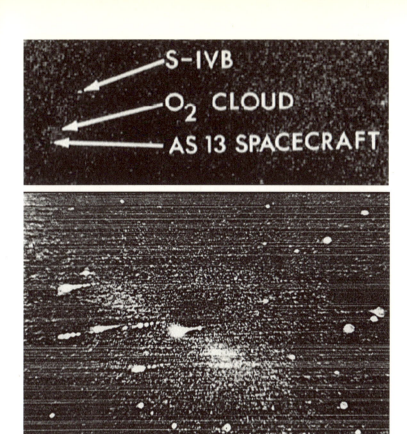

Wo war noch mal Apollo? Angebliche Teleskop-Aufnahmen von Apollo 13 und 14 im Weltall

wenn man die beim besten Willen nicht erkennen kann, dann hat man eben einfach nicht jene Erfahrung in Sachen Bildauswertung, über die die NASA-Experten verfügen. Außerdem gibt zu denken, daß die dunklen Flecken auf dem Foto ausgerechnet die Spuren des Bremstriebwerkes zeigen sollen – also Spuren, die man uns zuvor mit viel Mühe ausreden wollte. Und die man auf den Astronauten-Fotos vom Mond nicht sehen kann. Ganz offensichtlich genügen den Apollo-Freunden in diesem Bereich Behauptungen mittlerer Reichweite, die sich bei etwas näherer Betrachtung in Luft auflösen. Das Spielchen mit verschwommenen Suchbildchen aus dem Weltraum hat dabei Tradition. So präsentierte die NASA bereits früher angeblich vom Mondorbit aus aufgenommene Fotos der Apollo-Landestellen. Diese Bilder sollen aus den Kommandokapseln gemacht worden sein. Weitere Bilder stammen von irdischen Teleskopen, die die Apollo-Raumschiffe auf ihrem Flug zum Mond im Weltall zeigen sollen. Auf all diesen Bildern sieht man: nichts. Zumindest kein einziges Apollo-Raumschiff. Zur Befriedigung der Öffentlichkeit reichen sie jedoch allemal. Denn wer wollte schon der hoch angesehenen NASA widersprechen und behaupten, daß es sich dabei nicht um ein Apollo-Raumschiff handelt, sondern vielmehr um eine Neuaufführung des Märchens von des Kaisers neuen Kleidern?

Wenn man sich diese Bilder ansieht, sieht man vor allem, daß man nichts sieht. Diese Punkte können alles Mögliche sein, und das liegt keineswegs am Druck dieses Buches. (Ich werde auch diese Bilder auf meiner eigens eingerichteten Internetseite zugänglich machen.) Interessanterweise stammen die Aufnahmen von teilweise exakt denselben Teleskopen, die auch die Laserreflektoren auf dem Mond lokalisiert haben wollen, zum Beispiel das McDonald Observatory der Universität Texas.[232] Aber zurück zu Clementine. Auch die Bilder dieser Sonde zeigten in Wirklichkeit nichts von den Apollo-Landeplätzen. Wie wir inzwischen wissen, konnte seinerzeit nicht einmal die NASA verbindliche Koordinaten dieser Landeplätze nennen. Und von der Apollo-»Hardware« sieht man natürlich schon gar nichts. Denn in Wirklichkeit war die Auflösung der Clementine-Kameras zu gering. Sie betrug pro Pixel nur 7 bis 20 Meter.[233] Da eine Landestufe von Apollo einen Durchmesser von etwa 4 Metern hat, müßte die Auflösung mindestens ein bis 2 Meter pro Pixel betragen, um das Objekt selbst identifizierbar abzubilden. Dabei erhebt sich die Frage: Warum schicken das Pentagon, die Fachbehörde in Sachen Spionagesatelliten, oder die NASA nicht gleich einen Satelliten mit einer hochauflösenden Kamera zum Mond? Wäre eine Landefähre da, wäre das doch das erste, was man als mit Betrugsvorwürfen konfrontierte Raumfahrtbehörde tun würde. So bleibt die Frage vorerst offen. Ebensowenig wie die Existenz von Gott kann auch die Mondlandung bewiesen oder widerlegt werden. Von Clementine ist keine Lösung des Apollo-Rätsels zu erwarten. Dasselbe gilt für die US-Sonde Lunar Prospector, die den Mond am 11. Januar 1998 erreichte. Trotz eines extrem niedrigen Orbits von zuletzt 17 mal 43 Kilometern war sie für die Apollo-Überreste blind. Sie führte hauptsächlich Spektrometer mit, um die Zusammensetzung der Mondoberfläche zu bestimmen. Eine Antwort auf die Frage nach dem Wassergehalt der Mondoberfläche sollte der gezielte Aufschlag der Sonde am 31. Juli 1999 auf der Mondoberfläche liefern. Ein solcher Aufprall hätte eigentlich eine beachtliche Trümmer-/Staubwolke nach sich ziehen müssen. Diese Wolke hätte um einiges größer sein müssen als die Hinterlassenschaften von Apollo. Die Zusammensetzung der Wolke wollte man denn auch messen und daraus Rückschlüsse auf den Wassergehalt der Oberfläche ziehen. Doch so sehr die Teleskope auch spähten (darunter auch Hubble) – sie konnten nicht die kleinste Spur von dem Prospector-Crash entdecken.[234]

Als nächstes setzten Freunde und Skeptiker der Apollo-Missionen ihre Hoffnungen auf die erwähnte europäische Mondsonde SMART-1, gestartet am 27. September 2003. Den Mondorbit erreichte sie laut ESA am 15. November 2004.[235] Das besondere Interesse von Apollo-Skeptikern und -Fans richtete sich auf die hochauflösende Farbkamera AMIE (Asteroid-Moon Micro-Imager Experiment). Und wie mir ESA-Projektleiter Bernard Foing mitteilte, wurden und werden mit dieser Kamera tatsächlich Aufnahmen der Apollo-Landestätten gemacht. Wobei natürlich immer die Frage ist, was das eigentlich heißt. Die eigentliche Frage lautet, ob SMART-1 auch Apollo-Hardware fotografieren kann. Auf diese Frage hat mir Bernard Foing nicht geantwortet. Fakt ist: Die Auflösung der Kamera soll etwa 30 bis 80 Meter betragen, je nachdem, ob sie sich gerade am mondnächsten oder -fernsten Punkt befindet.[236] Für die 3 bis 4 Meter großen Apollo-Objekte ist das bei weitem zu wenig. Dafür müßte die Kamera mindestens zehnmal schärfer sehen.

Aber zum Glück ist der neue Wissensdurst hinsichtlich des Mondes ebenso ungestillt wie weit verbreitet. So würden zum Beispiel auch die Japaner gern endlich mal wissen, wie die Mondkruste eigentlich zusammengesetzt ist. Sie wollen dem Erdtrabanten mit ihrer Sonde Selene auf den Leib rücken – und das ist durchaus wörtlich gemeint, denn am Ende ihrer Späh-Mission soll Selene eine weiche Landung versuchen. »Offiziell soll Selene im japanischen Haushaltsjahr 2005 starten, das von April 2005 bis März 2006 dauert«, teilte mir der Geophysiker Jun-ya Terazono mit, Webmaster der Internetseite der Selene-Mission. »Allerdings wird das japanische Raumfahrtprogramm nach dem Startunfall der H-IIA Rakete im November 2003 einer strikten Revision unterzogen. Deshalb wird sich der Start von Selene um ein paar Monate verzögern.« Ähnlich wie bei SMART-1 sollen Röntgenstrahlenspektrometer, Gammastrahlenspektrometer, Multibandimager und andere Instrumente die anscheinend immer noch offene Frage klären, welche Substanzen in welchem Verhältnis in der Oberfläche des Mondes vorkommen. Zum Beispiel bringt Röntgenstrahlung von der Sonne, die auf der Mondoberfläche auftrifft, die Atome der Gesteine zum Fluoreszieren, was sich in der Abstrahlung einer eigenen charakteristischen Röntgenstrahlung äußert.[237] Nun dachte man bisher, diese Frage sei durch die 7,5 Zentner Mondgestein, die die Apollo-Missionen angeblich mitbrachten, hinreichend geklärt worden. Und ganz nebenbei nimmt man zur Kenntnis, daß nicht nur die Sonne Röntgenstrahlung aussendet, sondern auch der Mond: »Diese Emissionen resultieren aus der Reflexion von Sonnenlicht. Der Mond scheint ja aufgrund der Reflexion von Sonnenlicht. Nicht nur von sichtbaren Strahlen, sondern auch von Röntgen- und Gammastrahlung der Sonne«, schrieb mir Jun-ya Terazono. »Diese Strahlungen sind für Menschen schädlich, wenn man sich direkt in das Licht begibt. Auf der Erde reduziert die Atmosphäre diese Strahlen wie eine Barriere. Aber der Mond hat keine Atmosphäre. Deshalb ist es äußerst gefährlich, sich auf der Mondoberfläche direkt in das Sonnenlicht zu begeben.[238]« Soso.

Der Orbit von Selene soll bis auf 100 Kilometer Höhe abgesenkt werden.[239] Anschließend soll Selene die Mondoberfläche mit zwei starken Teleskopen unter die Lupe nehmen. »Selene wird den ganzen Globus des Mondes aufnehmen, einschließlich der Apollo-Landestätten«, schrieb mir Jun-ya Terazono. »Da unsere Kamera eine Auflösung von 10 Metern hat, kann man sehr präzise Aufnahmen dieser Orte erwarten.« Präzise – und dennoch zuwenig für die 3 bis 4 Meter großen Apollo-Objekte.[240] Wahrscheinlich auch zuwenig für den Schatten. 2 bis 3 Meter wären besser, ab 1 Meter Auflösung wird es interessant. Das bestätigt auch Jun-ya Terazono: »Ja, angesichts der Auflösung unserer Kamera wird es sehr schwierig sein, Apollo-Hardware wie die Landestufen oder die Rover abzubilden. Eine mögliche Chance sind Aufnahmen bei tiefstehender Sonne. Solche künstlichen Objekte werfen so lange Schatten, daß unsere Kamera sie erkennen kann. Aber ich glaube, es wird auch schwierig sein einzuschätzen, was so ein Schatten bedeutet ... wirklich ein künstliches Objekt oder nur einen Felsen? Ganz klar, wir müssen präzisere Kameras zum Mond bringen. Deshalb müssen unsere Forschungen in der Zukunft weitergehen!«

Gut gebrüllt. Aber auch die zweite von Japan geplante Mondsonde wird im Hinblick auf einen Beweis der Mondlandungen wohl nichts bringen: Lunar-A. Sie sollte eigentlich schon 2002 abheben, der Start wurde aber mehrfach verschoben, zuletzt auf die Jahre 2005/2006. Hauptsächlich besteht ihre Aufgabe in seismischen Experimenten, um das Innere des Mondes zu erkunden. Dafür wird sie beispielsweise zwei »Penetratoren« abwerfen, die in den Mondboden eindringen und so wissenschaftliche Instrumente absetzen sollen. Danach wird sich die Sonde weiter an den Mond heranschleichen, um die Oberfläche mit einer Auflösung von 30 Metern zu fotografieren – zu wenig für die Apollo-Überreste.[241]

Tatsächlich wären die Apollo-Hinterlassenschaften also wirklich etwas für Spionagesatelliten, wie sie an der Erde eingesetzt werden. Während die Pläne anderer Raumfahrtnationen, etwa Chinas, noch eher vage sind, dachten sich das auch die Entwickler der amerikanischen Sonde TrailBlazer, was soviel heißt wie Wegbereiter. Mit TrailBlazer wollte die private US-Firma Trans Orbital so etwas wie das erste kommerzielle Wettrennen zum Mond eröffnen. Das ist keineswegs so abwegig, wie es klingt, denn schließlich ist ein großer Teil aller Satelliten, die am Himmel schweben, ebenfalls privat. Relativ neu daran wäre lediglich der Gedanke, eine private Sonde in den »tiefen Raum« (so nennt man alles außerhalb der üblichen Erdorbits) zu schicken. So kann man schon jetzt auf der Webseite von Trans Orbital den Transport von Textnachrichten zum Erdtrabanten ordern – 300 Zeichen für 16,95 Dollar, 9600 Zeichen mit Bild für 29,95 Dollar, graviert in eine Nickelscheibe. Für 2500 Dollar pro Gramm kann man auch persönliche Gegenstände zum Mond schießen lassen, einschließlich der Asche von Verstorbenen. Das Interessante aber dürfte wohl das optische Equipment sein:

»Wir wollen das für den Mond machen, was Jacques Cousteau für die Erkundung der Meere getan hat: hinzufahren, zu sehen, die Bilder zu verkaufen und zu wiederholen und zu wiederholen. Währenddessen hoffen wir, etwas Spaß zu haben und dabei zu helfen, der Menschheit eine neue Welt zu eröffnen.«[242]

Nach der Ankunft in einer ersten Umlaufbahn will Trans Orbital den mondnächsten Punkt auf etwa 50 Kilometer absenken, um einen möglichst hochauflösenden Mondatlas zu erstellen. Um eine nie dagewesene Auflösung am Mond zu erreichen, soll die Umlaufbahn anschließend auf 10 Kilometer Höhe abgesenkt werden. »Das wird es uns ermöglichen, äußerst detaillierte Aufnahmen von ausgewählten Punkten auf der Mondoberfläche zu machen, mit einer Auflösung unterhalb von 1 Meter pro Pixel.« In der Geschichte der Mondfahrt wäre dies wohl der zweitspannendste Moment nach der Landung von Apollo 11: Ist die Landestufe überhaupt da? Und wenn ja: Was sieht man davon? Tatsächlich dürfte Trans Orbital nicht ganz falsch liegen, wenn es von einem gewissen Marktwert solcher Bilder ausgeht. Die globalen Medien dürften sich wohl darum reißen, ähnlich wie früher um Aufnahmen von Gagarin oder der ersten Mondlandung. Aber natürlich würde Trans Orbital damit auch politisch ein ganz großes Rad drehen. Denn das wäre dann wohl endgültig die Stunde der Wahrheit für die NASA – oder vielleicht nicht? Aber selbstverständlich ist auch Trans Orbital Mitglied des militärisch-industriellen Raumfahrtkomplexes und auf den internen Konsens angewiesen. Ob plötzlich ein Mitglied dieser Gemeinde ausscheren und den »whistleblower« spielen kann, ist fraglich. Zumal Trans Orbital für sein Unternehmen erstaunlicherweise auf Genehmigungen der US-Regierung angewiesen ist, obwohl weder der Mond noch der Weltraum den Vereinigten Staaten gehören. Selbst der Start soll nicht von den USA, sondern von Rußland aus erfolgen. Daß die Genehmigung erteilt wurde, ist zwar kein Wunder – alles andere hätte auch zu schlecht ausgesehen. Aber dennoch kräht momentan kein Hahn nach der TrailBlazer-Sonde. Die Webseite stammt aus dem Jahr 2002, die letzten Berichte über Trans Orbital und seinen Mondspäher aus dem Jahr 2003. Dennoch schrieb mir Trans-

Orbital-Präsident Dennis Laurie am 27. April 2005, das Projekt sei noch am Leben, der Start sei für Mitte 2006 geplant. Die Webseite werde in den nächsten Wochen aktualisiert.[243]

Wie man sieht, ist das Geschäft der Apollo-Späherei nicht einfach. Entweder sind die verschiedenen Sonden gar nicht für eine solche »Schnüffelei« ausgerüstet, oder aber die Projekte bleiben bereits im Ansatz stecken. Das gilt zum Beispiel auch für die europäische Minisonde LunarSat. Ihre hochauflösende Kamera sollte in der Südpolregion des Mondes eine Auflösung von 3,5 Metern und bei niedrigeren Orbits auch mehr (beziehungsweise weniger) erreichen. Wie scharf LunarSat wirklich hätte sehen können, wird man nun nie erfahren, weil das Projekt im September 2003 beerdigt wurde, offenbar, weil ein Hauptträger ausgestiegen war.[244]

Und schließlich wäre da noch Supersat zu nennen, ein privates Projekt der LunaCorp Corporation. Immerhin wollte damit kein Geringerer als der zweite Mann im Mond höchstpersönlich einen Blick zurück auf die Stätte seines lunaren Wirkens werfen. Jedenfalls hatte Buzz Aldrin bei dem Unternehmen als Berater angeheuert. Ob dies das Projekt voranbrachte oder nicht, ist nicht ganz klar. Jedenfalls wurde es inzwischen auf Eis gelegt: »Supersat befindet sich jetzt im Winterschlaf, vor allem, weil die NASA nun ihren eigenen Mondsatelliten vorantreibt. Vielleicht gibt es nach ihm eine kommerzielle Anschlußoperation – oder auch nicht. Wir müssen abwarten und sehen, wie sich der NASA-Orbiter bewährt und welche Lücken vielleicht noch gefüllt werden müssen«, schrieb mir LunaCorp-Präsident David Gump am 13. Februar 2005. Im Klartext heißt das: Die NASA darf zuerst, und ob dann noch andere folgen, hängt davon ab, was die Raumfahrtbehörde dort findet. Ähnlich wie TrailBlazer sollte auch Supersat hochauflösende Videos und Fotos vom Mond übertragen und uns alle an seiner Reise zum Mond teilhaben lassen. Für die Präsentation der Apollo-Landeplätze hatte LunaCorp bereits eine »Wiedervereinigungsshow« mit Buzz Aldrin und Neil Armstrong geplant, also dem zweiten und dem ersten Mann auf dem Mond. Die weltweite Vermarktung der Fernsehrechte wäre wirtschaftlich mit Sicherheit interessant gewesen.

Der von Gump erwähnte Lunar Reconnaissance Orbiter der NASA existiert vorerst aber nur auf dem Papier. Frühester Starttermin ist der 15. Oktober 2008. Die Sonde soll angeblich helfen, eine bemannte Landung vorzubereiten. Offenbar fängt man bei der NASA also wieder von vorn an. Satelliten zur Erkundung des Mondes und zur Vorbereitung bemannter Missionen gab es nämlich schon in den sechziger Jahren. Liest man sich die Anforderungen an die Sonde durch, hat man schon wieder das Gefühl, die Apollo-Missionen seien nie durchgeführt worden. Zum Beispiel:

- Charakterisierung des Strahlenumfeldes auf dem Mond, biologische Auswirkungen und potentielle Schadensbegrenzung durch Bestimmung des globalen Strahlenumfeldes.
  Erstaunlich daran ist zunächst das Eingeständnis, daß der Mond überhaupt so etwas wie ein »Strahlenumfeld« besitzt. Bisher dachte man allerdings, die NASA und andere Raumfahrtnationen hätten das Strahlenumfeld auf dem Mond ausreichend erkundet. Und zwar so ausreichend, daß die USA sechs bemannte Missionen dorthin schicken konnten, die das Strahlenumfeld natürlich noch weiter aufklärten. Die biologischen Auswirkungen waren dabei gleich null, was bedeutet, daß man offensichtlich auch in Sachen Schadensbegrenzung nichts zu befürchten hat.
- Festlegung eines hochauflösenden, globalen geodätischen Gitters in drei Dimensionen, das die nötigen und ausreichenden topographischen Erkenntnisse zur Verfügung stellt, um zukünftige Landeplätze zu identifizieren.
  Die nötigen und ausreichenden topographischen Erkenntnisse, um zukünftige Landeplätze zu identifizieren? Waren die Kenntnisse vor den Apollo-Landungen etwa nicht ausreichend, um Landeplätze zu identifizieren? Und wenn nicht, wie ist man dann sicher gelandet?

Schließlich soll auch eine hochauflösende Kamera an Bord des Lunar Reconnaissance Orbiters sein. Und das ist auch gut so, denn Reconnaissance steht immerhin für »Aufklärung«, und Aufklärung ist ja genau das, was man von der NASA in Sachen Mondlandung erwartet. Ob man allerdings befriedigt wird, ist eine andere Frage, denn hier könnte der Angeklagte wieder mal als Richter auftreten – und sich selbst freisprechen. Denn wer wollte schon erwarten, daß sich die Raumfahrtbehörde selbst als Schwindelunternehmen outet? So sieht es also ganz danach aus, als würden sich die Mondlandungen in absehbarer Zeit nicht anhand der Hinterlassenschaften der Astronauten auf dem Mond beweisen oder widerlegen lassen. Denn genauso schwierig ist es, die 3 bis 4 Meter großen Objekte mit Teleskopen von der Erde aus aufzuspüren. Immerhin sind wir hier fast 400 000 Kilometer weiter weg als ein tieffliegender Mond-Satellit.

»Die benötigte Bildauflösung wird deutlich, wenn man die immense Entfernung des Mondes von 380 000 Kilometern ins Verhältnis setzt zur Größe beispielsweise der Unterstufe der Mondlandefähre von allenfalls 10 Metern. Das ist vergleichbar mit der Aufgabe, aus einer Entfernung von 38 Kilometern nach einem Stecknadelkopf (1 Millimeter) zu suchen. Mathematisch ausgedrückt entspricht dies einem Winkel von etwa 5 Millibogensekunden. Um die Landemodule tatsächlich erkennen zu können, müßte das Auflösungsvermögen eines Teleskops noch sehr viel besser sein, denn ein einsamer Punkt auf einem Foto sagt wenig aus.«[245]

Dabei sind 10 Meter mehr als das Doppelte dessen, was die untere Stufe der Landefähre wirklich mißt. Entsprechend skeptisch ist die Behauptung zu sehen, daß es gelungen sei, die 46 mal 46 Zentimeter großen Laserreflektoren aufzuspüren. »Können wir Apollo-Hardware auf dem Mond sehen?«, fragte folgerichtig der Physiker und Hobbyastronom Michael Richmond vom Rochester Institute of Technology im Staat New York:

»Diese Frage wird häufig gestellt. Es ist ganz klar unmöglich für ein optisches Teleskop auf der Erde, irgendwelche Apollo-Hardware auf dem Mond auszumachen, da die besten Systeme mit adaptiver Optik im Infrarotbereich nur Details von vielleicht 0,02 Bogensekunden auflösen können. Eine Landestufe mit einer Ausdehnung von 5 Metern hat in einer Entfernung von 382 000 Kilometern demgegenüber nur eine Ausdehnung von 0,003 Bogensekunden.« Nicht einmal das vielgerühmte Hubble-Teleskop schafft das: »Das Hubble-Space-Teleskop ist dem

Mond nicht wesentlich näher, und seine beste Auflösung liegt bei etwa 0,03 Bogensekunden im UV-nahen Bereich. Nicht gut genug.«[246]

Bei der Vorbereitung von *Die Akte Apollo* setzte ich die größten Hoffnungen in das amerikanische Superteleskop CHARA (Center for High Angular Resolution Astronomy). Dabei werden auf dem Gipfel des Mount Wilson im südlichen Kalifornien sechs Einzelteleskope zu einem einzelnen Riesenteleskop mit einem virtuellen Durchmesser von 330 Metern zusammengeschaltet. Daher fragte ich CHARA-Direktor Professor Harold McAlister, ob man mit dem Gerät Reste der Apollo-Landungen sehen könne. Die Antwort:

»Unsere Einrichtung ist lediglich für Objekte mit eigener hoher Oberflächenhelligkeit sensibel. Deshalb sind wir primär an der Erforschung von Sternenoberflächen interessiert. Obwohl Sie zu Recht annehmen, daß wir die Überreste der Apollo-Lander auflösen könnten, ist ihre Beleuchtung durch das Sonnenlicht so hoffnungslos schwach, daß wir sie nicht entdecken können.«[247]

Apollo am engsten auf den Fersen ist zur Zeit das Very Large Telescope (VLT) der europäischen Südsternwarte ESO (European Southern Obervatory). Vier zusammengeschaltete Teleskope auf dem Berg Paranal in Chile sollen einen virtuellen Spiegel-Durchmesser von 200 Metern erzeugen und so die Sehschärfe des Hubble-Teleskops um das Zehnfache übertreffen. Und nocheinmal fünfzehn Jahre später will die ESO zwar nicht mit Adler-, aber mit Eulenaugen in den Weltraum schauen. Dann nämlich möchte sie ein Teleskop mit dem Namen Overwhelmingly Large Telescope bauen – abgekürzt OWL (Eule). Das sollte dann eigentlich alle Zweifel ausräumen. 2002 haben Willy Brunner und ich für unseren Film *Die Akte Apollo* selbst mit Dr. Richard West vom ESO gesprochen und ihn nach der Möglichkeit befragt, mit dem VLT die Überreste der Apollo-Missionen auf dem Mond auszumachen. »Die Möglichkeit besteht«, sagte uns Dr. West:

»Wann genau wir das machen, ob wir das machen, wie wir das machen werden – das kann ich heute nicht sagen, aber sicher besteht da Interesse dran, und wenn wir die Möglichkeit haben, dürfte ich davon ausgehen, daß es dann auch passieren wird. Wir würden es natürlich nicht nur für die Leute machen, die daran zweifeln, wir würden es auch für die Wissenschaft machen.«[248]

In nicht allzu ferner Zukunft soll das theoretische Auflösungsvermögen bei 1 Millibogensekunde (0,001) liegen.[249] Das entspräche 2 Metern auf der Mondoberfläche. »Zumindest im Prinzip ist dann der direkte Nachweis der Mondlandung von der Erde aus möglich«, meint das Weltraumlexikon *astrolink.de*. Stimmt. Frühestens ab Ende 2006 schlägt der Mondlandung damit erstmals die Stunde der Wahrheit. Dann nämlich soll das Teleskop seine letzte Ausbaustufe erreichen. Letztlich soll die Auflösung reichen, um »einen Astronauten auf dem Mond auszumachen«, heißt es in einer Pressemitteilung des ESO vom 14. März 2005.[250] Und das würde das ESO wohl kaum schreiben, wenn es die »Muskeln« des neues Superteleskops eines Tages nicht exakt an diesem Beispiel würde erproben wollen.

Selbst nachschauen können wir allerdings auch dann nicht. Das optische Teleskop, durch das wir einfach einen Blick werfen können, um die Landestufen der Apollo-Missionen zu sehen, wird es so nicht geben. Die Mondlandung wird für uns nicht unmittelbar erfahrbar sein. Auch dann müssen wir uns auf die schwer nachvollziehbaren Ergebnisse der anonymen und international verflochtenen Raumfahrtbehörden und ihrer High-Tech-Instrumente verlassen. Denn unabhängig sind beispielsweise auch die Organisationen des ESO, der ESA (European Space Agency) oder der russischen Raumfahrtbehörde nicht. Vielmehr arbeitet man auf vielen Gebieten mit der amerikanischen Raumfahrtbehörde und Regierung zusammen, und es ist schwer vorstellbar, daß hier eine Krähe der anderen ein Auge aushackt. Daß die ESA oder das ESO die Vereinigten Staaten tatsächlich vor aller Welt bloßstellen würden, ist eigentlich kaum anzunehmen. Schließlich handelt es sich um eine Frage von höchster politischer Brisanz, die möglicherweise auch nicht von den Astronomen der Sternwarten allein entschieden wird. Daß hier Ergebnisse zuerst die politischen Gremien durchlaufen müssen oder in der Schublade verschwinden, ist gut möglich.

Tatsache ist: Bis heute (August 2005) ist es nicht gelungen, auch nur eine plausible Spur der Mondlandungen auf dem Erdtrabanten zu entdecken. Das ist um so interessanter, als die Auflösung der benutzten Instrumente zwar noch nicht an die Maße der Landestufe selbst heranreicht, zu bestimmten Zeiten des Mondtages möglicherweise aber an ihren Schatten. Aber weder der Schatten noch die Konturen der Landestufe konnten ausgemacht werden.

Die UFO-Falle

Die Mondlandung ist inszeniert? Papperlapapp! Die Astronauten haben auf dem Mond nämlich UFOs gesehen: »Nach Aussage des NASA-Astronauten Neil Alden Armstrong, dem ersten Menschen auf dem Mond, haben Außerirdische eine Basis auf dem Mond und sagten uns in nicht mißzuverstehenden Worten, wir sollen umkehren und dem Mond fernbleiben.« Angeblich sahen sowohl Neil Armstrong als auch Edwin Aldrin kurz nach ihrer historischen Landung auf dem Mond am 20. Juli 1969 UFOs:

> »Viele Zuschauer, die die erste Mondlandung damals in einer Live-Sendung an den Bildschirmen miterlebt hatten, erinnern sich daran, gehört zu haben, daß beide Astronauten von einem Licht in einem Krater oder am Kraterrand sprachen. Der Meldung folgte eine Anfrage der Bodenstation. Danach herrschte Stille. Laut des ehemaligen NASA-Mitarbeiters Otto Binder fingen Hobbyfunker mit ihren eigenen VHF-Empfängern den folgenden Funkspruch ein, während sie die Kommunikation zwischen Apollo 11 und Bodenstation hörten:
> NASA: ›Was ist da? Mission Control ruft Apollo 11.‹
> Apollo 11: ›Diese ‚Babies‘ sind riesig. Enorm. Oh, mein Gott. Sie würden es nicht glauben! Ich sage Ihnen, es sind andere Raumschiffe da draußen, aufgereiht auf der abgewandten Seite eines Kraterrandes. Sie sind auf dem Mond und beobachten uns.‹ Ein Professor brachte es auf

einem NASA-Symposium zu dieser Konversation mit Neil Armstrong:
Professor: ›Was geschah wirklich da draußen mit Apollo 11?‹
Neil Armstrong: ›Es war unglaublich, natürlich hatten wir immer von der Möglichkeit gewußt, aber es ist so, daß wir von den Außerirdischen abgewiesen wurden. Danach gab es nie mehr die Frage nach einer Raumstation oder einer Mondstadt.‹
Professor: ›Wie meinen Sie das: abgewiesen?‹
Neil Armstrong: ›Ich kann nicht weiter in Details gehen, außer daß ich sagen kann, daß ihre Schiffe den unseren sowohl in Größe als auch in der Technologie weit überlegen waren. Junge, waren die groß und bedrohlich! Nein, es gab keine Frage nach einer Raumstation.‹
Professor: ›Aber die NASA hatte noch weitere Missionen nach Apollo 11?‹
Neil Armstrong: ›Natürlich, die NASA hatte sich zu der Zeit festgelegt und konnte keine Panik auf der Erde riskieren. Aber es war wirklich ein schnelles Hin-und-wieder-Zurück.‹
Einem Dr. Vladimir Azhazha zufolge sandte Neil Armstrong die Nachricht, daß zwei große, mysteriöse Objekte sie beobachteten, seit sie gelandet waren, zur Mission Control. Diese Meldung aber wurde von der NASA zensiert und nie veröffentlicht. Angeblich sollen auch Farb-Video-Aufnahmen existieren, die Edwin Aldrin von den UFOs machte, nachdem Neil Armstrong den Mond betrat.«[251]

An dieser Sache können gleich mehrere Dinge nicht stimmen:

- Die angeblichen Dialoge während der »Livesendung« lassen sich nicht belegen.
- Der Navy-Mann Neil Armstrong würde niemals unautorisiert etwas Derartiges ausplaudern.
- Neil Armstrong ist überhaupt nicht gesprächig. Er redet praktisch mit niemandem mehr über die Mondlandung.
- Die Astronauten sprachen die Bodenkontrolle nicht mit »Mission Control« an, sondern mit »Houston«.
- Die Apollo-Missionen nach Nr. 11 waren kein »schnelles Hin-und-wieder-Zurück«. Vielmehr dauerten sie von Mal zu Mal länger.
- 1969 gab es keine »Farb-Video-Kameras«, die man auf den Mond hätte mitnehmen können.

Und: Otto Binder war weniger ein NASA-Mitarbeiter als ein fleißiger Science-Fiction-Autor. Er schrieb Bücher wie *Flying Saucers are Watching Us, Night of the Saucers* (1971) und anderes mehr.

Aber haben Sie etwas gemerkt? Während ich mir so meine Gedanken mache, ob die Astronauten auf dem Mond UFOs gesehen haben könnten, habe ich die Mondlandung glatt gekauft: Die Astronauten haben UFOs auf dem Mond gesehen? Ist es nicht viel spannender, darüber zu diskutieren als über Flaggen, Schatten und Gegenlichtaufnahmen? Und kaum diskutiert man über diese Möglichkeit, hat man die Mondlandung schon akzeptiert. Die angeblichen UFO-Sichtungen auf dem Mond sind also eine wirksame Methode, den Leuten die Mondlandung unterzujubeln, ohne daß sie es groß merken. Ich nenne das die UFO-Falle.

Die Quelle für diesen aufgesetzten Mythos läßt sich nicht genau feststellen. Fest steht nur, daß in den Vereinigten Staaten ab Mitte der neunziger Jahre mehrere Bücher zu diesem Thema erschienen sind. So etwas nenne ich einen Co-Mythos oder ein Co-Rätsel. Co-Mythen oder -Rätsel sind dazu da, den Hauptmythos zu verkaufen. Das gehäufte Auftreten solcher Co-Rätsel oder -Mythen konnte man zuletzt nach dem 11. September 2001 beobachten. Da wurde über Fragen nachgedacht, die nur dann einen Sinn machten, wenn man das Hauptereignis als gegeben annahm. Zum Beispiel löste die Frage, ob sich die US-Regierung hinsichtlich Al-Qaida nachlässig gezeigt hatte oder nicht, hitzige Debatten aus. In der Hoffnung, hier einen Skandal aufdecken zu können, verbissen sich sowohl Oppositon als auch 9/11-Skeptiker in diesen hingeworfenen Knochen und akzeptierten die Existenz einer internationalen Terrororganisation namens Al-Qaida. Es gibt noch viele Beispiele dieser Art.

Die einfachste Annahme ist die richtige

Also, was nun: Landeten die Apollo-Astronauten wirklich auf dem Mond oder nicht? Natürlich würde man dazu auch gern die NASA fragen, doch die gibt sich auf entsprechende Anfragen zugeknöpft. Am 6. Mai 2005 habe ich eine kleine Auswahl offener Fragen an die Raumfahrtbehörde geschickt, bis Redaktionsschluß dieses Buches jedoch keine Antwort erhalten. Bis jetzt hat sich im wesentlichen nur ein NASA-Mann namens Brian Welch vor die Kamera getraut, und zwar in *Conspiracy Theory: Did we land on the moon?* Sehen wir uns an, was er da zu sagen hatte: »Es wird immer Leute geben, die an irgendwelche albernen Theorien glauben. Und die Vorstellung, daß wir die Mondlandungen irgendwie vorgetäuscht haben könnten, ist wirklich ziemlich absurd.« Und: »Manche Theorien reichen von unglaublich kompliziert bis unglaublich dumm.« Stimmt. Aber: »Die Argumente derjenigen, die glauben, daß die Mondlandungen nur ein Schwindel waren, sind sehr durchdacht, und das müssen sie auch sein, um eine solche Theorie zu rechtfertigen.« Immerhin – doch ein Lob für die Skeptiker. Leider sind Welchs Argumente keineswegs durchdacht: »Denn letztlich gibt es Beweise für die Landungen, die unwiderlegbar sind. Und das sind die Fußabdrücke, die Abdrücke der Stiefel, die immer noch auf der Mondoberfläche zu finden sind.«

Gut gebrüllt – es fragt sich nur, wer mal nachsehen könnte, ob diese Fußabdrücke auch wirklich dort sind. Und dann verordnet er Ruhe: Die Skeptiker stellen einfach so viele Fragen, daß es gar keinen Sinn hat, sie zu beantworten:

> »Es wurde schon so oft behauptet, die von den Apollo-Astronauten gemachten Bilder seien gefälscht, so viele Fragen sind diesbezüglich aufgeworfen worden, es wäre zwecklos, sie alle beantworten zu wollen.«

So kann man es natürlich auch machen. Doch plötzlich schöpft man wieder Hoffnung auf eine inhaltliche Auseinandersetzung:

> »Die vorgebrachten Argumente sind in allen Belangen irrtümlich, wenn man sie vom optischen, physikalischen, wissenschaftlichen und vom geschichtlichen Standpunkt betrachtet.«

Jetzt müßte es eigentlich losgehen mit den Gegenargumenten, aber Welch sagt nur: »Und es ist sehr viel Effekthascherei dabei.«

Das sagen ausgerechnet die Top-Effekthascher von der NASA. Dann fällt ihm doch noch eines der gängigsten Argumente ein:

> »Es gab wahrscheinlich eine Viertelmillion Menschen, die direkt am Apollo-Programm beteiligt waren, und noch eine halbe Million darüber hinaus. Eine Dreiviertelmillion Menschen können kein so großes Geheimnis für sich behalten, das ist unmöglich.«

Wenn das so wäre, ließe sich überhaupt keine militärische Operation durchführen, siehe oben. Welchs Diktum: »Entscheidend ist letztlich, daß die Vereinigten Staaten in den sechziger und siebziger Jahren auf dem Mond gelandet sind. Ende der Geschichte.«[252]

Das klingt ziemlich nervös. Wahrscheinlich liegt es an Leuten wie Welch, daß die NASA die Schlacht um die Mondlandung lieber »outgesourct« hat, wie es neudeutsch so schön heißt. Und zwar an Menschen wie den Astronomen Phil Plait von der Sonoma University nahe San Francisco, den ich zusammen mit Willy Brunner für den Film *Die Akte Apollo* interviewt habe. Oder eben an die Webseite *clavius.org*, die ich ebenfalls schon mehrfach zitiert habe. Deren Betreiber Jay Windley tritt auch in Fernsehdokumentationen zur Verteidigung der Mondlandung auf. Solche vorgeschobenen Außenposten sind sehr viel besser, denn sollten sich ihre Betreiber vergaloppieren, wäre das nie eine offizielle Meinung der NASA. So heiß ist das Eisen der Mondlandung. Sollten sie sich aber behaupten, wäre das auch ein Sieg für die Raumfahrtbehörde.

Werfen wir – stellvertretend für viele andere – einen Blick auf zwei ranghohe und ehrenamtliche Verteidiger der NASA, die hierzulande den Kopf für die Mondlandung hinhalten. Dabei picke ich mir nicht irgendwelche Fachleute heraus, sondern zwei ausgewiesene Experten in Sachen Raumfahrt und Astronomie. Werden sie es schaffen, uns von der Authentizität der Mondlandung zu überzeugen, so daß wir alle vorher angestellten Überlegungen wieder zu den Akten legen können? Beide sind akademische Schwergewichte. Der erste ist Professor Dr. Harald Lesch

Professor Lesch in Aktion

vom Institut für Astronomie und Astrophysik der Universität München. Der Professor ist eine feste Größe im bayerischen Wissenschaftssender *BR alpha*, wo er die populärwissenschaftliche Sendung *Alpha Centauri* moderiert. Der zweite ist Professor Dr. Ulrich Walter, Professor für Raumfahrt an der TU München, Autor von mehr als vierzig Büchern zum Thema Weltraum und Raumfahrt. »Walter ist Mitglied im Kuratorium des Deutschen Museums München und des Science- und Technologie-Centers Freiburg. Er ist Träger des Bundesverdienstkreuzes Erster Klasse und der Wernher-von-Braun-Medaille«[253].

Beginnen wir mit Professor Harald Lesch. Auch Lesch weiß, was wir an unserer Mondlandung haben. »Vom 20. Jahrhundert werden viele grausame Bilder bleiben, aber nur wenige positive Dinge. Eines davon ist die Mondlandung«, soll er einmal gesagt haben.[254] Vor einigen Jahren gab Lesch im Rahmen einer Folge der Wissenschaftssendung *Alpha Centauri* den Anwalt in Sachen Mondlandung.

»Aufklärung ist der Ausgang des Menschen aus seiner selbstverschuldeten Unmündigkeit«, zitiert Lesch zu Beginn der Sendung Immanuel Kant: »Unmündigkeit ist das Unvermögen, sich seines Verstandes ohne Leitung eines anderen zu bedienen.«

Und weiter:

> »Fangen wir mit den wissenschaftlichen Argumenten an. Erstens: Der Amerikaner war auf dem Mond. Zweitens: Der Russe war auch auf dem Mond. Der Russe war nicht selbst auf dem Mond, aber immerhin hat er

einen Roboter dahin gebracht, der hat ein paar Gramm Mondgestein auf die Erde gebracht... die russische Maschine Lunochod... und das wurde untersucht im Labor. Es hat die gleiche Zusammensetzung wie die fast 400 Kilogramm amerikanischen Mondgesteins. Also, entweder die Russen waren auch an der Verschwörung beteiligt, da müssen sie sich allerdings interessant verstanden haben, denn damals, als das passierte, gab es ja noch diese Auseinandersetzung zwischen den Systemen, nicht? Westen gegen Osten. Aber offenbar ist an dieser Verschwörung der halbe Planet beteiligt gewesen.«

Harald Lesch spielt auf den Kalten Krieg an. Allerdings war der in manchen Bereichen ein Scheingefecht. Zum einen ergänzten sich die Raumfahrtprogramme der Sowjets und Amerikaner, so daß man fast den Eindruck einer gewissen Arbeitsteilung bekommen konnte. Zum anderen hing die Sowjetunion stark von Unterstützung von außen ab, zum Beispiel von amerikanischen Weizenlieferungen. Drittens hat »der Russe« zwar tatsächlich zwei Robotfahrzeuge zum Mond geschickt, nämlich Lunochod 1 und Lunochod 2, allerdings haben diese kein Mondgestein zurückgebracht. Sie stehen – hoffentlich – noch heute auf dem Erdtrabanten. Was Lesch wahrscheinlich meint, sind die sowjetischen Lunasonden, die einige hundert Gramm Mondgestein zurückgebracht haben sollen. »Was wissen wir vom Mondgestein?« fragt Harald Lesch: »Klar, der Mond ist Erdmantelgestein, allerdings ohne Wasser.« Dieser Aussage kann man entnehmen, daß das Mondgestein praktisch aus Erdgestein besteht, bis auf einen kleinen Unterschied – es fehlt ihm das Wasser. Für die Mondlandung ist das kein besonders überzeugendes Argument, schon eher für die unglaubliche Ähnlichkeit von Erd- und Mondgestein. Und weiter geht es mit dem Thema Strahlung: »Fangen wir mit dem Strahlungsgürtel an. Es gibt die Mär, daß ein Flug durch den sogenannten Van-Allen-Strahlungsgürtel für die Astronauten absolut tödlich gewesen sein muß.« Anschließend nimmt Lesch an, der Van-Allen-Gürtel dehne sich 40 000 Kilometer in den Raum hinein aus, und die Astronauten hätten neunzig Minuten gebraucht, um ihn zu durchqueren. »In den neunzig Minuten haben die eine Strahlungsleistung von zwei Millisievert aufgenommen. Nur mal zum Vergleich: In amerikanischen Regeln für die Strahlenbelastung am Arbeitsplatz sind fünfzig Millisievert die Minimaldosis. Kann ein bißchen mehr sein. Also die Astronauten haben zwei Millisievert bekommen, als sie durch den Van-Allen-Gürtel geflogen sind.«

Minimaldosis? Heißt das, »der Amerikaner« darf erst anfangen zu arbeiten, wenn er mindestens 50 Millisievert abbekommt? Oder meint Lesch vielmehr die Maximaldosis? Wahrscheinlich. Und in welchem Zeitraum muß/darf man die 50 Millisievert abbekommen?

Und wie kommt Lesch auf 2 Millisievert für 90 Minuten, also 1,3 Millisievert pro Stunde? Bekanntlich kann die Dosisleistung im inneren Van-Allen-Gürtel bis zu 200 Millisievert pro Stunde betragen, und zwar hinter einer etwa 3 Millimeter dicken Aluminiumschicht. Und das ist noch ein niedriger Wert. Andere Quellen veranschlagen durchschnittlich 600 Millisievert pro Stunde. Also ein Vielfaches des von Lesch angegebenen Wertes.

Weiter im Text: Warum gibt es keinen Triebwerkskrater auf dem Mond, und warum liegt kein Staub auf den Landefüßen der Fähre? »Auf dem Mond gibt es keine Atmosphäre«, so Lesch. »Das heißt, was immer mit dem Triebwerk da aufgewirbelt worden ist, ist einfach wieder zurückgefallen.« Eben – also müßte der Staub auch auf den Landefüßen der Mondfähre liegen – tut er aber nicht.

»Zweitens: Das Triebwerk ist natürlich abgeschaltet worden.« So natürlich ist das gar nicht. Besser gesagt: Es ist ganz einfach falsch, jedenfalls widerspricht es der offiziellen NASA-Version. Die offizielle Abschrift des Funkverkehrs ergibt, daß die Triebwerke erst nach der Landung abgestellt wurden. Landekrater unter dem Triebwerk finden sich auch in NASA-Grafiken von der Mondlandung, und auch Wernher von Braun hat in seinen Szenarien ausdrücklich einen Landekrater angenommen. Warum es dann keinen gab, ist keineswegs klar, sondern ein Rätsel.

»Warum gab es bei dem Start der Landefähre von der Mondoberfläche keine Flamme?« greift Lesch ein weiteres Argument auf. »Ganz einfach: Der Treibstoff, der verwendet worden ist, macht keine Flammen beziehungsweise so schwache Flammen, daß man sie nicht hat sehen können«, was aber nicht stimmt, wie die Fotos von den Shuttle-Düsen beweisen, die mit fast demselben Treibstoff laufen wie die Triebwerke der Landefähre.

Fotos von Prüfständen beweisen, daß die Triebwerke der Landefähre selbst bei irdischem Tageslicht sichtbare Flammen produzierten. Also hätte man die Flammen vor dem Hintergrund des rabenschwarzen Mondhimmels erst recht sehen müssen. Außerdem wurde selbst in den Pressemappen der Apollo-Missionen von einer sichtbaren Triebwerksflamme ausgegangen. Des weiteren zeigen viele NASA-Grafiken aus der Zeit vor der Mondlandung eindeutig Triebwerksflammen unter der Landefähre. Sogar die Szenarien von Wernher von Braun und die Gemälde des Astronauten Alan Bean zeigen eine Flamme unter den Triebwerken der Landefähre.

»So und jetzt kommen wir zu etwas ganz Perfidem: Das ist nämlich die Sache mit den Schatten. Das Argument der Verschwörungsfreunde ist immer: Ja, also, auf dem Mond gibt's doch nur eine Beleuchtungsquelle – die Sonne. Wieso sehe ich denn da verschiedene Schatten, als wäre da von verschiedenen Seiten Beleuchtung gekommen? Das war doch sicherlich die Flutlichtanlage in irgendeiner Halle in Area 51 in New Mexico oder in Nevada...«

Hier hat Herr Lesch möglicherweise etwas nicht richtig verstanden. In der Regel ist nicht von verschiedenen Schatten die Rede, sondern von nicht parallelen Schatten.

> »Der Mond hat ein Rückstrahlvermögen, eine sogenannte Albedo, das gehört zu den höchsten, die wir überhaupt kennen. Das heißt, wenn Sie da oben stehen, dann wird nämlich nicht nur von der Sonne gestrahlt, sondern das reflektierte Licht von allen möglichen Seiten fällt... oder strahlt an Ihnen vorbei und erzeugt andere Schatten.«

Klar, das ist schließlich auch der Grund, warum wir beim Skifahren im Schnee bei hellem Sonnenschein regelmäßig von zahlreichen Schatten verfolgt werden. Denn die Albedo von irdischem Schnee liegt weit über der Albedo der Mondoberfläche, nämlich bei 0,5 bis 0,9. Das heißt, daß irdischer Schnee 50 bis 90 Prozent des einfallenden Lichtes wieder abstrahlt. Der Mond dagegen nur

12 Prozent (Albedo 0,12). Dennoch sehen wir nicht einmal in irdischem Schnee mehrere Schatten. Und auch Gegenlichtaufnahmen werden von der Albedo des irdischen Schnees nicht ausgeleuchtet.

»Auf diese Weise kann man die ganze Latte der Argumente dieser Verschwörungstheoretiker aushebeln.« Leider aber war das gar nicht »die ganze Latte«, noch nicht einmal der wichtigste Teil davon. Auf einige der wichtigsten Zweifel geht Lesch erst gar nicht ein: die merkwürdige Konstruktion und mangelnde Erprobung der Landefähre, den fehlenden Triebwerkslärm im Funkverkehr, die asynchronen Liveaufnahmen, die enormen Risiken einer »echten« Mondlandung, das allzu irdische Mondgestein und vieles andere mehr. Aber »diejenigen, die an so etwas glauben, die lassen sich natürlich von wissenschaftlichen Argumenten« nicht beeindrucken, meint er. Und zwar »weil sie natürlich behaupten, die Wissenschaft und die Wissenschaftler und Wissenschaftlerinnen sind alle an dieser großartigen Verschwörung beteiligt«.

Das war also einer der beiden prominenten Verteidiger der Mondlandung in Deutschland. Professor Lesch ist übrigens Mitglied der Kommission »Astronomie in Unterricht und Lehramt«.

Der andere ist, wie gesagt, Hochschullehrer und Astronaut: Professor Ulrich Walter von der Technischen Universität München. Im Januar 2005 veröffentlichte er einen Artikel über die Zweifel an den Mondlandungen in dem Wissensmagazin der *Süddeutschen Zeitung*. »Und ob«, polterte trotzig die in den Farben der US-Flagge gesetzte Überschrift seines Artikels: »Die NASA war gar nicht auf dem Mond? Quatsch, sagt der Astronaut Ulrich Walter.«

Was dieser Anfang gar nicht vermuten läßt: Walter befleißigt sich dann doch erheblich leiserer Töne als sein Kollege Lesch. Ebenso wie Lesch bekennt Walter, von zahlreichen Menschen auf die möglicherweise gefälschte Mondlandung angesprochen worden zu sein. Und an den Äußerungen Walters merkt man dann auch, was es mit dem ganzen Gepolter wirklich auf sich hat: Es sind Rückzugsgefechte. Die Mondlandung ist nicht mehr zu halten und entschwindet in Regionen des Religiösen, wo allein der Glaube zählt: »Einen knallharten Beweis, daß zwölf Amerikaner auf dem Mond waren, kann es nicht geben«, schreibt Walter,

»genauso wenig wie einen Gegenbeweis.« Exakt dadurch zeichnet sich auch Gott aus – daß man seine Existenz weder beweisen noch widerlegen kann. Anschließend entwirft Walter eine ganz neue Erkenntnistheorie: »Wirklich beweisen lassen sich nur jetzt existierende Tatsachen. (...) Die Vergangenheit existiert aber nicht mehr. Jeder Versuch, mittels Fotos, Erinnerungen oder Argumentationsketten Tatsachen in der Vergangenheit zu beweisen, ist zum Scheitern verurteilt.« Ein kühner Satz, mit dem Walter nicht nur große Teile der Wissenschaft, sondern auch der Geschichte, der Rechtsprechung, des Alltagslebens und des menschlichen Selbstverständnisses überhaupt hinwegfegt. Wenn das so ist, sind ganze Disziplinen der historischen Forschung überflüssig. Und dann könnte man zum Beispiel auch jeden Straftäter entlassen, weil die Straftat ja prinzipiell nicht beweisbar ist. In Wirklichkeit kann man aber einen in der Vergangenheit liegenden Vorgang, wie etwa ein Verbrechen, prinzipiell sehr wohl beweisen – zum Beispiel anhand von objektiven Tatbeständen wie Fingerabdrücken oder DNA-Spuren. Nur der Weltraum ist eben ein neuer Schauplatz in der Geschichte des Menschen, in dem sich prinzipiell nur sehr wenig beweisen läßt – und zwar weil er bis auf die »Täter« für niemanden zugänglich ist. Nachdem Walter uns die Vergangenheit als Erkenntnisquelle ausgeredet hat, hat er noch eine zweite erkenntnistheoretische Umwälzung zu bieten: »Wir sollten diejenige Theorie über Verhältnisse in der Vergangenheit favorisieren, die die Fakten der Gegenwart am einfachsten erklärt.« Oder: »Die einfachste Annahme ist wahrscheinlich die richtige.«[255] Die Gültigkeit einer Theorie verhält sich also proportional zu ihrer Schlichtheit. Die Botschaft, auf die sich solche Verteidiger der Mondlandung zurückziehen, lautet: Kehren wir doch zurück zum Mythos. Denn der liefert immer noch die einfachsten Annahmen. Und genau das müssen wir auch, sonst werden wir es schwer haben, an die Mondlandungen zu glauben.

Die beste Simulation aller Zeiten

Bemerkenswert ist, daß die ersten, die sich über die Mondlandungen lustig machten, nicht Bill Kaysing, Ralph René oder sonstwie hießen, sondern Alan Bean und Pete Conrad, die Astronauten von Apollo 12. Sie glauben mir nicht? Nun: Auf den vergangenen Seiten habe ich einige wichtige Kritikpunkte der Mondlandungsskeptiker aufgezählt. Statt Sonne vermuten sie Scheinwerfer, statt Landefähren Modelle, statt Vakuum sehen manche auch Anzeichen für Wind auf dem Mond, und statt einer Mondlandschaft vermuten sie Kulissen. Und damit sind sie nicht so allein, wie manche vielleicht glauben, sondern in bester Gesellschaft – und zwar in Gesellschaft der Apollo-12-Astronauten.

Als Conrad aus dem Schatten der Landefähre heraustritt, sagt er: »Junge, ist die Sonne hell. Sieht fast so aus, als hätte jemand einen Scheinwerfer in der Hand...« Als er wenig später Bodenproben sammelt, gluckst er: »Ich sag dir ... weißt du, diese Sonne ... es ist wirklich, als hätte jemand ein superhelles Spotlicht angemacht...« Auch über den fehlenden Landekrater wundert er sich: »Das Landetriebwerk – es ist genau wie bei Neil. Es hat überhaupt keinen Krater gegraben!« Oder: »Sieh dir das Landetriebwerk an – es hat nicht einmal ein Loch gegraben!«

»Diese amerikanische Flagge sieht nett aus, gleich da neben der Landefähre, nicht wahr?« sagt er als nächstes. »Sieht aus wie ein Modell.« Über eine Folie zur Messung des »Sonnenwindes« sagt er: »Es sieht so aus, als würde der Wind hineinblasen.« Als Alan Bean nach Hülsen und Tüten für Bodenproben sucht, murmelt er: »Wenn ich es nicht besser wüßte, würde ich glauben, daß der Sonnenwind hier dermaßen stark bläst, daß er die Tüten in die falsche Richtung weht.«

Es bleibt ein seltsamer Nachgeschmack. Könnte es vielleicht sein, daß man hier in Wirklichkeit einer Simulation lauscht? Denn simuliert wurden die Apollo-Missionen natürlich, und zwar bis ins Detail – mit Apollo-Kapseln, Landefähren, Mondspaziergängen und allem Drum und Dran. Jeder Handgriff wurde geübt – nicht nur im Raumschiff, sondern auch auf der »Mondoberfläche«. Als beispielsweise Alan Bean (Apollo 12) Pete Conrad einen Bolzenschneider zum Trennen eines Kabels gab, war genau diese Geste bereits x-mal auf der Erde geübt worden.

Mit einer Simulation ist das ein wenig wie mit einer Generalprobe. Im Grunde ist die Generalprobe nicht von der Premiere zu unterscheiden. Deshalb lassen die meisten Theater auch zu den

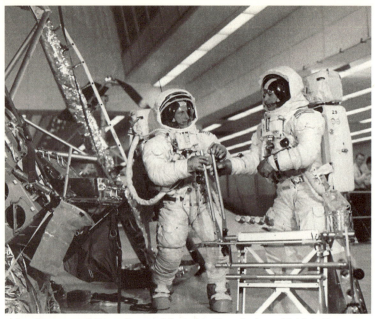

Alan Bean und Pete Conrad bei der Simulation. NASA-Foto KSC-69PC-0549

Generalproben Zuschauer zu. Die Generalprobe hat hundertprozentig genauso abzulaufen wie die Premiere. Mit einer Simulation ist es exakt dasselbe. Und zweifellos wurde dabei auch der Funkverkehr bis ins Detail simuliert, als ob man sich auf dem Mond befände. Wahrscheinlich würde man sich schwertun, den Funkverkehr einer Simulation vom Funkverkehr zwischen Mond und Erde zu unterscheiden. Erst recht, wenn dieser Funkverkehr nie geführt worden sein sollte. Dann nämlich würde man Simulationen mit Simulationen vergleichen. Und wenn man die vielen hundert Seiten der Funkprotokolle von Apollo 12 durchblättert, dann bekommt man auch das Gefühl, einem Volleyballspiel an einem Samstagnachmittag zu lauschen und nicht den beschwerlichen Schritten der Gattung Mensch auf einem fremden und tödlichen Himmelskörper. Während manchen schon die Angst befällt, wenn er mitten auf dem großen irdischen Ozean in einem Schlauchboot sitzt, lassen sich die beiden Menschen auf dem Mond von ihrer Verlassenheit die Laune nicht verderben. Könnte es vielleicht sein, daß man der Öffentlichkeit einfach die Simulationsbänder als echten Funkverkehr vom Mond untergejubelt hat? Daß es sich also bei dem Apollo-12-Funkverkehr um eine Simulation gehandelt hat? Das wäre natürlich eine wilde Spekulation, wenn, ja wenn Houston das nicht selbst gesagt hätte. Bei einer Missionszeit von 131 Stunden und 51 Minuten von Apollo 12 sagte Houston: »Es ist die beste Simulation, die wir je hatten.« Ein Witz? Vielleicht. Allerdings lachte niemand.

Ein kleiner Schritt für die NASA...

Haben die Vereinigten Staaten die Mondlandungen also simuliert? Natürlich haben sie das – alles andere wäre ja sträflicher Leichtsinn gewesen. Die Frage muß vielmehr lauten, ob die USA die Mondlandungen *nur* simuliert haben.

Deshalb braucht es auch keine große Verschwörung zur Durchführung der Simulation. Wenn überhaupt, dann braucht es eine Verschwörung zur Verwendung der Simulation als Mondlandung. Das wäre der eigentliche Skandal. Auch insofern gehen die Argumente, die sich auf die Geheimhaltung einer solchen »großen Verschwörung« beziehen, ins Leere.

Die Frage lautet deshalb: Hätte man mit den einzelnen Komponenten des Simulationssystems der NASA tatsächlich eine komplette Mondlandung durchziehen können? Werfen wir zuerst einen Blick auf die Simulatoren des Kommandomoduls bzw. der »Kapsel«, wie es gemeinhin heißt. Wie der Name »Command Module Mission Simulator« schon sagt, waren die entsprechenden Simulatoren zur Durchführung einer gesamten Mission geeignet – bis auf Landung und Start vom Mond. Das war Aufgabe des »Lunar Module Simulators«. Mit Hilfe des CM-Simulators konnten die Funktionen des Raumschiffs ebenso simuliert werden wie die Flugeigenschaften. In ihm konnten die Astronauten alles tun, was auf einer Mondreise auch zu tun gewesen wäre, nämlich das Raumschiff bedienen, steuern und sogar navigieren. Alles war täuschend echt, bis hin zu akustischen und optischen Signalen. Auch die Abstimmung der Bewegungen von Kapsel und Landefähre konnte simuliert werden. Das ist aber noch nicht alles. Darüber hinaus konnten auch Probleme bis hin zum einge-

Pilot Richard Gordon im Simulator der Kommandokapsel, die immer gut gelaunten Pete Conrad und Alan Bean im Simulator der Landefähre. (NASA-Fotos S69-56702 und KSC-69P-814)

schränkten Betrieb des Raumschiffs simuliert werden. Eine Mission wie die der verunglückten Apollo 13 durchzuspielen, wäre also überhaupt kein Problem gewesen. »Jeder Simulator ist für normale, Not- und Abbruchsituationen programmiert. Damit sich die Crew auf nahezu jede Situation vorbereiten konnte, können mehr als 1000 Trainingsprobleme in den Simulator eingespeist werden.« Und das Beste: Dieser Simulator konnte dem Kontrollzentrum eine echte Kommandokapsel »vorspielen«, und zwar durch die Übertragung von Meßwerten aus der Simulator-Kapsel in das Kontrollzentrum.[256]

Das Kontrollzentrum (also »Houston«) konnte entweder mit echten Raumkapseln im Weltall verbunden werden oder aber mit dem Computer- und Simulatoren-Netzwerk auf der Erde, mit dem man ebenfalls eine komplette Mission »fahren« konnte:

Astronauten beim Training in »Mondlandschaft« – vergrößert man den Kontrast und denkt sich noch ein paar Helme hinzu, ließe sich die Szene nicht mehr vom »Mond« unterscheiden. (NASA-Foto 72-H-249) Abgesehen davon, daß hier ein Astronaut zuviel im Bild ist.

»Simulationen waren einfach durchzuführen. Die Instruktoren klemmten einfach die externen Stationen des Manned-Spaceflight-Netzwerks ab und speisten einen entsprechenden Strom von Daten ein, der von ihrem eigenen Bodenequipment erzeugt wurde... Die Controller im Mission Control Center wußten weder, wo die Daten herkamen, noch kümmerten sie sich darum.« Dies war »absichtlich so vorgesehen, damit sich Simulationen nicht von echten Missionen unterscheiden ließen«.[257]

Spinnen wir den Faden noch einen Moment weiter: Daß die Controller weder wußten noch sich darum kümmerten, wo die Daten eigentlich herkamen, kann darüber hinaus auch heißen: Es ging sie nichts an. Sie hatten ihren Job zu machen, in den Bildschirm zu starren und Datenflüsse zu verwalten. Mehr wurde weder erwartet noch verlangt. Erinnert sich vielleicht jemand an die Szene aus *Unternehmen Capricorn*, bei der plötzlich ein Controller von seinem Platz aufsteht und seinem Vorgesetzten mitteilt, die Daten kämen gar nicht aus der behaupteten Richtung, sondern aus einer ganz anderen? Das ist sozusagen eine filmische Verdichtung. In Wirklichkeit würde der Controller gar nicht merken, woher die Daten kommen – ob aus dem All oder aus dem Simulator. Und wenn er es merken würde, würde er kein großes Aufhebens davon machen, denn das war schließlich ganz normal. Der Job bestand nun mal zu 99 Prozent aus Simulationen. Ob er vielleicht sogar zu 100 Prozent aus Simulationen bestand, ist eben die große Frage. Aber während der »Live-Übertragung« der Mondlandung hat man doch Bilder aus dem Kontrollzentrum gesehen! Wenn das alte Bilder gewesen wären, wäre das den Controllern doch aufgefallen. Etwa so:

»Hallo, Sir!«
»Was gibt's, Miller?«
»Diese Bilder da gestern bei der Mondlandung – das waren doch alte Bilder von unserer Simulation von vor vier Wochen!«
»Wie kommen Sie denn auf so etwas?«
»Na, ich hatte genau dieses alte Hemd an, das ich am Tag danach weggeworfen habe, deswegen weiß ich es genau!«
»Ah, ja? Nun wahrscheinlich ist einfach eine alte Aufnahme in die Liveübertragung gerutscht. Schönen Tag noch, Miller.«

Kann doch mal passieren – wer wird denn da gleich etwas Schlimmes vermuten? Aber wenn man sich die Bilder, die während der Livesendung aus dem Kontrollzentrum übertragen wurden, einmal ansieht, stellt man fest, daß hier keinem Menschen etwas aufgefallen wäre. Die Bilder sind fast so unscharf wie die ersten TV-Aufnahmen vom Mond. Es handelt sich um offenbar von einer Überwachungskamera stammende, nichtssagende Totalen oder Halbtotalen, auf denen sich nicht mal die Controller selbst erkannt hätten und die zudem seitlich von hinten aufgenommen wurden. Man sieht also keine Gesichter.

Womit wir auch schon wieder beim Thema »whistleblower« sind – warum haben nicht reihenweise Leute geplaudert? Erstens,

Von Begeisterung keine Spur: Kontrollzentrum Houston im Moment der Mondlandung gemäß Wiederholung der Livesendung vom 21. Juli 1969 durch Phoenix

weil man, um hier irgend etwas zu bemerken, sich erst mal selbst auf den Bildern erkennen müßte. Zweitens, weil die Organisation technisch und personell, wie ich an dem Beispiel Stuhlinger schon einmal angedeutet hatte, eine Zellenstruktur besaß. Jede einzelne Zelle war mit der anderen über eine Schnittstelle verbunden. Über diese Schnittstelle lieferten die Zellen Outputs und bekamen Inputs. Inputs und Outputs hatten ein genormtes Format. Wenn sich eine andere Zelle an dieses Format hielt, konnte die empfangende Zelle nicht unterscheiden, ob die Daten nun »echt« waren oder nicht. Ob die Daten echt waren, interessierte keinen, sondern nur, ob sie dem vorgeschriebenen Format entsprachen. Das beste Beispiel ist das Kontrollzentrum. An dessen Schnittstelle konnten entweder fliegende Raumschiffe oder Simulatoren angedockt werden. Wenn Sie einen Computer haben, der ein gefälschtes Bild anzeigt, dann interessiert es den Computer ja auch nicht, ob das Bild falsch ist, sondern nur, ob es zum Beispiel das Format jpg hat. Wenn ja, wird es angezeigt – so einfach ist das. Wobei sich in diesem Zusammenhang die Frage aufdrängt: Was ist überhaupt noch »echt«? Angesichts der umfassenden Simulationskapazitäten der NASA verliert dieser Begriff bei der Mondlandung fast jede Bedeutung.

Drittens bestand das »Fußvolk« der Mondlandung hauptsächlich aus kleinen Angestellten oder Soldaten, die einen Arbeitsvertrag oder eine Dienstverpflichtung unterschrieben hatten, vermutlich mit allerlei Verschwiegenheitsklauseln. Sie machten ihren Job. Was die NASA tat, wie, wann und warum, war zunächst einmal nicht ihre Sache. Und außerdem war es ein Betriebs- oder militärisches Geheimnis, für dessen Verrat man gefeuert, eingesperrt oder angeklagt werden konnte. Die liefernde Raumfahrtindustrie hätte einen »whistleblower« vielleicht sogar auf Milliarden verklagen können, wenn er das Projekt gefährdet hätte. Wes Brot ich ess, des Lied ich sing. Die meisten Leute, die immer wieder nach dem berühmten »whistleblower« fragen, haben anscheinend noch nie in ihrem Leben einen Arbeitsvertrag unterschrieben oder einen Eid geleistet.

Doch zurück zu den Simulatoren. Der zweite, wichtige Simulator heißt »Lunar Module Mission Simulator«. Benutzt wurde er in den Jahren 1968 bis 1972, also exakt in den Jahren der Apollo-Flüge und damit vergleichsweise spät. Denn eigentlich hätte man meinen sollen, daß das Training in diesen Simulatoren schon

Mit dem Simulator der Apollo-Landefähre konnte die gesamte Mondlandung detailgetreu durchgespielt werden, einschließlich einer vor die »Fenster« projizierten »Mondoberfläche«.

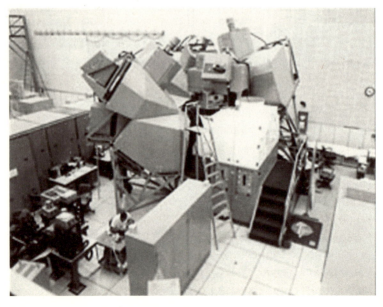

geraume Zeit früher hätte beginnen sollen. Der »Lunar Module Mission Simulator« bestand aus einer naturgetreuen Kabine und vier großen Projektoren, die Bilder von einer künstlichen Mondoberfläche vor die Fenster projizieren konnten. Die Instruktoren konnten alle möglichen Mißgeschicke in die Simulation einbringen. Die Bilder der Kameras, die die künstliche Mondoberfläche filmten, wurden vor die Fenster der »Landefähre« geworfen, so daß die Astronauten den Eindruck hatten, wirklich auf dem Mond zu landen. »In Vorbereitung auf die dreitägigen Aufenthalte auf dem Mond übernachteten die Astronauten sogar in diesem Gerät.«[258]

Also alles sehr naturgetreu. Nun war es aber so: Hatte man einen Simulator, brauchte man im Prinzip kein funktionierendes Raumschiff. Erinnern Sie sich an die Berichte über die zahlreichen Fehlfunktionen in der Landefähre? Bei einer Simulation konnte das nur virtuell existierende Raumschiff in zwei Komponenten aufgespalten werden: in ein Funktionsmodell (den Simulator) und in optische Modelle für die Foto- und TV-Aufnahmen. Immer vorausgesetzt, die Mondlandung wurde nur simuliert. Apropos Landung: Wie hätte man eigentlich die TV-Aufnahmen herstellen können, auf denen man aus dem Fenster der Landefähre die Mondoberfläche näher kommen und sich entfernen sah? Erstens ging das vielleicht schon in dem beschriebenen Simulator, vor dessen »Fenstern« die Mondoberfläche dargestellt werden konnte.

Zweitens gab es einen riesigen Kran, der in der Lage war, eine »Landefähre« über eine große Strecke in jeder beliebigen Richtung über einer künstlichen Mondoberfläche schweben zu lassen – ideal für die Simulation eines Landeanflugs.

Aber was ist das überhaupt für ein Kran? Man muß ganz schön lange suchen, bis man nähere Angaben über ihn findet. Und das ist erstaunlich, denn in Wirklichkeit ist er eine technische Sensation. Ein wahrhafter Monsterkran, fast 80 Meter hoch und 120 Meter lang. Tatsächlich dürfte er zu den größten Brückenkranen der Welt zählen. Das Ganze nennt sich »Lunar Landing Research Facility« und gehört zum Langley Research Center der NASA. Offiziell handelt es sich ganz einfach um einen Simulator. Nun stellt sich immer die Frage, wofür man einen Simulator benutzt: zum Training oder zur Inszenierung eines Ereignisses. Der

*Langley's Lunar Landing Research Facility, L-69 6324,
28. August 1969, Vergrößerung mit Kratern*

NASA-Chronist James R. Hansen schrieb dazu einen bemerkenswerten Satz. Und zwar habe die Sputnik-Krise »Simulationsforschung und Astronautentraining absolut lebenswichtig gemacht«. Aber warum? »Zum großen Teil, weil die menschlichen Ambitionen anfingen, das menschliche Verstehen zu überholen.«[259] Man braucht einen Simulator, weil die eigenen Ambitionen die Fähigkeiten übersteigen. Der 3,5 Millionen Dollar teure (und damit vergleichsweise äußerst billige) Kran sollte fünf Sechstel des Gewichts einer »Landefähre« aufheben, die dann mit Hilfe von Wasserstoff-Peroxid-Düsen manövrieren und »fliegen« sollte. In Wirklichkeit hatte die NASA aber bereits ein »Ausbildungsgerät«, nämlich das Lunar Landing Training Vehicle (LLTV) – erinnern Sie sich? Und dann gab es ja noch den »richtigen« Simulator«, eine 1:1-Funktionskopie der Landefähre mit allem Drum und Dran (siehe oben). Oder war das gar nicht die Kopie, sondern das einzige, brauchbare Original? Mit dem Kran konnte man jedenfalls eine Menge anstellen, zum Beispiel eine saubere Mondlandung hinlegen.

Links sieht man, wie eine »Landefähre« ganz sanft auf der »Mondoberfläche« abgesetzt wird. Eine Triebwerksflamme sieht

Verschiedene Landefähren am Kran, Langley-Research-Center-Foto L-69-4361, Datum: 11. April 1967, rechts: 21. März 1969

man dabei natürlich nicht – und auch keinen Landekrater. Aber echt sieht das nicht aus: Es ist doch alles Asphalt, und im Hintergrund sieht man die Träger des Krans! Nun, das mit dem Asphalt konnte man relativ leicht beheben, und das mit dem Kran auch.

Wenn Sie mich fragen: Dies erinnert stark an die Handschrift von Walt Disney. Ein bißchen naive Mond-Malerei, Krater im Blubber-Format und liebenswert-spinnenartige Fahrzeuge, genau wie aus der Werkstatt von Daniel Düsentrieb. Die beiden Bilder könnten irgendeinem Mickymaus-Heft entsprungen sein. Um die simulierten Mondlandungen realistischer erscheinen zu lassen, hat man sich dann doch noch etwas mehr Mühe gegeben. Donald Hewes, der verantwortliche Ingenieur für die Lunar Landing Research Facility, »und seine Leute füllten den Boden unter der riesigen, achtbeinigen, rotweißen Struktur mit Erde auf und modellierten ihn, bis er der Mondoberfläche ähnelte«, schreibt der NASA- und Raumfahrt-Insider James R. Hansen. Sie errichteten nicht nur »Flutlichter an den passenden Stellen, um das Licht auf dem Mond zu simulieren«, sondern »installierten eine schwarze Wand am fernen Ende des Krans, um den schwarzen

Landefähren auf »Mondoberfläche«. Fotos: Langley Research Center, links: 28. Juni 1969, rechts: 19. Juni 1969 (L 67-3857)

Himmel des Mondes zu imitieren«. Das könnte zum Beispiel jene schwarze Wand gewesen sein, die von dem Spotlight in der »Live«-TV-Übertragung angeleuchtet wurde. »Hewes kletterte persönlich mit Spraydosen voll schwarzer Farbe in die falschen Krater, damit die Astronauten wie bei einer richtigen Mondlandung auch die Schatten sehen konnten.«[260]

Ganz schön viel Liebe zum Detail. Natürlich ist nichts dagegen zu sagen, das Training so realistisch wie möglich zu gestalten. Eine schwarze Wand am anderen Ende des Krans hätte dafür freilich nicht gereicht, denn dann hätten die Astronauten immer noch das riesige Gebilde des Krans über sich sehen können. Eine solche schwarze Wand riecht vielmehr nach Hintergrund – Hintergrund für Foto- und TV-Aufnahmen. Auf jeden Fall konnte man mit dieser Anlage trefflich Mondlandung spielen. Mit schwarzen Wänden abgeschirmt, dem Kraterboden und den Flutlichtern, die gespenstisch lange Schatten erzeugten, hätte man sicher einige schöne Aufnahmen vom Mond schießen können. Oder auch Filme von Landung und Start drehen können. Kein Mensch könnte anhand der extrem schlechten TV-Bilder von Apollo 11 sagen, ob sich die Astronauten nun auf dem Mond befinden oder vielleicht zwischen den falschen Kratern von Langley. Und für den Start gilt das erst recht. Da man dabei keine Triebwerksflamme sieht, haben Skeptiker schon oftmals vermutet, das Vehikel sei in Wirklichkeit an Seilen nach oben gezogen worden. Wie man sieht, ist dieser Verdacht nicht völlig aus der Luft gegriffen. Mit Hilfe des Krans konnten Landefähren-Modelle mit einer Geschwindigkeit von fast dreißig Stundenkilometern innerhalb von acht Sekunden sechzig Meter in die Höhe gezogen werden.[261] Ziemlich eindrucksvoll. Skeptiker wie Sam Colby, der einige der Fotos in Internetarchiven des Langley Research Centers ausgrub, vermuten, daß die TV-Aufnahmen der Starts deshalb auch schon in einer geringen Höhe enden – nämlich dort, wo man sonst den Kran sehen würde. Colby nimmt ferner an, daß das Wedeln der Flagge, das man beim Start von der Mondoberfläche sieht, von einem unter der »Landefähre« angebrachten Ventilator verursacht worden sei. Tatsächlich kann es so etwas Heißes wie ein richtiges Raketentriebwerk kaum gewesen sein. Denn die Flagge flattert wie bei einer steifen Brise, statt durch die mehreren tau-

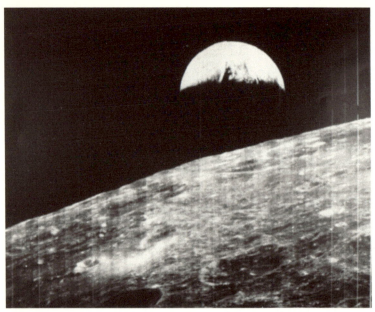

Dieses Foto der Mondsonde Lunar Orbiter machte Furore, zeigte es doch erstmals den Aufgang der Erde über dem Mond. Warum aber trägt es dann die Nummer L-66-6399? L steht für das Simulationszentrum der NASA in Langley.

send Grad heißen Gase eines Raketentriebwerks schlagartig zu einem Klumpen zu schmelzen. Vielleicht aber gibt es noch eine naheliegendere Erklärung. Denn wenn diese Übungsvehikel tatsächlich mit Wasserstoffperoxid-Düsen ausgerüstet waren, dann könnte es sich natürlich ganz einfach auch um den vergleichsweise kalten Strahl eines solchen »Motors« gehandelt haben.

Damit sind die Simulationsanlagen von Langley noch nicht vollständig beschrieben. Vielmehr konnte man in Langley auch den Anflug und den Orbit um den Mond nachstellen, und zwar mit einem drehbaren Mondmodell und einem fahrbaren Wagen, auf dem Menschen ebenso Platz hatten wie Kameras – oder Menschen mit Kameras.

Dies nennt man den Lunar Orbit and Letdown Approach Simulator (LOLA), eine 1,9 Millionen Dollar teure Anlage. Der

Mit dem Lunar Orbit and Letdown Approach Simulator (LOLA) ließen sich Anflug auf und Orbit um den Mond simulieren, oben: Nummer unbekannt, Datum: 17. Juni 1963, unten: L-65-5579, Datum: 1. August 1965

SP-4308 SPACEFLIGHT REVOLUTION

– Contents –

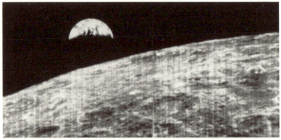

The »picture of the century« was the first view of the Earth from space. Lunar Orbiter I took the photo on 23 August 1966 on its 16th orbit just before it passed behind the moon. The photo also provided a spectular dimensional view of the lunar surface. L-66-6399

Front von Hansen: »Spaceflight Revolution« (Internetausgabe). Achten Sie auf die Nummer: L-66-6399. L wie Langley.

Mondglobus und die riesige Plakatwand wurden mit größtmöglicher Akribie ausgestaltet. Laut NASA-Kenner James Hansen reiste der »Pilot« auf Schienen zwischen den perfekt nachgebildeten Mondmodellen hin und her, wobei der Globus für die Simulation des Anfluges auf den Mond da war, die riesige Plakatwand für den niedrigen »Orbit« über der Mondoberfläche. Auch ein TV-System gehörte zu der Anlage.

Könnten mit dieser Anlage Aufnahmen »vom Mond« simuliert und anschließend der Öffentlichkeit als echt verkauft worden sein? Vielleicht kennen Sie diese, schon auf Seite 286 gezeigte Aufnahme. Sie stammt nicht von Apollo, sondern von der ersten Mondsonde der Amerikaner, die den Mond umrundete: Lunar Orbiter 1.[262] Da sie den Menschen zum ersten Mal den Aufgang der Erde über der Mondoberfläche zeigte, eroberte sie sofort zahlreiche Titelseiten und die Herzen der Menschen.

Wie alle Fotos von Raummissionen, so erhielt auch dieses eine offizielle Nummer: I-102H2.[263] Die römische Eins steht dabei für

Lunar Orbiter 1. Das Problem ist nun, daß der NASA-Insider James R. Hansen, der in seinem Buch *Spaceflight Revolution* die Simulationsanlagen des Langley Research Centers beschrieb, dem Bild eine ganz andere Nummer gab, nämlich L-66-6399. 66 steht für das Jahr 1966. Das würde also stimmen. Das L ist dasselbe L, das auch die Fotos von den Simulationsanlagen tragen. Es steht für Langley.

Natürlich habe ich daraufhin sämtliche verfügbaren TV-Aufnahmen von der Mondlandung durchgekämmt, speziell auch von Anflug und Orbit. In der Liveübertragung vom 20. Juli 1969 gibt es Bilder, die zeigen, wie sich das Apollo-Raumschiff dem Mond annähert. Zunächst einmal sieht man auf dem Mond etwas, das aussieht wie ein Spot auf der Oberfläche. Dann passiert etwas Merkwürdiges. Plötzlich schwenkt die Kamera für einige Sekunden vom Mond weg nach oben. Doch statt des schwarzen Alls sieht man dort so etwas wie einen Träger. Nach wenigen Sekunden schwenkt die Kamera wieder zum Mond zurück.

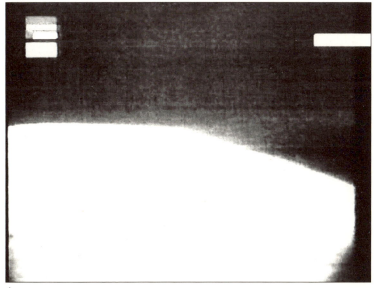

1

Bildfolge aus der TV-Liveübertragung vom 20. Juli 1969, wiederholt von Phoenix am 21. Juli 2002. Die Kamera schwenkt vom Mond weg nach oben und dann wieder zurück. Dabei gerät eine Trägerstruktur ins Bild.

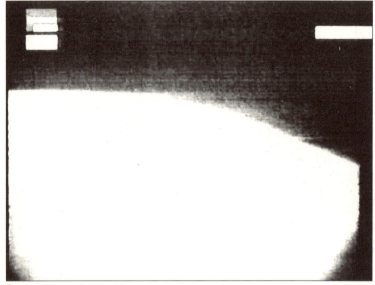

2

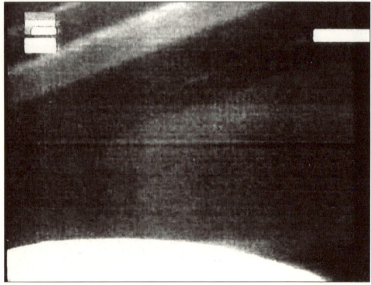

3

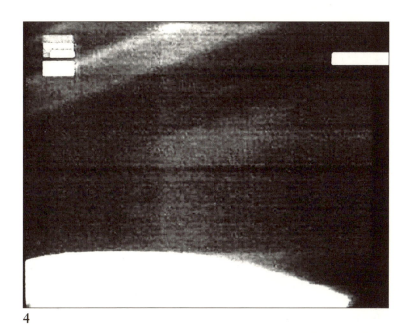

4

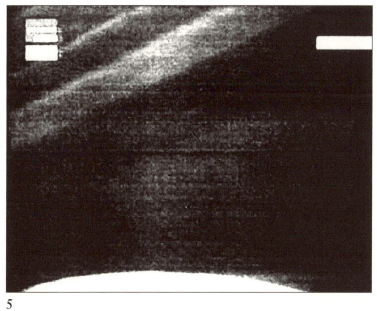

5

Ich habe versucht, diese Trägerstruktur in Langley wiederzufinden. Tatsächlich kann man die Situation ziemlich genau reproduzieren:

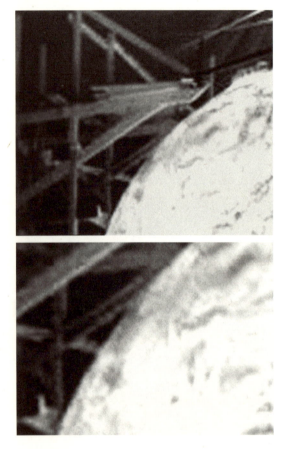

Trägerstruktur am Mondmodell in Langley L-65-5579, 1. August 1965, siehe Seite 287, Ausschnittvergrößerungen

Neben diesen Anlagen gab es noch Simulatoren für die Docking-Manöver im Weltraum, Planetarien mit Sternenhimmeln und und und... Mit den Simulationsanlagen von Langley ließ sich jede, aber auch jede Situation der Apollo-Missionen simulieren, nachstellen oder auch inszenieren – ganz, wie es beliebte. Die Grenze zwischen Simulation und totaler Inszenierung war hauchdünn – für die NASA ein winziger Schritt.

Und ein gewaltiger Sprung für die Menschheit?

Teil III: Die Herrschaft über den Globus

»Failure was not an option«

Auf jeden Fall waren die Mondlandungen ein gewaltiger Sprung für die Vereinigten Staaten – weg vom drohenden Image eines Schurkenstaates, hin zur Heimat des Wahren, Schönen, Guten. Der kulturelle und technologische Schock durch die Mondlandungen dürfte für den Rest der Welt ähnlich überwältigend und entwaffnend gewesen sein wie der Negativschock durch den 11. September. Bis heute zehren die Vereinigten Staaten von der grenzenlosen Bewunderung, die ihnen die Mondlandungen eingebracht haben. Und ich bleibe auch dabei, daß die »Eroberung« dieses uralten Menschheitsmythos die USA in den Stand einer quasi-göttlichen Nation erhoben hat. Die Mondlandungen passen in die Psychostrategie der Vereinigten Staaten aus Aufblasen, Überwältigen, Überfahren, Entwaffnen. Sie sprechen die protzige Sprache von Hollywood, dessen Helden den Rest der Welt allabendlich im »Unterschichtenfernsehen« (Harald Schmidt) mit markigen Sprüchen und dicken Waffen platt machen. Scheitern kommt für solche Rambos natürlich nicht in Frage. »Failure was not an option«, ein gängiges Motto der Mondlandung, war daher durchaus ernst gemeint. Aber wo sich Menschen extremen Risiken stellen, ist Scheitern natürlich immer möglich. Warum war es hier »keine Option«? Mit welchem bombensicheren Ticket reisten die Apollo-Astronauten zum Mond? Die Mondlandungen zu fälschen, dafür hätte es jedenfalls jede Menge gute Gründe gegeben. Erstens: Der US-Präsident stand bei seiner eigenen Nation und der Welt im Wort, bis zum Ende des Jahrzehnts einen Menschen sicher zum Mond und zurück zu bringen. Zweitens: Dies könnte Ende der sechziger Jahre technisch unmöglich gewesen sein. Der Mann im Mond – eine amerikanische Leiche? Undenkbar. Drittens gibt es aber noch einen weiteren, unwiderstehlichen Grund, und dieser Grund ist Geld. Alles in allem soll das gesamte Mondprogramm 25,4 Milliarden Dollar[264] gekostet haben, bezogen auf den Wert von 2005 sogar 135 Milliarden Dollar. Was, wenn man die »bestellte« Mondlandung dafür gar nicht hätte »liefern« müssen? In diesem Fall winkte sozusagen ein illegaler Gewinn von vielen Milliarden Dollar! Wäre das nicht ein weiteres, schlagendes Argument für die Fälschung der Mondlandung?

Aber wo gingen diese Milliardensummen gegebenenfalls hin? Persönliche Bereicherung? Vielleicht. Schwarze Finanzierung von illegalen Programmen? Möglich.

Am wahrscheinlichsten ist aber, daß eine solche Inszenierung der Mondlandung ein gewaltiger Schritt für die Rüstungsindustrie gewesen wäre, die für das »teure Geld« zum großen Teil untaugliche Raumfahrzeuge hätte abliefern können. Tatsächlich ist die Einschüchterung der Menschheit durch die Mondlandung nur die eine Seite. Die andere ist eine gewaltige Vitaminspritze für den militärisch-industriellen Komplex (MIK).

Die Macht des MIK

Diesen Begriff benutzte erstmals Präsident Eisenhower in seiner Abschiedsrede am 17. Januar 1961. Eisenhower machte sich große Sorgen:

> »Die Verbindung eines umfassenden militärischen Establishments mit einer großen Rüstungsindustrie ist neu in der amerikanischen Geschichte. Der totale Einfluß – ökonomisch, politisch, sogar spirituell – ist in jeder Stadt, jedem Staatsparlament und jedem Büro der Bundesregierung spürbar. Wir nehmen die zwingende Notwendigkeit dieser Entwicklung zur Kenntnis. Dennoch dürfen wir nicht ihre gravierenden Implikationen vergessen. (...) In den Gremien unserer Regierung müssen wir uns gegen die Eroberung unbefugten Einflusses durch den militärisch-industriellen Komplex schützen – ob beabsichtigt oder nicht beabsichtigt. Das Potential für den verheerenden Aufstieg unangebrachter Macht existiert und wird bestehen bleiben. (...) Nur eine wachsame und informierte Bevölkerung kann die ordnungsgemäße Verbindung der großen industriellen und militärischen Verteidigungsmaschinerie mit unseren friedfertigen Methoden und Zielen erzwingen, damit Sicherheit und Freiheit gemeinsam gedeihen können.«[265]

Just da setzte der militärisch-industrielle Komplex gerade an, einen gewaltigen Schluck aus der Pulle zu nehmen: in Form des Mondprogramms. Denn das Tolle war ja, daß sich der MIK dadurch neben dem militärischen Verteidigungshaushalt eine weitere Haushaltsschleuse eröffnen konnte. Im wesentlichen wird der amerikanische Haushalt in »defense« (also Verteidigung) und »non-defense« (also zivil) eingeteilt. Da das Mondprogramm über die NASA und damit über »non-defense« laufen würde, würden seine Kosten nicht als militärisch angesehen werden. Obwohl erstens Rüstungsfirmen daran verdienen würden und NASA-Entwicklungen zweitens auch militärisch genutzt werden können. Ich komme noch darauf zurück. In Wirklichkeit war es also gelungen, den Militärhaushalt aufzustocken und den Amerikanern versteckte Militärausgaben in Milliardenhöhe aufs Auge zu drücken.

Und heute? Heute leben wir in exakt jenem Alptraum, den Eisenhower am Ende seiner Amtszeit beschwor. George W. Bush ist nur noch ein Statist, der im Auftrag des MIK in die Staatskasse greift, um die militärischen Abenteuer zu finanzieren, von denen die Generäle zu Zeiten Kennedys nur träumten. Die Familie des US-Präsidenten ist sogar eng mit dem militärisch-industriellen Komplex verwoben. Als Präsident finanziert, als Oberbefehlshaber befiehlt und als indirekter Profiteur der Investmentfirma Carlyle partizipierte George W. Bush gleichzeitig an den steigenden Etats des militärisch-industriellen Komplexes.

Im Prinzip hat sich damit seit der Steinzeit nichts geändert. Wer die dicksten Keulen hat, gibt den Ton an, schnappt sich die dicke Beute und versucht, immer dickere und mehr Keulen zu bekommen, bis er über die absolute Macht verfügt. Exakt dies streben die Vereinigten Staaten an: die uneingeschränkte Macht über den Globus. Deshalb versuchen sie beispielsweise, eine Atommacht nach der anderen zu entwaffnen. Es ist ja nicht wahr, daß Nordkorea oder der Iran für die Vereinigten Staaten eine Bedrohung darstellen. Dies ist ebensowenig der Fall wie beim Irak. Wenn beide Regime über eine Handvoll Atomwaffen verfügen würden, wäre dies lediglich ein Defensiv-Potential. Einen wirksamen Angriff kann man damit nicht starten, schon gar nicht auf die Vereinigten Staaten. Die US-Regierung aber will die Erde atomwaffenfrei bekommen, bis auf eine wichtige Ausnahme – die Vereinigten Staaten selbst. Das Ziel der USA besteht darin, die einzige Atommacht zu werden. Dabei wird so getan, als sei das Atomwaffenpotential der Vereinigten Staaten grundsätzlich gut. Das ist natürlich lächerlich. In Wirklichkeit kann die Welt nur dann in Frieden leben, wenn ein neues Gleichgewicht geschaffen wird und defensive Atomwaffenpotentiale erlaubt sind. Nur so kann Abschreckung funktionieren. Die Bedrohung für alle wächst in dem Moment, in dem Atomwaffen nur noch einigen wenigen Supermächten erlaubt sind, vielleicht sogar nur einer. Was dem Rest der Welt dann bevorsteht, kann man sich anhand des Auftretens der Bush-Administration lebhaft vorstellen.

Der 11. September 2001 war nur der lieblos inszenierte Vorwand für diese Machtambitionen. Sollte auch die Mondlandung schon inszeniert gewesen sein, dann hat die Qualität solcher Inszenierungen seitdem offenbar dramatisch abgenommen. Und zwar in demselben Maße, wie die Kontrolle über die Medien zugenommen hat. Eine einfache Gleichung: Je mehr Kontrolle über die Medien möglich ist, desto weniger kritische Fragen kommen und desto weniger Aufwand ist bei der Inszenierung notwendig.

Die Mondlandung mußte sich einer anderen Medienlandschaft stellen, als wir sie heute kennen. Einer Medienlandschaft, die, vereinfacht gesagt, einen Präsidenten (Nixon) stürzen und einen Krieg (Vietnam) beenden konnte. Bei der Produktion von Papieren, Dokumenten und Studien für die Mondlandung lief der militärisch-industrielle Komplex deshalb regelrecht heiß. Wie ich schon zu Beginn dieses Buches sagte, unterschied sich die Öffentlichkeitsarbeit der Vereinigten Staaten damit dramatisch von jener der Sowjetunion. Wo die Sowjetunion mit jedem Bildchen knauserte, schüttete die NASA die Öffentlichkeit mit Bildern, Filmen und Papieren zu. Wogegen im Prinzip nichts einzuwenden ist – nur wahr und authentisch sollten sie eben sein. Wenn die Mondlandung eine Totalinszenierung war, dann war sie im Vergleich zum 11. September jedenfalls eine gute Inszenierung. Außer der totalen Kontrolle über Medien und Ermittlungsbehörden hatten die Regisseure des 11. September dagegen so gut wie nichts zu bieten – keine glaubwürdigen Spuren, keine Beweise, keine Untersuchungsberichte der Flugzeugkatastrophen, keine ordnungsgemäßen und neutralen Leichenidentifizierungen – nichts. Nicht einmal Fotos von Flugzeugwracks an den Absturzstellen bei Shanksville und im Pentagon. Die Macher der Mondlandung könnten sich heutzutage viel Arbeit sparen. Solange man die »Kritiker« kontrolliert, kann man eben auch die schlechteste Inszenierung an den Mann bringen.

Nun gibt es in den menschlichen Beziehungen ein ganz einfaches Prinzip – wer oben ist, hat die Macht, und wer die Macht hat, der ist oben: der größte Körper, die größten Pyramiden, die höchste Burg auf dem höchsten Berg, die höchste Mauer, der höchste Belagerungsturm. Höhe war schon immer ein strategisches Gut, das sich mit den technischen Möglichkeiten entwickelte. Besonders die Eroberung des Luftraums war ein Quantensprung. Mit dem Einsatz der ersten militärischen Ballone und Flugzeuge lag der Gegner plötzlich verwundbarer als je zuvor vor den Angreifern. Ab sofort war klar, daß Kriege künftig durch die Luftüberlegenheit gewonnen würden. Keine Macht konnte es sich leisten, den Luftraum zu vernachlässigen. Wer nicht in der Lage war, seinen Luftraum zu verteidigen, war so gut wie besiegt. Daher war ein Wettrüsten in der Luft unausweichlich. Und eben deshalb war auch ein Wettrüsten im All nicht zu vermeiden. Wer den Weltraum zuerst als militärischen Stützpunkt benutzt, zwingt den Rest der Welt zum Nachziehen – oder aber zur Aufgabe. »Über Jahrhunderte haben Krieger nach Waffen und Methoden gesucht, die ihnen den Sieg garantieren und ihre vorhandenen Truppen aufwerten«, sagte General Lance W. Lord vom »Air Force Space Command« bei einem Symposium am 8. April 2003: »Im frühen 20. Jahrhundert stellte sich die Luftwaffe als ein solcher Vorteil heraus. Heute, am Anfang des 21. Jahrhunderts, erreichen wir dieselbe Sorte Vorteil durch Weltraumwaffen.«[266]

Seefahrt, Luftfahrt, Raumfahrt – so sieht der Stammbaum der strategisch wichtigen Fortbewegungsmethoden der Menschheit aus. Bemühungen um internationale Verträge über die friedliche Nutzung des Weltraums sollten dem entgegenwirken, aber spätestens der Amtsantritt der Bush-Administration machte diese Verträge zur Makulatur. Es kann kein Zweifel bestehen, daß die Bush-Regierung versucht, die Macht im All zu erringen und damit die Macht über den Globus.

Der Gedanke der uneingeschränkten Macht im Himmel und auf Erden ist ein Konzept, das unter anderem auf den Ex-SS-Mann Wernher von Braun zurückgeht. Schon sein »bemanntes Rad« plante er als »Weltraumfestung« und »endgültige Waffe«. Im Falle eines Falles sollte seine Außenstation als Startrampe für »erdumkreisende Geschosse, gegen die Abwehrmaßnahmen nicht gut möglich sind«, dienen, so von Braun. »Feuern wir von der Station in rückwärtiger Richtung eine mit Kernsprengkopf und Tragflächen ausgestattete Rakete« ab, so könne das Geschoß in die Erdatmosphäre eintauchen und eine hohe Zielgenauigkeit erreichen:

> »Der Kernsprengkopf läßt sich exakt über dem Ziel zur Explosion bringen... Vermögen wir, unseren künstlichen Trabanten zu etablieren und seine Weltraum-Boden-Geschosse einsatzbereit zu machen, dann können wir jeden Versuch eines Gegners, unsere Weltraumfestung herauszufordern, im Keim zunichte machen! (...) Berücksichtigt man, daß die Station alle bewohnten Gebiete der Erde überfliegt, dann erkennt man, daß eine derartige Atomkriegstechnik den Erbauern des Satelliten die bedeutendsten taktischen und strategischen Vorteile bietet, die es in der Kriegsgeschichte je gegeben hat.«[267]

Nach dem Krieg träumten die deutschen Militärs ihre Weltherrschaftsszenarien weiter – und zwar in den USA. In einem Bericht mit dem Titel *Die nächsten zehn Jahre im Weltraum 1959–1969* forderte der ehemalige Generalmajor und V2-Chef Walter Dornberger »ein ganzes Arsenal von Weltraumwaffen und folgerte: ›Wie diese Waffensysteme letztlich aussehen und bis zu welcher Höhe sie operieren werden, weiß ich noch nicht, aber ich weiß, daß wir sie früher haben müssen als unser potentieller Gegner.‹«[268] Hitlers Wunderwaffen wurden fortan in Amerika gebaut.

Pentagon, Abteilung NASA

Der Krieg ist der Vater aller Dinge, und die Raumfahrt macht da keine Ausnahme. Wenn überhaupt, dann waren es amerikanische Soldaten, die am 20. Juli 1969 auf dem Mond landeten. Als Siegel führten sie das Wappentier der Vereinigten Staaten mit sich, einen Raubvogel, der den Mond mit gespreizten Krallen in Besitz nahm – nur mühsam kaschiert durch einen Olivenzweig. Der zivile Charakter der NASA war schon immer eine Tarnung. Und zwar deshalb, weil der National Aeronautics and Space Act von 1958, das Gesetz, mit dem die Raumfahrtbehörde gegründet wurde, mit gespaltener Zunge spricht. Es wurde so konstruiert, daß sowohl der militärisch-industrielle Komplex als auch das Pentagon an NASA-Entwicklungen und -resourcen würden partizipieren können. So daß damit Non-defense-Mittel im großen Umfang an den militärisch-industriellen Komplex und das Pentagon würden zurückfließen können. Zwar heißt es gleich zu Beginn: »Hiermit erklärt es der Kongreß zur Politik der Vereinigten Staaten, daß Aktivitäten im Weltraum friedlichen Zwecken zum Nutzen der gesamten Menschheit gewidmet sein sollten.« Doch das ist nur ein Feigenblatt. Mit der Tarnung der militärischen Bedeutung der NASA gibt sich der Space Act so wenig Mühe, daß der eigentliche Zweck der NASA bereits im nächsten und zweiten Absatz formuliert wird – also an prominenter Stelle des NASA-Gesetzes. Zwar ist auch hier noch vom »Wohle« die Rede – allerdings schon nicht mehr vom Wohl der gesamten Menschheit, sondern vom Wohl der Vereinigten Staaten von Amerika. Das mag auch in Ordnung sein, schließlich ist die Regierung ja zunächst einmal ihrem eigenen Land verpflichtet. Aber außer dem Wohl der USA soll der angeblich zivilen NASA auch noch die »Sicherheit« der Vereinigten Staaten am Herzen liegen, und damit verlassen die USA bereits mit der Geburtsurkunde der NASA das Feld der friedlichen Nutzung des Weltraums: »Der Kongreß erklärt, daß das Gemeinwohl und die Sicherheit der Vereinigten Staaten die Bereitstellung angemessener Mittel für die Luft- und Raumfahrtaktivitäten erfordern.«[269]

Solche Aktivitäten sollen unter der Verantwortung und Leitung einer zivilen Behörde stattfinden – eben der NASA. Militärische Forschung wird dabei keineswegs ausgeschlossen. Ausgenommen sind vielmehr nur solche Aktivitäten, die der Entwicklung von Waffensystemen, militärischen Operationen oder der Verteidigung »eigen« oder »primär verbunden« sind. Was nicht in erster Linie militärisch ist, ist also erlaubt. Anders gesagt: Die NASA ist nicht direkt eine eigene Waffengattung oder originär militärische Forschungsanstalt, aber sonst ist alles gestattet. Hängt man einer zivilen Mission noch einen militärischen Rucksack an, entspricht die Mission dem NASA-Gesetz von 1958. Nehmen wir zum Beispiel den experimentellen NASA-Wettersatelliten Nimbus B. Als der am 18. Mai 1968 aufgrund einer Fehlfunktion kurz nach dem Start zusammen mit seiner Rakete gesprengt werden mußte, gab die NASA eine neunseitige Presseerklärung heraus. Seitenweise pries die Raumfahrtbehörde darin die Besonderheiten von Nimbus B. So habe es sich um den ersten »ozeanographischen« Satelliten gehandelt, der nicht nur das Wetter beobachten, sondern auch Meßdaten von Bojen im Atlantik und Pazifik empfangen sollte. Wer allerdings das wirklich Besondere an dieser Mission kennenlernen wollte, mußte sich durch all die wissenschaftlichen Erklärungen schon bis Seite 5 der Presseerklärung durcharbeiten. Dort erfuhr er, daß Nimbus B nicht ganz allein reiste, sondern eine Art Rucksack mit sich führte: einen militärischen Satelliten der US-Army vom Typ Secor. Das Gerät sollte dazu dienen, die Zielgenauigkeit von amerikanischen Raketen zu verbessern.[270] Soviel zum Thema »for all mankind«. Discoverer läßt grüßen.

In Wirklichkeit sind die Aktivitäten der Raumfahrtbehörde nicht von jenen des Militärs zu trennen. Selbstverständlich steht jede Entwicklung der NASA auch dem Pentagon zur Verfügung. Schließlich ist die NASA eine Regierungsbehörde. Die Vorstellung, die NASA würde ihre Entwicklungen vor dem Militär geheimhalten, um ihren zivilen Charakter nicht zu beschädigen, ist absurd. Und selbstverständlich beauftragt die NASA dieselben Firmen, die auch das Pentagon beauftragt. Wie ein Blick in das NASA-Gesetz von 1958 zeigt, ist der zivile Charakter der Behörde weder eindeutig noch verpflichtend. Vielmehr stehen die Türen für eine Kooperation mit dem Militär weit offen. Laut NASA-Gesetz darf und soll die Raumfahrtbehörde sogar eng mit anderen Regierungsbehörden kooperieren – wozu natürlich auch das Pentagon gehört: »Jede Abteilung und Behörde der Bundesregierung hat umfassend mit der Administration [gemeint ist die NASA] zu kooperieren, indem sie der Administration Dienste, Ausrüstungen, Personal und Einrichtungen zugänglich macht.«

Aber: Jede dieser Abteilungen und Behörden ist auch autorisiert, Raumschiffe, Flugzeuge sowie Ausrüstungen und Material von der NASA zu empfangen – und zwar ohne finanzielle Entschädigung.[271] So sieht die rechtliche Schnittstelle zwischen Pentagon und NASA aus. Und so fließen zivile Mittel umgehend an das Pentagon zurück. Damit konnte die NASA zur politisch ebenso korrekten wie zivilen Tarnorganisation des Verteidigungsministeriums gemacht werden. »Um die öffentliche Unterstützung für alle Raumfahrtprojekte einzuheimsen und den Anstrengungen des Verteidigungsministeriums einen effektiven Deckmantel zu verpassen, bleibt es zwingend, der NASA ihren Status als anständiger Empfangssalon des Raumfahrtzeitalters zu erhalten«, stellten die Autoren Kennan und Harvey in ihrem Buch *Mission to the Moon* schon 1969 fest. »Währenddessen gehen das Verteidigungsministerium und, oft genug, auch die Atomic Energy Commisson (AEC) hinter diesem Empfangssalon ihren Alltagsgeschäften nach.«[272]

Übrigens offenbar mit Billigung jenes Präsidenten Eisenhower, der den militärisch-industriellen Komplex drei Jahre später so harsch kritisieren sollte. Denn verabschiedet wurde das NASA-Gesetz ja während seiner Amtszeit. Das hohe Ansehen der Raumfahrtbehörde, das durch pseudoidealistische Projekte wie die Mondlandung aufgebaut wurde, wird für ein Projekt genutzt, an dem Machtpolitikern weit mehr liegt als an der Vermehrung des menschlichen Wissens: Es geht um die Beherrschung des Globus. Die Kooperation zwischen der NASA und dem Pentagon sei auf den zweiten Blick äußerst einseitig. »Die NASA kooperiert mit dem Verteidigungsministerium. Und das Verteidigungsministerium macht exakt das, was ihm gefällt«, schrieben Kennan und Harvey. Eine Studie habe ergeben, daß »die Experimente in allen bemannten amerikanischen Programmen – Mercury, Gemini und Apollo – von NASA und Verteidigungsministerium gemeinsam ausgesucht« worden seien.[273]

Daß nicht die NASA, sondern das Militär das Sagen in Amerikas Raumfahrtprogramm gehabt habe, müsse einmal deutlich gesagt werden, so die Autoren.[274]

Ebensogut kann es sein, daß neue Weltraumwaffen des Pentagons bei ihrer Erprobung das blaue NASA-Siegel verpaßt bekommen. Denn das NASA-Zeichen ist fast so etwas wie der frühere blaue Umweltengel des deutschen Umweltbundesamtes: edel, hilfreich und gut. So trägt beispielsweise der bereits erwähnte, senkrecht startende Delta Clipper Experimental DC-X auf einer der wenigen Darstellungen das NASA-Symbol. Laut der NASA-freundlichen Webseite *clavius.org* wurde der Delta Clipper DC-X von der NASA gemeinsam mit dem Luft- und Raumfahrtkonzern McDonnell Douglas (gehört heute zu Boeing) entwickelt. Das ist aber noch nicht die ganze Wahrheit. Vielmehr ist der ursprüngliche »Bauherr« des Delta Clipper DC-X keineswegs die NASA, sondern die Strategic Defense Initiative Organization (SDIO), also Ronald Reagans Star-Wars-Behörde, heute Missile Defense Agency (MDA).[275] Die MDA reichte das Projekt an das zentrale Forschungsinstitut des Pentagons weiter, die Defense Advanced Research Projects Agency (DARPA).[276] Auch das Nachfolgeprojekt DC-XA (A für advanced, fortgeschritten) wurde von der NASA und dem Pentagon gemeinsam betrieben, bis es nach dem peinlichen Unfall mit dem Landebein offiziell eingestellt wurde.[277]

Der NASA-Administrator soll laut National Aeronautics and Space Act »aus dem zivilen Leben« ernannt werden. In Wirklichkeit aber waren die NASA-Chefs hauptsächlich Militärs. Schon der erste NASA-Chef T. Keith Glennan verschrieb sich während des Zweiten Weltkriegs der militärischen Forschung. Später war er Vorsitzender des Instituts für Verteidigungsanalysen.

> »Während seiner ersten Monate bei der NASA war Dr. Glennan vor allem mit der Grundorganisation und Konsolidierung der Verwaltungsstruktur der NASA beschäftigt, einschließlich der Eingliederung von Verteidigungsprojekten und -liegenschaften in die NASA.«[278]

Tatsächlich war die NASA nur ein neuer Schlauch für ziemlich alten Wein, und dieser Wein gehörte dem Militär. Die NASA trat nicht nur das Erbe des militärischen National Advisory Committee for Aeronautics (NACA) an. Darüber hinaus gliederte Glennan einen Teil des Naval Research Laboratory der Marine in die NASA ein, übernahm ein Raketenforschungsprojekt von der Airforce und der Advanced Research Projects Agency (ARPA) des Pentagons und schluckte die Army Ballistic Missile Agency (ABMA) in Huntsville/Alabama. Letztere benannte er in Marshall Space Flight Center um.[279]

Beim Aufbau jener Behörde, die später durch die Mondlandung weltberühmt werden sollte, könnte Glennan auch seine langjährige Erfahrung in der Leitung von Hollywood-Filmstudios zugute gekommen sein. Von 1935 bis 1939 war der erste NASA-Chef Operations Manager und von 1939 bis 1941 Studio Manager bei Paramount Pictures. Von 1941 bis 1942 war er Studio Manager bei den Samuel Goldwyn Studios (später bekannt als Metro-Goldwyn-Mayer). Nach dem Krieg war Glennan Direktor bei der Film- und Kamerafabrik Ansco in Binghamton.[280]

Mit Inszenierungen und Bilddokumenten dürfte der erste NASA-Boß also gewisse Erfahrungen gehabt haben. Möglicherweise war Glennan also genau der richtige Mann für den Job.

Der zweite NASA-Chef James E. Webb diente in den dreißiger und vierziger Jahren dem US Marine Corps. Als NASA-Direktor bekannte er sich zu dem regen Informationsaustausch zwischen Raumfahrtbehörde und Pentagon: »Viele von ihren Problemen werden an uns weitergereicht. Wir arbeiten in enger und intimer Verbundenheit.« Laut dem US-Magazin *Fortune* wollte Webb die NASA zu einer »zentralen Kraft in der US-Verteidigung« machen. Anläßlich der Pensionierung eines in der NASA für Verteidigungsangelegenheiten zuständigen Admirals präsentierte er eine entwaffnend offene Interpretation des NASA-Gesetzes von 1958:

> »Eine der wichtigsten Verantwortlichkeiten, die der NASA und dem Verteidigungsministerium durch den National Aeronautics and Space Act auferlegt wurden, ist die einer effektiven Kooperation und gemeinsamen Anstrengung bei der Entwicklung und Nutzung des erforderlichen Wissens für den Erfolg unseres nationalen Luft- und Raumfahrtprogramms, sei es zivil oder militärisch.«[281]

1967 arbeitete Webb die Katastrophe von Apollo 1 auf: »Wir haben immer gewußt, daß so etwas früher oder später passieren würde«, sagte er vor der Presse. »Aber wer hätte gedacht, daß es am Boden geschehen würde?«

»Als die Nation trauerte«, heißt es in einer NASA-Biographie von James E. Webb, »ging Webb zu Präsident Johnson, um ihn zu bitten, die Untersuchung des Unglücks der NASA zu überlassen. Er versprach, bei der Feststellung der Verantwortlichkeiten ehrlich zu sein und gelobte dies für sich selbst ebenso wie für das NASA-Management. Die Behörde machte sich auf den Weg, die Einzelheiten der Tragödie zu erforschen, Probleme zu korrigieren und zum Fahrplan zurückzukehren.«[282]

Von wegen »aus dem zivilen Leben«: Es gibt kaum einen NASA-Boß, der nicht auf eine Karriere im Militär oder der militärischen Forschung zurückblicken konnte:

- James C. Fletcher, NASA-Chef von 1971 bis 1977 und 1986 bis 1989, sammelte Erfahrungen bei Hughes Aircraft und später bei der Lenkwaffenabteilung der Ramo-Wooldridge Corporation. Fletcher gilt als einer der Köpfe hinter Ronald Reagans Strategic Defense Initiative (SDI).[283]
- Robert A. Frosch, NASA-Chef von 1977 bis 1981, arbeitete ab 1963 für die Advanced Research Projects Agency (ARPA) des Pentagon. Als Assistant Secretary für Forschung und Entwicklung der Navy war er ab 1966 für alle Forschungs-, Entwicklungs- und Testprogramme der Navy verantwortlich.[284]
- Richard H. Truly, NASA-Chef von 1989 bis 1992, bekleidete den Rang eines Vize-Admirals der Navy und war der erste Kommandant des 1983 gegründeten Naval Space Command in Dahlgren, Virginia.[285]
- Daniel S. Goldin, NASA-Chef von 1992 bis 2001, diente ein Vierteljahrhundert dem Rüstungskonzern TRW. Von der Zeitschrift *Defense Business* wurde er zu den vierzig weltweit einflußreichsten Führern der Rüstungsindustrie gezählt.[286]
- Mit Sean O'Keefe, NASA-Chef von 2001 bis 2005, schuf die Bush-Administration eine neue militärische Qualität an der Spitze der Raumfahrtbehörde. Die NASA sollte nun ganz offen den globalen Feldzügen des US-Imperiums untergeordnet werden. O'Keefe, zuvor in leitender Position bei der Navy und im Pentagon, sprach sich umgehend für eine engere Verbindung zwischen der Raumfahrtbehörde und dem Kriegsministerium aus.[287]

Die NASA, so O'Keefe, bereite sich darauf vor, ihre Ressourcen für den »Krieg gegen den Terror« zur Verfügung zu stellen. Nachdem O'Keefe angeblich aus familiären Gründen am 13. Dezember 2004 zurückgetreten war, wurde die NASA durch seinen Stellvertreter geleitet, den hochdekorierten Vietnam-Kampfpiloten Frederick D. Gregory. Laut der US-Zeitung *Florida Today* war Bushs Wunschkandidat für die NASA-Leitung zunächst General Ronald Kadish, der als Chef der Missile Defense Agency den Aufbau der Nationalen Raketenabwehr geleitet hat.[288] Am 14. April 2005 trat den Job dann jedoch Michael Griffin an, ehemaliger Vize für Technologie bei der Strategic Defense Initiative Organization. Griffin ist Träger der Distinguished Public Service Medal des Verteidigungsministeriums. Alle Amerikaner und ihre zivilen Behörden seien aufgefordert, ihren Beitrag zu den Kriegsanstrengungen im Krieg gegen den Terror zu leisten, sagte der republikanische Senator Dave Weldon, in dessen Wahlbezirk der Weltraumbahnhof Cape Canaveral liegt. »Ich empfehle der Regierung, die NASA und alle anderen Ressourcen der Bundesregierung zu nutzen, um diesen Krieg gegen den Terror zu gewinnen.«[289] Sprich: den Krieg gegen uns alle. Denn dieser Krieg wurde von Präsident Bush explizit allen Ländern erklärt, die Terroristen beherbergen, unterstützen oder sonstwie fördern. Und welches Land kann dies schon für sich ausschließen? Terroristen kann es schließlich überall geben, auch ohne Wissen von Regierungen. Und wenn es sie nicht gibt, kann man sie immer noch einschleusen. Sollte auch das nicht funktionieren, dann behauptet man eben einfach, daß es sie gibt – wie die Massenvernichtungswaffen des Saddam Hussein. Mit der Beteiligung an diesem Krieg hat sich die NASA endgültig von der politisch korrekt getarnten Pentagon-Filiale zum offenen Akteur im Kampf um die Weltherrschaft entpuppt.

La Paloma Blanca

Als Deckmantel für die militärischen NASA-Aktivitäten werden besonders gern hehre Ziele wie die Erkundung des Weltraums, der Umweltschutz, die Erdbebenvorhersage oder die Kartierung von Wasservorkommen benutzt. Im Zentrum dieser Aktivitäten steht der Shuttle, der Nachfolger der Saturn-Rakete auf dem Gebiet des Schwerlasttransportes ins All. Zu diesem weißen Vogel haben manche Raumfahrtfans eine schwärmerische Beziehung entwickelt. Der Shuttle steht im Mittelpunkt großer Propagandaanstrengungen, die ihn als eine immerwährend um den Globus kreisende Öko- und Friedenstaube darstellen sollen. An Bord des Shuttle gehen ausschließlich nette und adrett lächelnde Familienväter und -mütter, die im Weltraum Pressekonferenzen geben, Kopfstand machen und auch sonst gern eine Kuh fliegen lassen – beziehungsweise eine Zahnbürste. Alle möglichen Anekdoten und Schnurren begleiten das Dasein in diesem sagenhaften Raumschiff. Gebannt erfahren die Menschen, wie man dort ißt, trinkt, schläft und vielleicht sogar – psst! – Sex hat oder haben könnte. Großformatige IMAX-Filme tragen die Botschaft vom friedlichen Familienleben im All in die Filmtheater rund um den Globus und festigen den Mythos von einer Art Arche Noah im Weltraum, die dabei helfen wird, Umweltprobleme zu lösen und uns vielleicht eines Tages zu neuen Gestirnen zu führen. Die Propaganda hat Erfolg. Für viele Raumfahrtfans ist der Shuttle ein Kultobjekt geworden, auf das sie nichts kommen lassen. Im Internet diskutieren sie in Newsgroups über die neuesten Nachrichten im Shuttle-Programm und durchforsten die von der NASA herausgegebenen Shuttle Status Reports auf der Suche nach den jüngsten Wehwehchen ihres Lieblingsbrummers. Was einmal mehr die Vorteile der pseudooffenen Öffentlichkeitsarbeit der NASA beweist. Denn je mehr Material, Details und Geschichten zur Verfügung gestellt werden, desto mehr entwickelt sich eine Bindung zwischen dem Publikum und den Projekten der NASA. Immer wieder tradierte Geschichten entwickeln sich zu allgemeingültigen historischen Sedimenten, die nicht mehr angreifbar sind. Wie gesagt: Solange diese Informationen richtig und vollständig sind, ist dagegen nichts einzuwenden. Zum Problem wird es dann, wenn die Informationen gefiltert und gefälscht werden. Die Flut der Materialien wirkt beziehungsstiftend, mythenbildend und einschläfernd. Sie trägt zur Akzeptanz des Umstands bei, daß ständig eine Waffe über unseren Köpfen kreist.

Mit ihrer Öffentlichkeitsarbeit bietet die NASA dem Publikum eine vermeintliche Chance, die Missionen des Shuttle hautnah mitzuerleben und sich zu eigen zu machen. Auf diese Weise züchtete die Raumfahrtbehörde bereits bei den Apollo-Missionen ein Heer von internationalen Fans heran, denen die Mondlandungen zum Teil der Sozialisation, des Lebens, vielleicht sogar der Identität geworden sind wie die Beatles, die Stones und die erste Hasch-Zigarette. Kein Wunder, daß diese Fans die Mondlandung bis auf den heutigen Tag verbissen verteidigen. Auch das wäre in Ordnung, wenn sie rational verteidigt würde. Aber das ist leider oft nicht der Fall, wie prominente Beispiele zeigen.

Der Shuttle aber ist keine Friedens- oder Ökotaube, sondern vor allem ein besonders teures und gut getarntes Rüstungsgut. Genauso wie die Cruise Missile (V 1), die Interkontinentalraketen (V 2) und Saturn-Raketen war der Shuttle ursprünglich eine deutsche, um nicht zu sagen: eine Nazi-Entwicklung. In diesem Fall hieß der geistige Vater Dr. Eugen Sänger. Der Luftfahrtkonstrukteur arbeitete schon in den dreißiger Jahren an einem raketengetriebenen Flugzeug, das den Weltraum erreichen und danach mit Hilfe von Tragflächen zur Erde zurückkehren sollte. Auch dieses Fluggerät sollte bereits militärische Nutzlasten transportieren. Da man von Satelliten, geschweige denn von deren militärischen Anwendungen, damals noch nicht zu träumen wagte, sollte es sich bei diesen Nutzlasten um Bomben handeln, sehr wahrscheinlich um Atombomben.

Der Orbitalbomber sollte in Deutschland oder Europa starten, bis auf 150 (manchen Quellen zufolge 280) Kilometer steigen, seine Nutzlast über Amerika abwerfen und anschließend nach einer vollständigen Erdumkreisung wieder am Ausgangspunkt landen. Der strategische Vorteil eines solchen Bombardements aus dem Weltraum leuchtete jedem sofort ein. Und wirklich gehörte Sänger zu jenen Wissenschaftlern, um die sich nicht nur die Nazis rissen, sondern nach dem Krieg auch Sowjets, Franzosen und Amerikaner. So folgte Sänger dem Exodus der anderen deutschen Raketeningenieure in die USA, wo sein Konzept von keinem Geringeren als Generalmajor Walter Dornberger der US Air Force angepriesen wurde, dem ehemaligen Chef des V-2-Teams in Peenemünde, der nun in Amerika an Hitlers Wunder-

Evolution einer Waffe: Orbitalbomber, Dyna-Soar und Space Shuttle

waffen weiterarbeitete. Und tatsächlich entwickelte die Air Force aus dem Sänger-Konzept ein Projekt namens »Dyna-Soar«, das dem Shuttle schon ein gutes Stück näher kam als der ursprüngliche Orbitalbomber. So verfügte der Dyna-Soar bereits über die typischen Deltaflügel und den tonnenförmigen Rumpf und sollte nicht mit Hilfe eines Raketenschlittens, wie der Orbitalbomber, sondern einer Trägerrakete gestartet werden. Die drei Versionen des Dyna-Soar stellten sozusagen die Zwischenstufe zum Space Shuttle dar, denn das Konzept sah nun auch bereits Spionage- und Forschungsaufgaben für das Fluggerät vor. Nach wie vor war aber auch eine Version zum Abwurf strategischer Atomwaffen geplant. Zu den ersten Dyna-Soar-Piloten sollte niemand anderer als Neil Armstrong gehören, der spätere erste Friedensbotschafter der USA auf dem Mond.

Und tatsächlich drückte die Air Force ihren Dyna-Soar-Entwurf schließlich der NASA aufs Auge. Denn die Raumfahrtbehörde war mit ihrem Konzept für einen wiederverwendbaren Nachfolger der Saturn-Rakete in den sechziger Jahren nicht so recht vorangekommen. Hilfesuchend wandte sich die »zivile« NASA deshalb an die Air Force und diente den Generälen ihr wiederverwendbares Raumschiff als Transportmittel für militärische Nutzlasten an. Die Luftwaffe, so die Idee der NASA-Manager, könnte sich dann den ständigen und teuren Ausbau ihrer eigenen Trägerraketen sparen.

Wer also in das Nest des vielgeliebten Shuttle schaut, erblickt dort weniger ein schönes weißes Ei als vielmehr eine olivgrüne Handgranate. Die Generäle stimmten nämlich zu – allerdings nur unter einer Bedingung: Wer zahlt, schafft an. Oder auch: Der Kunde ist König. Mit dem dicken Filzstift gingen die Militärs an die NASA-Entwürfe heran und krempelten das ursprüngliche Shuttle-Konzept so lange um, bis jener dickbauchige, plumpe Orbiter herauskam, den wir heute kennen. Denn nur so würde das Gerät die Spionagesatelliten der Air Force transportieren können.[290]

Das also ist die Geschichte des Space Shuttle. Kaum in Dienst gestellt, wurde der Vogel von Präsident Reagan weiter für das Militär vereinnahmt. Schon ein Jahr nach seinem Erstflug 1981 gliederte Reagan den Shuttle in seine militärischen Planungen ein. Mit der National Security Decision Directive NSDD-42 vom 4. Juli 1982 wurde der Space Shuttle zum vorrangigen Startsystem für das nationale Sicherheitsprogramm im Weltraum erklärt. Die Direktive wies die NASA und das Pentagon an, den

Shuttle zu einem voll funktionsfähigen und kostengünstigen System zu entwickeln (was bekanntlich scheiterte, doch das steht auf einem anderen Blatt). Sämtliche Regierungsnutzlasten, nicht nur die der Air Force, sollten auf den Shuttle zugeschnitten werden, und das Pentagon bekam Vortritt bei allen Shuttle-Starts.[291] Da ist es nur logisch, daß der Shuttle auch von Soldaten geflogen wird. Als etwa die Discovery am 30. August 1984 zu einer gemischt militärisch-zivilen Mission abhob, saßen im Cockpit Colonel Henry W. Hartsfield, Jr. und Navy Commander Michael L. Coats. Lieutenant Colonel Richard M. Mullane flog als Spezialist für die Nutzlast mit.[292]

Aber wie ist das nun mit den ganzen Öko-Missionen, zu denen der Shuttle regelmäßig aufbricht? Greifen wir ein typisches Beispiel heraus: Erinnern Sie sich an die Shuttle Radar Topography Mission (SRTM), die dreidimensionale Radar-Vermessung der Erdoberfläche durch den Shuttle im Jahr 2000? Was wurden da nicht für politisch-korrekte Parolen verbreitet. Die Festigung der US-Weltherrschaft aus dem Weltraum wurde in »eine der wichtigsten Missionen zum Planeten Erde« – so das Deutsche Zentrum für Luft- und Raumfahrt e.V. (DLR) – umdefiniert.[293] Die Deutschen waren an der Radartechnik der Mission beteiligt. Ein kleiner Flug für die NASA, aber ein gewaltiger Sprung für die Menschheit – so hätte das Motto der Mission des Space Shuttle Endeavour lauten können, der am 11. Februar 2000 vom Kennedy Space Center (KSC) in Florida zu seiner SRTM-Mission abhob. »Wir freuen uns riesig auf die erste Shuttle-Mission im Jahr 2000«, hatte im Vorfeld Shuttle-Programmanager Ron Dittemore geschwärmt. Im Vordergrund der Shuttle Radar Topography Mission sah das deutsche DLR hehre Ziele wie etwa »die ökologische Kartierung der Erdoberfläche«. Hydrologen sollen so Wassereinzugsgebiete besser modellieren können, Geologen Erdbebengebiete und Vulkane beobachten und – da sich aus den Daten auch Erkenntnisse über die Bodenbeschaffenheit gewinnen lassen – Ökologen genaue Karten über Ausbreitung und Zustand der Vegetation erhalten. »Die topographische Vermessung der Erde ist eine der wichtigsten Grundlagen für viele geowissenschaftliche und ökologische Fragestellungen«, heißt es beim DLR, digitale Höhendatensätze würden insbesondere »die Datenprodukte anderer europäischer Umweltsatelliten verbessern«.[294] Glaubte man den Verlautbarungen des Deutschen Zentrums für Luft- und Raumfahrt, bedeutete dies nicht nur einen Quantensprung für Umweltschutz und Klimaforschung, Geologie und Wasserwirtschaft, Katastrophenvorsorge und Wettervorhersage, sondern auch für kommerzielle Anwendungen wie Autobahnbau, Mobilfunk und Risikoabschätzungen von Versicherungen. Alle diese Branchen dürften ein großes Interesse an den genauen Höhenprofilen der Landschaft haben – sei es, um Funkschatten zu vermeiden oder Überschwemmungsrisiken genauer abzuschätzen: Auch »eine Autobahn können Sie spätestens nach Auswertung der Daten praktisch am Computer planen«, sagte Eduard Müller vom DLR. Eine rundum saubere Sache also – politisch korrekt bis zum Abwinken. Fast könnten einem die Tränen kommen, und man könnte glauben, der Shuttle sei nach seiner Mission nicht auf Gummireifen, sondern auf Birkenstockschlappen gelandet.

In Wirklichkeit aber landete der Raumtransporter in Kommißstiefeln. Denn eine Branche vergaß man doch glatt zu erwähnen: das Militär. An dem Ergebnis der Mission – einem riesigen digitalen und dreidimensionalen Datensatz der Erdoberfläche – war natürlich vor allem das Pentagon interessiert. Das kann damit den Globus noch besser ins Visier nehmen, denn die Detailauflösung der Radargeräte ist den optischen Spionagesatelliten zwar unterlegen, »das Entscheidende ist aber die Höhengenauigkeit«, so Müller. Die Daten sollten direkt vom militärischen Partner der SRTM-Mission, der National Imagery and Mapping Agency (NIMA), an seine militärischen »Kunden« verteilt werden. Als militärische Hardcore-Einrichtung sieht sich die NIMA als »Kampf-Unterstützungsabteilung des Verteidigungsministeriums«. Oberstes Ziel ist die »dominant battlespace awareness«, sozusagen der beherrschende Durch- und Überblick auf dem Schlachtfeld. Als konkrete Anwendungen für die Höhendaten kommen »Schlachtfeld-Visualisierung, Planung militärischer Missionen und Zieleinrichtung« in Frage. Unterabteilungen der NIMA, wie etwa das Departement für Geodäsie und Geophysik, speisen Daten in Raketenschmieden wie das Western Space & Missile Center in Vandenberg (Erprobungsgelände für Minuteman-Raketen, Cruise Missiles und ICBM-Raketen) oder das Air

Force Flight Test Center in Edwards ein. Es könnte also sein, daß schon bald irgendwo auf der Welt sich eine Lenkwaffe ihren Weg mit Hilfe des digitalen Höhenmodells des Öko-Shuttles und deutschen X-SAR-Radars sucht – oder bereits gesucht hat.[295]

Von den Hintergründen derart »ziviler« NASA-Missionen erfährt die Öffentlichkeit in der Regel nichts. Statt dessen wird sie mit Hochglanz-Fotos einer strahlenden Shuttle-Besatzung versorgt, der – wieder einmal – auch Frauen angehörten. Die Anwesenheit von adretten Angehörigen des weiblichen Geschlechts erleichtert die Propaganda-Arbeit ungemein. Nehmen wir zum Beispiel die hübsche Brünette Dr. Janet Lynn Kavandi, die sich nicht zufällig an Bord der trefflichen Vermessungsmission befand. Denn neben Skifahren, Wandern, Camping, Reiten und Windsurfen liebt sie nichts so sehr wie Geschosse vom Typ Cruise Missile, Minuteman und Peacekeeper. Zumindest war sie an all diesen Programmen beteiligt, genauso wie an dem Unternehmen LEAP. Dies steht diesmal ausnahmsweise nicht für einen gigantischen »Sprung«, sondern für Lightweight Exo-Atmospheric Missile, also eine außerhalb der Atmosphäre operierende Rakete. Bei der NASA wurde die Waffenexpertin Kavandi des öfteren gebraucht, zum Beispiel Mitte Juli 2001 beim Zusammenbau der Internationalen Raumstation ISS.[296]

Mission to Planet Earth

In Sachen Militarisierung des Weltalls zieht die Ökomasche immer. Sie hilft bei der Rechtfertigung und Legitimation ebenso wie bei der Finanzierung. Benutzt werden müssen lediglich Begriffe, auf die die Öffentlichkeit reagiert wie der sprichwörtliche Pawlowsche Hund: Zum Beispiel »Wald«, »Ozean« und »Eis«. Ebenso ziehen »Ernten« oder »Gletscher«. Vor lauter »Öko«, »Wald« und »Gletscher« könnte fast der Eindruck entstehen, bei der NASA handele es sich um eine Feld-, Wald- und Wiesenfirma und nicht um einen Teil der amerikanischen Weltraumkriegsführung. Als 1995 der kanadische Radarsat 1 gestartet wurde, trieben einem die erhabenen Ziele der Mission ebenfalls die Tränen der Rührung in die Augen. Ausschließlich für friedliche Zwecke sollte der Satellit genutzt werden, erklärte die kanadische Raumfahrtbehörde. Wälder sollte er kartieren, die Bewegungen von Eis in den Ozeanen verfolgen und Schiffen bei der Navigation helfen. Doch während die Raumfahrtbehörde potentiellen Kritikern Sand in die Augen streute, plante das kanadische Verteidigungsministerium vom Zeitpunkt des Abhebens an den militärischen Einsatz von Radarsat 1. Und nicht nur das: Die Aufnahmen von Radarsat 1 wurden umgehend an das Pentagon in Washington weitergereicht. Bei Radarsat 3 soll militärische Spionage bereits zu den Hauptaufgaben gehören.[297]

Selbst an den militärischen Entwicklungen beteiligte Wissenschaftler versucht man, über das eigentliche Ziel der Arbeit hinwegzutäuschen. Das berichtete jedenfalls die amerikanische Physikerin Josephine Anne Stein:

»Bei einer anderen Anforderung arbeitete ich an einem ›In-House‹-Zielerfassungs- und Bahnverfolgungssystem (closed-loop pointing and tracking system), das für die Benutzung im Weltraum konstruiert war. Die Aufgabe war, eine Fernerkundungskamera mit hoher Auflösung im Vorbeiflug auf den Kern des Kometen Halley zu richten. Die relative Geschwindigkeit des Raumfahrzeugs und des Kometen betrug dort zig Kilometer pro Sekunde.«

Klingt einleuchtend. Und was stimmt jetzt nicht daran? »Die Vereinigten Staaten jedoch verzichteten darauf, ein Raumfahrzeug zum Kometen Halley zu senden. Mein Ziel- und Verfolgungssystem wurde in die Strategische Verteidigungsinitiative (SDI) integriert.« Corona/Discoverer läßt einmal mehr grüßen. Einmal mehr stellt sich auch heraus, daß der Wettkampf zwischen den USA und der Sowjetunion zum Teil Fiktion war – selbst bei Waffenentwicklungen: Trotz der unterschwelligen Konkurrenz mit dem bedrohlichen sowjetischen Feind hätten Wissenschaftler ihre sowjetischen Gegenspieler »merkwürdigerweise als Kollegen« betrachtet, so Stein:

»Viele der Arbeiten in Livermore über den Röntgenlaser und die Kernfusion gründeten letztlich auf der theoretischen Arbeit sowjetischer Wissenschaftler. Wissenschaftler von Livermore besuchten die sowjetischen Laboratorien und empfingen sowjetische Besucher in geheimen Bereichen des Labors. (...) Es ist ja merkwürdig genug, daß diese Zusammenarbeit durch die Waffenentwickler selbst betrieben wird: in der Form des Joint Verification Experiment, bei dem US-amerikanische und sowjetische Wissenschaftler die Detonationsstärken der jeweils anderen Nukleartests mit hydrodynamischen Experimenten vor Ort messen.«[298]

Merkwürdig ist wohl genau das richtige Wort. Es sieht so aus, als hätten die beiden angeblich bis aufs Messer verfeindeten Staatenmonster im Bereich von komplexen Großtechnologien, wie etwa der Entwicklung von Waffen, zusammengearbeitet. Warum dann auch nicht in der Raumfahrt? Und warum sollten jene Wissenschaftler, die sich gegenseitig so freundlich in ihren Waffenlabors besuchen, dem anderen anschließend die große Show auf dem Mond stehlen?

Bei der NASA ist von militärischer Eroberung der Erde natürlich nicht die Rede. Dort spricht man lieber von »Mission to Planet Earth«, später auch von »Destination Earth«. Das Programm »Mission to Planet Earth« begann 1991 als der edle Versuch, die Erde vor der sogenannten Klimakatastrophe zu retten. Mit Hilfe milliardenschwerer »Earth Sciences«-Programme sollte das gesamte System Erde verstanden werden, einschließlich der Effekte natürlicher und von Menschen verursachter Veränderungen in der globalen Umwelt – mit einem Schwerpunkt auf der Klimaforschung. So heißt es in einer Studie der Rand Corporation (Mission to Planet Earth Background). Auf »Mission to Planet Earth« wurde die ganze Nation, wenn nicht sogar der ganze Planet eingeschworen. Sogar kritische Magazine wie *Wired* wurden eingewickelt: »NASAs Mission to Planet Earth repräsentiert das wahrscheinlich umfassendste Programm, das jemals gestartet wurde, um die Erde als Ökosystem zu verstehen. Einst mit der Erforschung ferner Welten beauftragt, lenkt die NASA ihre Aufmerksamkeit Richtung Heimat.«[299] Ist das nicht rührend? Nicht wirklich: Mit Unterrichtsmaterialien und Schulprogrammen werden schon Kinder einer Gehirnwäsche unterzogen. Mit Leitfäden wie »Our Mission to Planet Earth« sollen Lehrer ihre Kids auf das überlebensgroße Image der NASA einschwören: »Dieser sechzigseitige Leitfaden beinhaltet Aktivitäten wie die Einrichtung eines Terrariums als eines Modells des Systems Erde zur Demonstration des Wasserkreislaufs, des Treibhauseffekts und des Unterschieds zwischen globaler Erwärmung und Abkühlung.«[300]

In Wirklichkeit ist das Programm »Mission to Planet Earth« hauptsächlich Humbug und Nepp am Steuerzahler. Das meinte jedenfalls Dr. Edward L. Hudgins, renommierter Wissenschaftler und Experte des Washingtoner Cato Institutes. Bei einer Anhörung vor dem Kongreß unterzog er »Mission to Planet Earth« 1997 einer radikalen Kritik. »Ich empfehle, das Programm nicht fortzuführen«, sagte er klipp und klar. »Mission to Planet Earth entspricht dem NASA-Muster der vergangenen 25 Jahre, teure und politisch populäre Projekte zu betreiben, die von mächtigen, von der Großzügigkeit der Steuerzahler profitierenden Klienten unterstützt werden.« Vor dem Kongreß redete der Experte Klartext:

> »Bis heute ist die NASA verschwenderisch und ineffektiv und verschleudert den guten Willen und die Begeisterung der Öffentlichkeit sowie zig Milliarden von US-Dollars. In den frühen 70er Jahren, als die Mondlandungen beschnitten und Mondbasen gecancelt wurden, versuchte die NASA ihr Riesenbudget und -personal mit einem anderen Riesenprojekt zu retten: dem Space Shuttle. (...) Aber statt Raumflüge so verbreitet und preiswert wie Linienflüge zu machen, hoben die Kosten, Nutzlasten in den Raum zu befördern, mit dem Shuttle ab. (...) Als in den frühen achtziger Jahren offensichtlich wurde, daß der Shuttle ein teurer weißer Elefant ist, benötigte die NASA eine Mission, um seine weitere Existenz zu rechtfertigen. Abgesehen von irgendwelchen behaupteten kommerziellen oder wissenschaftlichen Errungenschaften, schien diesem Ziel eine umlaufende Raumstation zu dienen.«

Kaum zu glauben: Danach dient die sagenhafte Internationale Raumstation weniger wissenschaftlichen Zwecken, sondern unter anderem dazu, den Shuttle unentbehrlich zu machen – denn wie sollen US-Astronauten sonst dort hin- und wieder zurückkommen? Da man dies dem Steuerzahler natürlich nicht erzählen kann, verfiel man auf einen anderen Dreh: »Die ganze Zeit fuhr die Öffentlichkeitsarbeit der NASA fort, den Steuerzahler mit den Wundern des Weltraums zu umgarnen. Schulkinder wurden und werden ermutigt, sich Experimente für die Raumstation auszudenken.« Auch diese Bemühungen folgen dem NASA-Prinzip, Shuttle und Raumstation zur ureigensten Sache der Menschen werden zu lassen. Shuttle und Raumstation sollen nicht als die teuren Spielzeuge der Raumfahrtbehörde oder des militärisch-industriellen Komplexes erscheinen, sondern den Eindruck erwecken, für alle da zu sein – sogar für Schulkinder und Studenten. »Ich bezweifle nicht die Faszination der Weltraumforschung«, betonte NASA-Kritiker Hudgins:

> »Ich bedaure das traurige Schauspiel von Weltraumenthusiasten, die Programme verteidigen, die Raumfahrtaktivitäten teurer machen – und anfälliger gegenüber Kritikern, die die Bedeutung der Weltraumforschung und -erkundung schlecht machen wollen. Unnötig zu sagen, daß diese Programme die entschiedene Unterstützung derjenigen Unternehmen genossen, die von ihnen profitierten. (...) In den letzten Jahren hat die NASA Umweltprogramme als potentielle Goldesel angesehen. Mission to Planet Earth ist der Inbegriff eines solchen Programms.«

Ein ziemlich vernichtendes Urteil. Da werden also mit dem Gewissen und dem guten Glauben von Menschen bis hinab zum Schulkind Rüstungskonzerne gemästet – denn aus diesem Bereich stammen die Raumfahrtunternehmen hauptsächlich. Aber Hudgins ist noch nicht fertig. Er hat auch noch ein Beispiel für eine weitere dicke Lüge im Weltraum parat:

> »Typisch für die politische Taktik der NASA waren die schrillen Schlagzeilen, die sie 1992 mit ihrer Ankündigung hervorrief, ein großes Ozonloch könnte sich über der nördlichen Hemisphäre öffnen. Bei näherem Hinsehen waren die Daten bestenfalls spärlich. Dennoch bekam die Behörde genau dann ihre politisch korrekten Headlines, als ihr Haushalt zur Disposition stand. Wenige Monate später, als sich kein Ozonloch gebildet hatte, gab es nur sehr wenige Schlagzeilen.«

»Mission to Planet Earth« sei abzulehnen, so Hudgins, weil sie von fragwürdigem Wert sei und eher auf politischen Erwägungen denn auf wirklicher Wissenschaft beruhe. Es scheine mehr »um selektive Datengewinnung zur Beförderung bestimmter politischer Hintergedanken zu gehen als darum, dringend benötigte Informationen zu gewinnen, die nicht auf anderen, preiswerteren Wegen erlangt werden können«. Außer dem 1992 behaupteten Ozonloch nennt Hudgins noch einen anderen dubiosen Kandidaten, mit dem die NASA so manches finanzielle und politische Süppchen kocht:

> »Die Angst vor der globalen Erwärmung war der wichtigste Anstoß für Mission to Planet Earth. Aber jedes Jahr kommt aufs neue heraus, auf welcher Junk-Wissenschaft diese Mission beruht. Anstatt Ihnen detailliert auseinanderzulegen, warum die Ideologie der globalen Erwärmung höchst suspekt ist und ihr eigenes Multimilliardenprogramm sicherlich nicht verdient, möchte ich Sie auf die Arbeit und Äußerungen von Professor Patrick J. Michaels von der Universität von Virginia aufmerksam machen, der vor diesem Gremium mehrmals zur dieser Frage Auskunft gegeben hat. Ich möchte anmerken, daß die Mitte der achtziger Jahre für die ursprünglichen Prognosen benutzten Computer-Modelle auch eine Erwärmung der Atmosphäre von zwei Grad in den vergangenen 100 Jahren prophezeit hätten. In Wirklichkeit scheint die Erwärmung etwa ein halbes Grad zu betragen. Ich nehme ebenfalls zur Kenntnis, daß, wenn wir am Boden gewonnene Daten benutzen, ein großer Teil dieser Erwärmung vor dem Zweiten Weltkrieg stattfand. Aber nur ein Drittel des Anstiegs der Treibhausgase, der angeblich für die globale Erwärmung verantwortlich sein soll, fand vor dem Krieg statt – zwei Drittel traten erst danach auf. Man kann keine Wirkung – die globale Erwärmung – vor der Ursache haben.«[301]

So deutlich die Worte von Edward L. Hudgins vor dem Repräsentantenhaus auch waren, so wenig waren sie vollständig. Denn bei den hochgelobten Umweltschutzprorammen der NASA geht es keineswegs nur um das Abzocken von milliardenschweren Subventionen aus Steuergeldern und die Mast von Rüstungskonzernen. Vielmehr ist »Mission to Planet Earth« auch ein direkter Deckmantel für militärische Raumfahrt-Missionen, wie beispielsweise die erwähnte Shuttle Radar Topography Mission. »Die Shuttle Radar Topography Mission stellt wichtige Informationen für die Erdwissenschaften der NASA zur Verfügung«, heißt es in einem Papier der Raumfahrtbehörde. »Die Daten ermöglichen Wissenschaftlern ein besseres Verständnis natürlicher Systeme und eine zuverlässigere Methode zur Vorhersage von Veränderungen in der Atmosphäre, des Bodens und der See, die durch natürliche Ereignisse und menschliche Aktivitäten hervorgerufen werden. Topographische Daten sind wesentlich für die Genauigkeit dieser Computermodelle...« Und natürlich für die Genauigkeit der einen oder anderen Lenkwaffe oder Cruise Missile. Aber das steht nicht in diesem Papier.[302]

Ronald und die Raketen

Wie schon gesagt: Die Mondlandungen waren für die USA und ihren militärisch-industriellen Komplex ein ganz »großer Schluck aus der Pulle«. Der Staat holte sich eine Extraportion Prestige und die Rüstungsindustrie eine Extraportion Geld. Daß solche Programme zum Modell für folgende Administrationen wurden, ist daher kein Wunder. Gefragt waren schwer überprüfbare Vorhaben, bei denen Milliarden ohne adäquate Gegenleistung im militärisch-industriellen Komplex versickern konnten. So gesehen, hat die Mondlandung nie aufgehört. Das Melken des Steuerzahlers, die Mast der Rüstungsindustrie und die Militarisierung des Weltraums sind auch der Hintergrund eines anderen Programms, das bereits 1983 ins Leben gerufen wurde. Am 23. März jenes Jahres hielt der damalige Präsident und Disney-Protegée Ronald Reagan seine aufsehenerregende SDI- (oder auch »Star Wars«-) Rede.[303] SDI steht für »Strategic Defense Initiative«, also strategische Verteidigungsinitiative. Wie immer, so lagen Reagan auch hierbei nur seine »lieben Landsleute« am Herzen. Diese Landsleute wurden seit Jahrzehnten mit dem »Kalten Krieg« terrorisiert sowie mit immer neuen Schreckensmeldungen über neue sowjetische Atomwaffen und angebliche »Raketenlücken« alarmiert –

die oft nur erfunden waren. Das ganze System der Sicherheit beruhte auf einem System der gegenseitigen Geiselnahme. Die beiden Blöcke verhielten sich jedenfalls nach außen hin wie zwei Pistolenhelden, die dem jeweils anderen die Waffe an die Stirn halten. Ihre Logik: Wenn du zuerst schießt, stirbst du als zweiter, weil mein Zeigefinger trotzdem noch zuckt. Diese schöne Welt der Sicherheit und Geborgenheit hatten die Regierungen der Vereinigten Staaten und der Sowjetunion der Welt geschenkt, zumindest nach außen hin. Mit dieser Angst ließ sich aber auch die eigene Bevölkerung am besten unter Kontrolle halten, denn auch wenn kaum jemand die eigene Regierung liebte – man schien sie dringend zu brauchen, damit sie einen vor dem schrecklichen Feind beschützte. Und natürlich konnten die Regierungen und die sie tragenden militärischen Apparate dem Volk damit immer höhere Verteidigungsausgaben abpressen. Und das Volk zahlte. Eines Tages aber stellte sich ein Führer nägelfeilend vor sein Volk hin und sprach: Hach, ist diese ganze Angst nicht einfach schrecklich? Ist es nicht schrecklich, daß unser ganzes Sicherheitssystem darauf beruht, daß wir – wenn der Feind euch alle umgebracht hat – dann nur noch den Feind umbringen können? Ist das nicht einfach furchtbar? Und wäre es nicht viel besser, wenn unsere Sicherheit nicht auf dieser Form der Abschreckung und Rache, sondern auf echter Verteidigung beruhen würde – indem wir dafür sorgen, daß keine feindliche Atomrakete bei uns ankommt? Man konnte förmlich einen Aufschrei der Zustimmung durch die amerikanischen Wohnzimmer hallen hören: Ja! Natürlich wäre das besser! Und der Präsident fügte hinzu: Prima – kostet aber!

Dieser mitfühlende Mensch, der da mit seinem üblichen Tremolo zu seinen lieben Mitbürgern sprach, hatte nämlich ein Problem. Unverständige und unverantwortliche Zeitgenossen wollten ihn daran hindern, seinen Rüstungshaushalt massiv zu erhöhen. Diese Leute, so die klare Botschaft, hatten einfach kein Gefühl für die wirklichen Ängste und Sorgen der Menschen. »Kein Bundeshaushalt war eine gute Nachricht – zumindest nicht seit Calvin Coolidge«, sagte dazu Earl C. Ravenal, Professor für internationale Beziehungen an der Georgetown University School of Foreign Service. »Aber Präsident Reagans Budget für 1983 ist die größte Provokation, seit wir denken können, und hat mehr als die übliche Kritik herausgefordert. Die Kritik hat einen Beigeschmack der Verzweiflung, weil die Defizite und Plünderungen irreversible Folgen für die Wirtschaft mit sich bringen werden und außerdem für die Gesellschaft und die Zukunft der Staatsführung in diesem Land.« Mit anderen Worten: Der gute Onkel Ronald aus Washington wollte seine Landsleute ganz unappetitlich erpressen. Natürlich könnte er, so gab er seinen lieben Mitbürgern zu verstehen, den anderen Schurken daran hindern, seine Kugel im Kopf Amerikas zu versenken. Aber dafür brauchte er einfach mehr Geld – sehr viel mehr. Sprach's und feilte noch ein wenig an seinen Nägeln.

»Unter den bemerkenswerten Zahlen des Reagan-Haushalts von 1983 ist der enorme Anstieg der Verteidigungsausgaben die unerhörteste«, so Professor Ravenal. »In Sachen Ausgabenhoheit ist ein Anstieg von 20 Prozent geplant, von 214 Milliarden 1982 auf 258 Milliarden 1983.« An diesem Punkt hätten im Angesicht der Insolvenz und auf der Suche nach Alternativen selbst Anhänger der Reagan-Administration insistiert, daß Schritte zu einem ausgeglichenen Haushalt auch angemessene Beschränkungen des Verteidigungshaushalts beinhalten müssen.[304] Nicht doch, denn Reagan hatte einfach ein unschlagbares Angebot zu machen – er versprach »Hoffnung«. Immer dann, wenn amerikanische Führer nichts als heiße Luft und leere Versprechen zu bieten haben, bemühen sie auch die rhetorische Figur der »Vision«. Die Vision hat den Vorteil, Wünsche ohne einen einklagbaren Anspruch auf Erfüllung freizusetzen. Unversehens wandelte sich Reagans SDI-Rede, die in Wirklichkeit eine Haushaltsrede war, in eine mißlungene Predigt voll abgeschmackter Emotionen, garniert mit dem Versprechen der Erlösung. Freilich nicht heute oder morgen, sondern erst in einem fernen Reich, das nur unter Mühsal, Fehlschlägen und Irrtümern zu erreichen sein würde – und unter enormen Ausgaben, versteht sich. »Lassen Sie uns eine gemeinsame Vision von der Zukunft teilen«, sagte Reagan also, »die uns Hoffnung verspricht. Es geht darum, daß wir mit einem Programm beginnen, um der furchterregenden sowjetischen Raketenbedrohung mit defensiven Maßnahmen zu begegnen.« Rein technisch gesehen, sah die Idee ein System von Anti-Raketen-Raketen vor, die sowjetische Atomgeschosse vom Himmel holen sollten, bevor sie in den

USA Schaden anrichten konnten – eine pfiffige Idee, die geradewegs aus der Werkstatt von Disneys Daniel Düsentrieb stammen könnte:

> »Was, wenn freie Menschen sicher in dem Wissen leben könnten, daß ihre Sicherheit nicht auf der Drohung einer sofortigen US-Vergeltung beruht, um die Sowjets abzuschrecken? Daß wir strategische Atomraketen abfangen und zerstören könnten, bevor sie unseren Boden oder den von unseren Verbündeten erreichen? Ich weiß, dies ist eine gewaltige technische Aufgabe, eine, die vielleicht nicht vor dem Ende dieses Jahrhunderts erreicht werden kann. Trotzdem – die heutige Technologie hat einen Grad an Leistungsfähigkeit erreicht, daß es begründet erscheint, diese Anstrengung zu unternehmen.«

Um bei seinem Publikum die gewünschten Reflexe auszulösen, verfällt Reagan (beziehungsweise seine Redenschreiber) nun in die visionäre Sprache von Kennedys Ankündigung des Mondprogramms. Er benutzt vor allen Dingen das Wort »decade« (Jahrzehnt) aus dem berühmten Satz, in dem Kennedy die Nation aufforderte, einen Mann zum Mond zu bringen, »before this decade is out«.

»Es wird Jahre dauern«, sagte also Ronald Reagan, »wahrscheinlich Jahrzehnte voller Anstrengungen an vielen Fronten. Es wird Irrtümer und Rückschläge ebenso geben wie Erfolge und Durchbrüche. Und während wir voranschreiten, müssen wir ständig die nukleare Abschreckung und solide Fähigkeit zur angemessenen Antwort aufrechterhalten.« Übersetzt heißt das: Das Militär braucht das Geld, das es bisher schon brauchte – plus das Geld für die Vision der Unverwundbarkeit. »Aber«, so Reagan, »ist die Befreiung der Welt von der Bedrohung des Atomkriegs nicht jedes Investment wert? Wir wissen: Sie ist es wert.«

»Der Grund, warum ich heute abend zu Ihnen spreche, besteht darin, Sie zu drängen, Ihren Senatoren und Kongreßabgeordneten zu sagen, daß Sie wissen, daß wir unsere militärische Stärke wiederherstellen müssen«, sagt Reagan ganz offen. Damit versuchte Reagan jeden Amerikaner als Verteidiger seines Rüstungshaushaltes einzuspannen – und als Verteter der Rüstungsindustrie. Nach Reagans SDI-Rede stiegen zum Beispiel die Ausgaben für militärische Forschung und Entwicklung verglichen mit dem Stand von 1980 etwa um das Doppelte. Während der Clinton-Administration sanken sie wieder signifikant ab, um nach dem Amtsantritt von George Bush junior, speziell aber nach dem 11. September 2001, wieder massiv anzuwachsen.

Natürlich erwähnte Reagan in seiner SDI-Rede nicht, daß das, was er dem amerikanischen Publikum gerade so großartig verkündete, erstens gefährlich und deshalb zweitens verboten war. Um die zwar abscheuliche, aber offenbar funktionierende Logik der Abschreckung zu erhalten, untersagte der Anti-Ballistic-Missile-Vertrag mit der Sowjetunion von 1972 den Aufbau einer nationalen, weltraumgestützten Raketenabwehr, unabhängig von deren technischer Realisierbarkeit. Die Installation eines solchen Systems konnte den Gegner zu einem Erstschlag provozieren, bevor es für immer zu spät sein würde.

Die Frage, ob die Reagan-Bush-Administration ihr Versprechen einer sichereren Welt für die Amerikaner eingelöst hat, ist übrigens schnell beantwortet. Die Antwort darauf ist der 11. Sep-

US-Ausgaben für militärische Forschung und Entwicklung 1976–2004

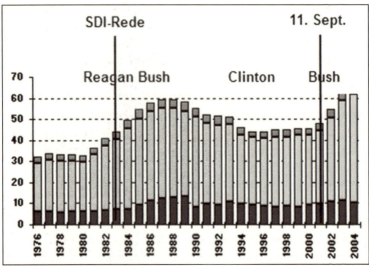

Quelle: *American Association for the Advancement of Science*

tember, die Anthrax-Hysterie, die von oben geschürte Angst vor Terroranschlägen, die neuen Kriege in Afghanistan und Irak, die Angst junger Soldaten und ihrer Familien um deren Leben. In Wirklichkeit war die Vorstellung einer unverwundbaren Verteidigung nichts weiter als eine fromme Lüge, um die US-Bürger für den militärisch-industriellen Komplex zur Ader zu lassen. In Wirklichkeit werden sie auch heute mit einer Strategie der Spannung regiert, um sie zu immer neuen Opfern anzuspornen, egal, ob es nun um Geld, Bürgerrechte oder Menschenleben geht.

Reagans SDI-Vorhaben von 1983 wurde als unerfüllbarer, aber auch in dieser Weise nicht mehr notwendiger Traum am Leben erhalten. Schon sechs Jahre später verlor er durch den Zusammenbruch der Sowjetunion erheblich an Legitimation, so daß er während der Clinton-Jahre unter dem Namen NMD (National Missile Defense) eher ein Schattendasein führte. Hervorgeholt wurde er dann wieder von dem geistigen Reagan-Nachfolger George W. Bush, der damit nicht nur in die Fußstapfen Reagans, sondern vor allem seines Vaters trat. Allerdings hatte George W. Bush eine Kleinigkeit außer acht gelassen: daß die beste nationale Raketenabwehr in der Abschaffung der Sowjetunion bestanden hatte. Und weit und breit war niemand in Sicht, der nun eine umfassende Raketenabwehr hätte rechtfertigen können. Die Ankündigung, die Raketenabwehrpläne wieder aufleben lassen zu wollen, war deshalb einer der ersten großen Flops von Bush Juniors erster Amtszeit. Bereits hier konnte man erkennen, wie die Vereinigten Staaten unter dem Zusammenbruch des geliebten Feindes Sowjetunion zu leiden begannen. Schon George W.s Vater hatte in einer Rede zur Lage der Nation 1991 den Raketenschild nur noch gegen einen »versehentlichen« Raketenstart der Sowjets oder kleinere Angriffe von anderen Staaten fordern können. Schon das war der reinste Unsinn, denn für einen versehentlichen Raketenstart benötigt man kein umfassendes Abwehrsystem. Außerdem können aus Versehen gestartete Atomraketen auch noch während des Fluges von ihren Absendern entschärft, gesprengt oder abgelenkt werden. Und kleinere Staaten würden wohl kaum Selbstmord begehen, indem sie mit unzureichenden Kräften einen Raketenangriff auf die USA starten würden. Nach George W.s Amtsantritt im Januar 2001 gab es die Sowjetunion überhaupt nicht mehr. Der einst mehr oder weniger bedrohliche Staatenverbund war auseinandergefallen, eine Bedrohung durch Rußland weit und breit nicht in Sicht. Dennoch wärmte auch Bush junior die Idee vom Raketenschild auf – nun sollte mit den Kanonen auf immer kleinere Spatzen geschossen werden. Nun mußten »Schurkenstaaten« und »Terroristengruppen« als Rechtfertigung für die Raketenabwehr herhalten. Bush Junior erntete weltweites Unverständnis für diese Idee. Die verzweifelte Suche nach einem Feind, um den monströsen US-Militärapparat zu rechtfertigen, nahm allmählich groteske Züge an. Bush rutschte immer mehr in die Isolation, aus der ihn erst der 11. September 2001 befreite, der Tag, an dem den USA wie durch ein Wunder ein neuer Feind erwuchs: Osama Bin Laden. Daß der 11. September eigentlich ein Anlaß für den Rücktritt der gesamten Regierung und Militärführung gewesen wäre, sei nur am Rande bemerkt. Immerhin war es gemäß der offiziellen Version ein paar Amateurterroristen gelungen, was weder Hitler oder den Japanern noch Stalin oder anderen Diktatoren gelungen war – ein Angriff im Kern-Territorium der Vereinigten Staaten. Daß hier Köpfe hätten rollen müssen, sollte man doch annehmen. Statt dessen verkaufte Bush dem Land noch mehr von dem, was kläglich versagt hatte: Rüstung. Der 11. September war ein Multimilliardendeal im Maßstab der Mondlandung. Als ersten Appetithappen machte Bush zusätzlich 43 Milliarden Dollar für den militärisch-industriellen Komplex locker – an dem seine eigene Familie über die Investmentgesellschaft Carlyle Group beteiligt war. Der 11. September erwies sich als bedeutender Befreiungsschlag für die Bush-Administration. Plötzlich war vieles möglich, zum Beispiel die Kündigung des ungeliebten ABM-Vertrags von 1972. »Heute habe ich übereinstimmend mit dem Vertrag gegenüber Rußland die formale Erklärung abgegeben, daß sich die Vereinigten Staaten aus diesem fast dreißig Jahre alten Abkommen zurückziehen«, teilte George W. Bush am 13. Dezember 2001 mit. »Ich bin zu dem Schluß gekommen, daß der ABM-Vertrag die Fähigkeit unserer Regierung einschränkt, Schutzmechanismen gegenüber zukünftigen Raketenattacken von Terroristen oder Schurkenstaaten für unsere Bevölkerung zu entwickeln.«[305]

Die Maßnahme verschärfte die Situation, anstatt sie zu beruhigen. Im März 2004 löste Rußlands Präsident Wladimir Putin die bisherige zivile Luft- und Raumfahrtbehörde Rosawiakosmos auf. Zum Chef der neuen Föderalen Raumfahrtagentur (FKA) wurde ein Militär ernannt: Generaloberst Anatoli Perminow. Der »kontrolliert nun alle kosmischen Aktivitäten des Landes, ob zivil oder militärisch, die kommerziellen Satellitenstarts (unter anderem für US-Firmen) sowie die Startzentren Baikonur, Plessezk und Swobodny samt deren Mannschaften«.[306]

Statt mehr Sicherheit zu schaffen, fachte die Bush-Administration also die Militarisierung des Weltraums an. Und nirgendwo können so viele Milliarden versickern, wie in dem uferlosen und unkalkulierbaren SDI-Projekt. Das war schon Reagans Vision – eine nahe Verwandte des Mythos, um nicht zu sagen des Phantoms. Denn mit Mythen und Phantomen regiert sich die Welt bekanntlich trefflich, sei es der angeblich überraschende Angriff der Japaner auf Pearl Harbor, der Zwischenfall im Golf von Tongking, der Anschlag des Bin-Laden-Phantoms auf die Vereinigten Staaten oder die Massenvernichtungswaffen von Saddam Hussein. Und auch die Raketenabwehr ist bis heute ein Gespenst geblieben. Entsprechende Versuche, Raketen kurz nach dem Start abzuschießen, scheiterten entweder – oder gelangen nur aufgrund von Betrug und Schwindel. »Bisher können die USA nur eine feindliche Rakete im Flug abfangen, die sich an bestimmte Bedingungen hält: Sie muß langsamer als üblich fliegen, ihr Herkunftsort muß bekannt sein, sie muß ein künstlich verstärktes Radarsignal ausstrahlen, und sie muß bei hellem Tageslicht heranrauschen.«[307]

Der Grund: Unser Globus ist verdammt groß, und die Raketen sind verdammt klein. Einer Studie der Amerikanischen Physikalischen Gesellschaft zufolge, der mit über 40 000 Mitgliedern größten wissenschaftlichen Organisation der Welt, ist das Raketenabwehrprojekt eine faustdicke Lüge:

> »In der nun vorliegenden Studie wird eine zentrale Komponente der Raketenabwehr schlichtweg für technisch nicht oder zumindest nur sehr schwer realisierbar erklärt. Es handelt sich um die für einen Abschuß einer feindlichen Rakete zur Verfügung stehende Zeitspanne. Die bis-

herigen Planungen sehen nämlich vor, die angreifenden Raketen noch während deren Antriebsphase, auch Boost-Phase genannt, abzuschießen. Da die Brennzeit jedoch relativ kurz ist, müßten die Abfangraketen in einer Entfernung zwischen 40 und 1000 Kilometern zu den feindlichen Startanlagen aufgestellt sein. Dies ist selbst für die USA mit ihren zahlreichen weltweiten Verbündeten aufgrund der geopolitischen Lage nicht in allen Fällen möglich.

Frederick Lamb, einer der Herausgeber der Studie, erklärt: ›Lediglich zwei bis drei Minuten würden zur Verfügung stehen, um eine feindliche Rakete noch während ihrer Boost-Phase abzufangen, und das auch nur unter der Voraussetzung, daß die Geräte zum Aufspüren und Verfolgen der Raketen entscheidend verbessert werden. (...) Selbst im günstigsten Fall müßte die Raketenabwehr innerhalb von Sekunden entscheiden, ob eine Abfangrakete gestartet wird, was zu kurz ist, um sicher zu sein, ob es sich tatsächlich um einen Raketenangriff oder nur um eine Raumfahrt-Mission handelt.‹

Die Entwicklung der Raketenabwehr wird zusätzlich dadurch erschwert, daß die von den USA als potentielle Bedrohung eingestuften Staaten Iran und Nordkorea nach Schätzungen der US-Geheimdienste in 10 bis 15 Jahren über extrem schnelle, auf Festkörpertreibstoffen beruhende Raketen verfügen werden. Selbst wenn es also gelänge, innerhalb von zehn Jahren ein System zu entwickeln, mit dem sich auf Flüssigbrennstoff basierende Raketen abfangen lassen, wäre dies bei seiner Fertigstellung eventuell bereits veraltet.«[308]

»Die Technologie für ein effektives Raketenabwehrsystem existiert noch immer nicht«, warnte die amerikanische Union of Concerned Scientists (deutsch etwa: Vereinigung besorgter Wissenschaftler). »Alle entwickelten Systeme befinden sich in frühen Stadien der Forschung und Entwicklung.« Und das Schlimmste: »Selbst wenn die Technologie perfekt funktionieren würde, sind die stationierten Systeme empfindlich gegenüber Gegenmaßnahmen, die viel leichter zu konstruieren sind als die Langstreckenraketen, an denen sie angebracht werden.« Im April 2000 legten das Massachusetts Institute of Technology (MIT) und die Union of Concerned Scientists einen Report mit dem Titel »Gegenmaßnahmen: Eine technische Beurteilung der Effektivität des geplanten nationalen US-Raketenabwehrsystems« vor. Das Urteil war vernichtend: »Das nationale Raketenabwehrsystem, das gegenwärtig von den Vereinigten Staaten entwickelt wird, wäre selbst gegen begrenzte Raketenangriffe von aufsteigenden Raketenmächten ineffektiv. Darüber hinaus würde seine Stationierung die von Rußland und China ausgehenden atomaren Gefahren verstärken...«[309]

Das Problem besteht darin, daß das Raketenabwehrsystem zwar unglaublich kompliziert ist – die Abwehrmaßnahmen eines Angreifers aber unglaublich einfach. Egal, ob er zum Beispiel explosive Nutzlasten auf zahlreiche Sprengköpfe verteilt, ob die angreifende Rakete Störkörper oder Attrappen ausstößt – die Möglichkeiten, das Raketenabwehrsystem zu verwirren, sind ebenso einfach und billig wie vielfältig. Mit anderen Worten: SDI war immer und ist bis heute eine Chimäre, die jedoch zwei wichtige Funktionen erfüllt. Erstens die Plünderung der Staatskasse und zweitens die Tarnung anderer Rüstungsvorhaben im Weltall.

Deshalb war SDI aus der Sicht seiner geistigen Väter alles andere als ein Fehlschlag, sondern ein Erfolgsrezept und ein Projekt, an dem man bis zum Sankt-Nimmerleins-Tag weiterbasteln kann.

ISS: Der Letzte macht das Licht aus

Allerdings reichte das noch nicht. Schon ein Jahr später setzte Reagan noch einen drauf. Der Präsident war alarmiert. Erneut machten sich die Russen auf, die Führung im Weltraum zu übernehmen. Eifrig werkelte der Erzrivale an einer roten Raumstation, damit ständig Menschen um die Erde kreisen, oder schlimmer: Kommunisten. Anlaß genug für Ronald Reagan, wieder einmal Kennedy zu spielen: »Ich werde die NASA anweisen, eine dauernd bemannte Raumstation zu bauen, und zwar« – dreimal dürfen Sie raten – genau: »innerhalb der nächsten zehn Jahre.«

Obwohl der US-Präsident schon lange nicht mehr Reagan heißt, die Russen nicht mehr rot sind und zwischendurch jedermann gegen gutes Geld an Bord ihrer Raumstation »Mir« (Frieden) Forschung betreiben konnte, war der Plan einer neuen internationalen Raumstation nicht totzukriegen. Um das Projekt der Öffentlichkeit schmackhaft zu machen, lief der Propagandaapparat von Raumfahrtbehörden und -konzernen auf Hochtouren. Nachdem der Shuttle durch seinen schweren Unfall 1986, das hohe Maß an Unzuverlässigkeit und die exorbitanten Startkosten langsam zum heimlichen schwarzen Schaf wurde, hätschelte die NASA ihr neues Lieblingskind »ISS« (International Space Station) mit dicken Broschüren und einer Homepage im Internet. Kein Wunder, denn schließlich war die Raumstation unerläßlich, um das Abschmieren einer anderen Haushaltskuh zu verhindern – des Shuttle.[310]

Die Mondlandung lebte auch in diesem Projekt fort – nämlich als wirksame Strategie, Steuergelder über die NASA in den militärisch-industriellen Komplex einzuschleusen. So gesehen, ist die Mondlandung keineswegs lange vorbei, sondern wird in immer anderen Varianten neu aufgelegt: »Ein voll ausgerüstetes Forschungsinstitut im Weltraum« werde die Menschheit bekommen, schwärmte zu Beginn die Industrie über die Internationale Raumstation. Für NASA-Chef Dan Goldin war die Raumstation eine sagenhafte »Wissensmaschine«, die jahrzehntelang Gewinn abwerfen werde. Das ist sicher richtig, fragt sich nur, für wen. Wer sich von der Raumstation abkoppele, unkte die seinerzeitige deutsche Daimler-Benz-Aerospace (DASA) düster, werde »dafür teuer bezahlen«. Eine merkwürdige Verdrehung der Tatsachen: Denn richtig teuer wird es nur, wenn man mitmacht. Selbst viele Wissenschaftler konnten da nicht mehr ganz folgen. Statt als Inbegriff des Fortschritts sahen sie die Raumstation als Forschungshindernis erster Güte. Und zwar, weil sie Forschungsgelder vernichtet. Mit den seinerzeit kalkulierten (und längst überholten) dreißig Milliarden Mark für die Internationale Raumstation könne man hundert unbemannte Forschungssatelliten ins All schicken, »die mit ziemlicher Sicherheit noch viel mehr an Informationen sammeln könnten«, meinte etwa der Münchner Astrophysiker Wolfgang Hillebrandt.

»Es kommt mir nicht so vor, als sei dies eine kluge Art, Geld auszugeben«, sagte zum Beispiel auch Gregory Farber von der Pennsylvania State University nach wenig erfolgreichen Versuchen, an Bord der russischen Station Mir aus Proteinen komplexe Kristalle herzustellen (wichtig für die Pharmaforschung). Für Farber steht seither fest, daß »die Raumstation nicht mit ihrer angeblichen Fähigkeit, Proteinkristalle zu erzeugen, schmackhaft gemacht werden sollte«.

Einen unbestritten hohen Nutzwert hat lediglich die unbemannte zivile Raumfahrt, sofern sie sich von der militärischen Raumfahrt überhaupt eindeutig trennen läßt. Wetter-, Kommunikations- und Navigationssatelliten sind aus unserem Alltag nicht mehr wegzudenken. Der enorme Aufwand, Menschen ins All zu schicken und dort am Leben zu erhalten, steht jedoch in keinem Verhältnis zum Nutzen für die Bürger und die Wissenschaft. Aber genau dieser Aufwand hatte es Politik und Industrie angetan. Erstens ist es sehr viel teurer, Menschen statt Automaten ins All zu schicken. Zweitens geht es um die psychologische Wirkung: »Unter den Politikern war nie ein Zweifel, ob die Raumfahrt bemannt oder unbemannt sein sollte, nur die Wissenschaftler haben sich lange darüber gestritten«, plauderte einmal ein Raumfahrtexperte aus dem Nähkästchen. »Aber vom politischen, psychologischen Gesichtspunkt aus wird der bemannte Teil immer der interessantere sein. Ich glaube nicht, daß jemand mitten in der Nacht aufstehen wird, um Elektronendichten am Jupiter zu beobachten, aber eben die Menschen, die nachts aussteigen.« Gemeint war: Auf dem Mond. Das also ist die eigentliche Rechtfertigung für die bemannte Raumfahrt.[311]

Was die Internationale Raumstation angeht, vermißte jedoch selbst ESA-Generaldirektor Reimar Lüst noch Mitte der neunziger Jahre ein überzeugendes Nutzungskonzept für das europäische Columbus-Labor. Das heißt: Die Entscheidung für den Bau der Raumstation fiel, bevor man eine Idee hatte, was man damit eigentlich anstellen soll. Was das Ganze insgesamt kosten wird, steht bis heute in den Sternen: »Nachdem die NASA beim Anfangsbetrag von 40 Milliarden US-Dollar diverse Korrekturen nach oben vornehmen mußte, schweigt sie jetzt lieber. Experten gehen aber inzwischen von 200 Milliarden Dollar aus.«[312] Etwas Besseres kann der Raum- und Rüstungsindustrie gar nicht passieren. Die tonnenförmigen Module sind lauter fliegende Fässer, und zwar ohne Boden. Eigentlich wurde dies ja schon von der russischen Raumstation Mir behauptet. Zuletzt ging die meiste Zeit an Bord nicht für Forschung, sondern dafür drauf, die Station überhaupt am Leben zu erhalten. Mit der Internationalen Raumstation sollte das eigentlich aufhören. Doch die Wahrheit ist: Kaum für Multimilliarden in die Umlaufbahn geschossen, stand die Station schon vor dem Aus. Bereits 2003 stellten Experten »schwerwiegende Sicherheitsprobleme« fest: »Die medizinische Ausrüstung sowie die Luft- und Wasserkontrollsysteme seien in derart schlechtem Zustand, daß sie zunehmend ein Sicherheitsrisiko darstellen.« Zwei für Raumfahrtmedizin und Lebenserhaltungssysteme zuständige Experten hätten gar »ihre Zustimmung zur Entsendung der neuen Besatzung« verweigert, berichtete *Spiegel Online* unter Berufung auf die *Washington Post*. In den Äußerungen dieser Experten konnte man die sagenhafte Wissensmaschine und das »Forschungsinstitut für die gesamte Menschheit« gar nicht mehr wiedererkennen. Vielmehr warnten sie schriftlich vor dem »fortgesetzten Verfall« von Kontrollsystemen, »die für die Gesundheit der Astronauten von entscheidender Bedeutung sind«. Laut *Washington Post* forderten Mediziner der NASA gar,

> »die ISS vorübergehend aufzugeben, da der Ausfall der amerikanischen Space Shuttles nach der ›Columbia‹-Katastrophe vom Februar (2003) wichtige Reparaturen an der Raumstation unmöglich gemacht habe. Die NASA und die anderen beteiligten Nationen seien derzeit jedoch nicht bereit, die ISS, die bereits mehr als 25 Milliarden Euro verschlungen hat, sich selbst zu überlassen und damit noch verwundbarer für technische Probleme zu machen. Schon jetzt verbringt die Zwei-Mann-Besatzung einen Großteil ihrer Zeit mit Reparaturen...«[313]

Überraschend räumte NASA-Chef Sean O'Keefe ein:

> »Die Verhältnisse auf der ISS könnten sich innerhalb der nächsten sechs Monate derart verschlechtern, daß die Mannschaft zur Aufgabe des Weltraum-Labors gezwungen sein könnte. Sollte es Anzeichen für eine Gefährdung der Astronauten geben, könne es laut O'Keefe nur eine

Antwort geben: ›An Bord der Sojus gehen, das Licht ausschalten und verschwinden.‹ Der Washington Post zufolge ist die NASA derzeit nicht in der Lage, die Luft- und Wasserqualität sowie die Strahlungsmengen auf der ISS zu messen. Das Ausbleiben von Reparaturen an den entsprechenden Geräten könnte nach Ansicht von NASA-Experten ein schleichendes Risiko darstellen – eine Gefahr von genau jener Art, die man nach der ›Columbia‹-Katastrophe unbedingt vermeiden wollte.«

Im Juni 2005 war der deutsche Astronaut Thomas Reiter für einen Aufenthalt auf der Internationalen Raumstation ab September 2005 ausersehen. In einem Interview gestand er fröhlich:

»Meine Aufgabe wird es zunächst sein, meinen amerikanischen und russischen Kollegen bei der Durchführung von ganz normalen Wartungsarbeiten zu helfen. Wir müssen erst einmal sicherstellen, daß alle Bordsysteme laufen, bevor wir die ISS als Labor nutzen können. Man braucht statistisch gesehen 1,5 bis zwei Crewmitglieder, die sich rund um die Uhr um solche Aufgaben kümmern.«[314]

Bei insgesamt drei Crewmitgliedern ist das eine ganze Menge. Neuerdings fliegt ja sogar der Shuttle zu dem fast alleinigen Zweck ins All, dort repariert zu werden, wie die Discovery-Mission vom August 2005 zeigte. Die Wahrheit ist: Nach dem Shuttle »Columbia« ist nun auch die Raumstation Schrott. Ihren behaupteten Zweck, ein Forschungsinstitut für die gesamte Menschheit zu sein, hat sie nie erfüllt. Vielmehr ist die Raumstation zu großen Teilen mit sich selbst beschäftigt. Und das kostet. Und deshalb hat sie auch ihren wahren Zweck erfüllt: ein paar Dutzend Milliarden Dollar in die Kassen der Rüstungsindustrie zu spülen.

Vielleicht sollte man dies nicht nur mit einem weinenden, sondern auch mit einem lachenden Auge sehen. Denn natürlich sollte auch die Raumstation, so sie denn funktioniert hätte, neben dem Wohle der Rüstungsindustrie vor allem dem des Militärs dienen.

»Amerikanische Militärs bedrängten Reagan, beim Kongreß Mittel anzufordern, um in einer ständigen Umlaufbahn um die

Erde eine Kommandozentrale des Verteidigungsministeriums einzurichten«, so die Autoren Dieter Engels, Ekkehard Sieker und Jürgen Scheffran in einem Artikel über »Militärische Interessen und die geplante US-Weltraumstation«. So hatte man sich das »Forschungsinstitut für die gesamte Menschheit« eigentlich nicht vorgestellt.

»Trotz der öffentlichen Zurückhaltung des Pentagons existieren massive militärische Interessen am Bau permanent bemannter Raumstationen. Erste Forderungen wurden 1981 unmittelbar nach Reagans Amtsantritt laut. (...)

Parallel dazu arbeiteten die NASA und das DoD [Departement of Defense, Verteidigungsministerium, G.W.] eng zusammen, um die Anforderungen einer Raumstation zu definieren.«[315]

Klar, denn wie schon in Mercury, Gemini, Apollo und Shuttle sind natürlich auch in der Raumstation hauptsächlich Soldaten an Bord. Und natürlich dient auch die Raumstation der Eroberung eines neuen Feldherrnhügels – in diesem Fall des Weltraums. Allmählich drängt sich deshalb die Frage auf, ob wir es hier weniger mit dem vielgerühmten Wissensinstitut, sondern vielmehr mit etwas zu tun haben, das den Weg zu Wernher von Brauns Kampfstation im Weltall weist. Denn in Wirklichkeit ist das natürlich der geheime Traum der Militärs.

George W. hat eine Vision

Mit ehrgeizigen Programmen unter der Hand den Verteidigungshaushalt aufblähen und so Milliarden für die Rüstungsindustrie loseisen, dieses Konzept leuchtete natürlich auch Reagans späterem Nachfolger George W. Bush und seinen Hintermännern ein. Der nämlich hatte das Problem, den Verteidigungshaushalt nach dem 11. September bereits bis zum Zerreißen aufgeblasen zu haben. Und was macht ein US-Präsident in einer solchen Situation? Richtig: Er geht zur NASA und verkündet eine »Vision«. »Vielen Dank für das herzliche Willkommen«, sagte Bush also am 14. Januar 2004 bei einem Besuch im NASA-Hauptquartier:

»Ich fühle mich geehrt, bei den Frauen und Männern der NASA zu sein. Ich bedanke mich bei jenen, die persönlich gekommen sind. Ich heiße die willkommen, die uns per Video zuhören. Diese Behörde und die engagierten Profis, die ihr dienen, haben immer die kostbarsten Werte unseres Landes widergespiegelt – Wagemut, Disziplin, Genialität und eine große Einigkeit bei der Verfolgung großer Ziele. Amerika ist stolz auf unser Raumprogramm. Die Risikobereiten und Visionäre dieser Behörde haben das menschliche Wissen erweitert, unser Verständnis des Universums revolutioniert und zum Nutzen der gesamten Menschheit technologische Fortschritte erreicht. Durch all das inspiriert und geleitet durch klare Ziele, bestimmen wir heute einen neuen Kurs für das amerikanische Raumprogramm.«

War da was mit Rüstung? Nicht doch: »Wir werden«, streut er sich und seinem Publikum Sand in die Augen, »neue Schiffe bauen, um Menschen vorwärts in das Universum zu bringen, um einen neuen Außenposten auf dem Mond zu erlangen und uns auf neue Reisen zu Welten weit weg von unserer eigenen vorzubereiten.«

Nun würde sich kein Mensch um die Visionen eines ehemaligen Alkoholikers kümmern, wäre er nicht zufällig der US-Präsident. Er selbst, zumindest aber die begeistert applaudierende NASA-Crew, weiß natürlich sehr genau, worum es wirklich geht: um Waffen, Weltherrschaft und Steuergelder für Boeing, McDonnell Douglas und wie sie alle heißen. Die Rede richtet sich gar nicht in erster Linie an die NASA-Leute – die würden sich für solche Phrasen bedanken. Sie ist nur eine Show für die Öffentlichkeit: »Vor zweihundert Jahren verließen Meriwether Lewis und William Clark St. Louis, um die beim Kauf von Louisiana erworbenen neuen Länder zu erkunden«, appelliert Bush an den amerikanischen Pioniergeist. »Sie unternahmen diese Reise im Geiste des Entdeckertums, um die Möglichkeiten eines gewaltigen neuen Territoriums zu erkunden und einen Weg für andere vorzuzeichnen, die kommen würden.«

Bush tut so, als könnten die Kinder und Kindeskinder der Amerikaner schon morgen im Weltraum Rinder züchten und Mais anpflanzen:

»Aus denselben Gründen hat sich Amerika in den Weltraum vorgewagt. Wir haben Reisen in den Raum unternommen, weil der Wunsch zu entdecken und zu verstehen Teil unseres Charakters ist. Und dieses Streben hat greifbare Vorteile gebracht, die unser Leben auf unzählige Arten erleichtern. Die Erkundung des Weltraums hat zu Fortschritten bei der Wettervorhersage geführt, in der Kommunikationstechnik, in der Computerwissenschaft, in der Search-and-Rescue-Technologie, in den Roboterwissenschaften und der Elektronik. Unser Investment in die Erkundung des Weltraums hat dazu beigetragen, unser Netzwerk aus Kommunikationssatelliten zu errichten und das Global Positioning System. Modernste medizinische Techniken, wie Computertomographie und Magnetic Resonance Imaging haben ihre Wurzeln in Technologien, die für den Gebrauch im All entwickelt wurden. Unsere laufenden Programme und Fahrzeuge zur Erkundung des Weltalls haben uns weit gebracht und uns wohl gedient. Der Space Shuttle ist mehr als einhundert Missionen geflogen. Er wurde benutzt, um wesentliche Forschungen durchzuführen und die Summe des menschlichen Wissens zu erhöhen.«

Wie wahr – vor allem das menschliche Wissen über wirkliche oder eingebildete Feinde.

»Trotz all dieser Erfolge gibt es noch viel zu erforschen und zu lernen. In den vergangenen dreißig Jahren hat kein menschliches Wesen einen Fuß auf eine andere Welt gesetzt oder ist weiter hinauf in den Raum gereist als sechshundert Kilometer – in etwa die Entfernung zwischen Washington, D. C., und Boston, Massachusetts.«

Eben. Genau das ist ja das Merkwürdige. Auch vor den Mond-Missionen hat niemals ein Mensch unbeschadet den schützenden Erdorbit verlassen. Die Mondflüge sind die einzige Ausnahme, bei der Menschen angeblich den gefährlichen Strahlenschutzgürtel der Erde durchflogen und gesund zurückgekehrt sind. Statt ein neues Tor aufzustoßen und Mondflüge, -stationen und Marsmissionen zur Routine zu machen, fiel das Tor ganz einfach wieder zu. Und zwar bis heute. »Seit fast einem Vierteljahrhundert hat

Amerika kein neues Fahrzeug zur weiteren Erkundung des Weltraums mehr entwickelt. Es ist Zeit, die nächsten Schritte zu unternehmen.«

Damit ist das Vorspiel zur weiteren Öffnung der Steuer- oder Defizitschleusen eingeleitet. Wie schon seine Vorgänger Kennedy und Reagan, so will auch Bush das Füllhorn über der Raumfahrtagentur und vor allem ihren Auftraggebern aus der ihm nahestehenden Rüstungsindustrie ausschütten. Nachdem die Stimmung mit Patriotismus angeheizt wurde, ist das Publikum reif für den nächsten Schritt. Nun wird es richtig teuer:

> »Heute gebe ich einen neuen Plan zur Erforschung des Alls und der Erweiterung der menschlichen Präsenz überall im Sonnensystem bekannt. Mit Hilfe existierender Programme und vorhandenen Personals werden wir schnell mit dieser Anstrengung beginnen.«

Neben der Wiederbelebung des Shuttle und der Fertigstellung der Internationalen Raumstation bis 2010 kündigt Bush ein neues Raumschiff an (Crew Exploration Vehicle), über dessen Eigenschaften man sich nur wundern kann. Denn es soll mehrere Dinge in sich vereinbaren, die nur schwer unter einen Hut zu bringen sind. Es soll sowohl zur Raumstation fliegen als auch »zu anderen Welten«. Da dies vollkommen verschiedene Aufgaben sind, darf man auf die technischen Lösungen gespannt sein. Denn während ein Gefährt für den Weg zur orbitalen Raumstation zum Beispiel keiner besonderen Abschirmung bedarf, ist der Flug zu anderen Welten eigentlich nur mit massiven Schutzwänden gegen die Strahlung denkbar – auch ein Flug zum Mond. Außerdem ist das Andocken an einer Raumstation keineswegs dasselbe wie die Landung auf einem anderen Himmelskörper. Man darf also vermuten, daß dieses anspruchsvolle Ziel diverse Milliarden verschlingen wird. Ob mit dem Geld ein solches Raumfahrzeug entsteht, ist natürlich keineswegs sicher. Wer die Milliarden bekommen soll, dagegen schon: nämlich Northrop Grumman, Boeing und Lockheed Martin.

Als Ziel für diese neue »Space Exploration Initiative« muß vor allem der Mond herhalten, denn wie hat doch Kampfpilot und Captain Gene Cernan gesagt, der letzte Mann auf dem Erdtrabanten: »Wir gehen, wie wir gekommen sind und wie wir – so Gott will – zurückkehren werden: in Frieden und Hoffnung für die gesamte Menschheit.« Amen. Mit einer Basis auf dem Mond, so das Kalkül, würden Reisen zu anderen Planeten erst richtig billig. Die geringere Schwerkraft und die Herstellung der Raumschiffe auf dem Erdtrabanten würden die Kosten für solche Unternehmen herabsetzen. Das funktioniert allerdings nur dann, wenn zwei weitere Bedingungen erfüllt sind. Erstens eine gigantische Truppe von unsichtbaren Heinzelmännchen, die – zweitens – die gesamte irdische Raumfahrtindustrie auf den Mond verlegen, und zwar kostenlos. Diese Art von Kalkulation eine Milchmädchenrechnung zu nennen, wäre eine Beleidigung für jedes Milchmädchen.

Aber im Land von Disney und *Star Wars* kann man problemlos auch mit Mickymaus-Argumenten arbeiten. Ferner sind für die Gehirnwäsche Diktionen gut geeignet, die der Durchschnittsamerikaner schon von der Sonntagsschule oder dem Gottesdienst her kennt. Passagenweise verfällt George Bush daher in Litaneien, die an die Prophetie der Bibel erinnern. Fast liest sich die Rede zur weiteren Eroberung des Weltalls wie eine Art Glaubensbekenntnis: »Und im Rahmen dieser Reise werden wir viele technische Durchbrüche erzielen. Wir wissen noch nicht, wie diese Durchbrüche aussehen werden, aber wir können sicher sein, daß sie kommen werden, und unsere Anstrengungen werden vielfach belohnt werden. Wir mögen Rohstoffe auf dem Mond oder Mars entdecken, die unsere Vorstellungskraft übersteigen und die Grenzen unserer Träume auf die Probe stellen werden.« Nochmals Amen.

Mit der Verwirklichung dieser wunderbaren Versprechen beauftragt der Präsident wieder einmal eine Kommission, geleitet wird sie von einem gewissen Peter Aldridge. Und an diesem Mann kann man nun wirklich erkennen, worum es geht. Aldridge war früher Unterstaatssekretär im Pentagon und verantwortlich für Beschaffung, Technologie und Logistik. Beschaffen kann Aldridge nun eine ganze Menge, vor allen Dingen Aufträge für einen seiner anderen früheren Arbeitgeber, den Raumfahrt- und Rüstungskonzern McDonnell Douglas. Fast unnötig zu erwähnen, daß Bush mit derart durchdachten Konzepten bei der NASA frenetischen Beifall erntete: »Wir wissen nicht, wo diese Reise enden wird«, sagt der Präsident, »aber eines wissen wir: daß menschliche Wesen für den Kosmos bestimmt sind.«[316] Applaus.

Guantanamo im Sonnensystem

In Wirklichkeit geht es nicht um den Kosmos, sondern um Krieg, wie etwa das Beispiel von Josephine Steins Zielerfassungssystem für den Kometen Halley eindrucksvoll gezeigt hat. Ja, die USA gründeten bereits eine Art eigene Waffengattung für den Kampf im und aus dem All. Zwar hatte naturgemäß zunächst die Luftwaffe im Weltraum das Sagen. Doch dann wurden die Weltraumtruppen der einzelnen Waffengattungen unter dem Dach des US Space Command gebündelt. Natürlich ist es kein Zufall, daß es ebenfalls den amerikanischen Adler in seinem Wappen führt. Zu seinen Füßen befindet sich diesmal jedoch nicht der Mond, sondern der Himmelskörper, um den es wirklich geht: die Erde. Dieses Wappen ist keineswegs nur eine bunte Zeichnung. Vielmehr kann man sicher sein, daß es durch und durch ernst gemeint ist: Ein riesiger Adler schwebt da über dem Planeten. In etwa gleich groß wie die Erde zu seinen Füßen, breitet er gebieterisch die Schwingen aus und symbolisiert so die amerikanische Alleinherrschaft im Himmel und auf Erden. Daß außer dem amerikanischen Adler im All sonst niemand Platz hat, ist deutlich zu erkennen. Unterhalb des Raubvogels wird der blaue Planet von zwei Ringen umzingelt, die die Umlaufbahnen von Satelliten darstellen sollen, doch eher an Fesseln erinnern. Gefesselt, geknebelt und bewacht: So stellen sich die Vereinigten Staaten die Zukunft der Erde vor – eine Art Guantanamo im Sonnensystem.

Am 1. Oktober 2002 wurde das US Space Command dem US Strategic Command (USSTRATCOM) einverleibt, dem Hauptquartier der Strategischen Streitkräfte, die mit Hilfe der Weltraumtruppen einen globalen Überblick bekommen sollen. Wie das Emblem des US Strategic Command zeigt, ist die eigene Vergöttlichung dort bereits weit fortgeschritten. Die Blitze schleudernde Faust über dem Globus knüpft an den griechischen Gott Zeus an, dem ebenfalls nachgesagt wurde, mit Blitzen um sich

Embleme: US Space Command (links), US Strategic Command (Ausschnitt)

werfen zu können. Und nicht zufällig ist Zeus nicht irgendein griechischer Gott, sondern deren höchster. Er war nicht nur Beherrscher des Olymp, sondern auch der Vater aller Götter und Menschen. Ganz anders als die Vereinigten Staaten war er allerdings bereit, sich die Weltherrschaft zu teilen, und zwar mit Poseidon und Hades.[317] Einer seiner Söhne war Apollo.

»Der Einsatz von Weltraumkräften beinhaltet Kampfhandlungen im, durch und vom Weltraum aus, um den Verlauf und den Ausgang eines Konflikts zu beeinflussen«, heißt es in einem Papier des USSTRATCOM.

> »In der Zukunft könnte die Fähigkeit, irdische Ziele vom Weltraum aus anzugreifen, kritisch für die nationale Verteidigung sein. Das US-STRATCOM arbeitet daher aktiv an der Identifizierung potentieller Aufgaben, Missionen und Nutzlasten für dieses wahrscheinlich kommende Schlachtfeld. Der Weltraum repräsentiert einen fundamental neuen Weg zur Anwendung militärischer Gewalt durch unmittelbare Schläge auf die Schwerpunkte des Gegners und durch die Minimierung und Umgehung kostspieliger und risikoreicher Konflikte.« [318]

Die Wahrheit ist: Der Krieg im Weltraum hat längst begonnen. Schon jetzt befindet sich ein großer Teil der für Kriege nötigen Infrastruktur im All: Ohne Spionage-, Kommunikations-, Wetter-

und Navigationssatelliten ist moderne Kriegführung nicht mehr denkbar. Man nennt dies auch das C³I-System (Command, Control, Communication, Intelligence), »das als eine Art militärisches Nervensystem vor allem eine Aufgabe hat: die Gewinnung, Weitergabe und Verarbeitung von Information zwischen ›Kopf‹ (Entscheidungsträger) und ›Ausführungsorganen‹ (Waffen, Soldaten) des militärisch-politischen Komplexes. Träger dieses C³I-Systems sind in wachsendem Maße Satelliten, deren Bahnen wie ein Netz den gesamten Globus umspannen«, meinte der Physiker Jürgen Scheffran.[319]

Daß diese militärische Weltrauminfrastruktur Angriffe auf sich ziehen kann und muß, ist klar. Denn wer in Zukunft einen Krieg nicht nur beginnen, sondern auch gewinnen will, muß zunächst einmal die feindliche Infrastruktur im All angreifen. Wer bei Truppenaufmärschen nicht beobachtet werden will, schaltet am besten gegnerische Spionagesatelliten aus. Wer dem Feind die Möglichkeit nehmen will, sich mit Präzisionswaffen zu wehren, attackiert am besten dessen Navigationssysteme. Wer die Kommunikation der Truppenteile oder die Steuerung von ferngelenkten Drohnen behindern will, schaltet am besten Kommunikationssatelliten aus. Wer einen Überraschungsangriff starten will, eliminiert am besten die Frühwarnsatelliten des Gegners. Und so weiter... Die künstlichen Trabanten sind deshalb hochsensible Einrichtungen: kostbar und milliardenschwer. Von den weltweit 700 amerikanischen Militärbasen dürfte jene im Weltall die kostbarste, teuerste und sensibelste von allen sein. Und das gilt vermutlich auch für die militärischen Satelliten anderer Staaten, vor allem Rußlands. Die Installation dieser Infrastruktur zieht mehrere logische Rüstungsschritte nach sich. So ist es zum Beispiel klar, daß man weitere Einrichtungen zum Schutz dieser Installationen benötigt. Denn schließlich kann man millionen- und milliardenschwere Satelliten nicht einfach wie faules Obst in der Erdumlaufbahn kreisen lassen, bis sie durch irgendeinen Feind »gepflückt« werden. Also muß das gesamte erdnähere und -fernere Weltall genauestens beobachtet werden. Und während Zeus als auf einem Berg wohnend beschrieben wird, hausen die heutigen Herren der Welt in einem Berg – und zwar im Cheyenne Mountain in der Nähe von Colorado Springs. Die Beschreibung dieses ausgehöhlten Berges liest sich wie ein düsteres Märchen. In die riesigen atombombensicheren Höhlen wurden fünfzehn bis zu dreistöckige Gebäude hineingebaut. Ohne Verbindung zum umliegenden Fels ruht dieses kleine Dorf auf etwa 1300 Stahlfedern, die den Häusern Bewegungen von 30 Zentimetern in jede Richtung erlauben. 25 Tonnen schwere Tresortüren und ein System aus biologischen, chemischen und physikalischen Filtern schirmen die Höhlenstadt gegen die Außenwelt ab. Hier arbeiten die Späh-Experten von US Strategic Command und NORAD (North American Aerospace Defense Command). NORAD ist so etwas wie der Big Brother des Weltraums. Dessen Motto lautet weniger »search and rescue«, wie Präsident Bush anklingen ließ, sondern search and destroy. Beziehungsweise: »deter, detect, defend« (abschrecken, aufspüren, verteidigen). Keine Maus regt sich im Umkreis der Erde, ohne daß NORAD oder STRATCOM es mitbekommen. Mit Hilfe von leistungsfähigen Radarstationen spürt das NORAD-Personal im All Gegenstände bis zum Durchmesser einer Apfelsine auf. Egal, ob die Russen einen Navigationssatelliten starten, die ESA einen Wettersatelliten in die Umlaufbahn bringt oder ob die Trümmer einer Raketenstufe um den Globus vagabundieren – NORAD ist mit jedem Teil per Du, berechnet die Bahn, prüft mögliche Kollisionskurse mit anderen – vor allem eigenen – Satelliten. Insgesamt soll der NORAD-Katalog zur Zeit etwa 8500 Objekte umfassen, etwa 10 Prozent davon sind funktionierende Satelliten. Der Zweck ist, wie gesagt, klar: Die Vereinigten Staaten wollen wissen, was sich im Weltraum und speziell im Umfeld ihrer eigenen Satelliten regt. Und ebenso klar ist, daß diese Form der Observation jede Weltraum-Aktivität von anderen Staaten lähmt, egal, ob zivil oder militärisch. Denn NORAD ist nichts anderes als ein »Spionagesatellit«, allerdings einer, der in die umgekehrte Richtung späht: von der Erde aus in den Weltraum. NORAD macht die Weltraumaktivitäten anderer Staaten durchsichtig und die Infrastruktur der USA praktisch unantastbar und -besiegbar, denn welches Objekt sich einem ihrer Satelliten auch immer nähert – die Späher aus den Bergen von Colorado bekommen es mit. Wie sagte doch General Howell J. Estes III, Ex-Commander in Chief des US Space Command: »Der Weltraum ist zum vierten Medium geworden, in dem das Militär zum Schutz unserer nationalen Sicherheitsinteressen operiert. Wir werden dabei helfen, dem Feind den Zugang zum Weltraum zu verwehren.«[320]

Ein Feind – das kann freilich jeder sein. Noch nie in der Geschichte der USA konnten Freunde so schnell zu Feinden werden wie unter dem Bush-Regime. Selbst Deutschland war vor und während des Irakkriegs kurz davor, von den Vereinigten Staaten als Feind wahrgenommen zu werden. Vom Krieg der Sterne wollen die NORAD-Leute nur nach außen hin nichts wissen. Einmal im Jahr präsentiert sich NORAD den Kindern in Amerika und weltweit vielmehr als jener lustige Laden, der die Ankunft des Weihnachtsmanns beobachtet. Auf der eigens eingerichteten Webseite *www.noradsanta.org* lassen sich nicht sinistre Satelliten, sondern das Elchgespann von »Santa Claus« verfolgen. Die Sache ist jedesmal ein Riesenspaß und eine Super-PR für die US-Sternenkrieger. Um Weihnachten 2004 registrierten die Weltraumstrategen die himmlische Zahl von 600 Millionen Zugriffen auf ihre Weihnachtsmann-Webseite. Bis in die Morgenstunden des 25. Dezember schwappten 50 000 E-Mails auf die NORAD-Server, die Telefonzentrale registrierte bis zu 60 000 Anrufe pro Tag. Von der eigentlichen NORAD-Aufgabe bekommen die Anrufer wahrscheinlich nichts erzählt, geht es doch um die »erfolgreiche Kontrolle des Weltraums« und den »weltraumgestützten Informationskrieg«, wie General Howell J. Estes III bemerkt.

Atombomben ins All

Weltraummächte wie die Vereinigten Staaten und Rußland, aber auch China bereiten sich auf den Tag vor, an dem im All scharf geschossen wird. Mehr denn je träumen vor allem US-Militärs Wernher von Brauns Traum einer Kampfstation, mit der die absolute Herrschaft über die Erde begründet werden soll, sozusagen eine Art »Kampfstern Galactica«. Was herauskommt, wenn US-Generäle ganz zwanglos plaudern, darüber berichtete das kritische US-Blatt *The Nation* am 9. Dezember 1999: »Durch die

Stationierung von Waffen im All wollen unsere militärischen Führer den Weltraum kontrollieren und die Erde dominieren. Die Industrie steckt tief mit drin«, warnte die Zeitung. Laut The Nation sagte der scheidende Chef von NORAD, General Joseph W. Ashy schon 1996: »Es ist politisch sensibel, aber es wird passieren... wir werden im Weltraum kämpfen. Wir werden sowohl aus dem Weltall heraus kämpfen als auch in das Weltall hinein...« Dies sei der Grund, warum die Militärs der USA an Energiewaffen ebenso arbeiteten wie an »Hit to kill«-Mechanismen.

Hit to kill? Sehr schön: »Wir werden in zwei Bereiche expandieren«, plauderte der Mann aus dem Nähkästchen: »Kontrolle des Weltraums und Anwendung von Weltraumkräften, da diese zunehmend wichtig werden.« Klar, aber sicherlich alles zur Abwehr feindlicher Raketen – schließlich reden wir doch noch immer von der geplanten Raketenabwehr. Oder nicht? Nicht ganz. In Wirklichkeit lassen US-Generäle nunmehr die Maske fallen. Von Raketenabwehr ist nicht mehr unbedingt die Rede: »Eines Tages werden wir uns aus dem Weltraum irdischen Zielen zuwenden: Schiffen, Flugzeugen, Landzielen. Wir werden uns auch Zielen im All zuwenden – aus dem All heraus«, erklärte Ashy kurz vor seiner Pensionierung. An galoppierender Senilität konnte das nicht liegen, denn Papiere wie das folgende von der US Air Force bestätigen, daß der Aufbau eines bewaffneten Todesgürtels rund um den Erdball bevorsteht. Und zwar sollen die Gerätschaften die Erde vor allem mit Masse und Energie »beliefern«, sprich mit Gefechtsköpfen und Strahlen. »In den nächsten beiden Jahrzehnten«, freut man sich bei der Air Force, »werden es neue Technologien gestatten, Weltraumwaffen von vernichtender Effektivität zu stationieren, um Masse und Energie als Projektion von Gewalt in taktischen und strategischen Konflikten anzuwenden...« Diese Fortschritte würden zum Beispiel Laser befähigen, »sehr viele Tötungen zu bewirken«.[321]

Im Bericht der vom jetzigen Verteidigungsminister Donald Rumsfeld geleiteten »Weltraumkommission« hieß es bereits im Januar 2001: »Es ist auch möglich, Macht im und aus dem Kosmos zu projizieren, um auf Ereignisse überall in der Welt zu reagieren...«[322]

Damit ist die Katze aus dem Sack. »Reagiert« und »verteidigt« wird nämlich immer. Und reagieren kann auch heißen, daß man auf eigene Bedürfnisse in einer Region militärisch reagiert. Von Raketenabwehr kann in Wirklichkeit gar keine Rede sein. Dies ist nur die fadenscheinige Verkleidung eines Waffensystems im Weltraum, eines Todesgürtels um den Globus, der alles und jeden jederzeit angreifen und vernichten kann. Dies ist der ultimative Bruch des in der friedlichen Nutzung des Weltraums bestehenden Common sense und der Abschied vom Geist internationaler Weltraumverträge – Verträge, die bedauerlicherweise nur die Stationierung von »Massenvernichtungswaffen« im All verbieten. Doch ab wann ist eine Masse eine Masse? Zu vermuten ist: Eine Massenvernichtungswaffe beginnt erst da, wo die aktuellen Todeskapazitäten der US-Weltraumwaffen aufhören.

Daß die Menschheit in der Falle sitzt, wurde dem Rest der Welt angesichts solcher Äußerungen denn auch schlagartig klar. Aber – wie sich das für eine ordentliche Falle gehört – eben zu spät. Die Ankündigungen hätten andere Nationen verständlicherweise aufgebracht, berichtete *The Nation*. Hektisch versuchten internationale Entscheidungsträger, den grundsätzlichen Geburtsfehler der bestehenden Vereinbarungen über den Weltraum zu korrigieren – eben das auf Massenvernichtungswaffen beschränkte Rüstungsverbot. Nun wollen sie Regelungen, die sicherstellen, »daß der Weltraum waffenfrei bleibt«, so UN-Generalsekretär Kofi Annan. Chinas Abrüstungsbotschafter Li Changhe verlangte internationale Gesetze, die nicht nur Nuklearwaffen im All verbieten, sondern »jegliche Waffen«.[323] Nun, daran hätte man eigentlich auch schon 1967 denken können, als der sogenannte Weltraumvertrag zuerst von den USA und der UdSSR, später von rund 60 Staaten unterzeichnet wurde. Die darin formulierte Beschränkung des Rüstungsverbots auf Atom- und Massenvernichtungswaffen hielt das Tor für jedwede andere Bewaffnung weit offen. Alles unterhalb der Atomschwelle und der Vernichtung von Massen ist demnach erlaubt. Dabei muß sich doch auch schon 1967 irgendjemand etwas gedacht haben? Und notfalls ist der Begriff »Masse« eben auch dehnbar. Auf die jüngsten, aggressiven US-Ankündigungen reagierte die Weltgemeinschaft mit peinlichen Demonstrationen ihrer Hilflosigkeit.

Im November 1999 »stimmten 138 Staaten in der UN-Generalversammlung für die Bekräftigung des Weltraumvertrages und seine Bestimmungen, denen zufolge das All lediglich ›friedlichen Zwecken‹ dienen solle. Nur die Vereinigten Staaten und Israel enthielten sich der Stimme«, schrieb *The Nation*. Klar, denn daß die Vereinigten Staaten tatsächlich in Verhandlungen über ein weitergehendes Waffenverbot im Weltraum eintreten werden, glaubt wohl nur der jedes Jahr von NORAD beobachtete Weihnachtsmann. Wie sagte doch Keith Hall, Direktor des National Reconnaissance Office und bei der Air Force in leitender Position für die Weltraumkriegsführung: »Wir haben die Dominanz im Weltraum, wir mögen sie, und wir werden sie behalten.«[324]

Aber Israel? Warum Israel? Dessen Weltraumpolitik ist noch weit undurchsichtiger als die der Vereinigten Staaten. Während die USA eher im Kreuzfeuer internationaler Kritik stehen, erstickt jede kritische Nachfrage in bezug auf Israel gleich in der »Antisemitismusfalle«. Damit hat das Land um seine Politik herum einen wirksamen psychologischen Schutzschirm aufgebaut, vor dem insbesondere Deutsche zurückschrecken. Aber ebenso, wie die meisten Kritiker der USA wohl in Amerika selbst leben, leben wahrscheinlich auch die meisten Kritiker Israels in Israel selbst.

Das Kabinett des Dr. Seltsam

Um die Dominanz im Weltraum aufzubauen und zu erhalten, entwickeln die Vereinigten Staaten jede Menge Waffen, die man bisher nur aus dem Science-Fiction-Roman kannte. Wie schon gesagt, wollen die US-Eliten den Globus mit Masse und Energie aus dem Weltraum in den Griff bekommen. Masse steht dabei für Geschosse aus Stahl und (Atom-)Sprengstoff, Energie für Strahlen aller Art. Alle Konzepte aufzuzählen, ist fast unmöglich. In den Labors der Super- und Großmächte wurde schon immer an jeder erdenklichen Monstrosität geforscht, die auch nur ansatzweise eine militärische Einsatzmöglichkeit verspricht. Seit Raketen auch Satelliten und Sprengköpfe in das All befördern können, macht man sich Gedanken, wie solche Waffen aus dem Orbit zum

Einsatz kommen können. Wie gesagt: Das Weltall ist der neue »High Ground« – The New Frontier. Allerdings nicht für normal Sterbliche, sondern für Militärs. Das sind Militärs, deren Aufgabengebiet sich genauso wandelt wie ihr Selbstverständnis. Weg vom bewaffneten Kämpfer auf dem Schlachtfeld hin zum kühlen Knöpfchendrücker mit polit-hygienischen Aufgaben, der sein Ziel mit Hilfe von Satellitensystemen ortet und zerstört. Das kann die Beseitigung und Beeinflussung von Gruppen wie von Individuen beinhalten. Der Einsatz und die Entfaltung von Masse und Energie aus dem Weltraum kann die Auslöschung ganzer Städte, aber auch die unauffällige Beeinflussung und Beseitigung von einzelnen Menschen bedeuten. Die Einsatzbreite der entwickelten und noch zu entwickelnden Strahlenwaffen reicht von der physischen Störung und Vernichtung von Zielen über die Beeinflussung beziehungsweise Auslösung von Naturkatastrophen bis hin zur Steuerung von ganzen Bevölkerungsteilen. Die militärische Struktur des Weltraums wird aus verschiedenen Arten von Satellitensystemen bestehen:

1. Erdbeobachtung, Wetter, Spionage und Kartierung
2. Kommunikation und Übertragung
3. Navigation und Ortung
4. Anwendung von Energie auf Ziele im Weltraum und auf der Erde (Laser etc.)
5. Anwendung von Masse auf Ziele im Weltraum und auf der Erde (Bomben, Raketen usw.)

Daß dies keine Horrorphantasie aus dem SF-Roman ist, zeigt ein Gesetzentwurf, den der demokratische Abgeordnete Dennis Kucinich am 2. Oktober 2001 in den Kongreß einbrachte: der Space Preservation Act of 2001. Dieser Space Preservation Act war, wie schon zuvor die Initiativen in der UNO, ein weiterer Versuch, im allerletzten Moment die Notbremse zu ziehen. Um die kooperative und friedliche Nutzung des Alls zum Nutzen der gesamten Menschheit auch in Zukunft zu ermöglichen, sollte das Gesetz die Stationierung von Weltraumwaffen durch die Vereinigten Staaten auf Dauer verbieten. Außerdem sollte der Präsident aufgefordert werden, einen Vertrag für ein weltweites Verbot von Weltraumwaffen auf den Weg zu bringen und umzusetzen. Doch da war Gott vor. Beziehungsweise der 11. September 2001. Auch um diese Initiative zunichte zu machen, kamen die Anschläge auf das World Trade Center gerade recht. Nur drei Wochen nach dem Ereignis hatte ein solch umfassendes Verbot von Weltraumwaffen keine Chance. Spektakulär ist daher weniger, daß die letzte, diesen Entwurf betreffende Nachricht in einer »ungünstigen Bewertung« durch das Pentagon bestand. Spektakulär ist vielmehr, was Kucinich alles verboten wissen wollte:

- elektronische, psychotronische und Informationswaffen;
- chemtrails (durch Flugzeuge künstlich ausgebrachte »Kondensstreifen« zur Beeinflussung von Mensch, Natur und Umwelt);
- Waffensysteme, die extrem niedrige Frequenzen aussenden (ELF);
- Plasma-, elektromagnetische, akustische oder Ultraschallwaffen;
- Laserwaffen;
- chemische, biologische, Umwelt-, Klima- oder tektonische Waffen (zur Auslösung von Umwelt-, Klima- und Erdbebenkatastrophen).[325]

Und natürlich wollen die US-Machthaber auch die Atombombe im All haben. Nicht nur, um sie von dort aus einzusetzen. Das auch. Aber ebenso sind die Vereinigten Staaten an einer Strahlenwaffe interessiert, die zu ihrer Funktion eine nukleare Kettenreaktion benötigt, und das ist der Röntgenlaser. Also ein Gerät, das möglichst viele, starke und gebündelte Röntgenstrahlen verschießen kann. Die Röntgenstrahlen würden durch eine Atomexplosion erzeugt und anschließend durch viele kleine, steuerbare Felder gebündelt werden. Auf diese Weise könnte man zahlreiche Ziele gleichzeitig bekämpfen. Neben vielen physikalischen und technischen Schwierigkeiten gibt es da aber auch ein rechtliches Problem: Die Stationierung von Massenvernichtungswaffen im All ist durch den Weltraumvertrag von 1967 wie gesagt verboten. Seit mehreren Jahren versuchen die US-Militärs deshalb, den Boden für eine Abschaffung dieses Atomwaffenverbots im Weltall vorzubereiten. Natürlich kann man den Leuten schlecht erzählen, daß man nun endlich ein paar Röntgenlaser oder Atomwaffen im All stationieren will. Um der Welt die Abschaffung des Nuklearverbots zu verkaufen, benutzt man vielmehr eine andere Taktik. Seit einiger Zeit werden wir nämlich darauf vorbereitet, daß die Erde dringend vor im All vagabundierenden Asteroiden geschützt werden muß. Die Message kommt nicht nur von der NASA, sondern wieder einmal auch aus Hollywood. Schon 1998 veröffentlichte Propaganda-Produzent Jerry Bruckheimer *(Pearl Harbor, Soldiers of Fortune)*, immer ein williges Sprachrohr für die Botschaften des Pentagon, den Actionstreifen *Armageddon*: »Das Ende der Welt droht: Mit einer Geschwindigkeit von 36 000 Stundenkilometern rast ein Asteroid von der Größe des Staates Texas auf die Erde zu! Und nur achtzehn Tage bleiben, um die finale Katastrophe abzuwenden.«[326]

Da kann eigentlich nur noch einer helfen, nämlich die NASA mit ihrem Chef Truman (= ehrlicher Mann). Die NASA verbündet sich noch mit zwei weiteren Kräften des Guten, nämlich mit einem Ölbohrteam und der Atombombe. Die Ölbohrer braucht man, um ein Loch in den Asteroiden zu bohren, in dem anschließend eine Atombombe versenkt und zur Explosion gebracht werden soll.

Im selben Jahr erschien auch der Film *Deep Impact*. Darin ist es kein Asteroid, sondern ein Komet, der die Erde bedroht, aber was die Auswirkungen eines Aufpralls auf den Planeten betrifft, ist das fast dasselbe. Zwei Teenager namens Leo Biederman (Elijah Wood) und Sarah Hoschner (Leelee Sobieski) entdecken im Rahmen eines Astronomie-Zirkels an der High School einen auf die Erde zurasenden Kometen. Daraufhin braucht man was? Richtig: die NASA, einen Astronauten und eine Atombombe. Der ehemalige Astronaut Spurgeon Keeney (Robert Duvall) wird aus dem Ruhestand geholt, um die Weltraum-Mission als Kommandant einer internationalen Crew an Bord eines experimentellen Raumschiffs zu leiten. Damit die Botschaft auch richtig rüberkommt, trägt das Raumschiff den Namen »Messiah«. Natürlich ist es nicht ganz der Messias aus der Bibel, vielmehr führt dieser Messias Atombomben mit sich. Die Aufgabe: »Zu dem Kometen zu fliegen, auf seiner von gewaltigen Eruptionen erschütterten Oberfläche zu landen und nukleare Sprengsätze anzubringen, in der Hoffnung, damit entweder den Kometen auseinanderzubrechen oder seine Flugbahn so zu verändern, daß er nicht mehr mit der Erde zusammenstoßen wird.«[327] Wie wir durch die Enthüllungen der Physikerin Josephine Stein wissen, befinden sich im Fadenkreuz solcher Waffen weniger Kometen, als vielmehr Ziele auf der und um die Erde.

Wie es der Zufall so wollte, standen etwa zeitgleich mit dem Start der beiden Filme auch genügend Wissenschaftler bereit, um vor der angeblich realen Gefahr eines Asteroideneinschlags auf der Erde zu warnen. Rechtzeitig präsentierten sie einen gruseligen Asteroiden, der der Erde im Jahr 2028 gefährlich nahe kommen soll. Sein Name: Asteroid 1997 XF11. »Die Entdeckung von Asteroid 1997 XF11 dient überwiegend dazu, der Bevölkerung klar zu machen, wie unvorbereitet die Regierung solchen sehr unwahrscheinlichen, aber weitreichenden Risiken gegenübersteht«, unkte Lawrence Roberts, Direktor eines gewissen Archimedes-Instituts. Wer sich etwas näher mit diesem Archimedes-Institut beschäftigt, findet schnell heraus, daß die Organisation Lobbyarbeit für eine Veränderung des bestehenden Weltraumrechts betreibt. Natürlich würde jeder von uns wahnsinnig gern vor Asteroiden gerettet werden, aber ob Sie es glauben oder nicht – es gibt doch tatsächlich so ein paar dumme Abkommen aus der Zeit des Kalten Krieges, die diese Rettung erschweren. Und tatsächlich hat Mister Roberts auch einwandfrei festgestellt, was unsere Rettung vor den gräßlichen Asteroiden eigentlich behindert:

> »Angesichts der Wahrscheinlichkeit, daß nukleare Explosionen nötig sein würden, um einen sich nähernden Asteroiden abzulenken, stehen sich internationale Abkommen zur Verminderung der Spannungen während des Kalten Krieges bei der Abwehr eines Asteroiden selbst im Weg. (...) Zum Beispiel verbietet das allgemein unter dem Namen Weltraumvertrag bekannte Abkommen jedwede Stationierung von Atomwaffen im Weltraum. (...) Mindestens ebenso wichtig für den Erfolg einer Asteroidenabwehr ist der Atomteststopvertrag von 1963, der die Erprobung jeglicher Nuklearwaffen im All verbietet. (...) Während die Erde verbrennen könnte, wären wir mit der sehr realen Möglichkeit eines juristischen Hickhacks konfrontiert.«[328]

Einfach schrecklich. Und wie es ein weiterer Zufall will, entwickelte die NASA tatsächlich eine Sonde namens »Deep Impact« und schickte sie zu dem Kometen Tempel 1. In dessen Nähe sollte sie im Sommer 2005 einen 370 Kilogramm schweren »Impaktor« aussetzen, der mit 37 000 Stundenkilometern auf dem Kometen aufprallen soll. All das ist natürlich streng wissenschaftlich. Die Staubwolke beim Aufprall soll analysiert und auf ihre Zusammensetzung untersucht werden. Genau genommen erinnert Deep Impact aber an ein Waffensystem. Nach dem Aussetzen durch die Muttersonde kann der Impaktor selbständig navigieren und manövrieren und sich in die Bahn des Kometen steuern. Genausogut könnte das aber auch die Bahn eines feindlichen Satelliten oder einer Raumstation sein. Genausogut könnte es sein, daß die Vereinigten Staaten auch hier, wie schon im Fall des Kometen Halley, bloß ein Ziel- und Bahnverfolgungssystem für den militärischen Einsatz erproben wollen, wie es die Physiker Josephine Stein berichtet hatte. Der Komet wird deshalb als Trainingsobjekt gewählt, weil es die »friedliche Nutzung des Weltraums« bislang verbietet, solche Waffensysteme offen zu erproben. Zumindest wäre es psychologisch ungeschickt.

Alles in allem ist die Ankündigung, daß US-Militärs nicht nur im Weltraum kämpfen, sondern von dort aus auch Ziele auf der Erde angreifen wollen, keine leere Drohung. Schon legen Winkeladvokaten und Wirklichkeitsverdreher aus Hollywood Hand an das bestehende Weltraumrecht. Aus Sicht der Militärs verbauen wir uns mit den Atomwaffenverboten im Weltraum die Zukunft – und zwar die Zukunft des Krieges aus dem All.

Der Röntgenlaser ist übrigens nur eine von vielen Strahlenwaffen, die aus dem Orbit zum Einsatz kommen sollen. Dazu gehören natürlich weitere Mitglieder aus der großen Familie der Laser. Das sind Geräte, die elektromagnetische Wellen (vor allem sichtbares Licht) so bündeln können, daß es erstens über große Entfernungen abgestrahlt werden kann und dabei zweitens enorme Energien auf einen Punkt konzentriert. »Laserwaffen sind wirklich Waffen; sie zerstören ihre Ziele entweder thermisch, durch langsames Aufheizen der Wandung bis zum Schmelzen bzw. Verdampfen oder bei sehr kurzer Strahldauer (und entsprechend hoher momentaner Leistung) durch den mechanischen Rückstoß der explosionsartig abdampfenden obersten Schicht«, schreibt der Physiker Dr. Jürgen Altmann. Und weiter:

> »Weltraum-Laserwaffen können eingesetzt werden, um Sensoren auf Satelliten zu blenden oder zu unterdrücken. Sie können wichtige Aufklärungs-, Frühwarn-, Kommunikations- und Navigationssatelliten ausschalten, was die Fähigkeit zur koordinierten Kriegführung stark beeinträchtigen könnte. Wenn die Wellenlänge geeignet gewählt ist und keine Wolken im Wege sind, können Weltraum-Laserwaffen auch Ziele in der Luft oder am Boden zerstören. Das könnten militärisch wichtige Einrichtungen sein wie Weltraum-Antennen, Radaranlagen, fliegende Führungszentralen. Mit starken Weltraum-Laserwaffen könnten aber auch Öltanks in Brand gesetzt werden; es ist sogar vorstellbar, daß durch Erzeugen sehr vieler kleiner Zündbrände in kurzer Zeit Großbrände in städtischen Gebieten hervorgerufen werden könnten. Feuerstürme wie nach den Luftangriffen des Zweiten Weltkriegs könnten solche Mengen von Rauch in die Atmosphäre transportieren, daß eine mehrmonatige Klimaverschiebung ähnlich wie beim ›Nuklearen Winter‹ entsteht. Starke Weltraum-Laserwaffen müssen demnach als potentielle Massenvernichtungswaffen eingestuft werden.«[329]

Die mögliche Applikation von Wellen aus dem Weltraum geht aber noch viel weiter. So sollte es uns eigentlich sehr nachdenklich stimmen, daß ausgerechnet die US Air Force und die US Navy an der Ionosphäre des Planeten herumspielen. Die Ionosphäre ist jener Teil der Atmosphäre, in dem Strahlung aus dem Weltraum und von der Sonne auf die Lufthülle trifft. Diese energiereiche Strahlung ist in der Lage, Elektronen aus den Atomen der Erdatmosphäre »herauszuboxen«. So entsteht eine Schicht von freien Elektronen und geladenen Atomkernen oder -rümpfen, die von etwa 60 bis zu 350 Kilometer Höhe reicht. Diese Schicht hat einige phantastische Eigenschaften, zum Beispiel kann sie elektromagnetische Wellen reflektieren oder auch bündeln. So funktionieren Funkverbindungen über große Entfernungen oft nur wegen der Reflexion durch die Ionosphäre. Ohne die Ionosphäre würden die Funkwellen einfach vom Horizont (das heißt: vom Planeten selbst) abgeschnitten.

Das eigentlich Interessante an der Schicht besteht darin, daß mit ihrer Hilfe elektromagnetische Wellen jeden Ort der Erde erreichen können. Die Ionosphäre ist also so etwas wie ein gemeinsamer Verschiebebahnhof für Wellen und damit für Daten aller Art – so eine Art Backbone (Hauptdatenleitung, eigentlich »Rückgrat«) des Planeten. Und damit ist natürlich klar, daß die Ionosphäre eine Angelegenheit von strategischer Bedeutung ist. So wird umgehend das Militär auf den Plan gerufen, das vor allen Dingen zwei Ziele im Auge hat:

1. die Verbesserung des eigenen Wellen- und Datentransports über die Ionosphäre;
2. die Verschlechterung des feindlichen Wellen- und Datentransports über die Ionosphäre.

Um militärische Nutzungsmöglichkeiten der Ionosphäre zu ergründen, haben verschiedene Staaten Forschungsprojekte ins Leben gerufen. Das größte ist das von den US-Streitkräften gegründete High Frequency Active Auroral Research Program (HAARP). »Aurora« steht dabei für »Polarlicht« und erweckt den Eindruck, die USA wollten lediglich an der Verbesserung des bunten Geflackers über der nördlichen Hemisphäre arbeiten. Die ersten Stimmen, die vor diesem Programm warnten, wurden in den neunziger Jahren des letzten Jahrhunderts denn auch noch ziemlich schräg angesehen: HAARP klang schließlich wie ein fremder Laut aus dem Comic, und wer nachfragte, bekam immer irgendwas von Strahlen zu hören. Damit war die Sache meist abgehakt. Inzwischen haben die Kritiker des Programms aber solch einen Ärger gemacht, daß sich Army und Navy gezwungen sahen, eine betont harmlose Internetseite ins Netz zu stellen, die ihre Besucher mit dem Slogan begrüßt: »Wir sind vereint, wir sind entschlossen, wir werden nicht vergessen« – nämlich den 11. 9. In den Ohren der restlichen Welt klingt das freilich eher wie eine Drohung – genauer: wie eine Bedrohung. Und in den Augen vieler ist es das auch. Denn der Transport von elektromagnetischen Wellen muß keineswegs so harmlos sein, wie er klingt. Darunter fallen nämlich alle möglichen Wellen, nicht nur solche zur besseren Unterhaltung mit Militärbasen oder tauchenden U-Booten. Der Streit und die Auseinandersetzung um HAARP drehen sich im wesentlichen darum, welche Sorte Wellen das Pentagon noch in die Ionosphäre beamen will, um sie dort zu spiegeln, zu bündeln oder gar zu verstärken. Denn was mit ordinären Funkwellen klappt, könnte ja vielleicht auch mit anderen Wellen klappen, zum Beispiel mit Radarwellen. So sind US-Militärs angeblich darauf aus, die Erde mit Hilfe von HAARP auf der Suche nach Bunkern und Raketensilos kilometertief zu durchleuchten oder ein Radar zu entwickeln, das hinter den Horizont blicken kann. Und natürlich stellt sich bei derartigen Wellenangriffen aus dem All auch die Frage nach der gesundheitlichen Verträglichkeit. Denn wer sich hierzulande Sorgen über Steckdosen am Kopfende des Bettes (»Elektrosmog«) macht, ist vielleicht besorgt, wenn er hört, daß die USA Energien im Megawattbereich in die Ionosphäre strahlen wollen, um sie dort spiegeln, bündeln und steuern zu können. Zumal Wellen im Prinzip ja auch Waffen sein können, es kommt nur auf Eigenschaften wie die Frequenz oder den Energiegehalt an. Mit Hilfe von relativ schwachen elektromagnetischen Feldern kann man Informationen übertragen, starke elektromagnetische Felder können womöglich aber auch die Umwelt und den Menschen beeinflussen. Und damit sind wir bei HAARP und seiner Verwendung als Waffe. In Wirklichkeit, befürchten Kritiker, handelt es sich um eine Art Frankenstein-Technologie, mit deren Hilfe die Vereinigten Staaten weltweit Wellen aller Art handhaben wollen. Je nachdem, was Wellen eben so anrichten können. Zur Kommunikation können sie ebenso dienen wie zu deren Unterbrechung, zur Beeinflussung des Wetters und geophysikalischer Systeme genauso wie zur Manipulation des Bewußtseins. Militärisch nützlich wäre es ja schon, wenn sich Menschen durch das Bombardement mit Wellen in bestimmten Arealen plötzlich schlecht oder müde fühlen würden. Schon da wandelt sich der militärische Nutzen von der Kommunikation zur Waffe. Phantasie? Nicht ganz. Der bekannte HAARP-Kritiker und Physiker Dr. Nick Begich (Buchtitel: *Angels don't play this HAARP*) stieß auf Dokumente der Air Force, die von einem System zur Störung und Manipulation mentaler Prozesse in großen Regionen durch gepulste Radiofrequenzstrahlung berichteten: Das aussagekräftigste Material hinsichtlich dieser Technologie stammt ausgerechnet aus den Schriften des berüchtigten US-Falken Zbigniew Brzezinski (früher Nationaler Sicherheitsberater von Präsident Carter) und J. F. MacDonalds (wissenschaftlicher Berater von Präsident Johnson und Professor für Geophysik an der University of California), die über den Gebrauch energieübertragender Transmitter für die geophysische und ökologische Kriegführung berichten. Die Dokumente zeigten, wie solche Effekte verursacht werden könnten, und stellten die negativen Auswirkungen auf die menschliche Gesundheit und Geistesverfassung dar. Die Fähigkeiten zur Unterbrechung mentaler Prozesse durch HAARP sind die beunruhigendsten. Bei Brzezinski kann man auch lesen:

»Politische Strategen sind versucht, Forschungen über das Gehirn und das menschliche Verhalten auszunutzen. Geophysiker Gordon J. F. MacDonald – Spezialist für Probleme der Kriegführung – behauptet, daß exakt getimte, künstliche elektronische Schläge zu einem Muster von Oszillationen führen können, die in bestimmten Regionen der Erde relativ hohe Energielevel erzeugen könnten ... Auf diese Weise könnte man ein System entwickeln, das die Gehirnfunktionen großer Bevölkerungsteile ausgewählter Regionen über einen längeren Zeitraum ernsthaft beeinträchtigen könnte. Wie beunruhigend der Gebrauch der Umwelt zur Manipulation menschlichen Verhaltens für nationale Egoismen auch sein mag, die Technologie, die solche Anwendungen erlaubt, wird sich sehr wahrscheinlich in den nächsten Jahrzehnten entwickeln.«[330]

So wird der Dritte Weltkrieg vielleicht auch zum Strahlenkrieg und Weltraumkrieg. Es bleibt die Frage: Wie könnte man ihn anzetteln? Spätestens seit dem Eintritt der Vereinigten Staaten in den Zweiten Weltkrieg sind Scharfmacher, Kriegstreiber und Militärs gleichermaßen von dem Pearl-Harbor-Konzept fasziniert. Nach dem Buch von Robert B. Stinnet *Pearl Harbor – Wie die amerikanische Regierung den Angriff provozierte und 2476 ihrer Bürger sterben ließ* darf als historisch verbürgt gelten, daß die damalige US-Regierung Japan zu seinem Angriff auf den Marinehafen Pearl Harbor provozierte, die japanische Flotte beobachtete, ihr eventuelle Hindernisse aus dem Weg räumte und sie schließlich zuschlagen ließ. Von einem feigen Überraschungsangriff, wie ihn uns entsprechende Hollywood-Schinken weismachen wollen, konnte überhaupt keine Rede sein. Laut Stinnett trieben die USA Japan strategisch in die Enge, um ihm dann in Pearl Harbor Teile der eigenen Flotte als Lockmittel auf dem Präsentierteller hinzuhalten. Mit einer kleinen, aber wichtigen Ausnahme: die Flugzeugträger wurden kurz vorher aus Pearl Harbor abgezogen. Es ist deshalb übrigens nicht ganz klar, warum Japan überhaupt in diese plumpe Falle tappte. Durch Spione vor Ort konnte das Kaiserreich die Operationen im Hafen genau beobachten. Trotzdem schlug Japan zu.

Statt die amerikanischen Seestreitkräfte vernichtend zu treffen, verschafften die Japaner den USA lediglich einen überzeugenden Vorwand zum Eintritt in den Krieg. Bis heute gilt das unter US-Falken als leuchtendes Vorbild.

Nicht zufällig begannen deshalb ab etwa 2000 die Falken und Neokonservativen des Project of a New American Century (PNAC), die heute maßgebliche Positionen der Bush-Regierung besetzen, von einem »katastrophalen Ereignis, einem neuen Pearl Harbor« zu schwadronieren. Dieses werde dringend gebraucht, um die Pläne zur militärischen Expansion und zum Angriff auf den Irak und den Iran zu beschleunigen. Und siehe da: das neue Pearl Harbor kam dann auch, und zwar am 11. September 2001. Erst der 11. September lieferte den umfassenden Vorwand für das neue martialische Auftreten der US-Administration in der Welt. Und dank Hollywood-Mann Bruckheimer wußte man auch, was gemeint war, als Politiker und Militärs die Bevölkerung sofort nach dem 11. September an Pearl Harbor erinnerten. Rechtzeitig im Mai 2001 hatte Bruckheimer mit dem Film *Pearl Harbor* Premiere feiern und sein verbogenes Geschichtsbild in die Welt setzen dürfen – und zwar an Bord eines US-Flugzeugträgers. Mit dabei war auch der Disney-Konzern. Spätestens seitdem ist klar: Produzenten wie Bruckheimer, der in der Branche als besserer Sprengmeister und »Master of Disaster« gilt, sind Soldaten. Bruckheimer hat »seinen Drehbuchautor Randall Wallace die Geschichtsfakten bis an den Rand der Lächerlichkeit verbiegen lassen – nur um jenen Moment der einträchtigen Unschuld herauszudestillieren, in dem die Amerikaner von ganz oben bis ganz unten, von Präsident Roosevelt bis zum Schiffsmaschinisten, nichtsahnend erwischt wurden, als die Japaner und die Bomben kamen«, schrieb Thomas Hüetlin in einem Artikel in *Spiegel Online*.[331] Natürlich sollte der Film *Pearl Harbor* auch einem Jubiläum huldigen, nämlich dem 60. Jahrestag des »Überraschungsangriffes« der Japaner auf den Marinehafen am 7. Dezember 1941.

Und auch der 11. September 2001 huldigte einem Jubiläum. Seltsam, daß dieses Jubiläum nie irgendwo erwähnt wurde, eigentlich hätte es doch zu allerlei tiefsinnigen Kommentaren Anlaß gegeben. Aber nichts da: Daß die angeblichen arabischen Entführer mit ihren Boeings ausgerechnet am 60. Jahrestag der Grundsteinlegung des Pentagon am 11. September 1941 in dasselbe hineinrasten – und in die Türme von New York natürlich –, wurde nirgendwo erwähnt. Auch daß irgendwo Sektkorken geknallt hätten, ist nicht überliefert. Dabei wäre das doch ein würdiger Anlaß gewesen – das Jubiläum natürlich. Und nun, auf den Tag sechzig Jahre nach der Grundsteinlegung, sollte erst die ganz große Zeit des Pentagon beginnen – als der militärischen Machtzentrale eines amerikanischen Weltimperiums. Welch ein Zufall.

Zu dem »Original-Pearl-Harbor« gab es übrigens einen wichtigen Unterschied. Die Operationen des 11. Septembers 2001 waren derart durchsichtig arrangiert, daß schon kurz darauf umfassende Untersuchungen über die Inszenierung dieser Attentate erschienen.[332] Daß der 11. September als »neues Pearl Harbor« bezeichnet wurde, bekam vor dem Hintergrund dessen, daß schon das erste Pearl Harbor weitgehend von den USA selbst beeinflußt wurde, eine ganz neue Bedeutung.

Dennoch schwadronieren Militärs schon wieder von einem Pearl Harbor, also dem dritten. Und zwar diesmal im Weltraum. Das Konzept eines provozierten beziehungsweise inszenierten Angriffes »von außen« scheint sich bewährt zu haben. Interessanterweise wird das neue »Pearl Harbor« von exakt denselben Leuten propagiert, die es auch schon vor dem 11. September propagiert haben – und es dann prompt bekamen. Zum Beispiel von Donald Rumsfeld, US-Kriegsminister und Mitglied des »Thinktanks« Project of a New Century, in dessen Strategiepapieren ein neues Pearl Harbor schon vor dem 11. September 2001 als Beschleuniger für den Machtzuwachs der USA erwähnt wurde: »Rumsfeld ist nicht nur für einen Ausbau des Verteidigungsetats und setzt ganz auf die militärische Stärke der USA durch Modernisierung, er könnte auch endgültig den Weltraum zum militärischen Kampfplatz machen, auf dem die USA ihre Überlegenheit demonstrieren muß«, schrieb Florian Rötzer in *Telepolis*:

> »Dazu müssen natürlich Bedrohungsszenarien ins Feld geführt werden, zu denen die Meldung gut paßt, daß China angeblich Anti-Satelliten-Waffen entwickelt hat (Parasitensatelliten). Die von Rumsfeld geleitete Kommission zum Thema der nationalen Sicherheit im Weltraum warnte jedenfalls vor einem ›Pearl Harbor im Weltraum‹, womit sie auf das militärische Trauma des Überraschungsangriffs der Japaner 1941 auf die amerikanische Marine in Pearl Harbor, Hawaii, verweist: ›Wenn die USA ein Pearl Harbor im Weltraum vermeiden wollen, dann muß die Möglichkeit eines Angriffs auf die US-Weltraumsysteme ernst genommen werden‹, erläutert die Kommission.«[333]

Das alles ist natürlich äußerst unwahrscheinlich, denn im Moment verfügt keine Macht der Welt über die Mittel und den Irrsinn, die USA aus oder im Weltraum anzugreifen. Aber nachdem sich die düsteren Unkenrufe von Rumsfelds Klub PNAC bereits am 11. September 2001 so verblüffend bewahrheiteten, sollte man auch die neuen Ahnungen von Donald Rumsfeld durchaus ernst nehmen.

Inzwischen bekommt scheinbar selbst das Washingtoner Establishment kalte Füße. Im Dezember 2004 brach in der Hauptstadt Panik aus, und zwar nicht etwa, weil wieder irgendwelche Airliner von Osama Bin Laden bedrohlich über der Stadt schwebten. Nein, vielmehr ging es diesmal um die Waffen eines weit mächtigeren Despoten, nämlich die Satelliten eines George W. Bush: »Der US-Kongreß will eine gewaltige Summe für ein hochgeheimes Militärprojekt ausgeben. Oppositionelle Senatoren sprachen in einer ungewöhnlich heftigen Reaktion von einer ›Bedrohung für die nationale Sicherheit‹. Experten argwöhnen, daß es sich bei dem Projekt um bewaffnete Satelliten handelt.«[334]

Auf den Fluren des Kapitols herrschte blankes Entsetzen – nur: wovor sie sich so gruselten, durften die wackeren Volksvertreter nicht sagen. Nur soviel sickerte durch: Es ging um 9,5 Milliarden Dollar. Die üblichen Spionagetrabanten könnten es aus mehreren Gründen nicht sein, argwöhnten sie immerhin öffentlich. Das Ganze sei nämlich zu teuer und zu geheim. Bei den gewöhnlichen Spähern wäre eine solche Heimlichtuerei kaum nötig. »Es sei ›kaum denkbar‹, sagte Spionagetechnik-Fachmann Jeffrey Richelson, daß ranghohe Politiker die üblichen Spähsatelliten als Gefahr für die nationale Sicherheit brandmarken würden. Bewaffnete Himmelskörper kämen da schon eher in Frage.«

Experten argwöhnten, »die Regierung wolle die alten Pläne von bewaffneten Satelliten nun in die Tat umsetzen«.[335] »Eines der Hauptprobleme«, meinte Satelliten-Fachmann Jeffrey Richelson, »mit der ganzen Geheimhaltung« bestehe darin, »daß enorme öffentliche Mittel ausgegeben werden – ohne öffentliche Aufsicht. Und in diesem Fall können Sie die Schwierigkeiten selbst eines wichtigen Aufsichtsgremiums sehen, ein Projekt zu stoppen, wenn es mächtige Kräfte gibt, die es unterstützen«.[336] Senatoren engagieren, kaufen, korrumpieren – all das kennt man nun schon lange. Aber was die Bewaffnung des Weltraums angeht, herrscht in Washington nun Anarchie. Den Volksvertretern ist die Macht entglitten und auf militärische Netzwerke übergegangen, die von der Allmacht über den Planeten träumen. Der Vorfall mit dem geheimen Waffensystem zeigt, daß die Macht im Moment mehr oder weniger offen auf diese Strukturen übergeht, während die Volksvertreter nur noch wie begossene Pudel auf den Gängen herumstehen. Ihr Geschimpfe gleicht dem eines Dr. Frankenstein, der jahrzehntelang ein Monster züchtete und nun jammert, wie gefährlich es doch ist. Wenn es ihnen mit ihren Bedenken wirklich ernst wäre, dann würden sie allerdings klipp und klar sagen, worum es bei diesem Projekt geht, statt sich immer noch an Geheimhaltungsvorschriften zu halten, die den aggressiven Strukturen nützen. So aber helfen sie, den demokratischen Mantel zu erhalten, mit dem sich das Monster umgibt.

»Macht korrumpiert. Absolute Macht korrumpiert absolut«, schrieb einst der britische Historiker Lord Acton. Absolut wird die Macht dann, wenn es keine Gegenmacht mehr gibt. Dann beginnt ein Prozeß der gesellschaftlichen und demokratischen

Kernschmelze. Wie es in einem Kernkraftwerk ohne Bremsstäbe zum Supergau kommt, so brennen auch in einem politischen System, egal ob regional, national oder global, ohne Gewaltenteilung die Sicherungen durch. Da es in einem solchen System kein Halten mehr gibt, entwickelt sich die Macht exponentiell, bis ihre Fieberkurve steil nach oben zeigt. Exakt an diesem Punkt befinden wir uns jetzt. Die Folge wird eine totale Versteinerung des politischen, aber auch des alltäglichen Lebens sein. Wie so etwas aussieht, konnte man hierzulande während des Dritten Reiches beobachten. Nach dem Durchbrennen sämtlicher demokratischer Sicherungen konnte der Faschismus die gesamte Gesellschaft in seinen Würgegriff nehmen. Unter anderem deshalb wurde nach dem Krieg in Deutschland ein neues System der Gewaltenteilung eingeführt, und zwar maßgeblich von jenen Vereinigten Staaten, die die Gewaltenteilung jetzt global abschaffen wollen. Nach den Gesetzen der politischen Mechanik kann dies nur in die Katastrophe führen.

Wie ein nach einem »Absturz« erstarrter Computer kann sich ein solches System womöglich nicht mehr aus sich selbst heraus, sondern nur durch einen Anstoß von außen befreien. Es muß sozusagen »rebootet« werden. Wenn es aber kein Außen mehr gibt, wenn kein »User« mehr existiert, der den Reset-Knopf drücken könnte, dann wird das System für sehr lange Zeit erstarren.

Deutschland hatte nach dem Zweiten Weltkrieg das Glück, gesellschaftlich, politisch und finanziell »rebootet« zu werden. Im Fall des globalen US-Imperiums wird es aber möglicherweise kein Außen mehr geben, das für ein Reset und ein Reboot sorgen könnte. Es ist wie mit einem Kind, dem keine Grenzen gesetzt werden. Es wird superaggressiv. So einem Kind kann man eigentlich keinen Vorwurf machen. Wenn sich die anderen immer alles gefallen lassen, sind sie selber schuld.

Nach dem 11. September 2001 kam die Aggressivität der Bush-Clique und des militärischen Komplexes der USA bereits überdeutlich zum Vorschein, das wahre Gesicht des amerikanischen Imperiums gab sich nur noch wenig Mühe, sich hinter einem demokratischen Schleier zu verbergen. Erst mit Beginn der zweiten Amtszeit von »Präsident« George W. Bush zeigte sich das Imperium etwas moderater – allerdings nur im Ton. Offenbar hatte man bei der Unterwerfung des Globus ein etwas zu hohes Tempo vorgelegt. Selbst der außenpolitische Experte der deutschen CDU, Karl Lamers, warnte, die USA wollten die »Herren der Welt« werden.[337] Gier war schon immer ein schlechter Ratgeber.

Seit dem 11. September 2001 erkennt die Welt »ihre« guten Vereinigten Staaten gar nicht mehr wieder. Viele Jahrzehnte lang waren sie für einen Teil der Menschheit die edle Schutzmacht, die auf dem Planeten für Demokratie und gegen Diktatoren kämpfte. Das war jedoch nur Tarnung. Während alle brav bei den USA in die Schule gingen, haben deren Regierungen ihre Macht ausgebaut. Eine »gute« und demokratische Legitimation braucht man besonders, solange die Macht noch nicht unbesiegbar ist. Erst wer sich selbst als allmächtig betrachtet, benötigt keine Legitimation mehr, und exakt das ist das Phänomen, das man seit dem 11. September bei den führenden Kreisen der USA beobachten kann. Sie glauben, jede demokratische Maske fallen lassen zu können, weil sie meinen, den Globus für immer im Griff zu haben. Und exakt das führt zu einem weltweiten Verfall der demokratischen Werte. Der Demokratie fehlen Vorbild und Aufpasser gleichermaßen. Und ganz wie bei einer Schulklasse, die ein Lehrer sich selbst überläßt, geht es bald drunter und drüber. Oder anders gesagt: Wie bei einer Klasse, bei der der Lehrer das Klassenzimmer verläßt, um anschließend als Straßendieb und Schläger zurückzukehren.

Kennen Sie zufällig den Roman *Der Herr der Fliegen* von William Golding? Das Buch handelt von einem gesellschaftlichen System, das über längere Zeit ebenfalls nicht mehr »rebootet« werden kann, nämlich von einer Gruppe Jugendlicher, die ohne Erwachsene auf einer einsamen Insel strandet. Auch hier gibt es plötzlich kein Außen mehr. Der »Lehrer« ist weg. Es folgt der totale Zusammenbruch der Zivilisation. Die Jugendlichen leben nach dem Gesetz des Dschungels und dem »Recht« des Stärkeren, laufen nackt und in Kriegsbemalung herum, rauben und morden ohne Hemmung. Die Verfilmung des Romans endet sehr symbolisch – und mit einem »Reboot«: Ein von diesen Wilden gejagtes Kind plumpst direkt vor die Füße eines Erwachsenen, der soeben mit dem Boot auf der Insel gelandet ist. Die Party ist vorbei. Sofort geht eine Art Erwachen durch die Jugendlichen.

Nur: Einen solchen Erwachsenen gibt es auf dem Globus leider nicht. Statt dessen haben wir jetzt die Ordnung eines Kreuzfahrtschiffes, auf dem der Kapitän beim Käptens Dinner eine Maschinenpistole auf den Tisch legt und erklärt, daß man sich ab sofort auf einem Piratenschiff befindet. Und was machen jetzt die Offiziere? Werden sie zusammen mit den Passagieren der dritten Klasse einen Aufstand anzetteln, um den Kapitän zu stürzen und die friedliche und soziale Ordnung wiederherzustellen? Natürlich nicht. Vielmehr wird nun der Service in der dritten Klasse zusammengestrichen. Mit der Ferienfahrt und der guten Verpflegung ist es vorbei, ab jetzt ist Schuften angesagt. Spannungen zwischen den Offizieren und dem Kapitän sollte man nicht mit einem Aufstand gegen dessen absolute Herrschaft verwechseln – schon gar nicht mit einem Aufstand für die Menschen in der dritten Welt, pardon: Klasse. Und auch nicht für die in der zweiten.

Bedauerlicherweise beobachten wir zur Zeit noch erhebliche politische »Verschmierungseffekte« zwischen den USA und dem Rest der Welt, hauptsächlich Europa. In weiten Bereichen hat sich Europa noch nicht selbst gefunden, sondern stolpert dem Imperium hinterher – vor allem in Sachen Innenpolitik: Sozial- und Demokratieabbau, Einschränkung der Menschen- und Arbeitnehmerrechte sind nur einige Beispiele. Die Frage ist aber, ob die Länder Europas nur die besseren Schurkenstaaten werden wollen oder ob sie die eigene Identität und europäische Errungenschaften wie Aufklärung und Demokratie weiterentwickeln wollen. Denn Amerika hat sich von Europa die Demokratie ja nur geliehen – und versucht sie nun in einem beklagenswerten Zustand zurückzugeben. (Wobei »Amerika« natürlich ein Synonym für die führenden Oligarchien und »Eliten« ist, nicht für die Bevölkerung – die ist selbst äußerst »amerikakritisch«.)

Keine Frage: Die Welt ringt zur Zeit um ein neues Gleichgewicht. Das ist der Prozeß, den wir momentan beobachten. Durch die Destabilisierung des Ostblocks sind die Vereinigten Staaten selbst außer Tritt geraten. Zur Rechtfertigung und Legitimation ihres Systems waren die USA auf die Sowjetunion angewiesen. Das Ende des Ostblocks könnte sich als Pyrrhussieg für die Vereinigten Staaten erweisen. Der Kampf um das neue Gleichgewicht ist in vollem Gange und noch nicht endgültig entschieden. Während die USA und die von ihr teilweise gesteuerte EU versuchen, dem Ostblock möglichst große Fleischstücke (NATO- und EU-Osterweiterung, Ukraine, Weißrußland) herauszubeißen, verbündeten sich andere Teile der EU zeitweise mit den geopolitischen Größen Rußland und China. Genauso wie sich ein großer Teil der Natur und unseres Lebens dualistisch organisiert, wird sich wahrscheinlich auch das neue Gleichgewicht dualistisch organisieren. Das heißt, daß neue Staaten so lange die leichtere Waagschale betreten werden, bis das Gewicht des US-Blocks wieder ausgeglichen wird. Freilich ist auch nicht auszuschließen, daß die führenden »Eliten« der USA neue Verzweiflungstaten vom Schlage des Irak-Krieges begehen werden, um ihre Macht zu wahren oder auszubauen.

Ebenso wenig ist auszuschließen, daß Rußland und China, die bereits gemeinsame Manöver abhalten, sich an die Wand gedrängt fühlen und zu militärischen Mitteln greifen. Genau das ist es, was die momentane Lage so gefährlich macht.

Die sogenannte zivile Raumfahrt und die Mondlandung, das versuchte dieses Buch jedenfalls deutlich zu machen, waren Werkzeuge zur Freisetzung enormer Finanzmittel für den militärisch-industriellen Komplex und zur Konsolidierung amerikanischer Weltherrschaft – psychologisch wie militärisch. In Wirklichkeit ist die bemannte Raumfahrt eine Verkaufsstrategie, um den Bevölkerungen die Alimentierung der Rüstungsindustrie und die Militarisierung des Weltraums schmackhaft zu machen. Die Faszination der bemannten Raumfahrt wurde und wird mit kühler Berechnung zur Herrschaftssicherung nach innen und außen benutzt.

Konkret:

- In der Raumfahrt wurde nicht erst seit der Mondlandung, sondern von Anfang an gelogen. Und nicht zuerst von den Amerikanern, sondern schon von den Sowjets – und stets, weil die eigenen Ambitionen die eigenen Fähigkeiten überstiegen.

- Die wahre und vollständige Geschichte vor allem der bemannten Raumfahrt ist bis heute nicht bekannt. So wissen wir nicht, wer wirklich der erste Mensch im All war.
- Bei aller Systemkonkurrenz haben sich die Raumfahrtprogramme von Sowjets und Amerikanern ergänzt.
- Es fehlt an stichhaltigen Beweisen, daß zwischen 1969 und 1972 Menschen auf dem Mond landeten. Vielmehr haben sich die Beweise, daß die Mondlandungen inszeniert wurden, verdichtet.
- Auch nach 1972 versuchten einige US-Präsidenten, das Konzept der Mondlandung wiederzubeleben, entweder als Mondprogramm oder aber in Gestalt des Space Shuttle und der Internationalen Raumstation. Mit all dem wird das positive Image der NASA dazu benutzt, den militärisch-industriellen Komplex und die Weltraummacht weiter auszubauen, um so den Globus endgültig zu beherrschen.
- Die totale Beherrschung der Erde aus dem All steht in nicht allzuferner Zukunft ins Haus.

Die Beispiele Mondlandung und Weltraumrüstung haben für mich nicht zuletzt gezeigt, wie wichtig es ist, allgemein anerkannte Tatsachen zu hinterfragen. Schließen möchte ich meine Ausführungen daher mit einem oft mißbrauchten Zitat von Immanuel Kant:

»Aufklärung ist der Ausgang des Menschen aus seiner selbstverschuldeten Unmündigkeit. Habe Mut, dich deines eigenen Verstandes zu bedienen.«

Dank an...

Andrea Wisnewski und Willy Brunner für Anregungen und Diskussionen.

Dr. med. Wolf Buchberger, Markus Fertig und Dipl.-Phys. Peter Ripota fürs Lesen.

Sam Colby für wichtige Bilder und Informationen.

Andy Müller-Maguhn für einen wichtigen Kontakt.

Jürgen Bolz für die Unterstützung.

Ein besonderer Dank geht an Professor Dr. Horst Völz für die kritische Begleitung und Durchsicht des Manuskripts.

Dank gebührt natürlich auch allen, die bereits an diesem Thema gearbeitet haben und so weitere Fortschritte erst möglich gemacht haben, insbesondere Bill Kaysing, Ralph René, Peter Hyams, Bart Sibrel, Mary Bennett, David S. Percy und Gernot L. Geise.

Ebenso gebührt ein Dank all jenen, die aus den verschiedensten Gründen nicht genannt werden möchten.

Etwa vorhandene Fehler gehen auf mein Konto.

Wo war noch mal Apollo?
Apollo-Landeplätze nach Stennecken

Breite			Länge		Quelle No. (Q#)
Apollo 11					
0d 41' 15"	(0.6875)	N	23d 26'	(23.43)	E Q#01
0d 04' 05"	(0.0681)	N	23d 42' 28"	(23.7078)	E Q#02
	0.67	N		23.49	E Q#03
0d 43' 56"	(0.7322)	N	23d 38' 51"	(23.6475)	E Q#10
	0.71	N		23.63	E Q#05
	0.647	N		23.505	E Q#06
Apollo 12					
3d 11' 51"	(3.1975)	S	23d 23' 08"	(23.3856)	W Q#01
	3.20	S		23.38	W Q#03
	2.94	S		23.45	W Q#04
	3.04	S		23.42	W Q#05
	3.036	S		23.418	W Q#06
3d 12'	(3.20)	S	23d 49'	(23.82)	W Q#08
2d 56' 33"	(2.9425)	S	23d 26' 36"	(23.4433)	W Q#09
				(center of target ellipse)	
Apollo 14					
3d 40' 24"	(3.6733)	S	17d 27' 55"	(17.4653)	W Q#01
	3.67	S		17.47	W Q#03
	3.67	S		17.46	W Q#04
	3.65	S		17.48	W Q#05
	3.66	S		17.48	W Q#06
3d 40' 19"	(3.6719)	S	17d 27' 46"	(17.4628)	W Q#07
3d 40'	(3.67)	S	17d 28'	(17.47)	W Q#08
Apollo 15					
26d 06' 03"	(26.1008)	N	3d 39' 10"	(3.6528)	E Q#01
	26.1	N		3.7	E Q#02
	26.10	N		3.65	E Q#03
	26.11	N		3.66	E Q#04
	26.08	N		3.66	E Q#05
26d 05'	(26.08)	N	3d 39'	(3.65)	E Q#06
26d 04' 54"	26.0817)	N	3d 39' 30"	(3.6583)	E Q#07
26d 06'	(26.10)	N	3d 39'	(3.65)	E Q#08

Breite			Länge			Quelle No. (Q#)
Apollo 16						
8d 59' 29"	(8.9914)	S	15d 30' 52"	(15.5144)	E	Q#01
	8.99	S		15.51	E	Q#03
	8.60	S		15.31	E	Q#04
	8.97	S		15.51	E	Q#05
8d 59' 29"	(8.9914)	S	15d 30' 52"	(15.5144)	E	Q#06
8d 60'	(9.00)	S	15d 31'	(15.52)	E	Q#08
Apollo 17						
20d 09' 55"	(20.1653)	N	30d 45' 57"	(30.7658)	E	Q#01
	20.16	N		30.76	E	Q#03
	20.17	N		30.80	E	Q#04
	20.16	N		30.77	E	Q#05
20d 10'	(20.17)	N	30d 46'	(30.77)	E	Q#06
20d 09' 50.5	(20.16403)	N	30d 44' 58.3	(30.74953)	E	Q#07
20d 10'	(20.17)	N	30d 46'	(30.77)	E	Q#08
20d 09' 50"	(20.1639)	N	30d 44' 58"	(30.7494)	E	Q#09

(in brackets my ›translation‹ from DEC to ARC)

Q#01: http://cass.jsc.nasa.gov/pub/expmoon/apollo_landings.html
Q#02: http://cass.jsc.nasa.gov/pub/expmoon/Apollo_LandingSites.html
Q#03: http://nssdc.gsfc.nasa.gov/planetary/lunar/apolloland.html
http://lunar-apps.arc.nasa.gov/history/timeline_items/
Q#04: http://www.fourmilab.ch/earthview/lunarform/landing.html
Q#05: http://www.hq.nasa.gov/office/pao/History/alsj
http://www.ksc.nasa.gov/history/apollo/apollo.html
Q#06: http://www.nasm.edu/APOLLO/LandingSites.html
Q#07: http://www.nasm.edu/APOLLO/AS14/Apollo14_LandingSite.html till
http://www.nasm.edu/APOLLO/AS17/Apollo17_LandingSite.html
Q#08: http://people.aero.und.edu/~vaughn/english/explore/manned/apollo/apollo.htm
Q#09: http://images.jsc.nasa.gov/images/pao/AS12/10075360.TXT
and
http://images.jsc.nasa.gov/images/pao/AS17/10075898.TXT
Q#10: http://www.hq.nasa.gov/office/pao/History/SP-4205/ch14-1.html

Literatur

Bennett, Mary; Percy, David S.: Dark Moon – Apollo and the Whistle Blowers, London 1999 und 2002
Bergaust, Erik: Murder on Pad 34, New York 1968
von Braun, Wernher: Erste Fahrt zum Mond, Frankfurt am Main 1961
von Braun, Wernher; Ley, Willy: Start in den Weltraum, Frankfurt am Main, o. J.
Brzezinski, Zbigniew: Die einzige Weltmacht, Frankfurt 1999
Chaikin, Andrew: A Man On The Moon. The Voyages Of The Apollo Astronauts, London 1994
Collins, Michael: Carrying the Fire, New York 1974
Dichtjar, Adolf: Juri Gagarin. Aus dem Leben eines Weltraumpioniers, Berlin 1977
Eisfeld, Rainer: Mondsüchtig. Wernher von Braun und die Geburt der Raumfahrt aus dem Geist der Barbarei, Hamburg 1996
Eliot, Marc: Walt Disney: Hollywood's Dark Prince, Birch Lane Press 1993
Furniss, Tim: Die Mondlandung, Bindlach 1998
Gagarin Juri; Lebedew, Wladimir: Ich war der erste Mensch im Weltall, München 1970
Grissom, Virgil »Gus«: Gemini. A Personal Account of Man's Venture into Space, New York 1968
Gründer, Matthias: SOS im All. Pannen, Probleme und Katastrophen der bemannten Raumfahrt, Berlin 2000
Hafer, X; Sachs, G.: Senkrechtstarttechnik, Berlin, Heidelberg, New York, 1982
Hansen, James R.: Spaceflight Revolution, SP-4308, elektronische Ausgabe, http://history.nasa.gov/SP-4308/contents.htm
Hofstätter, Rudolf: Sowjet-Raumfahrt, Basel, Boston, Berlin 1989
Kaysing, Bill: We Never Went to the Moon: America's Thirty Billion Dollar Swindle, Pomeroy 2002
Kennan, Erlend A.; Harvey, Edmund H.: Mission to the Moon, New York 1969
Kowalski, Gerhard: Die Gagarin-Story. Die Wahrheit über den Flug des ersten Kosmonauten der Welt, 2. Auflage, Berlin 2000
Lovell, Jim; Georg, Karl: Apollo 13, München 1995
Newport, Curt: Lost Spacecraft. The Search for Liberty Bell 7, Burlington 2002
Oberg, James E: Uncovering Soviet Disasters, New York 1988
Oktobersaat: Kommunisten. Von Babuschkin bis Gagarin, Berlin 1964
Ordway, Frederick I.; Stuhlinger, Ernst: Wernher von Braun – Crusader for Space, Malabar 1996
Potts, David Easton: Soviet Man in Space: Politics and Technology from Stalin to Gorbachev, Ann Arbor 1992
René, Ralph: NASA mooned America!, Passaic 1992
Shayler, David J.: The Rocket Men. The First Soviet Manned Spaceflights, London 2001
Shelton, William: Soviet Space Exploration: The First Decade. Introduction by Cosmonaut Gherman Titov, New York 1968
Smolders, Peter L.: Soviets in Space, New York 1974
Stinnett, Robert B.: Pearl Harbor. Wie die amerikanische Regierung den Angriff provozierte und 2476 ihrer Bürger sterben ließ, Frankfurt 2003
Thompson, Neal: Light this candle. The Life And Times of Alan Shepard, New York 2004
Wisnewski, Gerhard: Operation 9/11. Angriff auf den Globus, München 2003
Wisnewski, Gerhard: Mythos 9/11. Der Wahrheit auf der Spur, München 2004
Zimmer, Harro: Der rote Orbit, Glanz und Elend der russischen Raumfahrt, Stuttgart 1996

Anmerkungen

1 Spiegel Online, 10. 12. 2004
2 Gründer, S. 41
3 www.lostcosmonauts.com: The First Woman in Space; die Bodenstation ist nicht zu hören, weil sie aus einer ganz anderen Richtung sendet.
4 Ratcliff, J. D.: Italy's Amazing Amateur Space Watchers, Readers Digest, April 1965
5 Ratcliff, J. D.: ebenda
6 Radio Moskau am 7. April 1965, zitiert nach: www.lostcosmonauts.com
7 United Soft Media Verlag GmbH: Mission Mond, München 2003, DVD
8 Abrate, Giovanni: An interview with Gian Battista Judica Cordiglia, Turin, Italy March 31, 1999; http://www.lostcosmonauts.com/INTERVIEW. HTM
9 Wostok-Planung siehe: Encyclopedia Astronautica, www.astronautix.com
10 zitiert nach: Kowalski, S. 39
11 Kowalski, S. 41
12 zitiert nach: mysteries, Nr. 7, Januar/Februar 2005, S. 12 ff.
13 English Pravda, 12. 4. 2001, http://english.pravda.ru/main/2001/04/12/3502.html
14 Der Vorfall wird in zahlreichen Quellen ähnlich geschildert, ich beziehe mich hier auf Oberg, S. 159 ff.
15 So Oberg in seinem Buch über sowjetische Raumfahrtkatastrophen
16 nach: Kowalski, S. 57 f.
17 Global Science Productions: The Cosmonaut Coverup, Berverley Hills, CA, 1999
18 Die Daten variieren etwas, andere Quellen nennen als Apogäum 237 Kilometer, es könnte auch ein Zahlendreher sein. Quelle für diese Angaben: astrolink.de
19 Rex, Andreas: Ein Nachruf auf Juri Gagarin, in: Verein zur Förderung der Raumfahrt e.V., Infothek, http://www.vfr.de/spex/infothek/i_2004_gagarin/set_i_2004_gagarin.html
20 Kowalski, S. 248
21 Rex, Andreas, a.a.O.
22 Thompson, S. 180
23 Shelton, S. 89
24 beide Zitate: Kowalski, S. 65
25 Kowalski, S. 65 f.
26 Kowalski, S. 81
27 Kowalski, S. 94 ff.; der Vorfall wird in mehreren Quellen übereinstimmend geschildert.
28 Kowalski, S. 40
29 Kowalski, S. 170
30 nach: Kowalski, S. 175
31 Kowalski, S. 170
32 Kowalski S. 91
33 Kowalski, S. 102. Das wird auch von Rudolf Hofstätter in seinem Buch *Sowjet-Raumfahrt* bestätigt: »Rechts vom Sitz befanden sich der Steuerungshebel, eine Uhr, die TV-Kamera für Aufnahmen von der Seite, ein Radio für MW/KW, Regler der Kabinenatmosphäre sowie der Nahrungsbehälter.« (S. 38)
34 Kowalski, S. 102
35 Grahn, Sven, in: http://www.svengrahn.pp.se/histind/Fakes/Fakes.htm
36 Kowalski, S. 106

37 Gagarin, S. 27
38 Salzburger Nachrichten vom 7. 4. 2001
39 Kölner Stadtanzeiger vom 12. 4. 2001
40 Quelle für die Funksprüche: Sven Grahn, a.a. O.
41 E-Mail von Giovanni Abrate an Gerhard Wisnewski vom 16. 9. 2004, Zeitangabe in MEZ
42 Oktobersaat, S. 255f.
43 Kowalski, S. 154
44 Kowalski, S. 144
45 Juri Gagarin, Held der Sterne, ZDF, 24. Januar 2001
46 Kowalski, S. 13
47 Potts, S. 159
48 Juri Gagarin, Held der Sterne, ZDF, 24. Januar 2001
49 Peebles, Curtis: Battle for Space. New York 1983, S. 101, zitiert nach: Space Handbook, http://cryptome.org/sh/sh1.htm#1-123
50 Kennedy, John F.: Special Message to the Congress on Urgent National Needs, 25. Mai 1961
51 Eisfeld, S. 29
52 Kowalski, S. 180
53 Zitiert nach: Das Gesundheitsgespräch – Verletzungen und ihre Folgen, br-online, 14. 7. 2004
54 Kowalski, S. 180
55 Kowalski, S. 10
56 Kowalski, S. 235
57 ZDF, a.a. O.
58 Kowalski, S. 255
59 Kowalski, S. 142
60 Eisfeld, S. 26
61 Eisfeld, S. 24
62 von Braun, 1960, S. 33
63 zitiert nach: Eisfeld, S. 186ff.
64 in: Eisfeld, S. 200
65 http://www.rotten.com/library/bio/business/walt-disney
66 zitiert nach: Disneys dunkle Seiten – Die zwielichtige Connection von Uncle Walt und Uncle Sam, 3sat Kulturzeit, Website, 30. 10. 2001
67 Eliot, S. 120f., zitiert nach: http://www.spitfirelist.com/f301.html
68 Wright, Mike: The Disney-von Braun Collaboration and Its Influence on Space Exploration, Huntsville, 1993
69 Ordway/Stuhlinger, S. 115
70 zitiert nach: Wright a.a. O.
71 Ordway/Stuhlinger, S. 116
72 Ordway/Stuhlinger, S. 116f.
73 Velan, Christine: Der König von Amerika, Gespräch mit dem Schriftsteller Peter Stephan Jungk über das Leben des legendären Trickfilmproduzenten. Berliner Zeitung, 17. November 2001
74 Korkis, Jim: The Other Walt Disney Space Story. Jim Hill media, 15. September 2003
75 http://thisdayindisneyhistory.homestead.com/SpaceTravel.html
76 Apollo 11 – Die Landung auf dem Mond, N 24, 29. August 2004, 17.15 –18. 30 Uhr

77 Ordway/Stuhlinger, S. 164
78 nach: Ordway/Stuhlinger, S. 166
79 Ordway/Stuhlinger, S. 170
80 von Braun/Ley, S. 5
81 Ordway/Stuhlinger, S. 171
82 Thompson, S. 333
83 Thompson, S. 191 f.
84 Thompson, S. 182
85 Swenson, Loyd S. Jr; Grimwood, James M.; Alexander, Charles C.: This New Ocean. A History of Project Mercury. Published as NASA Special Publication-4201 in the NASA History Series, 1989, S. 347
86 Thompson, S. 249
87 Thompson, S. 259
88 Swenson Jr. u. a., S. 114
89 nach: Swenson Jr. u. a., S. 350
90 Thompson, S. 256
91 Swenson Jr. u. a., S. 357
92 Thompson, S. 261
93 Thompson, S. 261
94 Thompson, S. 266
95 Thompson, S. 262
96 Thompson, S. 267
97 Thompson, S. 269
98 Newport, S. 185
99 NASA, Johnson Space Center, Mercury 1958–1963, http://www.jsc.nasa.gov/history/mercury.htm
100 nach: Newport, S. 89
101 Los Angeles Times vom 10. 2. 2000
102 Newport, S. 90
103 Zornio, Mary C.: Detailed Biographies of Apollo I Crew – Gus Grissom, NASA History, Updated February 3, 2003
104 Newport, S. 86
105 Blanke, Jim: Gus Grissom Didn't Sink Liberty Bell 7, space.com, 17. 6. 2000
106 Newport, S. 173
107 Madaras/Smith: Liberty Bell 7: Recovery Evaluation and Nondestructive Testing, NASA/TM-1999-209824, Dezember 1999
108 Rutherford: Lexikon der Elemente, http://www.uniterra.de/rutherford/ele004.htm
109 http://www.astronautix.com/lvs/redstone.htm
110 http://www.astronautix.com/lvs/redstone.htm, Fassung v. 31. 3. 05
111 http://www.astronautix.com/lvs/redstone.htm, Fassung v. 31. 3. 05
112 ABC News, 21. November 1996
113 geschildert nach: Zornio, Mary C.: Virgil Ivan »Gus« Grissom; in: 40th Anniversary of the Mercury 7, http://history.nasa.gov/40thmerc7/grissom.htm
114 siehe Bergaust, S. 16
115 Indiana Historical Society, Indiana's Popular History: Virgil »Gus« Grissom, 2004, http://www.indianahistory.org/pop_hist/people/grissom.html
116 Washington Times vom 23. Mai 1990
117 Bergaust, S. 85 f.
118 Kennan/Harvey, S. 40
119 Bergaust, S. 30

120 http://www.apfn.org/apfn/moon.htm
121 Tipler, Frank J.: The Anthropic Cosmological Principle. Oxford University Press 1988, S. 567f.
122 Kennan/Harvey, S. 20
123 http://www.geocities.com/rocketman2020/A1cause.html u. a. m.
124 Brooks, Courtney G., Grimwood, James M., and Swenson, Loyd S.: Chariots for Apollo: A History of Manned Lunar Spacecraft, Washington, DC 1979, http://www.hq.nasa.gov/office/pao/History/SP-4205/cover.html
125 Washington Evening Star, in: Bergaust, S. 132
126 Brooks, Courtney G., Grimwood, James M., and Swenson, Loyd S., a.a. O.
127 Bergaust, S. 39
128 ABC News vom 21. November 1996
129 Kennan/Harvey, S. 343ff.
130 Bergaust, S. 15
131 siehe: PM 12/01, S. 85ff.
132 Star Magazine, 16. Februar 1999
133 Time vom 10. Februar 1967
134 newsgroup-conversation of Scott Grissom, sci.space.history, 28. August 2001, 01:40 Uhr
135 Star Magazine, a.a. O.
136 Zitate, Schilderung, Fotos und Angaben aus: Final Report: Inspection of Apollo 1/204 Hardware, September 2000
137 Leitenberger, Bernd: Das Luna-Programm, http://www.bernd-leitenberger.de/luna.html
138 The Apollo Spacecraft – A Chronology; NASA Special Publication 4009
139 Lovell/Georg, S. 42
140 Jones, Eric M.: Utility of the Lunar Landing Training Vehicle, 1995, last revised 2004
141 Jones, a.a. O.
142 Jones, a.a. O.
143 Jones, a.a. O.
144 siehe http://www.clavius.org/techlmstab.html
145 The Delta Clipper Experimental: Flight Testing Archive. Last updated Januar 6, 1998
146 http://www.astrolink.de/m001/m001022/
147 http://www.madsci.org/posts/archives/jun2001/991783298.As.r.html
148 http://www.nasm.si.edu/collections/imagery/apollo/AS07/a07sum.htm
149 http://www.madsci.org/posts/archives/jun2001/991783298.As.r.html
150 Kaysing, S. 7
151 siehe: Die Akte Apollo, WDR 2002
152 http://www.grimme-institut.de/scripts/preis/agp_2003/scripts/beitr_kubrick.html
153 N 24: Geheime Satelliten, 22. August 2004
154 Obenauf, Bill: The Story of the Flag on Discoverer XIII, http://www.livefromsiliconvalley.com/space/DISCXIII.html
155 http://www.cooperativeresearch.org/entity.jsp?entity=richard_bissell
156 N 24, ebenda
157 N 24, ebenda
158 http://www.gfsnet.org/msweb/sixties/cooperMai161963.htm
159 http://www.absoluteastronomy.com/encyclopedia/G/Gu/Gulf_of_Tonkin_Incident.htm

160 Eisfeld S. 226
161 CNN, 20. Dezember 1998: Apollo 8 astronauts look back 30 years after historic flight, http://www.cnn.com/TECH/space/9812/20/apollo.anniv/
162 http://davesweb.cnchost.com/apollo.htm
163 Apollo 11 – Die Landung auf dem Mond, N24, 29. August 2004, 17.15-18.30
164 Roach John: Apollo Anniversary: Moon Landing »Inspired World«, National Geographic News, July 16, 2004
165 Häussler, Oliver: Dreifache Verhandelbarkeit von Authentizität im alpinistischen Diskurs
166 Verdict is in on Cook's claim to be first on McKinley, University of Alaska, 16. Februar 1996, http://www.uaf.edu/univrel/media/fy96/054.html
167 Gibbons, Russel W.: True North: Peary, Cook and the Race to the Pole, by Bruce Henderson, Pittsburgh Post Gazette, 1. Mai 2005
168 siehe Häussler, a.a.O.
169 Frederick A. Cook: From Hero to Humbug, http://home.earthlink.net/~cookpeary/and PolarFlight: The Cook-Peary Controversy, Part 2; http://members.tripod.com/PolarFlight/controversy2.htm
170 Häussler, S. 9
171 Korotev, Randy L.: Lunar Meteorites, Washington University in St. Louis, Departement of Earth and Planetary Sciences, Juli 25–31, 2004
172 Kitmacher, Gary H.: Astronaut Still Photography During Apollo, NASA History Division, http://history.nasa.gov/apollo_photo.html
173 Parker, Phill: APOLLO-11 Hasselblad Cameras, http://www.hq.nasa.gov/office/pao/History/alsj/a11/a11-hass.html
174 Bennett/Percy, S. 13
175 http://www.aulis.com/nasa6.htm
176 Kitmacher, a.a.O.
177 Kitmacher, a.a.O.
178 von Braun 1961, S. 134
179 Jones, Eric M.: Apollo Lunar Surface Journal, last modified: 3. April 2005, http://www.hq.nasa.gov/alsj/main.html
180 vgl.: Die Akte Apollo, WDR 2002
181 von Braun 1961, S. 148
182 Jones, a.a.O.
183 Hafer/Sachs, a.a.O., S. 238
184 http://history.nasa.gov/SP-4223/ch11.htm
185 Murdin: Encyclopedia of Astronomy and Astrophysics, Vol. 1, S. 43
186 http://www.atmosphere.mpg.de/enid/6e17014cf84532de00e58641129f97fe,55a304092d09/3ao.html u.a.
187 Die Akte Apollo, WDR 2002
188 Woods, W. David; O'Brien, Frank: Apollo 15 Rendezvous and Docking, Corrected Transcript and Commentary, Copyright 1999
189 Sie können sich das anhören, wenn Sie folgenden Link in Ihren Browser eingeben: http://history.nasa.gov/alsj/a11/a11a1242133.ram. Das Protokoll des Funkverkehrs finden Sie auf http://history.nasa.gov/alsj/a11/
190 Von Braun/Ley, S. 179
191 http://www.hq.nasa.gov/office/pao/History/alsj/
192 Apollo 11 Lunar Landing Mission, Press Kit, National Aeronautics and Space Administration, Washington D. C., 6. Juli 1969
193 Das Startdatum wird teilweise auch mit 1. Februar 1958 angegeben

194 Space Science Institute: Earth is a Giant Magnet, S. 3,
   http://www.spaceweathercenter.org/our_protective_shield/02/02_03.html
195 Bertell, Rosalie: Background of the HAARP Project, http://www.earthpulse.com/
196 Völker, Lutz: Nutzlast Mensch, Institut für Luft- und Raumfahrtstechnik, Fakultät Maschinenwesen, TU Dresden, Juli 2001
197 Koelzer, Winfried: Die Strahlenexposition des Menschen, Informationskreis KernEnergie, November 2004, S. 11, und medicine worldwide: Strahlenbelastung in der Raumfahrt, OnVista Media GmbH, geändert am: 09. 06. 2004
198 Cull, Selby: Giant Leap for Mankind or Giant Leap of Faith? Examining Claims That We Never Went to the Moon, The Journal of Young Investigators, Issue 2, Januar 2004
199 NASA: Apollo 11 Lunar Landing Mission, Press Kit, Washington, 6. Juli 1969, S. 96, 101
200 Commission on Physical Sciences, Mathematics, and Applications; Space Studies Board: Radiation and the International Space Station. Recommendations to Reduce Risk 2000, S. 20
201 Wohlleben, K.: Strahlenbelastung von Erdsatelliten und Sonnensonden durch die solare kosmische Strahlung (solar flares), Erlangen 1969
202 Malik, Tariq: Lunar Shields: Radiation Protection for Moon-Based Astronauts, space.com, 12. Januar 2005, 7:00 a.m. ET
203 Süddeutsche Zeitung vom 5. 11. 2002
204 NSSDC Master Catalog: Spacecraft Sputnik 2 NSSDC ID:1957–002A
205 Smolders, S. 104 f.
206 Smolders, S. 206
207 clavius.org
208 http://www.chronikverlag.de/tageschronik/0926.htm
209 Darr, Todd Gribbons, Gerry: How U. S. exports are faring in the world wheat market, Monthly Labor Review, Oktober 1985, S. 10 ff.
210 Max-Planck-Institut für Chemie, Juli 2003, in: http://www.sternwarte-singen.de/mond_entstehung1.htm
211 Britt, Robert Roy: Moon Holds Earth's Ancient Secrets, space.com, 23. Juli 2002
212 Heck, Philipp: Der Mond – unser geheimnisvoller Nachbar, Entstehung, Missionen, Aufbau, http://lexikon.astronomie.info/, 7. 6. 2002
213 Heck, Philipp: Der Mond – unser geheimnisvoller Nachbar, Entstehung, Missionen, Aufbau, Astrolexikon, http://lexikon.astronomie.info/mond/mondgeologie.html
214 Max-Planck-Institut für Chemie, a.a.O.
215 Hoversten, Paul: 30 Years Later, Moon Rocks Retain Their Secrets, space.com, 23. Mai 2000
216 David, Leonard: Apollo Moon Rocks: Dirty Little Secrets, space.com, 26. März 2001
217 Schatz, Amy: The Man Who Made Moon Dirt for NASA Is in Demand Again, Wall Street Journal vom 16. März 2005
218 Deiss, Dr. Bruno: Laser-Reflektor-Experimente, http://www.planetenkunde.de/m001/m001000/m001_x01.htm. Manche Quellen sprechen von 20 Quadratkilometern, siehe unten
219 E-Mail von Tom Murphy, assistant professor in the physics department at University of California, San Diego, an Gerhard Wisnewski vom 9. 2. 2005
220 Schneider, M.; Müller, J.; Schreiber, U.; Egger, D.: Die Hochpräzisionsvermessung der Mondbewegung, http://alpha.fesg.tu-muenchen.de/fesg/llr.html

221 Hier und nachfolgend zitiere ich aus: Stennecken, Michael: Lost Lunar Landing Sites: The CLLC Initiative, Münster, 30. April 1998
222 http://www.ussliberty.org/theship.htm
223 Bennett/Percy, S. 291 f.
224 http://www.arrl.org/news/stories/2001/08/20/1/?nc = 1
225 http://apollomaniacs.web.infoseek.co.jp/apollo/flight11 e.htm
226 Da ich diese Tabelle in dem Internetforum Wikipedia gefunden habe, habe ich sie überprüft. Es ergab sich, daß die Daten mit Angaben aus NASA-Quellen übereinstimmen.
227 René, S. 4
228 http://www.heise.de/tp/r4/artikel/15/15736/1.html
229 Johanson, Anatol: Ab 2005 kreisen deutsche Spionagesatelliten am Himmel, Die Welt vom 28. Dezember 2004
230 http://www.cmf.nrl.navy.mil/clementine/clementine.html
231 space.com
232 siehe: Keel, Bill: Telescopic Tracking of the Apollo Lunar Missions, http://www.astr.ua.edu/keel/space/apollo.html und Schneider, M.; Müller, J.; Schreiber, U.; Egger, D., a.a. O.
233 Clementine High-Resolution Camera (HIRES), http://nssdc.gsfc.nasa.gov/database/MasterCatalog?sc = 1994-004A&ex = 6
234 http://www.astrolink.de/m025/m025000/index.htm
235 http://sci.esa.int/science-e/www/object/index.cfm?fobjectid = 36091
236 ESA: SMART-1 Mission to the Moon: Technology and Science Goals, AMIE, http://sci.esa.int/science-e/www/object/index.cfm?fobjectid = 33444&fbodylongid = 1266
237 www.astrolink.de/m035/m035000/
238 Jun-ya Terazono, Webmaster of The Moon Station, E-Mail vom 13. Februar 2005
239 http://www.astrolink.de/m051/m051000/m051000_d.htm
240 http://moon.nasda.go.jp/en/selene/outline/inst_detail.html#XRS
241 The Encyclopedia of Astrobiology, Astronomy, and Spaceflight, http://www.daviddarling.info/encyclopedia/L/Lunar-A.html
242 www.transorbital.net/PressReleases/press000926.html
243 E-Mail von Dennis Laurie vom 27. April 2005
244 E-Mail von Gernot Grömer vom 22. Februar 2005
245 astrolink.de
246 Richmond, Michael: Can we see Apollo hardware on the Moon?, http://www.tass-survey.org/richmond/answers/lunarlander.html, Last modified Dec 5, 2002
247 McAlister, Harold: E-Mail an Gerhard Wisnewski vom 25. September 2001
248 Die Akte Apollo, WDR 2002
249 http://www.eso.org/projects/owl/index_3.html
250 http://www.eso.org/outreach/gallery/vlt/images/Top20/esopre.html
251 http://home.t-online.de/home/hans-peter.olschewski/ufoastro.htm
252 Spiegel TV, 27. Juli 2001
253 http://www.hochschulstellenmarkt.de/info/u/ul/ulrich_walter.html
254 http://www.stern.de/wissenschaft/kosmos/index.html?eid = 523921&id = 530144&nv = ex_tt
255 SZ Wissen, 1/05, S. 46 ff.
256 Beschreibung nach: Duncan, John: Reliability and Training, http://www.apollosaturn.com/asnr/p239-244.htm

257 clavius.org
258 Cradle of Aviation Museum,
http://www.cradleofaviation.org/exhibits/space/lm_simulator/sim.html
259 Hansen, S. 369
260 Hansen, S. 375
261 Hansen, S. 375
262 http://www.astrolink.de/m005/m005000/m005_z.htm
263 Lunar and Planetary Institute: Lunar Orbiter Imagery,
http://www.lpi.usra.edu/expmoon/orbiter/orbiter-images.html
264 www.worldspaceflight.com/america/apollo/overview.htm
265 http://mcadams.posc.mu.edu/ike.htm
266 Eckert, Dirk: Killersatelliten, Laserwaffen und fliegende Roboter, Telepolis, 20. Mai 2003
267 Zitiert nach: Eisfeld, S. 186 ff.
268 zitiert nach: Scheffran, Jürgen: Wer den Weltraum beherrscht, beherrscht die Erde. Informationsdienst Wissenschaft und Frieden, 2/84
269 The National Aeronautics and Space Act, Pub. L. No. 85-568, As Amended, http://www.hq.nasa.gov/ogc/spaceact.html#TITLE%20I - - SHORT%20TITLE%20I
270 Kennan/Harvey, S. 270
271 The National Aeronautics and Space Act, a.a.O.
272 Kennan/Harvey, S. 217
273 Kennan/Harvey, S. 203
274 Kennan/Harvey, S. 194
275 http://www.hq.nasa.gov/office/pao/History/x-33/dcx-faq.htm
276 http://www.acq.osd.mil/mda/mdalink/pdf/rtc1994.pdf
277 http://www.hq.nasa.gov/office/pao/History/x-33/dc-xa.htm
278 Dwight D. Eisenhower Library, Abilene, Kansas; Glennan, T. Keith: Diary, 1959–1961, http://216.239.59.104/search?q = cache:dLtNaapf6rEJ: www.eisenhower.archives.gov/listofholdingshtml/listofholdingsG/ GLENNANTKEITHdiary194869.pdf+ansco+Binghampton&hl = de
279 National Aeronautics and Space Administration: T. KEITH Glennan, NASA Administrator, August 19, 1958-January 20, 1961, http://www.hq.nasa.gov/office/pao/History/Biographies/glennan.html
280 Dwight D. Eisenhower Library, Abilene, Kansas; Glennan, T. Keith: Diary, 1959–1961, Accession 70–109, 82-19, Processed by: RS, Date Completed: June, 1981
281 Kennan/Harvey, S. 218f.
282 National Aeronautics and Space Administration: James A. Webb, NASA Administrator, February 14, 1961-October 7, 1968
283 http://www.hq.nasa.gov/office/pao/History/Biographies/fletcher.html
284 http://www.hq.nasa.gov/office/pao/History/Biographies/frosch.html
285 http://www.hq.nasa.gov/office/pao/History/Biographies/truly.html
286 http://www.hq.nasa.gov/office/pao/History/dan_goldin.html
287 http://www.nasa.gov/about/highlights/An_Feature_Administrator.html
288 Spiegel Online, 13. Dezember 2004
289 Hettena, Seth: Military Uses NASA Images in Combat, space.com, 12. April 2002
290 Quellen für Dyna-Soar und Shuttle-Geschichte: http://www.wordiq.com/definition/ X-20_Dyna-Soar und http://www.knowledgerush.com/kr/jsp/db/facts.jsp?title = Space+Shuttle+program
291 www.au.af.mil/au/awc/awcgate/au-18/au180040.htm

292 The Cape, Chapter 2, Section 9, Titan and Shuttle Military Space Operations, Space Shuttle Military Mission
293 http://www.dlr.de/dlr/Raumfahrt/Missionen/
294 http://www.dlr.de/dlr/presse/presseinfo/jahr_1998/pm46_98.htm
295 SRTM-Mission, nach: Die Woche vom 11. Februar 2000
296 http://www.jsc.nasa.gov/Bios/htmlbios/kavandi.html
297 Webb, David: The Nuclearisation and Militarisation of Space – A Brief History, September 2000, http://www.globenet.free-online.co.uk/articles/brief.htm
298 Stein, Josephine Anne: Aus der Innenwelt der Waffenlabors, W&F, 1/89
299 Culhane, Garrett: Mission to Planet Earth, Wired 1.06, Dezember 1993
300 http://www.kidsdomain.com/down/pc/missionearth.html
301 NASA and Mission to Planet Earth; Testimony Dr. Edward L. Hudgins, Director of Regulatory Studies, Cato Institute, U. S. House of Representatives, Committee on Science, Subcommittee on Space and Aeronautics, March 19, 1997
302 Shuttle Radar Topography Mission, Frequently asked Questions, http://www2.jpl.nasa.gov/srtm/faq.html
303 http://www.learnworld.com/org/TX.002=1983.03.23.Reagan.html
304 Ravenal, Earl C: Reagan 1983 Defense Budget: An Analysis and an Alternative, http://www.cato.org/pubs/pas/pa010es.html
305 http://www.clw.org/nmd/abmwithdrawal.html
306 Junge Welt vom 25. Juni 2004
307 www.sueddeutsche.de: US-Verteidigungspolitik – Die Schildbürger, 3. September 2004
308 Brandt, Sebastian: Die Utopie des George W., http://www.01019freenet.de/freenet/wissenschaft/technik/antiterror/raketenabwehr/index.html
309 http://www.ucsusa.org/global_security/missile_defense/index.cfm
310 Raumstation Freedom/ISS und Zitate wiedergegeben nach: Die Woche vom 10. Mai 1996
311 in: TV-Liveübertragung vom 20. Juli 1969, wiederholt von Phoenix am 21. Juli 2002
312 Die internationale Raumstation ISS: Leben im All, ZDF Wissen & Entdecken, 22.07.2002
313 Spiegel Online, 23. Oktober 2003
314 tagesschau.de, 22.06.2005 11:57 Uhr
315 Engels, Dieter; Sieker Ekkehard; Scheffran, Jürgen: Richtig angekoppelt? Militärische Interessen und die geplante US-Weltraumstation, W&F 1/85
316 President Bush Announces New Vision for Space Exploration Program, Remarks by the President on U. S. Space Policy NASA Headquarters, Washington, D. C., The White House, Office of the Press Secretary, January 14, 2004
317 mythologica.de, Lexikon der griechischen Mythologie
318 Fact File U. S. Strategic Command Public Affairs, 901 SAC Blvd, Suite 1A1, Offutt AFB NE 68113-6020
319 Scheffran, Jürgen: Wer den Weltraum beherrscht, beherrscht die Erde; http://www.uni-muenster.de/PeaCon/wuf/wf-84/8420200m.htm
320 Webbs, David: The Nuclearisation and Militarisation of Space – A Brief History, September 2000, http://www.globenet.free-online.co.uk/articles/brief.htm
321 The Nation vom 9. Dezember 1999
322 Neues Deutschland vom 16. Januar 2004
323 The Nation, a.a.O.
324 The Nation, a.a.O.
325 http://www.fas.org/sgp/congress/2001/hr2977.html

326 Dirk Jasper Filmlexikon
327 kinoweb.de
328 Archimedes Institute says Problems of Asteroid Defense not just technical; Archimedes Institute, 13 Mar 1998
329 Altmann, Jürgen: Kein Schild, sondern ein Schwert. Laserwaffen im Weltraum und strategische Stabilität, W & F, 2/86, S.15ff.
330 Brzezinski zitiert nach: Begich, Dr. Nick, Manning, Jeane: Vandalism In The Sky, Earthpulse Press, http://www.earthpulse.com/
331 Spiegel Online, 28. Mai 2001
332 u. a. G. Wisnewski: Operation 9/11
333 Telepolis vom 15. Januar 2001
334 Spiegel Online, 10. Dezember 2004
335 Spiegel Online, ebenda
336 Senate Democrats Protest Top Secret Spy Satellite Project, Democracy Now, Thursday, December 16th, 2004
337 http://www.globenet.free-online.co.uk/deutsche/W&F2_2001.doc

Bildnachweis

S. 20: aus: www.lostcosmonauts.com
S. 25, 171 (oben rechts), 177, 201 (oben), 233, 239, 240: © Gerhard Wisnewski
S. 27 (links): © Chris Woodul
S. 27 (rechts): © unbekannt
S. 32: © Global Science Productions
S. 37: aus: Dichtjar, S. 27 und S. 38
S. 38: aus: Dichtjar, S. 44
S. 43 (links): aus: http://www.guardian.co.uk/arts/gallery/image/
   0,8543,-1050469161,00.html
S. 43 (rechts): aus: Russian State Archive of Scientific and Technical Documents
S. 44 (links oben): aus: http://www.vesmirweb.net/galerie/slavni/gagarin.jpg
S. 44 (rechts oben): aus: RKK Energija/vesolje.net
S. 44 (links unten): aus: http://nowscape.com/star_city/star_city1.html
S. 44 (Mitte unten): aus:
   http://www.smh.com.au/ffxImage/urlpicture_id_1048962649284_2003/03/30/
   wld_gagarin3103.jpg
S. 44 (rechts unten): aus: http://www.wio.ru/cosmos/gagarin.jpg
S. 45 (links): aus: http://www2.arnes.si/~tponik/gagarin.jpg
S. 45 (rechts): aus: Russian State Archive of Scientific and Technical Documents
S. 46 (oben): TV-Aufnahmen, © unbekannt
S. 46 (Mitte): aus: Henry G. Plaster, »Snooping on Space Pictures«, Fall 1964 issues of
   Studies in Intelligence, found in RG 263, Entry 400, »Articles From Studies in Intelligence, 1955–1992«, National Archives and Records Administration
S. 46 (unten): aus: http://www.quido.cz/fyzika/1fyzika.htm
S. 48, S. 51: aus: Sven Grahn (http://www.svengrahn.pp.se)
S. 49 (links): © RKI
S. 49 (rechts): http://www.eclipsetours.com/sat/Wostok.jpg
S. 57: http://www.morenews.ru/arhive/2003-04-12/gagarin.jpg
S. 60: aus: ZDF, »Juri Gagarin, Held der Sterne«, 24. Januar 2001
S. 61 (oben): aus: Russian State Archive of Scientific and Technical Documents
S. 61 (unten): © S. P. Korolev RSC Energia
S. 77 (links), © Disney
S. 77 (rechts), 105, 109, 110, 113, 114, 117, 120, 124, 125, 155, 158, 159, 160,
   161, 162, 164, 165, 166, 167, 169, 171 (links), 172, 173, 174, 175, 176, 178,
   179, 180, 181, 182, 185, 186, 187 (Mitte), S. 189 (Mohtage: Wisnewski), 228
   (oben, links unten), 231, 244, 246, 274, 276, 277, 283 (links), 284 (links), 287,
   292: © NASA
S. 81: © S. Fischer Verlag
S. 106: © Scott Grissom
S. 143: © unbekannt
S. 170: TV-Aufnahmen, aus: Phoenix
S. 187 (links): © Buedeler
S. 187 (rechts): © Arnold Engineering Development Center
S. 193: aus: http://www.adh.brighton.ac.uk/schoolofdesign/MA. COURSE/ADE/39.gif
S. 199: aus: http://homepages.compuserve.de/wisischu/zyklus20.htm
S. 201 (unten): aus: http://lsda.jsc.nasa.gov/books/apollo/Resize-jpg/ts2c3-2.jpg
S. 204: © unbekannt

S. 228 (rechts unten): © unbekannt
S. 232: aus: http://www.ussliberty.org/
S. 243 (links): aus: Shayler, Gemini, S. 312
S. 243 (rechts): aus: Spiegel TV, © unbekannt
S. 249: aus: http://www.tass-survey.org/richmond/answers/lunar_lander.html#apollo
S. 251: aus: http://www.astr.ua.edu/keel/space/apollo.html
S. 267: © Bayern3 Alpha
S. 279: TV-Aufnahmen, aus: Phoenix
S. 280: aus: http://www.cradleofaviation.org/exhibits/space/lm_simulator/sim.html
S. 282: aus: Hansen, Spaceflight Revolution, S. 375
S. 283: © unbekannt
S. 284 (rechts): aus: Hansen, S. 380
S. 286, 288: aus: Hansen, http://history.nasa.gov/SP-4308/contents.htm
S. 289, 290, 291: TV-Aufnahmen, aus: Phoenix
S. 292: aus: Hansen, S. 380
S. 310 (oben): http://meltingpot.fortunecity.com/seymour/32/sangerch.html
S. 310 (Mitte): http://www.ninfinger.org/~sven/models/vault2004/dyna-soar.jpg
S. 310 (unten): http://www.knickers.it/il%20tuo%20web/Sfondi/shuttle.jpg
S. 340: © unbekannt

Trotz gewissenhafter Recherche konnten nicht alle Urheber ermittelt werden. Wir empfehlen Rechteinhabern, die hier nicht aufgeführt sind, sich an den Verlag zu wenden.

Register

11. September 2001 9, 138, 264, 295, 298, 324, 326, 334, 348, 356ff., 360f.

ABM-Vertrag 326
Advanced Research Projects Agency (ARPA) 304, 306
Aeroclub Saratow 42, 53
Air Crew Equipment Laboratory (ACEL) 101
Air Force Flight Test Center, Edwards 314
Air Force Space Command 299
Aldridge, Peter 338
Aldrin, Edwin (Buzz) 12, 77, 115, 123, 125, 144, 159, 163ff., 169, 188, 208, 226, 234, 244f., 257, 262f.
Aldrin, Joan 77
Algranti, Joe 118
Al-Qaida 264
Altmann, Jürgen 352
Amateurfunk 19, 22, 28, 49
Amerikanische Physikalische Gesellschaft 327
Amundsen, Roald 150
Anders, William A. 208
Anderson, Everett 132
Annan, Kofi 345
Ansco 305
Anti-Ballistic-Missile-Vertrag 324
Apollo-Programm 49, 97, 111, 116, 121f., 131, 144, 147, 163, 172, 183f., 188, 194, 197–203, 206f., 209, 213, 216, 218, 221f., 224, 226f., 235ff., 242, 245f., 252ff., 258, 260f., 266, 270, 273, 280, 292, 303, 309
Apollo 1 30, 95–105, 147, 305
Apollo 4 238
Apollo 5 120f.
Apollo 6 120, 238
Apollo 7 110, 120, 142, 202, 238
Apollo 8 120, 142, 194f., 197f., 201f., 206, 208, 238
Apollo 9 121, 126, 238
Apollo 10 121, 125, 144, 208, 238
Apollo 11 77, 114f., 121, 123, 125, 143f., 154f., 158, 160, 163, 166, 169, 173, 186, 188, 190, 196, 202, 208, 210f., 218f., 224f., 227f., 234, 236, 238, 242, 244, 256, 262f., 285, 366, 368
Apollo 12 145, 175, 208, 216, 223, 238, 273ff., 366, 368
Apollo 13 112, 145f., 184, 190, 196f., 202, 208, 238, 251, 276
Apollo 14 125, 146, 200f., 208, 219, 237f., 366, 368
Apollo 15 208f., 218f., 227, 230, 238, 249f., 366, 368
Apollo 16 167, 184f., 208, 225, 238, 249f., 366, 368
Apollo 17 147, 149, 179, 200, 208, 238, 367f.
Apollo 201, 238
Apollo 202, 238
Archimedes Institute 350
Armstrong, John 213
Armstrong, Neil A. 12, 89, 115, 117f., 123, 144, 158ff., 163ff., 208, 210, 234f., 244f., 257, 262f., 311
Army Ballistic Missile Agency (ABMA) 73, 86, 305
Arnold Engineering Development Center (AEDC) 115
Ashy, Joseph W. 344
ASRC Aerospace Corporation 200
Asteroid 1997 XF11 350
Asteroid-Moon Micro-Imager Experiment (AMIE) 253
ASTP Apollo 238
Atlas-Rakete 85, 116, 238
Atomic Energy Commission (AEC) 303
Atomteststop-Vertrag 350
Atomwaffen 297f., 311, 320, 348ff.
Azhazha, Vladimir 263

Babbitt, Arthur 74
Back to the Moon (Gruppe) 222
Bales, Stephen 77
Ballistic Missile Defense Organization (BMDO) 248
Bank, Jodrell 238
Bazikin, Viktor 207
Bean, Alan 208, 270, 273f., 276
Begich, Nick 354
Bell Aerosystems Test Facility 115

383

Benjamin, Loudy 167
Bennett, Mary 125, 233
Bergaust, Erik 97, 101f., 104
Bertell, Rosalie 194
Bin Laden, Osama 9, 326f., 358
Binder, Otto 262, 264
Bissell, Richard 130
Black Corona Office 130
Boeing 59, 304, 335, 337, 357
Bondarenko, Walentin 29–33, 35
Bonestell, Chesley 71
Borman, Frank 100, 147, 208
Braun, Wernher von 69f., 71–75, 77–81, 83, 85f., 94, 135, 161, 163, 186f., 189f., 267, 269f., 300, 334, 343
Brooks Air Force Base 100f.
Bruckheimer, Jerry 349, 356
Brunner, Willy 10, 123, 127, 134, 162, 183, 260, 266
Brzezinski, Zbigniew 82, 355
Buedeler, Werner 72, 234
Buhl, Hermann 151
Bush, George W. 73f., 148, 216, 297ff., 306f., 324ff., 334f., 337f., 356, 358, 360
Bush, Prescott 74
Buzard, Frank 130
Bykowski, Waleri F. 54
Byrd, Richard E. 150

C^3-I-System 341
C5A-Transportflugzeug 243
Calley, William 146
Cambridge Research Center 233
Carlyle Group 297, 326
Carpenter, M. Scott 54
Carter, Hurricane 141
Carter, Jimmy 222, 355
Castro, Fidel 130, 136, 138
Cato Institute 317
Center for an informed America 144
Center for High Angular Resolution Astronomy (CHARA) 260
Cernan, Eugene (Gene) A. 116, 118, 207f., 337
Changhe, Li 345
Chruschtschow, Nikita 55ff., 88, 138
CIA 130f., 147
Clark, William 335

Clementine-Mondsonde 248ff., 252
Clinton, Bill 324f.
Coats, Michael L. 312
Colby, Sam 285
Collins, Michael 123ff., 208, 244f.
Columbus-Labor 331
Command Module Mission Simulator 275
Conrad, Pete 208, 273f., 276
Cook, Frederick A. 149ff.
Coolidge, Calvin 321
Cooper, L. Gordon 54, 139
Coordination of Lunar Landing Coordinates (CLLC) 222
Corona *siehe* Discoverer
Crew Exploration Vehicle 337
Cruise Missile 309, 313f., 320

Daimler-Benz-Aerospace (DASA) 330
Davies, Merton 225f., 268
Deep Impact (Sonde) 351
Defense Advanced Research Projects Agency (DARPA) 304
Delta Clipper Experimental 118ff., 304
Deutsche Raumfahrtgesellschaft (DRG) 221
Deutsches Zentrum für Luft- und Raumfahrt e.v. (DLR) 312f.
Dick, Stephen 148
Discoverer/Corona-Satellit 111, 129f, 132f., 226, 302, 315
Disney, Walter Elias 73–79, 192, 284, 320, 323, 338
Dittemore, Ron 312
Dogliotti, A. M. 22
Dolgoff, Piotr 25, 33
Dornberger, Walter 69, 300, 309
Douglas, Helen Gahagan 142
Dryden Flight Research Center 118
Dryden, Hugh L. 85
Duke, Charles Moss 167ff., 208
Dyna-Soar 310f.

Egger, Dieter 220
Eisenhower, Dwight D. 76, 234, 296f., 303
Eisfeld, Rainer 58, 69f.
Eliot, Marc 74
Engels, Dieter 334
Estes, Howell J. III. 342f.

European Southern Observatory (ESO) 260
European Space Agency (ESA) 245f., 253, 261, 331, 342
Evans, Ronald Ellwin 208
Evers, Medgar 140
Explorer-Satellit 190ff., 195

Fairchild 139
Farber, Gregory 330f.
FBI 73, 100
Fédération Aéronautique Internationale (FAI) 53
Federation of American Scientists 87
Fletcher, James C. 306
Föderale Raumfahrtagentur (FKA) 327
Foing, Bernard 246, 253
Frosch, Robert A. 306

Gagarin, Juri 12f., 19f., 23f., 26, 28f., 31–50, 52–64, 78f., 81, 85, 94, 136, 256
Galilei, Galileo 230, 227
Garwin, Richard 129
Geise, Gernot L. 125
Gemini-Kapseln 80, 95, 116, 141, 183, 236ff., 242, 303, 334
Gilruth, Robert R. 85f., 96, 103, 135
Glenn, John Herschel 33, 39, 54, 96, 136
Glennan, T. Keith 304f.
Gluton, Jim 132
Goldin, Daniel S. 306, 330
Golding, William 361
Goljakowski, Wladimir 29
Gordon, Richard 208, 276
Gracioff, Alexis 25
Grahn, Sven 47f., 50
Größlin, Michael 240ff.
Gregory, Frederick D. 307
Griffin, Michael 307
Grissom, Betty 96
Grissom, Scott 98
Grissom, Virgil (Gus) 33, 54, 89–98, 101, 103–108, 141
Grumman Aerospace 115
Grumman Space Company 197
Gründer, Matthias 16
Gump, David 257

Hafer, Xaver 163
Haimoff, Elliot 31
Haise, Fred W. 197, 208
Hall, Keith 346
Halley (Komet) 315, 339, 351
Hammer-und-Feder-Versuch 209, 230f.
Hansen, James R. 283f., 287, 289
Hartsfield, Henry W. Jr. 312
Hasselblad 500 EL 153ff., 159, 165
Häussler, Oliver 148, 151
Hawley, Eileen 183f.
Helios IIA 248
Hersh, Seymour 145
Hewes, Donald 284f.
High Frequency Active Auroral Research Program (HAARP) 353ff.
H-IIA-Rakete 254
Hillebrandt, Wolfgang 330
Hitler, Adolf 69, 74, 300, 309, 326
Holt, Kathryn 131
Hope, Dennis 221
Houston siehe Johnson Space Center
Hubble-Teleskop 253, 259f.
Hudgins, Edward L. 317ff.
Hüetlin, Thomas 357
Hughs Aircraft 306
Hussein, Saddam 307, 327
Hyams, Peter 122f.

IBM 88
ICBM-Rakete 313
Iljuschin, Sergej 34
Iljuschin, Wladimir 31–37
Institut für Biomedizinische Probleme der Russischen Föderation 205
Institut für Raumfahrtsysteme (IRS) 240
Institut für Verteidigungsanalysen 304
Internationale Raumstation (ISS) 158, 183, 200, 314, 317f., 329–333, 337, 364
Ionosphäre 193, 352ff.
Irwin, James B. 208

Jak 18 37
Johnson Space Center (Houston, Mission Control Center) 118, 183, 188, 190, 263, 275ff., 279
Johnson, Lyndon B. 79ff., 141f., 183, 306, 355
Joint Verification Experiment 316

Judica-Cordiglia, Achille 19–25, 33, 50
Judica-Cordiglia, Gian-Battista 19–25, 33, 50
Jungk, Peter Stephan 75f.
Jupiter-Rakete 75, 93, 190, 238

Kadish, Ronald 307
Karel, William 127
Kavandi, Janet Lynn 314
Kaysing, Bill 121ff., 125, 242f., 272
Kennedy, David Anthony 140
Kennedy, John F. 12, 43, 58, 79, 81ff., 85ff., 100, 109, 135ff., 140ff., 297, 323, 329, 337
Kennedy, John F. Jr. 140
Kennedy, Michael LeMoyne 140
Kennedy, Patrick Bouvier 140
Kennedy, Robert F. 137, 140ff.
Kharkow Astronomisches Observatorium 250
Kimball, Ward 74
King, Martin Luther 136, 140, 142
Korkis, Jim 77
Koroljow, Sergej 26, 62
Kosmonautenkorps 32, 38f.
Kowalski, Gerhard 39, 41, 43, 47, 61
Kraft, Christopher 83f., 96
Kreslawski, Misha 250
Ku Klux Klan 140
Kubrick, Stanley 71, 127
Kucinich, Dennis 347f.
Kunz, Walter 28, 33

Laika, Hündin 27, 204f., 207
Lake Champlain, Flugzeugträger 87
Lamb, Frederick 328
Lamers, Karl 361
Lane, John 200
Langley Research Center 86, 104f., 135, 282–286, 288, 291f.
Laser Ranging Retroreflektor (LRRR) 218
Laserreflektor 209, 218ff., 227, 247, 252, 259
Laurie, Dennis 257
Leonow, Alexej 63
Lesch, Harald 266–271
Lessing, Gunther 74
Lewis, Jim 91
Lewis, Meriwether 335

Light, Michael 174, 180f.
Lightweight Exo-Atmospheric Missile (LEAP) 314
Lindbergh, Charles 142
Lislow, Juri 32
Lockheed Martin 129, 131ff., 337
Logsdon, John M. 79
Lord, Lance W. 299
Lovell, James A. 115, 190, 197, 207ff.
Luhmann, Niklas 150
Lunacorp Corporation 257
Luna-Missionen 23, 113, 210f., 219
Lunar and Planetary Institute (LPI) 211, 215
Lunar Landing Research Facility 282, 284
Lunar Landing Research Vehicle (LLRV) 116f.
Lunar Landing Training Vehicle (LLTV) 116, 283
Lunar Module Mission Simulator 280, 282
Lunar Module Simulator 275
Lunar Orbit and Letdown Approach Simulator (LOLA) 286f.
Lunar Orbiter 1 288, 289
Lunar Prospector 252
Lunar Reconnaissance Orbiter 257f.
Lunar-A-Mondsonde 255
LunarSat-Mondsonde 257
Lunatic, Mondhotel 202ff.
Lunik-Missionen 24
Lunochod-Robotfahrzeug 268
Lüst, Reimar 331

Malaschenkow, Dimitri 205
Malcolm X 141
Malowanchuk, Barry 234
Manned Space Flight Center 86, 103
Manned Spacecraft Center 135
Marshall Space Flight Center 86, 277, 305
Massachusetts Institute of Technology (MIT) 328
Mattingly, Thomas K. (TK) 208
Max-Planck-Institut für Chemie 213f.
McAlister, Harold 260
McCarthy-Ausschuss 74
McDivitt, James 141
McDonald Observatory 252

McDonnell Douglas 59, 84, 88, 304, 335, 338
McGowan, Dave 144ff.
McKinley, William 149
McNamara, Robert S. 81, 141f.
Medaris, John B. 73
Mercury-Kapseln 54, 84ff., 89, 92, 94f., 116, 136, 138f., 183, 236, 238, 303, 334
Meredith, James 137, 141
Metro-Goldwyn-Mayer 305
Michaels, Patrick J. 319
Mikhailoff, Gennady 25
Militärisch-industrieller Komplex (MIK) 13, 58f., 88, 256, 296ff., 301, 303, 320, 325f., 364
Millstone Hill Radar Observatory 234
Minuteman-Rakete 313f.
Mir-Raumstation 200, 329, 331f.
Missile Defence Agency (MDA) 304, 307
Mission Control Center siehe Johnson Space Center
Mitchell, Edgar D. 125, 208
Mond
– Albedo (Rückstrahlfähigkeit) 171, 270f.
– Auto 179, 227, 247
– als Relaisstation 231
– Wassergehalt 253
Mondgestein 12, 112, 152, 163, 183f., 209–217, 245f., 254, 268, 271
Mondlandefähre 82, 86, 96, 110, 112f., 115f., 118–123, 127, 135, 154, 158f., 161f., 168, 183–190, 196f., 204, 218, 221f., 225ff., 234, 245, 247, 250, 252, 259, 269ff., 273, 275f., 280, 282ff.
Mondlandung 10ff., 15, 55, 58, 68, 75, 77–83, 86, 109ff., 113–119, 121–130, 134f., 142ff., 147f., 150ff., 161ff., 167f., 171ff., 177f., 183, 186, 189, 194, 197, 199, 203f., 208f., 212f., 215, 217, 222, 225, 227, 230f., 242–248, 252, 255f., 258f., 261–271, 295f., 298f., 303, 305, 309, 317, 320, 326, 330, 363f.
– asynchrone Liveaufnahmen 234
– Simulation 272–292
– TV-Liveübertragung 291f.

Mondprogramm 13, 58, 78–86, 135, 143, 214, 295ff., 323, 364
Mondstaub, künstlicher 216f.
Mullane, Richard M. 312
Müller, Eduard 313
Murphy, Tom 221

NASA 15, 76, 79, 81, 83, 85–97, 99–102, 104f., 107, 109, 111, 115, 118, 122f., 129f., 134f., 147, 150, 152ff., 158, 160ff., 164f., 171–176, 179f., 183, 185f., 190, 195, 197, 201, 203, 207, 209, 211, 216ff., 221, 223f., 228, 230, 246, 248, 250ff., 256ff., 262–266, 269ff., 274ff., 279f., 282ff., 286, 288, 292, 297f., 300–312, 314, 329–335, 338, 349, 351, 364
– Destination Earth 316
– Mission to Planet Earth 316–320
– Mondlandekoordinaten 222f., 225f., 252
– Öffentlichkeitsarbeit 298, 308f., 318
– Untersuchungskommission 100, 104, 106ff., 147
Natinal Space Science Center (NSSDC) 224f.
National Advisory Committee for Aeronautics (NACA) 15, 304
National Aeronautics and Space Act 301, 304f.
National Aeronautics and Space Council 86
National Imagery and Mapping Agency (NIMA) 313
National Missile Defense (NMD) 325
National Reconnaissance Office (NRO) 131, 346
National Security Agency 232
National Security Decision Directive NSDD-42 311
Naval Research Laboratory 304
Naval Space Command 306
Nemere, István 31, 36
Newport, Curt 93
Ngo Dinh Diem 140
Nguyen Giap 141
Nikolajew, Andrijan G. 54
Nimbus-B-Wettersatellit 302

Nixon, Richard 142ff., 146, 148, 298
North American 100ff.
North American Aerospace Defense Command (NORAD) 342ff., 346
Northrop Grumman 337

O'Keefe, Sean 306f., 332
Obenauf, Bill 129, 131f., 133
Ogden, Dennis 34
Orbitalbomber 309ff.
Ordway, Frederick I. 75, 78
Oswald, Lee Harvey 141
Overwhelmingly Large Telescope (OWL) 260

Paramount Pictures 305
Peacekeeper-Rakete 314
Pearl Harbor 10, 55, 327, 349, 355ff.
Peary, Robert 149f.
Pentagon 73, 75, 82, 139, 248ff., 252, 299–307, 311ff., 315, 334, 338, 348f., 354, 357
Pentagon-Papers 146
Percy, David S. 125, 233
Perminow, Anatoli 327
Phoenix-Folterprogramm 146
Pike, John 87f.
Pilotless Aircraft Research Division (PARD) 86, 135
Plait, Philip 129, 162f., 266
Popowitsch, Pavel R. 54
Potemkin, Grigorij Aleksandrowitsch 47
Potts, David Easton 53
Powers, Gary 135
Present, Stuart M. 118
President's Science Advisory Committee (PSAC) 84, 86
Project of a New American Century (PNAC) 356, 358
Prosiegel, Mario 60
Putin, Wladimir 327

Radarsat 314f.
Radar-Vermessung der Erdoberfläche 312f.
Radioaktivität 154, 157, 190ff., 194, 197f., 202, 207
Ramo-Wooldridge Corporation 306
Rand Corporation 316
Raspe, Rudolf Erich 48

Ravenal, Earl C. 321f.
Ray, Ernie 192
Reagan, Ronald 73, 76, 222, 248, 304, 306, 311, 320–325, 327, 329, 333f., 337
Redstone-Rakete 75, 82–87, 89, 93ff., 116, 238
Reitemeyer, Francis 145
Reiter, Thomas 333
René, Ralph 123ff., 242, 272
Richelson, Jeffrey 359
Richmond, Michael 259
Ridland, Osmund 130
Roberts, Lawrence 350
Rochester Institute of Technology 259
Rocketdyne 121
Rolling Thunder 141
Röntgenlaser 315, 348f., 351
Roosa, Stuart A. 208
Roosevelt, Franklin D. 356
Rosawiakosmos 327
Rötzer, Florian 358
Royal Radar Establishment, Malvern 234
Ruby, Jack 141
Rudenko, Michail 28
Rumsfeld, Donald 344, 357f.
Ryder, Graham 211, 215

Sachs, Gottfried 163
Samuel Goldwyn Studios 305
Sänger, Eugen 309f.
Saturn-Rakete 95, 97, 110f., 115f., 135, 242, 247, 308f., 311
Sauerstoffatmosphäre, reine 30, 98ff., 105, 107
Scheffran, Jürgen 334, 341
Schirra, Walter M. 54
Schkuratow, Juri 250
Schmitt, Harrison Hagen (Jack) 149, 179, 208
Scott, David R. 208f., 230f.
Seamans, Robert 100
Secor-Satellit 302
Selene-Mondsonde 253
Sensenbrenner, James 107f.
Serjogin, Wladimir 62f.
Shepard, Alan B. 20, 29, 33, 35, 39, 54, 83–99, 93f., 96, 208
Shuttle Radar Topography Mission (SRTM) 312f., 320

Sibrel, Bart 125, 127
Sieker, Ekkehard 334
Sihanouk Norodom, König von Kambodscha 145
Skylab-Raumstation 80, 183, 200, 238
SMART-1-Mondsonde 245, 253f.
Smolders, Peter 206f.
Sojus-Kapsel 200, 333
Sonnenwind 198, 273
Space Exploration Initiative 337
Space Policy Institute 79
Space Policy Project 87
Space Preservation Act 347
Space Science Institute 193
Space Shuttle 186, 235, 310ff., 317, 332, 336, 364
Spionagesatelliten 25f., 36, 130, 132, 226, 248, 252, 255, 311, 313, 341f.
Spudis, Paul 225
Sputnik 19, 23, 25, 27, 33, 56, 85, 190, 204, 207, 283
SS-6 56
Stafford, Thomas P. 208
Stalin, Josef 326
Steel, Andrew 215f.
Stein, Josephine Anne 315, 339, 350f.
Stennecken, Michael 221–226
Stinnet, Robert B. 355f.
Stockdale, James P. 140
Strahlenbelastung 201f., 207, 244
Strahlengürtel *siehe* Van-Allen-Gürtel
Strategic Defense Initiative (SDI) 73, 248, 304, 306f., 315, 320, 324f., 327, 329
Strategic Defense Initiative Organization (SDIO) 304, 307
Stuhlinger, Ernst 75, 78, 134f., 279
Supersat-Projekt 257
Surveyor-Sonde 113, 175, 216
Swigert, John L. 197, 208

Tempel 1 (Komet) 351
Terazono, Jun-ya 254
Tereschkowa, Walentina 54
Thich Quang Duc 140
Thompson, Neal 83f.
Thor-Rakete 132f.
Titow, German 23, 33, 39, 54, 57
Torre Bert 19, 22

TrailBlazer-Sonde 255ff.
Trans Orbital 255f.
Truly, Richard H. 306
TRW 306

U2-Spionageflugzeug 130, 137
UdSSR-Nordmeerflotte 37ff.
UFO 262ff.
Union of Concerned Scientists 328
United States Marine Corps 305
US Air Force 131, 234, 299, 309ff., 344, 346, 352, 354
US Army 302, 353
US Navy 232, 263, 306, 312, 352f.
US Space Command 339f. › 342
US Strategic Command (USSTRATCOM) 339f.
US Supreme Court 137
US-Kongreß 43, 58, 88, 102f., 107, 301, 317, 323, 333, 347, 358
US-Rüstungshaushalt 321, 323
USS Hornet 244f.
USS Liberty 232
USS Pueblo 142, 232
USS Randolph 91

V1-Rakete 70
V2-Rakete 69ff., 73, 79, 190, 300
Van Allen, James 190f.
Van-Allen-Strahlengürtel 193–197. 200ff., 206f., 268f.
Vandenberg Air Force Base 130
Velcro 99, 101
Vereinigung für Astronomie und Geodäsie 207
Vereinte Nationen (UNO) 347
Very Large Telescope (VLT) 260
Vietnamkrieg 68, 142, 147

Wallace, Randall 356
Walt Disney Studios 73, 75, 356
Walter, Ulrich 127, 267, 271
Ward, Al 234
Watergate-Affäre 10, 122, 142, 148
Webb, James E. 81, 305f.
Welch, Brian 265f.
Weldon, Dave 307
Welsh, Edward C. 86
Weltraumvertrag 345f., 348, 350

Weltraumwaffen 299f., 303, 344f., 347f.
Wendt, Guenter 92
West, Richard 260
Western Space & Missile Center 313
Westmoreland, William Childs 141f.
White, Edward 96, 141
Williams, Dave 224
Williams, Paul 225
Windley, Jay 188, 266
Wohlleben, Karl 199
Worden, Alfred M. 208
Wostok 25f., 29, 33, 36, 39, 43, 46–54, 137

X-SAR-Radar 314

Young, John W. 125, 141, 207f., 228f.

Zeiss Biogon-Weitwinkelobjektiv 154
Zimmer, Harro 14
Zond-Missionen 23

Bücher, die Ihnen die Augen öffnen

In unserem kostenlosen Gesamtverzeichnis finden Sie Klassiker, Standardwerke, preisgünstige Taschenbücher, Sonderausgaben und aktuelle Neuerscheinungen rund um die Themengebiete, auf die sich der KOPP VERLAG spezialisiert hat:

- Verbotene Archäologie
- Fernwahrnehmung
- Kirche auf dem Prüfstand
- Verschwörungstheorien
- Geheimbünde
- Neue Wissenschaften
- Medizin und Selbsthilfe
- Persönliches Wachstum
- Phänomene
- Remote Viewing
- Prophezeiungen
- Zeitgeschichte
- Finanzwelt
- Freie Energie
- Geomantie
- Esoterik
- Ausgewählte Videofilme und anderes mehr

Ihr kostenloses Gesamtverzeichnis aller lieferbaren Titel liegt schon für Sie bereit. Einfach anfordern bei:

KOPP VERLAG
Pfeiferstraße 52
72108 Rottenburg
Tel. (0 74 72) 98 06-0
Fax (0 74 72) 98 06-11
info@kopp-verlag.de
www.kopp-verlag.de

Das größte Geheimnis des Dritten Reiches: die deutsche Atombombe

gebunden, 288 Seiten,
zahlreiche Abbildungen,
ISBN 3-930219-50-6, 9,95 EUR

gebunden, 320 Seiten, zahlreiche
Farb- und Schwarzweiß-Abbildungen,
ISBN 3-930219-91-3, 19,90 EUR

gebunden, 288 Seiten,
zahlreiche Abbildungen,
ISBN 3-938516-01-1, 19,95 EUR

gebunden, 288 Seiten, Abb.,
ISBN 978-3-938516-61-4,
19,95 EUR

Kopp Verlag
Pfeiferstraße 52, D-72108 Rottenburg,
Telefon (0 74 72) 98 06-0, Telefax (0 74 72) 98 06-11,
info@kopp-verlag.de, www.kopp-verlag.de

Sensationelle Funde verändern die Welt

Michael Cremos und Richard Thompsons kontroverses Buch *Verbotene Archäologie* versetzt die Wissenschaftsgilde in basses Erstaunen. Es stellt bislang als gesichert geltende archäologische Erkenntnisse praktisch auf den Kopf und zeigt, daß die klassische Archäologie massenweise Fakten über die Entstehungsgeschichte der Menschheit unterdrückt. So liefert *Verbotene Archäologie* reichhaltige Beweise dafür, daß die menschliche Rasse seit Millionen von Jahren existiert.

»*Verbotene Archäologie* ist eine bemerkenswert umfassende Prüfung des wissenschaftlichen Beweismaterials über den Ursprung des Menschen. Das Buch wertet das gesamte Beweismaterial sorgfältig aus, auch das Material, das bisher außer acht gelassen wurde, weil es nicht in die vorherrschenden Paradigmen paßt. Wir alle können von den akribischen Forschungen und Analysen der Autoren viel lernen, egal, welche Schlüsse wir aus ihrer These über das Alter der Menschheit ziehen.«
Dr. Phillip E. Johnson, Universität von Kalifornien, Berkeley

»*Verbotene Archäologie* wurde hauptsächlich für den Laien geschrieben und ermöglicht eine kritische Überprüfung des für die menschliche Entwicklung sachdienlichen Beweismaterials. Darüber hinaus wird das Buch eine wertvolle Quelle für vergessene Literatur sein, die normalerweise nicht leicht zugänglich ist.«
Dr. Siegfried Scherer, Institut für Mikrobiologie, Technische Universität München

gebunden
1056 Seiten
zahlreiche Abbildungen
ISBN 978-3-938516-33-1
29,90 EUR

KOPP VERLAG
Pfeiferstraße 52
72108 Rottenburg
Telefon (0 74 72) 98 06-0
Telefax (0 74 72) 98 06-11
info@kopp-verlag.de
www.kopp-verlag.de

Von den Maya prophezeite Schicksalswende in wenigen Jahren? Was steht uns bevor?

Ist der 21. Dezember 2012 das Ende der Welt, wie wir sie kennen?

Nach dem Glauben der alten Maya wird unsere Welt am 21. Dezember 2012 enden. Genau um Mitternacht springt ihr Kalender zum ersten Mal in mehr als 5000 Jahren wieder auf Null. Dieses »Enddatum« fasziniert die Gelehrten, seit vor etwa einhundert Jahren das System der Zeitrechnung der Maya wiederentdeckt wurde.

Am darauffolgenden Tag, dem 22. Dezember 2012, wird die Sonne bei der Wintersonnenwende in einer Ebene mit einem »Sternentor« im Zentrum unserer Galaxis stehen. Da dies nur alle 25 800 Jahre geschieht, ist es das erste Mal seit Beginn der Geschichtsschreibung, dass die Menschheit Zeuge eines solchen Ereignisses wird. Damit stellt sich die offenkundige Frage: Weshalb erfanden die alten Maya, ein Steinzeitvolk, das noch nicht einmal Räder benutzte, von Teleskopen ganz zu schweigen, einen Kalender, der in einem einzigartigen astronomischen Ereignis gipfelt, das für sie Tausende von Jahren in der Zukunft lag? Sie prophezeiten, dass diesem Ereignis eine Reihe von gigantischen Naturkatastrophen vorausgehen werde. Diese Prophezeiungen wirken vor allem auch deshalb so alarmierend, weil die Maya ihren eigenen Untergang im neunten Jahrhundert vor Christus selbst richtig vorausgesagt haben.

Es sind nur noch wenige Jahre, die uns von 2012 trennen. Können wir es uns leisten, die Botschaften der Maya zu ignorieren?

gebunden
352 Seiten
zahlreiche Abbildungen
ISBN 978-3-938516-45-4
19,90 EUR

KOPP VERLAG
Pfeiferstraße 52
72108 Rottenburg
Telefon (0 74 72) 98 06-0
Telefax (0 74 72) 98 06-11
info@kopp-verlag.de
www.kopp-verlag.de

Von den Maya prophezeite Schicksalswende in wenigen Jahren? Was steht uns bevor?

Ist der 21. Dezember 2012 das Ende der Welt, wie wir sie kennen?

Nach dem Glauben der alten Maya wird unsere Welt am 21. Dezember 2012 enden. Genau um Mitternacht springt ihr Kalender zum ersten Mal in mehr als 5000 Jahren wieder auf Null. Dieses »Enddatum« fasziniert die Gelehrten, seit vor etwa einhundert Jahren das System der Zeitrechnung der Maya wiederentdeckt wurde.

Am darauffolgenden Tag, dem 22. Dezember 2012, wird die Sonne bei der Wintersonnenwende in einer Ebene mit einem »Sternentor« im Zentrum unserer Galaxis stehen. Da dies nur alle 25 800 Jahre geschieht, ist es das erste Mal seit Beginn der Geschichtsschreibung, dass die Menschheit Zeuge eines solchen Ereignisses wird. Damit stellt sich die offenkundige Frage: Weshalb erfanden die alten Maya, ein Steinzeitvolk, das noch nicht einmal Räder benutzte, von Teleskopen ganz zu schweigen, einen Kalender, der in einem einzigartigen astronomischen Ereignis gipfelt, das für sie Tausende von Jahren in der Zukunft lag? Sie prophezeien, dass diesem Ereignis eine Reihe von gigantischen Naturkatastrophen vorausgehen werde. Diese Prophezeiungen wirken vor allem auch deshalb so alarmierend, weil die Maya ihren eigenen Untergang im neunten Jahrhundert vor Christus selbst richtig vorausgesagt haben.

Es sind nur noch wenige Jahre, die uns von 2012 trennen. Können wir es uns leisten, die Botschaften der Maya zu ignorieren?

gebunden
352 Seiten
zahlreiche Abbildungen
ISBN 978-3-938516-45-4
19,90 EUR

KOPP VERLAG
Pfeiferstraße 52
72108 Rottenburg
Telefon (0 74 72) 98 06-0
Telefax (0 74 72) 98 06-11
info@kopp-verlag.de
www.kopp-verlag.de

Sechshundert Seiten pures Dynamit und Pflichtlektüre für jeden freiheitsliebenden Menschen!

»Gebt mir die Kontrolle über die Währung einer Nation, dann ist es für mich gleichgültig, wer die Gesetze macht.«
Mayer Amschel Rothschild

Wie soll ein Bankier die Macht über die Währung einer Nation bekommen, werden Sie sich jetzt fragen. Im Jahre 1913 geschah in den USA das Unglaubliche. Einem Bankenkartell, bestehend aus den weltweit führenden Bankhäusern Morgan, Rockefeller, Rothschild, Warburg und Kuhn-Loeb, gelang es in einem konspirativ vorbereiteten Handstreich, das amerikanische Parlament zu überlisten und das *Federal Reserve System* (FED) ins Leben zu rufen – eine amerikanische Zentralbank. Doch diese Bank ist weder staatlich (federal) noch hat sie wirkliche Reserven. Ihr offizieller Zweck ist es, für die Stabilität des Dollars zu sorgen. Doch seit der Gründung des FED hat der Dollar über 95 Prozent seines Wertes verloren! Sitzen dort also nur Versager? Oder hat das FED im Verborgenen vielleicht eine ganz andere Aufgabe und einen ganz anderen Sinn? G. Edward Griffin enthüllt in diesem Buch die wahren Hintergründe über die Entstehung des *Federal Reserve Systems* und den eigentlichen Sinn und Zweck dieser Notenbank.

»Was jeder wissen muß über die Macht der Zentralbank. Ein packendes Abenteuer in der geheimen Welt des internationalen Bankenkartells.«
Prof. Mark Thornton, *Auburn University*

gebunden
zahlreiche Abbildungen
672 Seiten
ISBN 3-938516-28-3
14,95 EUR

KOPP VERLAG
Pfeiferstraße 52
72108 Rottenburg
Telefon (0 74 72) 98 06-0
Telefax (0 74 72) 98 06-11
info@kopp-verlag.de
www.kopp-verlag.de